Anthologisches Schreiben

Fabian Saner

Anthologisches Schreiben

Eine ästhetisch-politische Konstellation bei Hugo von Hofmannsthal, Walter Benjamin und Rudolf Borchardt

BRILL
FINK

Die Druckvorstufe dieser Publikation wurde vom Schweizerischen Nationalfonds zur Förderung der wissenschaftlichen Forschung unterstützt.

DOI: https://doi.org/10.30965/9783846767436

Bibliografische Information der Deutschen Nationalbibliothek

Die Deutsche Nationalbibliothek verzeichnet diese Publikation in der Deutschen Nationalbibliografie; detaillierte bibliografische Daten sind im Internet über http://dnb.d-nb.de abrufbar.

www.fink.de

Umschlagabbildung: Stefanie Knobel, L'OPOPONAX. Performative Intervention vor dem Gemälde „Une leçon clinique à la Salpêtrière“ (1887), Université Paris Descartes, Paris, 18.12.2019, Dauer: 50 min. Performer:innen: Carisa Bledsoe, Christine Bombal, Kai Simon Stoeger. stefanieknobel.com/
Einbandgestaltung: Evelyn Ziegler, München
Lektorat: Dr. Jessica Nitsche und Dr. Nadine Werner
Herstellung: Brill Deutschland GmbH, Paderborn

ISBN 978-3-7705-6743-0 (hardback)
ISBN 978-3-8467-6743-6 (e-book)

Inhalt

KAPITEL 1

Einleitung

Anthologien lassen sich als funktionale Texträume begreifen, in denen die Auseinandersetzung mit literarischer Tradition selbst literarisch verhandelt wird. Diese Auseinandersetzung kann bewahrenden Charakter haben, sie kann sich als eine überbietende Arbeit mit und an der Tradition verstehen oder sie kann im Modus der Negation von einer Kontrafaktur der Tradition ihren Ausgang nehmen. Ich möchte ein Konzept Anthologischen Schreibens untersuchen, welches für das kulturpolitische *Beziehungsnetz* der drei Autoren Hofmannsthal, Benjamin und Borchardt zur Geltung kommt und darin eine produktionsästhetische *und* kulturwissenschaftliche Perspektive auf den Umgang mit dem literarischen und kulturellen Gedächtnis entwirft. Weshalb konnte ein Ende des 19. Jahrhunderts verpöntes Medium wieder zu einem bevorzugten Ort der traditionspolitischen Auseinandersetzung werden? Ja gar – wie für Walter Benjamin nachgewiesen wird – zu einem zentralen Reflexionsmedium, um erzähltheoretische und kunsthistoriografische Probleme in einer medienästhetischen Perspektive umzuarbeiten? Weshalb sind es Anthologien, die verlags- und werkpolitisch interessante Konstellationen wie die Bremer Presse und die Kreisbildung von Autoren befördern und wie äußern sich diese vor dem Hintergrund der Absetzung vom Kreis der Künstlerinnen und Künstler[1] um Stefan George? Inwiefern findet der kulturkritische Diskurs dieser Autoren im Gattungsmedium Anthologie einen Hebel für ihre politischen und ästhetischen Interessen und wie wird dieser Hebel eingesetzt? Weshalb ist der Umgang mit Konzepten wie dem anthologischen Sammeln, dem Zitieren und Wiederverwerten zentral in Bezug auf Fragen des literarischen Traditionsverhältnisses? Wieso zeigt sich dabei die Konstruktion schriftlicher Traditionsbezüge als medienästhetisch so attraktiv für gegenwartsbewusste Autoren wie Hofmannsthal, Benjamin und Borchardt?[2] Welche Rolle spielen Diskurse

1 Auf das generische Maskulinum wird in dieser Arbeit wenn immer möglich verzichtet, zumal Gender in den Werkästhetiken der drei Autoren keineswegs eine unbestrittene Kategorie darstellt (vgl. bes. Kap. 6.8), aber auch aus meiner forschungspolitischen Überzeugung. Ist allgemein von Personen(-gruppen) die Rede, wird die weibliche und die männliche Gendermarkierung oder eine geschlechtsneutrale Formulierung verwendet. In allen anderen Fällen ist ausschließlich das bezeichnete Geschlecht gemeint (in dieser Arbeit sind dies häufig Männer).

2 Auswahl der Forschungsliteratur: Günter Häntzschel: *Bibliographie der deutschsprachigen Lyrikanthologien 1840–1914*, unter Mitarbeit v. Sylvia Kucher/Andreas Schumann, 2 Bde.,

um das (kulturelle) ‚Erbe' und das ‚Erben'? Schließlich: wie lässt sich Anthologisches Schreiben als Reaktionsform auf gesellschaftliche Krisenphänomene beschreiben und die Perspektive darauf schärfen?

1.1 Anthologien und die Reflexion der Tradition

Definitionsgemäß sind Anthologien Sammlungen lyrischer, seltener epischer oder – in Form von Auszügen – dramatischer Texte, die von der Herausgeberschaft zu unterschiedlichen Zwecken und nach unterschiedlichen Kriterien zusammengestellt werden.[3] Anthologien sind als in ästhetischen Textfeldern versammelte Texte bzw. Textausschnitte an einem Modell der ‚kleinen Form'[4] orientiert, das besonders produktiv scheint für die Kontextsensibilität literarischen Arbeitens im Zuge der Neuordnung der Kommunikations- und Informationsökonomien im 19. und frühen 20. Jahrhundert. Mit Aphorismen, Anekdoten, Fallbeispielen, *faits divers* und Miszellen ‚aus aller Welt' gewannen Formate an Gewicht, die auf das Unbekannte und Neue kompakt und kompatibel zu reagieren versprachen und dabei auch den Wandel der Medienökologien zwischen Produktion und Rezeption mitprägten.[5] Die kleinen Genres der Literatur – etwa das seriell publizierte Romanfeuilleton ‚unter dem Strich' auf der ersten Seite der Tageszeitungen – integrieren produktionsästhetische

---

München 1991; ders.: *Die deutschsprachigen Lyrikanthologien 1840–1914. Sozialgeschichte der Lyrik des 19. Jahrhunderts*, Wiesbaden 1997; Gerhard R. Kaiser/Stefan Matuschek (Hg.): *Begründungen und Funktionen des Kanons. Beiträge aus der Literatur- und Kunstwissenschaft, Philosophie und Theologie*, Heidelberg 2001; Stefan Knödler: *Rudolf Borchardts Anthologien*, Berlin/New York 2010; Haruki Yasukawa: Die leidenschaftlichen Gärtner – Anthologik bei Hugo von Hofmannsthal und Rudolf Borchardt, in: *Zeitschrift der japanischen Germanistik* 2006, S. 99–123; Corinne Wagner-Zoelly: *Die „Neuen Deutschen Beiträge". Hugo von Hofmannsthals Europa-Utopie*, Heidelberg 2010; Klaus Dethloff: Hugo von Hofmannsthal und eine konservative Revolution, in: *Deutsche Vierteljahrsschrift für Literaturwissenschaft und Geistesgeschichte* 92/2018, S. 531–555.

3 Vgl. Günter Häntzschel: Anthologie, in: Klaus Weimar (Hg.): *Reallexikon deutscher Literaturwissenschaft*, Bd. 1: A – G. Berlin/New York 1997, S. 98–100, hier S. 99.

4 Aus der Forschung exemplarisch: Nils Althaus/Wolfgang Bunzel/Dirk Göttsche (Hg.): *Kleine Prosa. Theorie und Geschichte eines Textfelds im Literatursystem der Moderne*, Tübingen 2007; Heinz Schlaffer: Denkbilder. Eine kleine Form zwischen Dichtung und Gesellschaftstheorie, in: Wolfgang Kuttenkeuler (Hg.): *Poesie und Politik*, Stuttgart 1973, S. 137–154; Sabiene Autsch/Claudia Öhlschläger/Leonie Süwolto (Hg.): *Kulturen des Kleinen. Mikroformate in Literatur, Kunst und Medien*, Paderborn 2014; vgl. auch das DFG-Graduiertenkolleg 2190 Literatur- und Wissensgeschichte kleiner Formen, http://www.kleine-formen.de/.

5 Vgl. Michael Gamper/Ruth Mayer: Erzählen, Wissen und kleine Formen. Eine Einleitung, in: Dies. (Hg.): *Kurz & Knapp. Zur Mediengeschichte kleiner Formen vom 17. Jahrhundert bis zur Gegenwart*, Bielefeld 2017, S. 7–22, hier bes. S. 7 und 20.

Momente wie Typografie, Publikationsformat, Anonymat oder Pseudonymat in die Entscheidungsprozesse der Autorinnen und Autoren und liefern Texte zugleich stärker kontextuellen Bedingungslagen (Entscheidungen von Redaktionen etc.) aus. Texte werden durch das ‚Anbohren', Exzerpieren und strategische Wiederverwenden in einen Tradierungsprozess versetzt.[6] Sammelprojekte werden dadurch auch zu poetologischen Werkzeugen: Waren sie im 19. Jahrhundert oft anonym erschienen und zeichneten sich entweder durch die Maxime der breiten, wertneutralen Präsentation von Stücken einer nationalen Vergangenheit im Gestus der ‚Rettung', durch idiosynkratische Eingriffe und nicht ausgewiesene Kompilationsprinzipien, teilweise auch als gegenwartsbezogene Sammlungen noch unveröffentlichter Lyrik oder Prosa aus, werden sie bei Autoren, die sich für eine materialästhetische Überlieferungspoetik interessieren, zu einem bearbeitbaren Objekt *sui generis*.

Die in den Anthologien des 19. Jahrhunderts zur Selbstverständlichkeit geronnene Behauptung der Objektivierung wertvoller und dadurch der Überlieferung für Wert befundener kultureller Güter (der Begriff Anthologie ist dem griechischen ἀνθολογία / *anthología* entlehnt, das sich mit Blütenlese übersetzen lässt) wird durch Hofmannsthal, Benjamin und Borchardt als produktionsästhetischer Anreiz dynamisiert und subjektiviert. Die Form der Anthologie als Gefäß einer Beziehung zu den literarisch-künstlerischen Ahnen wird betont, um damit werkästhetisch zu experimentieren (*Anthologisches Schreiben*). Beziehung zur Tradition, Beziehung als Tradition, Krise der Tradition, Bekämpfung von Tradition als Stiftung neuer Tradition: Das poetologische Potenzial kommt dabei nicht nur in der im engeren Sinn anthologischen Arbeit zum Zug, sondern ist als hermeneutische *und* quellengestützt-diskurskritische Befragung an Texten und Kontexten der drei Autoren erfahrbar zu machen. In diesem Verfahren möchte ich mich an einem Diktum von Peter Szondi orientieren: „Ich halte die theoretische Betrachtung des konkreten dichterischen Werks keineswegs für unangemessen und glaube an eine immanente Theorie, die immer zugespitzter ist als das Werk selbst."[7]

Akte der Tradierung und Überlieferung verstehe ich demzufolge nur dann als Anthologisches Schreiben, als Gesten je historisch-kulturell sich wandelnder Formbildungsprozesse, wenn an diesen Akten deutende Zuspitzungen sichtbar

---

6 Vgl. Walter Benjamin: Rudolf Borchardt: *Der Deutsche in der Landschaft* [1927], zuerst erschienen in: *Die literarische Welt*, Nr. 5, 3.2.1928, S. 5; Ders.: *Werke und Nachlaß. Kritische Gesamtausgabe*, Bd. 13.1: Kritiken und Rezensionen, hg. v. Heinrich Kaulen, Berlin 2011, S. 98–101. Die Ausgabe *Werke und Nachlaß* wird im Folgenden mit der Sigle WuN und der Bandangabe nachgewiesen.

7 Peter Szondi an Karl Kerényi, 1958, in: Ders.: *Briefe*, hg. v. Christoph König, Frankfurt/M. 1993, S. 76.

gemacht werden können. Anthologien eignen sich für die Analyse eines künstlerischen Umgangs mit gesellschaftlichen Krisen, da sie in einer doppelten Gegenwart stehen: Objekte eines zugleich (sprach- oder geschichts-)philosophischen wie eines philologischen Interesses, deren jeweilige Vermittlung die Grundlage ihrer Kritisierbarkeit darstellt. In diesem Sinn sind Anthologien mehr als ein Sammlungsspeicher: anthologisches Schreiben als Selegieren von Texten und Textbruchstücken mittels mehr oder weniger deutlich herausgehobener Kriterien ist auf eine dynamische Rezeption ausgerichtet. Wo die Literatur selbstreflexiv wird, werden Rollen und Bühnen des Literaturbetriebs (Autorschaft, Verlegerschaft, Leserschaft, literarische Märkte) sowie mediale Funktionen (Speicher- und Zirkulationsfunktionen von Handschriften, Typoskripten und Büchern) selbst zu einem Medium der poetischen Bewegung. Anthologisches Schreiben als sich in explizit traditionsförmiger und – formender Ausrichtung bewegendes Konzept macht diese Rollen und Bühnen erfahrbar, sie können als *Interpretationsgeschichte* analysiert werden. Anthologisches Schreiben zu untersuchen, kann sich deshalb auch auf den von Christian Benne vorgeschlagenen Begriff der ‚literarischen Gegenständlichkeit' stützen: nebst der darin mitschwingenden metaphorisch-konkreten Handgreiflichkeit, die für anthologisierte Formate in ihrer oben beschriebenen *kleinen Form* einsichtig ist,[8] scheint dabei vor allem Bennes Vorschlag produktiv, Interpretation als „Text in seinem angenommenen und rekonstruierten Werkcharakter" zu begreifen.[9] Damit ist ein (je konkret zu belegendes) Kriterium gewonnen, Produktions- und Rezeptionsprozesse nicht *ausschließlich* mittels Foucault'scher Diskursformationen einem historischen Apriori der ‚Macht' zu unterwerfen, was sich etwa darin ausdrücken würde, anthologisierende Autoren um 1900 *immer* faktisch als Herausgeber zu konzipieren und damit

8 Das Konzept ließe sich auch für (alltags)praktische Dimensionen der Materialität und Medialität von Literatur nutzbar machen. Benjamin etwa hat sich an der Produktion von literarischen Kalendern der *Literarischen Welt* beteiligt; Hofmannsthal beschließt sein Vorwort zum *Deutschen Lesebuch* mit dem Hinweis auf die Kraft von Spruchsammlungen in der Kalenderliteratur, die die Leserinnen und Leser immer wieder von neuem mit gleichsam fremdem Blick anzuziehen vermögen. Anthologisch ‚Werthaftes' nimmt die Form medialer ‚Handgreiflichkeit' an, sei es im Oktavformat des lyrischen Breviers, sei es in der Form der transportablen Kalendergeschichte oder des Kalenderspruchs. So ließe sich möglicherweise auch eine Brücke schlagen zwischen Lese – bzw. Rezeptionspraktiken des 19. Jahrhunderts und solchen in den *Social Media* des 21. Jahrhunderts, in denen – im digitalen Raum – ebenfalls Kürze, Exponiertheit und eine spezifische Form von Öffentlichkeit zum Zwecke der ‚Alltagssinnstiftung' hergestellt wird.

9 Christian Benne: *Die Erfindung des Manuskripts. Zur Theorie und Geschichte literarischer Gegenständlichkeit*, Berlin 2015, S. 623; vgl. meine Rezension bei *H-Soz-Kult*; https://www.hsozkult.de/publicationreview/id/reb-24132 (letzter Aufruf: 31.8.2022).

die ‚Macht' des Diskursmoments Geschichte zu verabsolutieren. Vielmehr ist das je individuelle oder „transaktuelle"[10] (Werk-)Moment herauszuarbeiten, das im Sinn Peter Szondis als (wiederum selbst theoriegeladene) Wertung zugespitzt auf den Eigensinn der Literatur hinweist und diesen als produktionsästhetische Szene nachzuvollziehen versucht.

In der Spannung dieser beiden methodischen Potenziale (Annahme eines Werkcharakters qua Interpretationsgeschichte vs. individuelles Werkmoment) sind einzelne Szenen meines Zugangs zum Anthologischen Schreiben bei Hofmannsthal, Benjamin und Borchardt konturiert. Zusammengehalten sind die Szenen in der Voraussetzung der aktiven Bearbeitung nicht nur des anthologischen Ausgangsmaterials, sondern des anthologischen Mediums als solchem, worin die drei Autoren je verschieden auch auf die um 1900 florierende kulturwissenschaftliche Diskussion ästhetischer Formbegriffe Bezug nehmen. Einzelne Konzepte dieser komplex-mäandrierenden Theoriereflexion, so Simmels Wert-Begriff und seine Vorstellung *ästhetischer Formgebung*, werde ich in ihrem Voraussetzungs- und Folgenreichtum gesondert und etwas umfangreicher diskutieren (Kap. 3.2 und 3.7), weil sie für die Poetik anthologischen Schreibens von Hofmannsthal, Benjamin und Borchardt meines Erachtens besonders produktive Einsichten in die Verschränkung (unter)bestimmter Vorstellungen kultureller Übertragung ermöglichen.

Dem (Personen-)Denkmal messe ich als epistemologischer Schwellenfigur für die Poetik anthologischen Schreibens eine besondere Bedeutung bei, weil sich daran die zeitgenössische Wahrnehmungsreflexion und -kritik produktiv mit Kritik an Repräsentationslogiken verknüpft. Deshalb werden in einem zwischen die Autorenkapitel zu Hofmannsthal und Benjamin eingefügten Exkurs (Kap. 4) weitere Positionen in ihrem Zusammenspiel (Nietzsche, Valéry, Musil, Blumenberg) aufgefächert; die verdichtete metaphorologische Engführung der dabei vorgestellten Positionen und ihre Überführung in einen philosophischen Begriffsraum ist Ausdruck meiner kulturwissenschaftlichen Orientierung. Personal-gegenständliche ästhetische Konzepte suggerierter geschichtlicher Nähe zu den klassisch-monumentalen Figuren (repräsentiertes ‚Denkmal') werden mit dem philosophischen Konzept der „Begriffsperson"[11] von Deleuze und Guattari konfrontiert, das für eine andere Erfahrung des literarischen ‚Eingedenkens' einstehen kann. Dieses wird im

10 Stefanie Heine/Sandro Zanetti: Einleitung, in: Dies. (Hg.): *Transaktualität. Ästhetische Dauerhaftigkeit und Flüchtigkeit*, Paderborn 2017, S. 9–32. Ich werde das Konzept in Kap. 5.5 aufgreifen.

11 Gilles Deleuze/Felix Guattari: *Was ist Philosophie?* Frankfurt/M. 1996, S. 74, 73.

darauffolgenden Kapitel zu Walter Benjamins Anthologischem Schreiben (Kap. 5) herausgearbeitet.

„Wir leben in der Zeit der Anthologien" – Friedrich Hebbel, 1854. „Anthologien machen Geschichte" – Alfred Kerr, 1927.[12] Die in den Zitaten zum Ausdruck kommenden Perspektiven auf die Anthologie sind grundverschieden und bezeichnen mit den semantischen Schlagworten ‚Leben', ‚Zeitalter' und ‚Geschichte' entscheidende diskursive Gehalte, die durch Anthologisches Schreiben und literarische Traditionspolitik befragt, bestimmt oder bestärkt werden sollen. Aus dem ersten Zitat von Friedrich Hebbel lässt sich die kritische Diagnose des Dichters herauslesen, der im inflationären (Nach-)Druck von Gedichten in Blütenlesen und Almanachen für Gruppen, Regionen usw. die Produktion neuer Dichtung nivelliert sieht: Literatur ist dabei nichts anderes mehr als ein Appendix des historischen Denkens.[13] Die Herstellung eines ausgesprochenen Gegenwartsbezugs in der Diagnose eines epigonalen Zeitalters anthologisierter literarischer Schätze, einer Überfülle und entsprechenden Überforderung der Rezipientinnen und Rezipienten wirft ein Schlaglicht auf die kritische Sichtweise Hebbels gegenüber literarischen Sammlungen und ihrer Kraft, das literarische Feld zu gestalten. Als Produkte eines Zeitalters werden Sammlungen dabei auch durch ein (ökonomisches) Zirkulationsverhältnis bestimmt.

Eine andere Perspektive bietet Ende der 1920er Jahre die These von Alfred Kerr: Anthologien werden als Produktivfaktor für eine historische Orientierung gefasst, als deren dynamischer Ausdruck. Die Sammlungen literarischer Texte und Textstücke produzieren Geschichtsbilder. Das literarische Nachleben wird – im Zeitalter der Avantgarde und ihrer Problematisierung des geschlossenen Werks – zum wirksamen Mittel diskursiver und politischer Gestaltung, Revision, Zerstörung und Neukonstruktion des Hinterlassenen als etwas unselbstverständlich Gewordenem. Wenn der Kanon bröckelt, ist der anthologische Rekurs auf ihn zugleich ästhetisch produktives Moment seiner Verschiebung und Neuordnung als auch seiner erneuten Verfestigung durch Monumentalisierung. Die dokumentarische Masse kleidet das Zeitalter

12 Friedrich Hebbel: Zur Anthologien-Literatur, in: ders.: *Sämtliche Werke*. Historisch-kritische Ausgabe besorgt von Richard Maria Werner. 1. Abt., 12. Bd.: *Vermischte Schriften IV (1852–1863). Kritische Arbeiten III*, Berlin 1904², S. 76–83, hier S. 76; Alfred Kerr, zit. n. Eike Middell: Vom Umgang des Dichters mit der Dichtung. Zu den editorischen Bemühungen Hugo von Hofmannsthals, in: Ursula Renner/Bärbel G. Schmid (Hg.): *Hugo von Hofmannsthal. Freundschaften und Begegnungen mit deutschen Zeitgenossen*, Würzburg 1991, S. 109–122, hier S. 118.

13 Vgl. zum 19. Jahrhundert Günter Häntzschel: *Sammelleidenschaft. Literarisches Sammeln im 19. Jahrhundert*, Würzburg 2014.

nicht einfach aus, sondern drückt den Anspruch aus, Geschichte politisch-ästhetisch zu formen. Diese unterschiedlichen Perspektivierungen finden ihren Ausdruck in intensiv reflektierten Publikationsformaten, im Auftritt und in der Rezeption der Anthologien, im Verzicht auf den kommentierenden Begleittext – oder umgekehrt in dessen Überlänge im Vergleich mit den anthologischen Textstücken (wie bei Rudolf Borchardt). Auf der materialen Ebene der Texte wie auf der Ebene der Konzeption wird Fragmentiertes präsentiert, dessen Prätention aber durchaus den Charakter der Geschlossenheit für sich in Anspruch nimmt. Obwohl die Ausbildung ‚klassischer' Werke in instabil-kontingenten Prozessen verläuft, *ist* sie doch in der Spannung von ‚Flüchtigkeit' und Dauerhaftigkeit je spezifisch figuriert und *kann* dadurch philologisch refiguriert werden.[14]

„Was nie geschrieben wurde, lesen" lautet einer der letzten Verse aus Hofmannsthals lyrischem Drama *Der Tor und der Tod*.[15] Benjamin verwendete diesen Sinnspruch als Motto für eines seiner Konvolute in der umfangreichen und unabgeschlossenen Passagenarbeit (1927–1940). Aus der formal bedingten Spannung von (selbst)reflexiven Schreib- und Leseszenen gewinnen die kulturphilologischen Ausgriffe der drei behandelten Autoren eine Armatur für ihre Deutungsprojekte, die eine nationalpolitisch-restaurative, messianisch-revolutionäre oder utopisch-ästhetische Form annehmen können. Das überbrachte und flexibel bearbeitbare Genre der Anthologie liefert das Rüstzeug, diesen Suchbewegungen ein gegen die zeitgleichen Avantgarden gerichtetes Format zu geben. Bevor diese Zusammenhänge bei den drei im Zentrum stehenden Autoren entfaltet werden, wird nun zunächst ein Schlaglicht auf die historische Entwicklung der anthologischen Form im deutschsprachigen Raum während des 19. Jahrhunderts geworfen.

1.2 Die deutschsprachige Anthologie im 19. Jahrhundert

Sammlungen und kommentierte Anthologien in Form der Zusammenstellung von Auszügen aus Werken klassischer Autorinnen und Autoren, muster- oder lehrhafter Texte, Sentenzen, Epigrammen und Gedichten kanonischen Anspruchs nahmen für die geistliche und weltliche Lesekultur der Frühen

---

14 Ich folge hier dem von Stefanie Heine und Sandro Zanetti eingebrachten Konzept der *Transaktualität* (vgl. Kap. 5.5).

15 Hugo von Hofmannsthal: Der Thor und der Tod, in: Ders.: *Sämtliche Werke. Kritische Ausgabe*, Bd. III: Dramen 1, hg. v. Götz Eberhard Hübner, Frankfurt/M. 1982, S. 61–80, hier S. 80. *Sämtliche Werke. Kritische Ausgabe* wird im Folgenden mit der Sigle KA und der Bandangabe in römischen Ziffern nachgewiesen.

Neuzeit eine zentrale Stellung ein. Sie beruhten auf einer gelehrten und insbesondere durch den Adel und das städtische Bürgertum getragenen Sammlungspraxis und dienten in erster Linie Zwecken der Selbstbildung bzw. der religiösen Unterweisung. Der literarhistorische Wandel der anthologischen Form in der Sattelzeit 1750–1850 lässt sich entlang von drei Positionen markieren: erstens in der zunehmend in Frage gestellten Orientierung an regelpoetischen Konzepten. Die Sammlungen des mittleren und späten 18. Jahrhunderts lassen sich noch auf die als musterhaft betrachteten Barock-Anthologien von Benjamin Neukirch[16] und die *Lyrische Blumenlese* von Karl Wilhelm Ramler (1774/1778) zurückführen, die Vorbildcharakter hatten. Insbesondere die literarische Generation des Sturm und Drang lehnte das Anthologisieren aber radikal ab, weil es mit dem Nimbus der Nicht-Originalität behaftet war.

Zweitens brachte der stark durch ökonomische und politische Verwerfungen geprägte Wandlungsprozess im 19. Jahrhundert in Bezug auf die materialen und medialen Praktiken des literarischen Sammelns divergente Entwicklungen mit sich: die Professionalisierung und die Verbreitung des Sammelns als (proto)wissenschaftlicher Praxis führten bei kanonisierten Autoren zu ersten historisch-kritischen und darauf basierenden populären Editionen, die bereinigte Texte bieten wollten. Drittens lassen sich angesichts der rapiden Modernisierungsprozesse des 19. Jahrhunderts in (der Legitimierung von) Anthologien vielfach Züge regressiver Heimatliebe, nostalgischer Erinnerung oder kulturpessimistische Manifestationen feststellen.[17] Regten die früheren Sammlungen ihre Herausgeber zu eigenen Dichtungen an – Goethe, Arnim, Brentano, Mörike, Uhland, die ihre lyrischen Texte durch Volksliedelemente ergänzten –, so nahm später ihre dichtungsstimulierende Kraft ab und begünstigte epigonale Leistungen.[18] Die politischen, sozialen und kulturellen Umbrüche um 1800 lassen zugleich aufgrund des vergleichsweise späten *nation building*-Prozesses in Deutschland und besonders während der Napoleonischen Kriege bei den Intellektuellen ein „sozialpsychisches Vakuum“[19] entstehen, für das die Anthologie als Sammlung nun im Sinn eines überindividuellen Bewahrens und Überlieferns nationalsprachlicher Tradition

---

16 Benjamin Neukirch: *Herrn von Hoffmannswaldau und andrer Deutschen auserlesener und bissher ungedruckter Gedichte erster Theil* [1697], hg. v. Angelo de Capua u.a., Berlin/New York 1961.

17 Vgl. einführend Jürgen Kocka: *Das lange 19. Jahrhundert. Arbeit, Nation und bürgerliche Gesellschaft*, Stuttgart 2002. Unter soziologischen Aspekten der ‚Beschleunigung‘ vgl. Hartmut Rosa: *Beschleunigung. Die Veränderung der Zeitstrukturen in der Moderne*, Frankfurt/M. 2005 sowie ders: *Resonanz. Eine Soziologie der Weltbeziehung*, Berlin 2016.

18 Vgl. Häntzschel: *Sammelleidenschaft*, S. 70–71.

19 Hans-Ulrich Wehler, zit. n. Häntzschel, *Sammelleidenschaft*, S. 16.

und Kultur nutzbar gemacht wurde. Vorbild für die Romantiker wurden die vielseitigen Bemühungen Johann Gottfried Herders, der sowohl deutsche als auch weltliterarische Zeugnisse sammelte und herausgab.[20]

Die Ablösung adliger Sammlerkonzepte ständischer Repräsentation zugunsten solcher der Vergangenheitsbearbeitung als ästhetisch-politischer Funktionalisierung von Wissen und deren musealer Darbietung im Sinn nationalpolitischer Vorstellungen erfuhr in der ersten Hälfte des 19. Jahrhunderts zudem entscheidende Akzente durch die Institutionalisierung philologischer Forschung in historischen Vereinen, staatlichen Museen und in den Seminaren für die alten Sprachen.[21] Die Anthologiepraktiken zeigen, dass der Zusammenfall von Autorschaft und Herausgeberschaft im ästhetischen Modus der Fragmentarisierung und Konstruktion stand. „All of these texts appear as poems in their own right, whereas they are in fact mostly parts of poems. This practice was frequent among nineteenth-century anthologists, who often chose new titles, abbreviated texts at random and thereby effectively shaped their own poems."[22]

Nicht zufällig entzündete sich die Kulturkritik an Sammlungspraktiken und den diese tragenden Institutionen nationalbürgerlicher Aufbewahrungspolitik. Deren konkret machtpolitische Ziele – Wissenserhebung zur territorialen Durchdringung der Regierungspraxis – wurden von ihrer kulturpolitischen Funktionalisierung zugunsten der Durchsetzung eines ‚nationalen Erbes' abgelöst. Die kulturwissenschaftliche Forschung hat herausgestellt, wie zentral sich die Konstitution nationaler Kultur durch eine Vergangenheitspolitik auf Sammlungspraktiken gestützt hat: Museen, Universitäten, historische Vereine und Privatpersonen etablierten ein öffentlich-privates Gefüge, die Wiederentdeckungen wurden archiviert und in öffentlichen Sammlungen breit zugänglich gemacht. Das Museum spielte als Institution und als Ausgangspunkt der Imagination dabei eine nationalpolitische Schlüsselrolle;[23] das „literarische

---

20 Vgl. Johann Gottfried Herder: *Werke in 11 Bänden*, Bd. 3: Volkslieder, Übertragungen, Dichtungen, hg. v. Ulrich Gaier, Frankfurt/M. 1990.

21 Vgl. Mark-Georg Dehrmann/Alexander Nebrig (Hg.): *Poeta Philologus. Eine Schwellenfigur im 19. Jahrhundert*, Berlin/Bern/Boston 2010.

22 Suzanne Schmid: The Act of Reading an Anthology, in: *Comparative Critical Studies* 1, 1–2/2004, S. 53–69, hier S. 61.

23 Vgl. als Überblick der kulturwissenschaftlichen Theoriebildung Hartmut Böhme: *Fetischismus und Kultur. Eine andere Theorie der Moderne*, Reinbek 2006, darin Kap. Sammlungen, Museen, Erinnerung, S. 352–372; Krysztof Pomian: *Der Ursprung des Museums. Vom Sammeln*, Berlin 1988; Boris Groys: *Logik der Sammlung*, München 1997. Aus wissensgeschichtlich-materialer Perspektive Anke te Heesen/Emma Spary (Hg.): *Sammeln als Wissen. Das Sammeln und seine wissenschaftsgeschichtliche Bedeutung*, Göttingen 2003; aus literaturwissenschaftlicher Perspektive: Sabine Schneider/Barbara Hunfeld (Hg.): *Die*

Erbe wurde im späten 19. Jahrhundert in Deutschland geradezu zum Inbegriff eines kollektiven Interesses an der Pflege kultureller Überlieferung […].“[24]

Das Bedeutungsspektrum des Begriffs ‚Erbe‘ in der heutigen multidimensionalen Verwendung ist das Resultat der neueren Wissenschafts- und Kulturgeschichte seit 1800.[25] In begriffsgeschichtlicher Hinsicht greift das Konzept erstens mit der Entstehung einer vereinheitlichten biologischen Vererbungstheorie, zweitens mit der Herausbildung einer allgemeinen zivilrechtlichen Regelung von Eigentumsübertragungen und der programmatischen Abwendung von den ‚Vätern‘, hin zu den erbenden ‚kommenden Generationen‘ sowie drittens mit der Privilegierung von Familie und Staat bzw. Nation als zwei oftmals widerstreitenden Agenturen der Vererbung. Die Reflexion auf ‚Erbe‘ ist damit nicht nur mit dem (in sich problematisch-schillernden) Konzept der Moderne verschränkt, sondern bietet immer auch Potenzial für die epistemologische Erkundung des kulturwissenschaftlichen Leitbegriffs der *Übertragung* in Form von Wissensübertragung oder Kulturtransferprozessen. Die damit in den Blick genommenen Dispositive sozialer, kultureller und biologischer Übertragungsprozesse machen eine kulturwissenschaftliche Auseinandersetzung mit dem Erbe „als einem unabgegoltenen Problem der Moderne“[26] unabdingbar. Die Verwendung des Begriffs als literarisch-kulturelle Prärogative bei Hofmannsthal, Benjamin und Borchardt steht unter diesen historischen und diskursiven Vorzeichen und wird deshalb in den einzelnen Falllektüren auch je als semantisch entdifferenziertes Monument *oder* als diskurspolitische Einsatzgröße diskutiert.

Anthologisches Sammeln und Schreiben bewegt sich in Übertragungsprozessen. Während Herder und die Brüder Grimm ihre Bemühungen unter das Vorzeichen der Bewahrung stellten und deshalb in ihrer Praxis auf *bekannte* Texte und Zeugnisse zurückgriffen, diese zusammenstellten und edierten, ist in anderen Sammelverfahren eine wechselnde Zielsetzung festzustellen, die vom Bekannten zum Erahnten, Vermuteten und Verschütteten übergeht. Die Praktiken des Anthologisierens vervielfältigten sich durch die Ausbildung segmentierter literarischer Märkte und die mit der Durchsetzung der allgemeinen Schulpflicht einhergehende Lesekompetenz. Über kanonisierte Bestände von Volksliedern zum einen und literarischer ‚Höhenkamm‘-Literatur zum anderen pluralisierte sich die funktionale Spezifik, mit

---

Dinge und die Zeichen. Dimensionen des Realistischen in der Erzählliteratur des 19. Jahrhunderts, Würzburg 2008.

24 Stefan Willer: *Erbfälle. Theorie und Praxis kultureller Übertragung in der Moderne*, Paderborn 2014, S. 19.

25 Vgl. für diesen Abschnitt die für mich wichtige Studie *Erbfälle* von Willer, S. 11–25, hier bes. 11–19.

26 Ebd., S. 12.

der Anthologisten – meistens Männer – ihr Publikum entlang struktureller Determinanten zu adressieren begannen: Textsammlungen für junge Mädchen, Hausfrauen, Regionen, Stadt- und Landbevölkerung, Soldaten usw. sowie inhaltlich geordnete Sammlungen entlang von Gattungen (und Untergattungen, insbesondere der Lyrik), nationale oder weltliterarische aber auch politische (vormärzliche oder reaktionäre) usw. bildeten ab dem ersten Drittel des 19. Jahrhunderts einen eigenen Buchmarkt aus. „Particularly during the nineteenth century, the copying of beautiful or ‚useful' textual passages was a wide-spread cultural practice. What attracted the readers' attention were fragments of poems which were assigned the role of helping one solve the problems of life. Whereas the ordering principle of earlier collections often went towards a mere listing of poets, nineteenth-century anthologies presented deliberate selections, with much awareness of the ‚value' of the material included."[27] Anthologien entwickelten sich im 19. Jahrhundert zu einem Kristallisationspunkt kunstökonomischer Differenzierungen und literaturpolitischer Strategien: Die als Auslese präsentierten Texte verblieben nicht im Register des ‚Geretteten', sondern wurden in Literatur-Geschichtsphilosophien eingebettet bzw. traten als ästhetische Anthropologie *in nuce*, als ethische Breviere zur Bildung der Persönlichkeit auf.

Weshalb schlägt die im 1. Drittel des 19. Jahrhunderts bestimmbare Euphorie des Sammelns in herbe Kritik um? Und warum hat die von Jacob Grimm postulierte Notwendigkeit des Sammelns 60 Jahre später Nietzsche dazu veranlasst, „das widrige Schauspiel einer blinden Sammelwuth", eines „rastlosen Zusammenscharrens alles einmal Dagewesenen"[28] zu brandmarken? In literatursoziologischer Betrachtung blieben Anthologien im 19. Jahrhundert ein Medium minderer Wertzuschreibung. Deutsche Anthologisten kopierten in der zweiten Hälfte des 19. Jahrhunderts im Wesentlichen ältere Modelle bzw. stellten Gedichtbestände und Erzählungen unter ein funktionales, für

27 Schmid: Reading an Anthology, S. 58.

28 „Die antiquarische Historie entartet selbst in dem Augenblicke, in dem das frische Leben der Gegenwart sie nicht mehr beseelt und begeistert. Jetzt dörrt die Pietät ab, die gelehrtenhafte Gewöhnung besteht ohne sie fort und dreht sich egoistisch-selbstgefällig um ihren eignen Mittelpunkt. Dann erblickt man wohl das widrige Schauspiel einer blinden Sammelwuth, eines rastlosen Zusammenscharrens alles einmal Dagewesenen. Der Mensch hüllt sich in Moderduft; es gelingt ihm selbst eine bedeutendere Anlage, ein edleres Bedürfniss durch die antiquarische Manier zu unersättlicher Neubegier, richtiger Alt- und Allbegier herabzustimmen; oftmals sinkt er so tief, dass er zuletzt den Staub bibliographischer Quisquilien frisst" (Friedrich Nietzsche: Vom Nutzen und Nachtheil der Historie für das Leben [1874], in: Ders.: *Die Geburt der Tragödie / Unzeitgemäße Betrachtungen. Kritische Studienausgabe*, Bd. 1, hg. v. Giorgio Colli / Mazzino Montinari, Berlin/New York 1988, S. 243–334, hier S. 268).

bestimmte Gruppen von Leserinnen und Lesern bestimmtes Thema. Oft standen die Anthologien gleich der Hausbibel an einem hervorgehobenen Ort in den repräsentativen Zimmern bürgerlicher Haushalte. In der verbreiteten Form der wertneutralen Sammlung galten sie hingegen als Beispiele von Epigonentum und stagnierender literarischer Produktivität.[29] Mit Sammlungen, die als schnell verfertigte Marktprodukte eingeschätzt wurden, war in der zweiten Hälfte des 19. Jahrhunderts kein Œuvre-Status zu erreichen.

Die fiktionale Literatur entwickelte in den populären ‚Anti-Genres' Novelle und (Zeitschriften-)Roman[30] ein Bewusstsein für die im Sammeln verankerten poetischen Erfahrungspotenziale und bevölkerte – etwa bei Theodor Fontane und Wilhelm Raabe – Erzählungen mit Sammlerfiguren und Sammelvorgängen. In diesem Oszillieren zwischen ästhetischer Qualität, nationalpolitischem Auftrag und psychologischem Störfall (der Sammler, die Sammlerin als tendenziell pathologische Figuren endlosen Aufhäufens) bewies der ‚bürgerliche Realismus' gerade in der Darstellung von Sammlungsvorgängen ein produktives Vermögen, Phänomene des zeitgenössischen Kulturbetriebs und der auf durchgreifende Geldwirtschaft umgestellten bürgerlichen Gesellschaft (Segregation, Ausdifferenzierung und Parzellierung von Wissensbeständen ebenso wie Multiplizierung der Vertriebs- und Rezeptionskanäle durch Zeitungsfeuilletons, Leihbibliotheken etc.) ästhetisch zu modellieren. In der Monumentalisierung und Reflexion ‚individueller' Form und ‚Haltung' des Bezugs auf eine auch daran festgemachte Traditionskrise werden diese Momente im Anthologischen Schreiben bei Hofmannsthal, Benjamin und Borchardt in Szene gesetzt.[31]

---

29 Vgl. Häntzschel: Anthologie, S. 99.

30 Vgl. Manuela Günter: *Im Vorhof der Kunst, Mediengeschichten im 19. Jahrhundert*, Bielefeld 2008, die ausgehend von einer gendertheoretisch-medialen Differenz zwischen männlich codierter Buchliteratur und populärer, weiblich codierter Zeitschriftenliteratur Brüche und Tendenzen in der seriellen Erzählkultur des 19. Jahrhunderts aufarbeitet und bis in die ästhetizistischen Ausläufer zu Beginn des 20. Jahrhunderts verfolgt. Die bestechende Methodik der Studie besteht in einem Fokus, der die kritische Analyse des Einzelwerks mit den medialen und materialen Aspekten der Publikation und Rezeption auf dem Literaturmarkt zu vermitteln weiß.

31 Vgl. Theodor Fontanes *Vor dem Sturm* oder Wilhelm Raabes *Wunnigel*. Während die Geschichte der Museumskultur in den Kulturwissenschaften als eingehend erforscht gelten kann, fehlen – so der Anthologiespezialist Günter Häntzschel – vergleichbare Arbeiten zum literarischen Sammeln: dem Sammeln und Veröffentlichen literarischer Texte wie der Schilderung von Sammlerfiguren und Sammelvorgängen in der fiktionalen Literatur des langen 19. Jahrhunderts von 1789 bis 1914; vgl. Häntzschel: *Sammelleidenschaft*, S. 17. Relektüren des bürgerlichen Realismus bieten hierzu vielfältige Weiterführungen; vgl. Sabine Schneider/Barbara Hunfeld (Hg.): *Die Dinge und die Zeichen. Dimensionen des Realistischen in der Erzählliteratur des 19. Jahrhunderts*, Würzburg 2008;

Anthologien sind also, wie in den obigen Abschnitten dargestellt, einerseits diskursive Objekte, Textkorpora für die sozialgeschichtliche und ideologiekritische Analyse. Andererseits sind sie – dieser Aspekt steht für meinen Zugang im Weiteren im Vordergrund – ästhetische Texturen, die sich durch ihre sequenzielle Unabgeschlossenheit und die Erwartung von *Folgen* im Feld zwischen Produktion und Rezeption, durch das Verweisen ihrer buchräumlichen Reihung von Text(fragmenten) auf Gattungsmuster und die darin eingebetteten ästhetischen Konzepte auszeichnen. Darin bestimmt sich jeweils ein dynamischer literarischer Akt der Traditionskonstitution. Die Anthologie des frühen 20. Jahrhunderts ist dabei im Vergleich mit den Blütenlesen des 19. Jahrhunderts (wieder) ein ‚starkes', Autorschaft bestimmendes Projekt. ‚Aufbewahren' und ‚Erinnern' treten als sammelnde Praktiken in ästhetischer Perspektive um 1900 erneut in ein Spannungsverhältnis, dessen Implikationen an der avancierten Form abzulesen sind, wie Autoren mit dem Problem der Tradierung umgehen und wie dieses Problem in eine produktionsästhetische Zentralstellung aufrückt.

Die hier diskutierten Positionen fallen damit unter einen spezifischen Aneignungsmodus von tradiertem *Text*: „Die Neuprägung ‚Textgelehrter' akzentuiert [...] den Text als zentralen Bezugspunkt. Damit wird betont [...], dass kulturelle und geschichtliche Überlieferung allein im Medium des Textes verfügbar ist, dem in der Moderne aber nicht mehr unhinterfragt der kanonische Charakter einer Heiligen Schrift zukommt."[32] Die Autoren Hofmannsthal, Borchardt und Benjamin waren bestrebt, über die Herausgeberfunktion einen Werk-Status für ihre Sammlungen zu erreichen. Wie überblenden sich historisch-reale Kommunikationsräume, die metaphorische Reflexion von Medien in literarischen Denkbildern und typografische Entscheidungen im ästhetischen Raum von Buch und Zeitschrift? Weshalb lässt sich die Reflexion und Beantwortung dieser Fragen anhand des Begriffs ‚Anthologisches Schreiben' besonders gut zeigen? In meiner Arbeit werde ich ausgewählte Anthologien und Reflexionen der drei Autoren aus den 1910er bis 1930er Jahren in dreierlei Hinsicht untersuchen und diese drei Perspektiven aufeinander beziehen:

Sabine Schneider/Marie Drath (Hg.): *Prekäre Idyllen in der Erzählliteratur des deutschsprachigen Realismus*, Stuttgart 2017 sowie die Bände des umfangreichen Forschungsprogramms *Ästhetische Eigenzeiten* (2013–).

32 Nicolas Berg/Dieter Burdorf: Textgelehrsamkeit. Ein Denkstil und eine Lebensweise zwischen Wissenschaft und Literatur, in: Dies. (Hg.): *Textgelehrte. Literaturwissenschaft und literarisches Wissen im Umkreis der Kritischen Theorie*, Göttingen 2014, S. 9–38, hier S. 10.

1) In welche poetologischen und ästhetischen Konzepte werden die Anthologien integriert und welche literarischen Denkfiguren bilden sich entlang der anthologischen Praxis heraus?
2) Welche Rolle spielt die gegenseitige Beobachtung in Form von aktiver Bezugnahme bis zu aktiver Ignoranz in der Beziehung dieser drei Autoren und in ihrem weiteren kultur- und kunstpolitischen Umfeld für die anthologischen Projekte?
3) Welche buch- und materialästhetischen Bezüge lassen sich über die mit der Praxis des Anthologisierens verbundenen Figurationen von Literaturgeschichte und literarischer Tradition benennen? Und in welchem historischen Kontext stehen diese in den 1920er und 1930er Jahren?

1.3 Anthologisches Schreiben bei Hofmannsthal, Benjamin und Borchardt

„Um 1800 tritt der Autor als fiktiver Herausgeber, um 1900 der faktische Herausgeber als Autor auf."[33] Jede durch eine Herausgeberschaft gekennzeichnete Anthologie tritt im Sinn der Kultursoziologie Pierre Bourdieus in ein vorstrukturiertes, umkämpftes Feld ein. Wenn der faktische Herausgeber als Autor auftritt, wird Autorschaft zugleich als Kompetenzgebiet des (nun im Gegensatz zum 19. Jahrhundert fast ausschließlich männlich gedachten) ‚besten' und ‚höchsten' Lesers konzipiert.[34] Der Autor gibt dem Publikum dabei nicht nur allgemeine ethische Leitlinien vor, sondern versucht einen Diskurs auszubilden (und zu dominieren), innerhalb dessen der *Wert* oder *Unwert* einer ganzen literarischen Tradition zur Verhandlung steht. Es scheint deshalb auch folgerichtig, dass sich die drei in meiner Studie behandelten Autoren auf dem umkämpften Feld anthologischer Traditionsbildung als ‚Erbe'-Konzept eine ästhetisch-politische Auseinandersetzung um Vorstellungen der Literatur

---

33 Uwe Wirth: *Die Geburt des Autors aus dem Geist der Herausgeberfiktion. Editoriale Rahmung im Roman um 1800: Wieland, Goethe, Brentano, Jean Paul und E.T.A. Hoffmann*, München 2008, S. 433.

34 Die seit den 1860er Jahren beginnende Konjunktur lyrischer Erbauungsbücher für Frauen sei „Ursache für das seit dieser Zeit beklagte Desinteresse des männlichen Publikums an Lyrik, denn Lyrik droht durch ihre anthologische Verbreitung aus dem literarischen Diskurs auszuscheiden, eine eigene weibliche Domäne zu werden und die Verbindung mit den entscheidenden Vorgängen des sozialen Wandels zu verlieren." (Häntzschel: *Bibliographie der deutschsprachigen Lyrikanthologien*, S. 100) Damit habe sich aber auch ein impliziter Freiraum gegen den Chauvinismus der Zeit ergeben, für den etwa Luise Büchner, Georg Büchners Schwester, oder die erfolgreiche Gartenlaube-Autorin Elise Pilko stehen. Diese gaben deutsche und ausländische Gedichte in Anthologien heraus; vgl. ebd. S. 102.

und des Lesens, um die Vorstellungen von kulturellen Räumen, Übertragungen und Grenzbildungen zwischen diesen leisten – und damit um die Bedeutung der Literatur für eine emphatisch verstandene Gegenwart der ‚Jetzt-Zeit' (vgl. Kap. 5.3). Gemeinsam ist ihnen „eine in der deutschen Literaturgeschichte fast einmalige anthologische Tätigkeit dichterisch produktiver Autoren"[35].

In diesem Feld kommt es zu Formen der Zusammenarbeit wie in Hofmannsthals und Borchardts programmatischer Arbeit für den Verlag der Bremer Presse (ab 1912, verstärkt ab Ende des Ersten Weltkriegs), zu Konkurrenz (wie bei deren Zeitschriftenprojekt *Neue deutsche Beiträge* ab 1919), zu publizierten öffentlichen Kritiken (Benjamins Rezensionen zu Anthologien von Borchardt Ende der 1920er Jahre) und zu – camouflierten – Kontrafakturen (Benjamins zunächst als kommentierte Serie im Feuilleton der *Frankfurter Zeitung* erschienene Sammlung *Briefe* 1931/32 und, als Buch, *Deutsche Menschen* im Jahr 1936; vgl. Kap. 2). Die Traditionsinteressen von Hofmannsthal, Borchardt und Benjamin und deren Verknüpfung mit poetologischen Konzepten lassen sich nicht zuletzt als Ausdruck ihrer avancierten philologischen Ausbildung lesen: Alle drei waren Söhne aus in der Gründerzeit reich gewordenen Kaufmannsfamilien. Sie teilten das Interesse, über die Elterngeneration hinaus an kulturelle Formen des frühen 19. Jahrhunderts anzuknüpfen, indem sie diese je unterschiedlich als verschüttet, verloren oder vergessen darzustellen suchten. Für die Elite des späten Wilhelminismus schlägt Wolfgang Schivelbusch den Terminus der „postheroischen" Generation vor: Erben, Siegersöhne, „Epigonen" und „Literaten" oszillierten zwischen dem Auftrag, das väterliche ‚Erbe' zu bewahren und dem Drang, sich selbst durch große Taten zu profilieren. In diesem Konflikt hätten sie, so Schivelbusch in Bezug auf die Krise der Weltkriegsniederlage, ihr spezifisches Krankheitsbild entwickelt.[36]

Im kulturpessimistischen und lebensphilosophischen Denken in der Nachfolge Nietzsches amalgamiert sich ein Residuum des Traditionsbegriffs mit der Vorstellung einer Voraussetzungslosigkeit des Neuen, das sich im Komplement der Willenskraft bekundet. „Tradition avanciert bei Spengler zu einem (autoritären) Prinzip, das zum Vollzugsorgan des dem Neubeginn zugewandten Willens wird. Es ist keine Tradition ohne vorausgegangene Zäsur denkbar."[37] Hofmannsthal, Borchardt und Benjamin partizipierten auffällig an einem

35 Gerhard R. Kaiser: Anthologie: Kanon und Kanonskepsis. George, Wolfskehl, Hofmannsthal, Borchardt, in: Ders./Sven Matuschek (Hg.): *Begründungen und Funktionen des Kanons*, S. 107–135, hier S. 119.

36 Wolfgang Schivelbusch: *Kultur der Niederlage. Der amerikanische Süden 1865, Frankreich 1871, Deutschland 1918*, Berlin 2001, S. 233.

37 Till R. Kuhnle: Tradition/Innovation, in: *Ästhetische Grundbegriffe. Historisches Wörterbuch in sieben Bänden*, Bd. 6: Tanz – Zeitalter, hg. v. Karlheinz Barck, Stuttgart/Weimar 2005, S. 74–117, hier S. 99.

Modus literarischen Schreibens, der die historische Gattungsvielfalt der Literatur sowohl in Gestalt musterhafter Texte und Editionen ‚abzuschließen' wie als poetologische Überlieferungsexpertise[38] zu ‚erneuern' trachtete. Sie bemühten sich um Übersetzungen von Werken der großen europäischen Sprachen, des Altertums (bei Borchardt mit den provenzalischen Sprachen auch des Hochmittelalters) und reflektierten das Übersetzen in theoretisch avancierter Art und Weise – wenn auch, was den Vergleich Benjamins und Borchardts betrifft, in der Form geradezu konträr.[39] In einer geteilten Orientierung an einer „mythopoietischen"[40] oder messianischen Konzeption, wenn auch in einer darin je höchst unterschiedlichen Ausformung, liegt ebenfalls eine auffällige Berührung, die von den ideologischen Abgrenzungen oder der aktiven Ignoranz (Borchardts gegenüber Benjamin) überdeckt bleibt. Weiter ist festzuhalten: „Die vielfältig meist aufeinander Bezug nehmenden Anthologien von Hofmannsthal, Borchardt und Benjamin sind ohne das zu Ergänzung, Korrektur und Widerspruch auffordernde Unternehmen Stefan Georges und Karl Wolfskehls nicht zu denken."[41] Diesen Zusammenhang und seine ästhetische Bearbeitung werde ich in Kap. 2 sowie in einer Lektüre (Kap. 5.7 und 5.8) erörtern.

Aufgrund dieser Literatur und Geschichte verknüpfenden poetologischen Konzepte rückt der Bilanz- und Manifestcharakter, der einer Anthologie qua ihrer Form der Zusammenstellung von Textstücken verschiedener Autorinnen und Autoren beigegeben ist und der sie gerade um die Jahrhundertwende im Umfeld sich konkurrenzierender Kunstbewegungen wieder attraktiv werden lässt, bei Hofmannsthal, Borchardt und Benjamin in den Fokus (vgl. Kap. 2 und 5.6). Sei es ihrer damit verbundenen nationalpolitischen und -kulturellen Kundgaben wegen, sei es, avancierter, als „Reflexionsmedium"[42] für die poetologischen Konzepte, die die Idee einer bilanzierend versammelten ‚Literatur' in je spezifischer Form brechen. Das anthologische Medium wird umgebaut in eine aktiv kuratierte Textexposition, die ästhetische Beziehungen (seien diese

---

38 Vgl. Sandro Zanetti: Lyrisch aus der Kulisse der Historie treten. Vergangenheit und Vergänglichkeit in Hofmannsthals „Der Tod des Tizian", in: *Hofmannsthal. Jahrbuch zur europäischen Moderne* 20/2012, S. 141–160; Willer: *Erbfälle.*

39 Dazu Matz: *Eine Kugel im Leibe.*

40 Antonia Eder: Antike, in: Mathias Mayer/Julian Werlitz (Hg.): *Hofmannsthal-Handbuch. Leben – Werk – Wirkung*, Stuttgart/Weimar 2016, S. 96–98, hier S. 98.

41 Gerhard R. Kaiser: Deutsche Dichtung, in: Achim Aurnhammer /Wolfgang Braungart/ Stefan Breuer (Hg.): *Stefan George und sein Kreis. Ein Handbuch*, Bd. 2, Berlin 2012, S. 607–627, hier S. 624.

42 Detlev Schöttker: Erfahrung und Nüchternheit, in: Barbara Hahn/Erdmut Wizisla (Hg.): *Walter Benjamins „Deutsche Menschen"*, Göttingen 2008, S. 81–98, hier S. 87.

textuell-metaphorisch, rezeptiv-historisch oder als Übersetzungen komparativ) zum Zweck der Sinnstiftung ausstellen soll – weg vom Vollständigkeitsanspruch des Museums hin zur ‚Ausstellung', weg vom kanonischen nationalkulturellen Speicher hin zu einer traditions- oder tradierungskritischen Intervention in einen zeitgenössischen Diskurs, der sich – in Dynamiken des Reaktionären, Progressiven usw. – über seine Krisenförmigkeit auszeichnet.[43] Der sich als Herausgeber drapierende Autor um 1900 greift dazu gern zum Bild des Kurators. Die Analogie der Bildergalerie des Museums bezieht sich auf die populäre Metaphorik der Anthologien des 19. Jahrhunderts, die im Titel oft die Bezeichnung ‚Museum' oder ‚Galerie' führten. Damit sind die offensiv als literarisches ‚Erbe' präsentierten Texte oder Textstücke auch als materialer Vermittler der Erinnerung, als Medien des Vergegenwärtigens angesprochen. Die visuell-museale Funktion wird durch die generell zurückhaltende typografische Präsentation der Bücher gestützt, die in der Reihe des Verlags der Bremer Presse erschienen sind (dazu Kap. 3.8).[44]

Mit Blick auf die Präsentationsform in der Funktion eines literarischen ‚Museums' lässt sich ein differenzierender Zugang denken. Überträgt man die Metapher der Installation auf den anthologischen Buchraum, ließe sich mit Juliane Rebentisch auf die „Inkongruenz" hinweisen, die man in der Literatur in jener Spannung erkennt, in der die „Erfahrungszeit offensichtlich nicht in der Zeit eines linear gedachten Leseakts aufgeht".[45] So sind Sammlungskonzeptionen und die Entwicklung von eigenständigen artistischen „Sprachen des Sammelns"[46] – beispielsweise solcher von Wort-Listen – zuerst in den ästhetischen Avantgarden seit den 1910er Jahren und später wieder von den 1960er Jahren bis in die Gegenwart zu einem prägenden Element einer Kunst geworden, die sich für tentativ-performative Prozesse des Materials interessiert. Dieses Material steht im Gebrauch, gerade weil sich an der visuellen Spannung von Buchstaben- und Wortkünsten historische Konjunkturen des Zusammenhangs von Schrift und Bild für einen Erfahrungsgehalt wiedererinnern und

43 Vgl. Hella Straubel: *Museum der Literatur. Schriftstelleranthologien in Deutschland und Frankreich*, Heidelberg 2015, S. 195–196.

44 Vgl. Willy Wiegand: Die Bremer Presse [1922/23], in: Werner Volke/Bernhard Zeller (Hg.): *Buchkunst und Dichtung. Zur Geschichte der Bremer Presse und der Corona. Texte und Dokumente*, Marbach/München 1966, S. 16–25, hier S. 19 u. passim.

45 Juliane Rebentisch: *Ästhetik der Installation*, Frankfurt/M. 2003, S. 150–151.

46 Vgl. den umfangreichen Sammelband von Sarah Schmidt (Hg.): *Sprachen des Sammelns*, Paderborn 2016.

wiederaufführen lassen, in dem Kunst nicht in einer Repräsentationslogik verstanden wird.[47]

Wenn sich Hofmannsthal in der Vorrede des *Deutschen Lesebuchs* (1922) als geselliger „Kurator“ inszeniert, der sich um die Rezeptionskraft des genießenden Liebhabers sorgt und diesen gegen den „Gelehrten“ und den „stumpfen Beschauer“ verteidigt, indem er „die Hälfte [auch interessanter Bilder oder eben Erzählungen, F.S.] in den Keller verbannt“,[48] so prätendiert dies eine Haltung, die weniger das Entdecken von Neuem, sondern vielmehr ein Wiedererkennen und Vergegenwärtigen des durch den Bildungskanon Bekannten anstrebt. Dies nahm rezeptionslogisch Rücksicht auf ein Publikum, für welches diese Auswahl nicht den Beginn, sondern den „Abschluss der Lektüreerfahrung“[49] darstellte, worauf produktionslogisch Hofmannsthals kulturpolitische Hoffnung aufbaute, von den in der Gegenwart geltenden Tendenzen bestimmte abzuweisen, um andere, die an die deutsche Romantik anschlossen, fortsetzen zu können. So sollte das Kuratieren und insbesondere die Neuausrichtung der vor dem Ersten Weltkrieg als Privatpresse gegründeten Bremer Presse als ein Ort buchkünstlerisch anspruchsvoller, aber auch günstiger Publikationen[50] dazu beitragen, eben dieses ausgewählte „Publikum, wie es vor hundert Jahren da war, sich heute versplittert hat und aus tausend Individuen zum Publikum erst wieder gemacht werden müsste“,[51] über die Autorfunktion eines kuratierten literarischen Traditionsbezugs zu vereinigen. Dieses restaurative Kommunikationsideal und seine zu Zeiten der Hyperinflation und des wirtschaftlichen Zusammenbruchs in den jungen Republiken Deutschland und Österreich der frühen 1920er Jahre prekär gewordene buchkünstlerische Umsetzung imaginierte Hofmannsthal in der Formel des geselligen Schreibens.

47 Für das damit verbundene *andere* Lesen auch mit Blick auf gesellschaftliche Bruchlinien der Gegenwart plädiert inspirierend Helmut Müller-Sievers in seinem Vortrag „Roman und reine Erfahrung. William James’ radikaler Empirismus als Vollzug des Lesens“ anlässlich der *Zurich Distinguished Lectures* 6/2021, verfügbar via *YouTube*; https://www.youtube.com/watch?v=fLdXG4k2P6w (letzter Aufruf: 31.8.2022).

48 Hugo von Hofmannsthal: Deutsches Lesebuch, in: Ders.: *Sämtliche Werke. Kritische Ausgabe, Bd. XXXVI: Herausgebertätigkeit*, hg. v. Donata Miehe/Ellen Ritter/Catherine Schlaud/Katja Kaluga, Frankfurt/M. 2017, S. 69–106, hier S. 89; vgl. auch die Varianten und die Erläuterungen zur Herausgebertätigkeit, ebd. S. 808–1025.

49 Knödler: *Rudolf Borchardts Anthologien*, S. 134.

50 Vgl. Volke/Zeller (Hg.): *Buchkunst und Dichtung*, S. 13.

51 Hofmannsthal, Ankündigung des Verlages der Bremer Presse, in: Ders.: Herausgebertätigkeit, KA XXXVI, S. 52.

> Auf Kontakt mit einem idealen Zuhörer läuft es bei ihnen allen hinaus; dieser Zuhörer ist sozusprechen der Vertreter der Menschheit, und ihn mitzuschaffen und das Gefühl seiner Gegenwart lebendig zu erhalten, ist vielleicht das Feinste und Stärkste, was die schöpferische Kraft des Prosaikers zu leisten hat.[52]

Eine forschend-künstlerische Auffassung von Philologie verbindet Hofmannsthal, Borchardt und Benjamin jenseits des direkten Austauschs zu Lebzeiten und der postumen Rezeption. Diese „Haltung"[53] steht in erster Linie konträr zu einer empirisch-historisch arbeitenden Philologie, wie sie sich in den Sprachwissenschaften und dem Fach Literaturgeschichte an den deutschsprachigen Universitäten Ende des 19. Jahrhunderts bereits herausgebildet und institutionalisiert hatte. Hofmannsthal, Benjamin und Borchardt eint zwar der kulturelle Gestus der forschenden Entzifferung von historischen Sprachobjekten oder Sprachsituationen, jedoch vorab als *ästhetische* Phänomene und nicht als konkret-sprachwissenschaftlicher Gegenstand. Sprachobjekte oder Sprachsituationen behandeln sie archäologisch-genealogisch, um damit Gegenwartsphänomene monumental zu konfrontieren bzw. kritisch zu beleuchten. Bei Hofmannsthal nimmt dieser Umgang den Ausdruck einer Ineinanderspiegelung entlegener Sprachformen in der dialogischen Struktur der Redenden an: sei es in seinen dramatischen Texten, aber auch seinen anthologischen und

---

52 Hugo von Hofmannsthal: Schöne Sprache [1921], in: KA XXXV, Reden und Aufsätze 4, hg. v. Jutta Rissmann, Ellen Ritter †, Mathias Mayer und Katja Kaluga, S. 45–48, hier S. 47.

53 Auf diese pocht Benjamin im kontroversen Gespräch mit Adorno selbst zum Zeitpunkt seiner größten persönlichen Abhängigkeit von dessen Zustimmung in der Diskussion um die Publikation des Baudelaire-Texts in der *Zeitschrift für Sozialforschung* (und der damit verbundenen finanziellen Mittel für den prekär lebenden Exilanten in Paris in den 1930er Jahren): „Wenn Sie [Adorno, F.S.], von einer ‚staunenden Darstellung der Faktizität' sprechen, so charakterisieren Sie die echt philologische Haltung. Diese mußte nicht allein um ihrer Resultate willen, sondern eben als solche in die Konstruktion eingesenkt werden. […] Die Philologie ist diejenige an den Einzelheiten vorrückende Beaugenscheinigung eines Textes, die den Leser magisch an ihn fixiert. […] Der Schein der geschlossnen Faktizität, der an der philologischen Untersuchung haftet und den Forscher in den Bann schlägt, schwindet in dem Grade, in dem der Gegenstand in der historischen Perspektive konstruiert wird. Die Fluchtlinien dieser Konstruktion laufen in unserer eignen historischen Erfahrung zusammen. Damit konstituiert sich der Gegenstand als Monade. In der Monade wird alles das lebendig, was als Textbefund in mythischer Starre lag." Walter Benjamin an Theodor W. Adorno, 9.–12.12.1938, in: *Gesammelte Briefe*, Bd. VI, hg. v. Christoph Gödde/Henri Lonitz, Frankfurt/M. 2000, S. 181–191, hier S. 184–185. Die Briefausgabe wird im Folgenden nachgewiesen mit der Sigle GB und Bandangabe. Gegen die Tendenz zur Abwertung der historischen Erfahrung bei Adorno pocht Benjamin auf die philologisch fruchtbar zu machenden Gehalte, die aber nicht ohne eine Objektivierung der philologischen Haltung der staunenden ‚Beaugenscheinigung' zu wirken vermögen.

aphoristischen Formaten (vgl. Kap. 3.3 und 3.4). Das Problem der Nachfolge stellt sich in Form gleichzeitiger, aber diametral unzusammenhängender Sprechweisen dar. Die daraus als Effekt entstehende grundlegende Ambivalenz sprachlicher Bezüge zeigt sich in einer szenischen und gestischen Sprache, auch in den erzählenden Texten und in Vor- und Nachworten anthologischer Projekte, in deren Zuspitzungen sich Hofmannsthal zugleich die Lizenz ausstellte, nicht direkt über die Folgen des Weltkriegs (und die eigene Rolle und Verantwortung als Kriegspropagandist) sprechen zu müssen.

Bei Benjamin steht exemplarisch die Idee des ‚dialektischen Bilds': Geschriebenes, seien es von ihm angeeignete Zitate aus dem kulturellen Archiv oder Selbstverfasstes, wird als Material wiederverwendet und wortbildlich in Szene gesetzt.[54] Die Suggestion dieses Konzepts lautet, dass dialektische Bilder das konventionalisierte Paradigma der Geschichtsschreibung neu zu sehen und zu lesen geben (vgl. Kap. 5.2) – ihr dasjenige abtrotzen, was von den ‚Siegern' der Geschichte unrechtmäßig in Besitz genommen und gewaltsam zu ‚Tradition' geformt worden ist. Anthologisches Schreiben ist damit ein Lernprogramm des Lesens: Die aus ihrem dialogischen Pakt ‚halbierten' Briefe von ‚deutschen Menschen' in der gleichnamigen Anthologie *sollen* durch die Kommentare (als Kritik) Benjamins *anders* gelesen werden: nicht als monumentalisierte Repräsentationen, sondern als dokumentarisches ‚Zwischenreich' von durch den geschichtlichen Verlauf und eine verunglückte Rezeption vergletscherten klassischen ‚Kadavern' (vgl. Kap. 2.2), an denen andere Erfahrungspotenziale zu erinnern sind.

Borchardt schließlich fusioniert im Gestus des Künstlerphilologen Wissens- und Methodenbestände mit artistischer Sprachschöpfung, die für sich in Anspruch nimmt, einer vergangen-möglichen Sprachform bzw. einer vergangen-möglichen kulturellen Form sprachlich einen urkundlich ewig gültigen Ausdruck zu geben (vgl. Kap. 6.3 und 6.4). Für ihn ist herausgearbeitet worden, „wie die zitierten Auszüge völlig in den Dienst seiner Sammlung zu stellen und deren Sinn zu ändern [sind], ohne grob in den Textkörper einzugreifen."[55]

Wenn im Folgenden von ‚Philologie' die Rede ist, gilt es, diese kulturphilologische Distanz der Autoren zu einem empirisch-positivistischen Begriff von Philologie jeweils mitzudenken. Hofmannsthal, Benjamin und Borchardt rekurrieren je unterschiedlich auf eine Philologie als im weitesten Sinn *Kunst der Interpretation* (Emil Staiger), die das Sprachkunstwerk eben gerade nicht

---

54 Vgl. Walter Benjamin: Der destruktive Charakter [1931], GS IV.1, S. 396–398, hier S. 396; ders.: Notizen über den „destruktiven Charakter", GS IV.2, S. 999–1001, hier S. 1000; Burkhardt Lindner: Zu Traditionskrise, Technik, Medien, in: Ders. (Hg.): *Benjamin-Handbuch. Leben – Werk – Wirkung* [2006], Stuttgart/Weimar 2011, S. 452–454.

55 Matz: *Eine Kugel im Leibe*, S. 132–133.

in eine kontingente Summe potenziell unendlicher empirischer Elemente und Zusammenhänge auflöst, sondern von dessen (wie auch immer im einzelnen verstandenen) ‚Abgeschlossenheit' ausgeht. Aus dieser Abgeschlossenheit der Form entsteht erst das ästhetische Problem bzw. die Problemgeschichte – entstehen aber auch die produktionsästhetischen Aktualisierungsmöglichkeiten, die Möglichkeiten (und die ambivalente Faszination) des philologisch-ästhetischen Interpolierens. Im Medium des Schreibens gedacht, ist so verstandene Philologie nicht auf einen zeitlich-sukzessiven Nachvollzug der Produktion beschränkt, sondern fundiert in einer sprachphilosophischen Perspektive Produktions- und Rezeptionslogiken gleichermaßen.[56]

1.4 Traditionskrise und ‚Erbfolge' als Voraussetzungen Anthologischen Schreibens

Anthologisches Schreiben bildet einen poetologischen Kommunikationszusammenhang, der über das eine, die konkrete Sammlung und ihre literaturkritische Wertung, wie über das andere, die fragmentierte Neupräsentation im Sinn des ‚wertvollen' Stücks, hinausführt. Unter dem Terminus „Werkpolitik" ist dieser an eine aktivierende Poetik der Tradition gebundene Kommunikationszusammenhang für Autoren des 18. und 19. Jahrhunderts beschrieben worden.[57] Poetiken der Überlieferung, wie ich sie im Terminus *Anthologisches Schreiben* für das frühe 20. Jahrhundert hervorhebe, zeichnet darüber hinaus eine reflexive Wendung auf die technischen und materiellen Möglichkeiten der Buchproduktion und deren Mitberücksichtigung im Kalkül einer Tradierungsdynamik aus, die bereits *im* Bewusstsein der Position des ‚Epigonentums' bzw. ‚Erbentums' operiert. In diesem Unterkapitel werden entsprechende Eckpunkte bei den drei behandelten Autoren vorausweisend auf die folgenden Autorenkapitel 3, 5 und 6 kurz herausgehoben.

Das Herausarbeiten einer spezifischen ästhetischen Gestik (vgl. Kap. 3.4) trägt Hofmannsthals Schreiben über die epigonale Reproduktion klassischer Formen (was ihm von vielen vorgehalten wurde) hinaus und in die Gattungs- und Medienreflexion hinein.[58] Die durch die umfangreiche und produktive Hofmannsthalforschung gesicherten Leitlinien einer kulturellen Diagnose der

56 Vgl. Fabian Saner: Zeitschrift – Zitat – Nachleben. Walter Benjamin als Produzent, in: Heine/Zanetti (Hg.): *Transaktualität*, S. 73–82, hier S. 78.

57 Steffen Martus: *Werkpolitik. Zur Literaturgeschichte kritischer Kommunikation vom 17. bis ins 20. Jahrhundert*, Berlin/New York 2006; dazu die Rezension von Sandro Zanetti in der *Zeitschrift für Germanistik*, NF, XVII 3/2007, S. 735–738.

58 Vgl. Heinz Hiebler: *Hugo von Hofmannsthal und die Medienkultur der Moderne*, Würzburg 2003; Olaf Enderlein: *Die Entstehung der Oper Die Frau ohne Schatten von Richard Strauss*,

'Traditionskrise' und der autorpoetischen Konsequenz, im Phantasma des 'Erbfolgers' weiterzuschreiben, ist zunächst für die Textfelder Anthologie und Zeitschrift deswegen interessant, weil diese eine Positionierung zum Zeitgeschehen, zur 'Aktualität' und eine Verhältnisbestimmung schon von ihrer Qualität der Präsentationsform einfordern: Präsentiert werden darin besonders 'gelungene' Texte oder Textausschnitte, deren 'Aktualisierung' durch eine thematische oder gattungsmäßige Einbettung kommentiert wird. Für den Philologen, als der sich Hofmannsthal programmatisch in seiner Habilitationsschrift zeigte, stand die Bezugnahme auf die Zeitlichkeit des poetischen Schreibens unter einem anderen Stern: Nicht der Epoche oder der Gestalt musste 'Ausdruck' verliehen werden, sondern dem 'Leben', worin die Epoche oder das Zeitbewusstsein vielmehr die dichterische bzw. die durch den dichtenden Philologen nachgebildete Konstruktion darstellen sollte. Gleichwohl bewegen sich die Autoren in einem durchgreifenden Diskurs, der das Nationale in all seinen Dimensionen betont, bei Borchardt besonders auch in seiner phantasmatisch-ästhetischen Ausprägung. Unter solchen Voraussetzungen wird das Konzept der nationalen Ästhetik – nicht zuletzt in den Anthologien – zugleich popularisiert und 'offizialisiert'.[59]

Hofmannsthal publizierte sehr früh in seiner literarischen Karriere literaturkritische und poetologische Überlegungen zu der Frage, in welchem Verhältnis die Aneignung der Tradition zu einer „Augenblickspoetik",[60] einer Poetik symbolisch erzeugter Gegenwärtigkeit stehen kann. Er rahmt seine eigene poetische Praxis durch literaturkritische Überlegungen und setzt dafür wiederum ältere Gattungsmuster ein, etwa den ästhetischen Dialog aus Antike und Renaissance.[61] An den genuin anthologischen Projekten der 1910er und 1920er Jahre, beginnend mit den während des Ersten Weltkriegs erschienenen Sammlungen der Literatur der 'habsburgischen Völker' Österreichs und Tschechiens,[62] fällt ein Textverständnis auf, das diese präsentische

---

Frankfurt/M./Bern/Wien 2017; Stefan Kleie: *Der Rosenkavalier und die Spektakelkultur der Moderne. Werkpolitik, Rezeption, Analysen*, Dresden 2019.

59 Vgl. Peter Ihering: National/Nation, in: *Ästhetische Grundbegriffe. Historisches Wörterbuch in sieben Bänden*, Bd. 4: Medien – populär, S. 377–404, hier S. 397.

60 Sabine Schneider: *Die Verheißung der Bilder. Das andere Medium in der Literatur um 1900*, Berlin/New York 2006, S. 24.

61 Nach Nietzsches Verdammung der dialogischen Gesprächsform in der antiken Literaturtradition erfuhr diese überraschenderweise eine neue Wertschätzung bei Hofmannsthal, Kassner, Borchardt und Rilke. Vgl. Dieter Burdorf: Gespräche über Kunst. Zur Konjunktur einer literarischen Form um 1900, in: Ders./Andreas Beyer (Hg.): *Jugendstil und Kulturkritik*, Heidelberg 1999, S. 29–50.

62 Vgl. Hugo von Hofmannsthal: Österreichische Bibliothek. Eine Ankündigung, KA XXXVI, S. 27–33, vgl. weitere Texte ebd., S. 21–49.

und augenblickshafte Einschreibung in eine Ahnenfolge verstärkt auch in sprachnationale und -kulturelle Bezüge setzt. Hofmannsthals anthologische Poetik kreist um zwei Pole: einen Pol bildet eine literarisch verwirklichbare individuelle Größe (vgl. Kap. 3.3) und damit verbunden die Figur eines ‚unzerteilten Stils'. Gebot ist hier die ästhetische Anthropologie, die sich in einem von Hofmannsthal oft verwendeten Zitat Joseph Addisons ausspricht: „The whole man must move at once."[63] Diesem emphatisch betonten individuellen Stil entgegengesetzt postuliert Hofmannsthal am anderen Pol für anthologische Textsammlungen eine Prosaform der ‚mittleren Sprache'. So wird die Aufgabe des anthologischen Gattungsmediums modifiziert: Traditionell versprach die literarische ‚Blütenlese' die ‚höchsten' – sprich: die kanonisierten – Spracherzeugnisse zu rubrizieren, zu überliefern und damit zu bewahren. Die anthologische Textsammlung des 1922 erstmals publizierten *Deutschen Lesebuchs* (1. Aufl. 1922, 2. erw. Aufl. 1926) soll hingegen, so Hofmannsthal, eine überindividuelle ‚mittlere' Sprachform ausprägen, um dadurch nationalkulturelle Charakteristika zur Kenntlichkeit bringen zu können (vgl. Kap. 3.4 und 3.6). In diesem wirkungsmächtigsten Versuch Hofmannsthals, eine kanonbildende Anthologie zu konstruieren, versucht er bezeichnenderweise, diese Charakteristik ‚deutscher' Prosa *ex negativo* im Vergleich mit der französischen Sprachtradition zu schärfen.[64]

Was Hofmannsthal als ‚mittlere' Form prosaischen Schreibens konzeptualisiert und aufwerten will – den Brief aus dem Umfeld des kanonisierten Schriftstellers, das physiognomische Portrait, die Kalendergeschichte, das Denkbild –, bildet die Gefäße des *Deutschen Lesebuchs* (vgl. Kap. 3.6). In einem Brief an Hermann Hesse nennt Hofmannsthal die Herstellung einer „geistigen Mitte" als Ziel.[65] Damit verbunden ist eine Distanznahme von der Genieästhetik, auf die ihn in historisierender Perspektive die Literaturkritik seiner Zeit festzuschreiben versuchte, zugunsten anderer Determinanten literarisch bemerkenswerten Schaffens. Die zugleich vage und überdeterminierte Eigenschaft, die Hofmannsthal zur Kennzeichnung der im Lesebuch versammelten Stilformen einführt, heißt „Gemüt".[66] Abgegrenzt von einem mit der Romantik

63 Brian Coghlan: „The whole man must move at once". Das Persönlichkeitsbild des Menschen bei Hofmannsthal, in: *Hofmannsthal-Forschungen* 8/1985, S. 29–47.

64 Vgl. Werner Volke: „Wir haben nicht wie die Franzosen einen Kanon …". Herausgeben als Aufgabe des Dichters, in: *Hofmannsthal. Jahrbuch zur europäischen Moderne* 6/1998, S. 177–205.

65 Hugo von Hofmannsthal, zit. n. Volke: Kanon, S. 199.

66 So bereits in der Einleitung von Hofmannsthals erster Anthologie *Deutsche Erzähler* (1912), KA XXXVI, S. 12–20, hier S. 16 und 18; vgl. jetzt: Hugo von Hofmannsthal: KA XXXV, Reden und Aufsätze 4. Siehe auch die Bezugnahme.

verbundenen „Kultus des Gemütes",[67] wird dieses an überindividuelle kulturelle Sprachlagen angeschlossen. Die mittlere Prosa als ein sprachpolitisches Ideal Hofmannsthals ist rückgebunden an sprachgeografisch-kulturpolitische Konzepte ‚Mitteleuropas',[68] deren Affirmation er ab etwa 1916 nach dem Ende seiner Kriegsbegeisterung aktiv betrieb und die mit dem Zusammenbruch des Habsburger Reichs und dem Versailler Vertrag noch zentraler wurden. Für Europa[69] sieht Hofmannsthal ausgangs des 1. Weltkriegs zwei Alternativen: einerseits eine politisch-metaphysische Restauration von Ordnungsvorstellungen in einem übernationalen ‚Reich', auf der anderen Seite eine Politik, die sich als ‚bloße' Regierungstechnik mit rechtlichen Regelungen, inner- und interstaatlichen Verträgen, demokratischen Verfahren und modernem Verfassungsrecht abgibt. Im Verbund mit konservativ-katholischen Denkern reaktionärer Ordnungsvorstellungen optierte Hofmannsthal für eine ‚Geistesverfassung' eines hierarchisch über anderen Ländern stehenden ‚Europas' gegen nationale, zumal in nationalistische Prinzipien übergehende politische Formungen. Diese zugleich von kolonialen Überhebungen geprägte wie einen ethnischen Nationalismus ablehnende Geistesverfassung leitet er in der berühmt-berüchtigt gewordenen Münchner Rede *Das Schrifttum als geistiger Raum der Nation* zu „eine[r] konservative[n] Revolution" von 1927 im Gegensatz zu Sprach- und Kulturkonzepten in der *Romania* her.[70] Zweifellos hat dieses Europabild nostalgisch-regressive Züge, ist zugleich aber auch Produkt des Ersten Weltkrieges, den Hofmannsthal verquer als Revolution in Form einer ‚Antwort' des deutschen Volkes auf 1789 bewertet. Diese ambivalenten Bezugnahmen gilt es nun spezifischer in Hofmannsthals Ästhetik zu situieren.

---

67 Hofmannsthal: Das Schrifttum als geistiger Raum der Nation (1927), in: Hofmannsthal, KA XXXV, S. 303–323, hier S. 317 (vgl. Fußnote 70 in diesem Kapitel).

68 Vgl. Sabine Schneider: Österreich/Mitteleuropa, in: Mayer/Werlitz (Hg.): *Hofmannsthal-Handbuch*, S. 125–126.

69 Dabei muss man sich bewusst halten, dass diese Positionierungsversuche und der Europa-Begriff zu diesem Zeitpunkt vor dem Hintergrund des Zusammenbruchs der imperialen Reiche in Mittel- und Osteuropa sehr dynamisch waren. Während Hofmannsthal mit den Mitteln der Kunst für ein Europa als Überwindung der Nationalstaaten votierte und dabei von seinem eigenen, teil von Verachtung und Abwertung geprägten elitären Menschenbild ausging, beteiligten sich an diesen Diskussionen auch spätere Faschisten und Nationalsozialisten. Völkisch argumentierte Hofmannsthal nicht, und auch das Wort „Volk" ist in der Schrifttumsrede im Gegensatz zu Borchardts zwei Monate später gehaltenen Vortrag nicht zentral; vgl. den neuen Kommentar des Herausgebers Mathias Mayer zur Entstehungsgeschichte der Schrifttumsrede, in: Hofmannsthal: KA XXXV, S. 1143–1153, hier S. 1150.

70 Jetzt neu kritisch ediert durch Mathias Mayer in Hofmannsthal: KA XXXV, S. 309–323 (Text) und S. 1143–1251 (Entstehung, Varianten, Erläuterungen, Zeugnisse); das Zitat, ebd. S. 323.

So viel vorweg: Das ‚Mittlere' wird zu einer gleichsam epiphanischen Formel für die Vermittlung (kulturgeografischer) Räume und Sprachen ebenso wie für den Ausgleich innergesellschaftlicher Klassenspannungen.[71] Dies ist der Ausgangspunkt für die bildungspolitischen und geistesgeschichtlichen Großprojekte der Anthologien.

In den 1920er Jahren entstehen die großen anthologischen Serien der Bremer Presse, flankiert vom Zeitschriftenprojekt *Neue deutsche Beiträge* und vom Aphorismenband *Buch der Freunde* (vgl. Kap. 3.5). Literaturkritiker wie Willy Haas (*Die Literarische Welt*) beschrieben Hofmannsthals Ästhetik als Versuch, mit diesen Anthologien eine schöpferische Tradition zu konstruieren; eine Tradition, die *nicht* antiquarisch sei und die Haas als „abstrakte[n] Klassizismus" zu fassen versuchte.[72] Im Zitieren und im Wiederaufführen des eigenen und des unter dem Namen anderer überlieferten Texts wird die lebensphilosophische Entgrenzungsmetaphorik, die in Hofmannsthals poetologischen Exklamationen an der semantischen Oberfläche sehr präsent ist, auf eine bibliophile und epistolografische Kulturtechnik zurückgeführt: eine kulturphilologische Szene, die ihre Spannung aus der Gleichzeitigkeit adressiert-konkreter, abstrakt-ideeller und medial-erprobbarer Elemente gewinnt.[73]

Verschiebt man das Interesse auf die implizite Problematisierung festgefügter Werk-Vorstellungen und Traditionstopoi durch ihre Überbietung bei Hofmannsthal, bietet sein ethisch-ästhetisches Gebot – „Stil aber ist unzerteilte Einheit des Menschen"[74] – eine interessante Reflexion von Intertextualität, weil diese ‚unzerteilte Einheit' gerade in den anthologischen Zusammenstellungen zutagetritt, sich also auf eine je spezifische Konstruktion von Textreihen beruft. In produktionsästhetischer Perspektive kann der extensive Zitateinsatz in ausgewiesener oder unausgewiesener Form als materiale Basis einer „Fremdbeobachtung"[75] gefasst werden: Das Schreiben wird als eine Konstellation von Eigenem und Anderem/n aufgefasst, findet im materialen Raum des mit greifbaren Büchern bzw. Zitaten und zitierbaren Motiven der Weltliteratur

71 Vgl. Dethloff: Hugo von Hofmannsthal und eine konservative Revolution, S. 547–551.

72 Willy Haas: Hugo von Hofmannsthal (‚Der Dichter des ahasverischen Problemkreises'), in: Gotthart Wunberg (Hg.): *Hofmannsthal im Urteil seiner Kritiker. Dokumente zur Wirkungsgeschichte Hugo von Hofmannsthals in Deutschland*, Frankfurt/M. 1972, S. 289–299, hier S. 291.

73 Diese Schwerpunkte lassen sich im jüngst abgeschlossenen Band der Reden und Essays aus den 1920er Jahren noch einmal vertieft nachvollziehen.

74 Hofmannsthal: Vorrede des Herausgebers zur ersten Auflage, wiederabgedruckt in: Ders. (Hg.): *Deutsches Lesebuch*, 2., erw. Aufl., München 1926, S. XII; Hugo von Hofmannsthal: Deutsches Lesebuch, KA XXXVI, S. 69–106, hier S. 89.

75 Mathias Mayer: *Hugo von Hofmannsthal*, Stuttgart 1993, S. 174.

reich umstellten Schreibtischs statt, hat mit Erinnerungsvorgängen und Erkenntnisprozessen zu tun.

Walter Benjamin erweist sich in der strategisch-zitatförmigen Ausarbeitung seines Schreibens[76] als einer der wenigen „originalen" Schüler[77] Hofmannsthals. Sein zitierendes Schreiben beinhaltet theoretische Verbindungen und beruht auf epistemologischen Annahmen, die hier aufzuschlüsseln vermessen und zudem nicht zielführend wäre. Benjamins Schreiben bildet auf einer theoretischen Ebene ein fortlaufendes Archiv von zitatförmigen Sondierbohrungen: von jeder Stelle seines Werks lässt sich die Probe auf das Ganze seines Denkens nehmen.[78] Das ‚Anthologische Schreiben' integriert im Fall Benjamin nicht nur den gut erforschten Textgestus des kommentierten Zitats, sondern auch geschichts- und erzähltheoretische Bezüge.[79] In verschiedener Hinsicht lässt sich von einer Benjamin'schen Kontrafaktur und ‚Entstaltung' der gattungsüblichen Kommentar- und Präsentationsfunktionen anthologischen Schreibens sprechen (vgl. Kap. 5.5).[80] In der anonym bzw. pseudonym von ihm herausgegebenen und kommentierten Briefanthologie (1931/32 mit dem Titel *Briefe* im Feuilleton der *Frankfurter Zeitung*, 1936 als *Deutsche Menschen* im Buchformat[81]) sind es Dokumente, die einen Reflex auf ein als ‚noch'

---

76 Vgl. Lindner: Zu Traditionskrise, Technik, Medien, S. 451. Nachgewiesen mit besonderer Rücksicht auf den historischen Kontext der späten 1930er Jahre des Pariser Exils: Reinhard Müller/Erdmut Wizisla: „„Kritik der freien Intelligenz". Walter-Benjamin-Funde im Moskauer „Sonderarchiv", in: *Mittelweg 36* 14,5/2005, S, 61–76; Detlev Schöttker: *Konstruktiver Fragmentarismus. Form und Rezeption der Schriften Walter Benjamins*, Frankfurt/M. 1999, bes. S. 86–91.

77 Lorenz Jäger: Zwischen Soziologie und Mythos. Hofmannsthals Begegnung mit Werner Sombart, Georg Simmel und Walter Benjamin, in: Renner/Schmid (Hg.): *Hugo von Hofmannsthal. Freundschaften und Begegnungen*, S. 95–107.

78 Vgl. Winfried Menninghaus: *Walter Benjamins Theorie der Sprachmagie* [1980], Frankfurt/M. 1995. Irving Wohlfart profilierte den Begriff der „Probe" für Benjamin anlässlich der Tagung *Benjamin Lektüren. Zur internationalen Rezeption*, veranstaltet vom Benjamin Archiv in der Akademie der Künste in Berlin im September 2013.

79 Grundlegende Forschungsliteratur: Walter Benjamin: *Deutsche Menschen*, (WuN 10), hg. v. Momme Brodersen, Frankfurt/M. 2008; Momme Brodersen: Anthologien des Bürgertums, in: Lindner (Hg.): *Benjamin-Handbuch*, S. 437–450; Hahn/Wizisla (Hg.): *Walter Benjamins „Deutsche Menschen"*; Jeanne Marie Gagnebin: *Histoire et narration chez Walter Benjamin*, Paris 1994.

80 Dazu meine Lektüre des Prosaporträts von Benjamin über Karl Wolfskehl, Kap. 5.7 und 5.8. Zum Theorem des ‚Entstaltens', das sich, jenseits der phänomenologischen Intention, rezeptionsästhetisch insbesondere auf die Gestalt-Monografien des George-Kreises zu beziehen scheint, vgl. Benjamins Aufzeichnungen zur Ästhetik in GS VI, S. 114–129.

81 Vgl. Kap. 5.2 und 5.7. Peter Villwock: Walter Benjamins Feuilleton-Reihe in der „Frankfurter Zeitung": „Briefe" (1931/32), in: *Zeitschrift für Germanistik NF* 22, 3/2012, S. 599–613.

gewichtig apostrophiertes bürgerliches Denken der Familie, der Freundschaft, des Sterbens, der Kunst, der Arbeit oder des Staats aufnehmen (vgl. für die damit verbundenen Begrifflichkeiten Benjamins Kap. 5.2). Private ‚bürgerliche Not' in finanzieller, menschlicher oder politischer Hinsicht gibt einen multiperspektivischen Blick frei auf die Tauglichkeit der Tugenden eines „deutschen Humanismus", der Anfang der 1930er Jahre Benjamin zufolge einseitig ausgelegt bzw. missbraucht wird.[82] Mit der Briefanthologie werden anonyme Schichten zeitgebundener sozialer Existenz rund um wirkungsmächtige Schriftstellerinnen oder Politiker an einzelnen Briefe freigelegt.[83] Das Moment der ‚Entstaltung' kommt in Benjamins camouflierter Philologie der Briefe zum Tragen: Die vermeintlich blütenlesenden Kommentartafeln lassen sich auch als je getrennt von den Briefen lesbare konfigurative Kritik am ‚deutschen Jahrhundert' begreifen. Die Kommentare nehmen ein stilphysiognomisches Element der vorgestellten Briefe auf und beziehen es auf soziale Zusammenhänge.

Im Gegensatz zu den anthologischen Referenzobjekten der Bremer Presse[84] oder dem *Deutschen Lesebuch* von Hofmannsthal, die Benjamin kritisch rezensiert bzw. aufnimmt, reflektiert er die anthologische Form hinsichtlich einer Theorie der unscheinbaren Wirkung: „Da Anthologie zu deutsch heißt: Blütenlese, so ist diese Nummer keine Anthologie."[85] Benjamin integriert die Texte nicht in ein gemeinsames motivisches Substrat (wie Hofmannsthals Intention der textkonstellativen ‚Gemütsbildung') und versammelt nicht verschiedene Textgattungen, sondern präsentiert ausschließlich teils edierte, teils unedierte Briefe von Schriftstellerinnen und Schriftstellern. Im Unterschied zu

---

Dagegen: Momme Brodersen: Nachwort. Ein Wörterbuch der Humanität, in: *Deutsche Menschen* (WuN 10), S. 474–488, hier S. 479.

82 Anonym (i.e. Walter Benjamin): Briefe [Vorwort zum ersten abgedruckten Brief im Feuilleton der FZ, 31.3.1931], in: Benjamin: *Deutsche Menschen* (WuN 10), S. 107.

83 Vgl. Albrecht Schöne: „Diese nach jüdischem Vorbild erbaute Arche". Walter Benjamins „Deutsche Menschen", in: Ders.: *Vom Betreten des Rasens. Siebzehn Reden über Literatur*, hg. v. Ulrich Joost/Jürgen Stenzel/Ernst-Peter Wieckenberg, München 2005, S. 223–238; Peter Polczyk: Physiognomien der Humanität – Ordnungen der Schrift. Walter Benjamins „Deutsche Menschen", in: *Wirkendes Wort* 2/1988, S. 214–234; Hahn/Wizisla: *Walter Benjamins „Deutsche Menschen"*; Brodersen: Anthologien des Bürgertums; Gert Mattenklott: Briefe und Briefwechsel, in: Lindner (Hg.): *Benjamin-Handbuch*, S. 680–687.

84 Zur Bremer Presse vgl. Hugo von Hofmannsthal: Ankündigung des Verlags der Bremer Presse, KA XXXVI, S. 50–53 und 766–807; Rudolf Borchardt: *Der Deutsche in der Landschaft* [1927], hg. v. Judith Schalansky, Nachw. v. Franck Hofmann, Berlin 2018; Peter Neumann: Der Deutsche in der Landschaft – Borchardt und Benjamin, in: *Kulturwissenschaftliche Zeitschrift* 5/1, 2020; DOI: https://doi.org/10.2478/kwg-2020-0024.

85 Walter Benjamin/Willy Haas: Vom Weltbürger zum Großbürger. Aus deutschen Schriften der Vergangenheit, GS IV.2, S. 815–863, hier S. 815.

Hofmannsthals und Borchardts Anspruch der „schöpferischen Restauration" einer ‚gefährdeten' oder bereits ‚zerrütteten' Tradition (vgl. Kap. 5.6 und 6.2) lotet Benjamin – so auch im Gespräch mit Brecht und anderen im Zusammenhang der geplanten Zeitschrift *Krise und Kritik* um 1930 (vgl. Kap. 5.2) – die medialen und ästhetischen Zusammenhänge einer im Kollektiv betriebenen literarischen Produktion aus. In diesem Entstehungszusammenhang stellt die Feuilleton-Serie der *Briefe* die Krise bürgerlicher Kommunikationszusammenhänge im Kulturfeuilleton selbst und damit an dem Ort (in der führenden liberalen Tageszeitung der Weimarer Republik, der *Frankfurter Zeitung*[86]) auf die Probe, an dem Benjamin zu Lebzeiten mit Sicherheit am meisten gelesen wurde.[87] Was kann ein von seiner sozialen Lebensluft abgeschnittener Brief des 19. Jahrhunderts als mediales Objekt in einer schnell produzierten Tageszeitung mit mehreren Ausgaben pro Tag der frühen 1930er Jahre an Wirkung auslösen, welche Konstellationen kann er eingehen? Kann ein philologischer oder künstlerischer Produktionszusammenhang – von dem etwa in den publizierten Briefen Grimms, Droste-Hülshoffs oder Kellers die Rede ist – in der Kontingenz redaktioneller Seitengestaltung, präsentiert mitten im Nachrichtenstrom, eine Resonanz erzielen? Diese ästhetisch-medialen Experimente und Gemengelagen, wie fruchtlos sie aus der heutigen Perspektive auch wirken mögen, bildeten Benjamins Produktionszusammenhang. Er feilte sie zu einer theoretisch-historischen Methode aus, in deren Zusammenhang die gleichzeitige Passagenarbeit im Lauf der 1930er Jahre, verstärkt im Pariser Exil, die ‚Konstruktion' der bürgerlich-kapitalistischen Moderne des 19. Jahrhunderts vornehmen sollte. Darin fiel die in der Textreihe *Briefe/Deutsche Menschen* erprobte Konstellation eines Milieus der Persönlichkeiten der Geistesgeschichte weg.

Benjamin veröffentlichte die anthologische Serie *Briefe* 1931/32 anonym – und nicht, wie die Rezeptionsgeschichte im Anschluss an Adorno lange annahm, unter einem bereits aufgrund der nationalsozialistischen Gefährdung aufgedrängten Pseudonym.[88] Das anonyme Format der anthologischen Herausgeberschaft von Briefen im Feuilleton der Tageszeitung ist vielmehr Programm: den sozialen Existenzlagen bei den ‚klassischen' Repräsentanten eines deutschen Humanismus auf die Spur zu kommen, indem sie nicht autoritativ durch den philologischen Kommentar in einer klassischen ‚Vorzeit' verschlossen werden, sondern indem im anonymen Format der Zeitungsrede die korrespondierenden

86 Vgl. Almut Todorow: *Das Feuilleton der „Frankfurter Zeitung" in der Weimarer Republik. Zur Grundlegung einer rhetorischen Medienforschung*, Tübingen 1996.

87 Vgl. Villwock: Walter Benjamins Feuilleton-Reihe, S. 599–613.

88 Vgl. Theodor W. Adorno: Zu Benjamins Briefbuch „Deutsche Menschen" [1962], in: Ders.: *Gesammelte Schriften in 20 Bänden*, Bd. 11: *Noten zur Literatur* [1974], hg. v. Rolf Tiedemann, Frankfurt/M. 2003, S. 686–693.

Milieus,[89] die soziale Schreibszene[90] von Kant, Goethe, Metternich, Droste-Hülshoff, Keller oder Nietzsche beleuchtet wird. Benjamin wollte zumindest 100 solcher Briefe veröffentlichen. Dahinter ist nicht nur der Ehrgeiz des Forschers und Kenners zu vermuten, sondern vielmehr ein methodisches Programm: Erst die Anzahl in einer gewissen über die Stichprobe hinausgehenden Menge bietet eine Gewähr dafür, die interessierenden Versprachlichungen sozialer Existenzformen in den Briefen (Trauer, Erinnerung, Humor, Freundschaft, Freude am Absurden usw.) als eine prosaische Form und als eine Erfahrung eigenen Rechts philologisch zur Darstellung kommen zu lassen. In der Serie *Briefe*, die Benjamin als letzte formexperimentelle Arbeit abzuschließen und 1936 in Buchform zu überführen und zu publizieren vermochte, wurden diese Konstellationen in den einzeln publizierten Briefen ausgelegt. Die zweite Stufe der Buchpublikation aus dem Exil in Frankreich wurde – richtigerweise – als camouflierte politische Flaschenpost ins Dritte Reich interpretiert.[91]

Das außerhalb eines engen Kreises kaum mehr bekannte Werk Rudolf Borchardts setzt sich aus Reden, Gedichten, tages- und kulturpolitischen Kurz- und Langessays, aus Dramen, Versspielen, Erzählungen, Anthologien sowie dichterischen Übersetzungen zusammen. Es lässt sich als heroischer Versuch zur Herstellung einer „geschichtsbeständige[n] und gebrauchsfeste[n]“[92]

89 Vgl. Brodersen: Nachwort. Ein Wörterbuch der Humanität, S. 475–476, dieser verweist auf die mit Pierre Klossowski geplante Anthologie *L'Allemagne fraternelle 1800–1900*; auf dieses Projekt fehlte in der Ausgabe der *Gesammelten Schriften* (GS) Benjamins noch jeder Hinweis.

90 Vgl. die Konzeption der ‚Schreibszene' bzw. der ‚Schreib-Szene' bei Rüdiger Campe und in dessen Nachfolge im Projekt der historischen Schreibszenenforschung von Martin Stingelin, Davide Giuriato und Sandro Zanetti. Eine literarische Schreibszene wird dabei als individuelle und historisch spezifische Antwort verstanden, das nicht-stabile, aber unauftrennbare Ensemble zu gestalten, in dem sich Schreiben körperlich, instrumental, semantisch und in Bezug auf die niedergeschriebenen Ideen (diese Reihe ist nicht-hierarchisch zu lesen) formiert; vgl. Martin Stingelin: Einleitung: „Schreiben“, in: Ders./Davide Giuriato/Sandro Zanetti (Hg.): *„Mir ekelt vor diesem tintenklecksenden Säkulum“. Schreibszenen im Zeitalter der Manuskripte*, München 2004, S. 7–21, bes. S. 8 u. 14–15. In Bezug auf die Anthologien bzw. das Anthologische Schreiben und die Traditionsfigurierung müsste die soziale Genese (nicht nur) des brieflichen Schreibens in die Praktiken der Schreibszene noch stärker einbezogen werden.

91 Vgl. die Lektüren in Hahn/Wizisla (Hg.): *Walter Benjamins „Deutsche Menschen“*, besonders: Michael Diers: Einbandlektüre, fortgesetzt. Zur politischen Physiognomie, in: Ebd., S. 23–44; ders.: Einbandlektüre – Zu Walter Benjamins Briefsammlung *Deutsche Menschen* von 1936, in: *Idea. Jahrbuch der Hamburger Kunsthalle*, 8/1988, S. 109–120.

92 Rudolf Borchardt: Die geistesgeschichtliche Bedeutung des 19. Jahrhunderts, in: Ders.: *Reden*, hg. v. Marie Luise Borchardt/Silvio Rizzi, Stuttgart 1955, S. 324–344, hier S. 334.

Form der Tradition vor dem Hintergrund eines als umfassend beschworenen Traditionsverlusts lesen.

Im Gegensatz zu Hofmannsthal und Benjamin lassen sich die meisten von Borchardts Anthologieprojekten nicht als Überlieferungsversuch eines Erbschaftsverhältnisses beschreiben, obwohl sein Traditionsbezug auf den ersten Blick unmittelbar mächtig und für das künstlerische Schaffen bestimmend zu sein scheint. Vielmehr geht Borchardt von einem Begriff des ‚Erbes' aus, der sich in der ästhetischen Entgrenzung des historisch-sozial bedingten Individuums und der Universalisierung kulturell bzw. national gebundener Poesien manifestiert. Die ausufernde Vorrede zu seiner *Dante*-Übersetzung liest sich über weite Strecken als der Versuch einer Selbstanthologisierung. Deren Wegpunkte lassen sich nicht zuletzt in den Widmungsgedichten an Hofmannsthal und in der *Eranos*-Festschrift von 1924 nachverfolgen, die zum Bruch in der schriftstellerischen Zusammenarbeit zwischen den beiden geführt hat.[93] Borchardts Verfahren wurde zugespitzt als „rekonstruierender Tagtraum"[94] gefasst – die philologischen und ideengeschichtlichen Grundlagen und die verfahrenstechnischen Konsequenzen werde ich in Kap. 6 nachvollziehen. Das Konzept ‚Erbe' wird bei Borchardt virtuell übermächtig,[95] gleichzeitig wird diesem eine Verlustgeschichte an die Seite gestellt. Inwiefern dabei das Gattungsmedium Anthologie für ihn leitend ist – und in welchen metonymischen Formen anthologische Konzepte des Sammelns und Überlieferns das Schaffen Borchardts strukturieren –, wird in Kap. 6.3 untersucht. In Borchardts Schreiben finden sich politisch prekäre Figurationen auf Schritt und Tritt. Diese sollen hier zunächst nicht ideologiekritisch kurzgeschlossen, sondern in ihrer ästhetischen Funktionalisierung beschrieben werden. Dies scheint mir wichtig, um den literaturgeschichtlichen Ort einer neuen Funktion

---

93 Das wiederkehrende Motiv dieser Distanzierung von Borchardt, in dem Hofmannsthal „seinen berufenen Exegeten" sah, liegt in dessen Versuch begründet, Hofmannsthal auf sein Jugendwerk festlegen zu wollen: „Es ist das *mot d'ordre* der böswilligen und sonst fatalen Litteraten, mich auf mein Jugendoeuvre festzulegen, und das was ich seitdem geleistet habe, und was, *alles in allem, denn doch etwas ist*, frech und bewusst zu ignorieren" (Hugo von Hofmannsthal: Brief an Rudolf Borchardt, 4.2.1924, in: Briefwechsel Borchardt/ Hofmannsthal, S. 330–334, hier S. 333–334, H.v. i. T.).

94 Norbert Miller: Geschichte als Phantasmagorie. Rudolf Borchardts Aufsatz „Die Tonscherbe", in: Ernst Osterkamp (Hg.): *Rudolf Borchardt und seine Zeitgenossen*, Berlin 1997, S. 265–280, hier S. 274.

95 Damit steht Borchardt nicht allein: So hat etwa auch Arno Holz mittels fiktiver Anthologien wie *Dafnis* versucht, eine geschlossene Geistesgeschichte poetisch zu reinszenieren. Vgl. Arno Holz: *Dafnis. Lyrisches Portrait aus dem 17. Jahrhundert*, München 1905; vgl. auch Alexander Nebrig: *Disziplinäre Dichtung. Philologische Bildung und deutsche Literatur in der ersten Hälfte des 20. Jahrhunderts*, Berlin/Bern/Boston 2013.

anthologischen Schreibens, um die es mir geht, präziser umreißen zu können. Im Autorenkapitel zu Rudolf Borchardt werden die politischen Prämissen dieser Poetik ausführlich diskutiert und kritisiert. Zugleich ist daran zu erinnern, dass der 1944 von der Wehrmacht aus Norditalien mitgeführte und 1945 auf dieser ‚Heimführung ins Reich' in den letzten Monaten des Kriegs an der österreichisch-italienischen Grenze an einem Herzinfarkt verstorbene Borchardt „von der Shoa umgeben" ist. „Und dieses reale biografische Szenarium" – dem viele seiner engsten Verwandten direkt zum Opfer gefallen sind – „nimmt sich neben seinen geradezu verzweifelten Geschichtsträumen, die ja immer auch Beruhigungen am Arkanum einer fingierten Tradition gewesen sind, nichts weniger als gespenstisch aus."[96]

Hier sei zunächst nur festgehalten, dass Borchardts Anthologien von einem emphatischen Begriff der ‚Bildung'[97] angetrieben sind: die Biografie des Individuums und der Nation als Gemeinschaft dieser Individuen verschmelzen gleichsam in der „ewigen"[98] Poesie als der einzig vollgültigen, restlosen – und damit paradox ‚organisch' gedachten – Individualisierung menschlicher Kulturpraxis. Die ästhetische Dynamik seiner anthologischen Konstruktionen macht sich sowohl die biologische wie die kulturelle Semantik des Begriffs ‚Bildung' zunutze. Damit bleibt Borchardt zwar in vielem dem ästhetischen Historismus des 19. Jahrhunderts sowie dessen Rezeption im 20. Jahrhundert verpflichtet, radikalisiert aber dessen Programm.[99] In der Textsammlung *Deutsche Denkreden* (1927) wird eine als ‚deutsch' apostrophierte Geisteswissenschaft in den Sprechweisen eines idealen akademischen Diskurses, einer „idealen Universität",[100] vorgestellt. Darin sind Antrittsreden oder Trauerreden des 19. Jahrhunderts versammelt, die meist im Rahmen wissenschaftlicher Akademien gehalten wurden. In der bekanntesten Anthologie Borchardts, der bis heute lieferbaren Gedichtsammlung *Ewiger Vorrat deutscher Poesie* von 1926 (vgl. Kap. 6.9), wird ‚geistliche Dichtung' aus sieben Jahrhunderten und aus einem Sprachraum präsentiert, der das im engeren Sinn ‚Deutsche' des Titels weit überschreitet. Damit bediente und bestärkte

96 Gerhard Schuster: „… und übersah mit grimmigem Triumphe die Trümmerstätte meines Lebenswerkes". Zur Konzeptions- und Überlieferungsgeschichte von Rudolf Borchardts Œuvre, in: *Text+ Kritik. Sonderband Rudolf Borchardt*, hg. v. Heinz Ludwig Arnold, München 2007, S. 114–129, hier S. 125.

97 Vgl. Heiko Christians: *Wilhelm Meisters Erbe. Deutsche Bildungsidee und globale Digitalisierung*, Köln 2020.

98 Wie im Titel der Anthologie *Ewiger Vorrat deutscher Poesie* (1926) postuliert.

99 Vgl. Aleida Assmann: *Arbeit am nationalen Gedächtnis. Eine kurze Geschichte der deutschen Bildungsidee*, Frankfurt/M. u.a. 1993.

100 Lorenz Jäger: Rudolf Borchardts ideale Universität, in: *Frankfurter Allgemeine Sonntagszeitung*, 25.7.2004, S. 58.

Borchardt eine in den 1920er Jahren virulente expansive Konzeption des ‚Deutschen' als der nationalen Verbindung aller Gebiete in Mitteleuropa, in denen Deutsch gesprochen wurde. Gegen nachvollziehbare kulturhistorische Transferprozesse arbeitete Borchardt zudem an einer phantasmatischen Rekonstruktion eines durch die deutschen Kaiser beherrschten Mittelmeerraums mit einem, von Rom aus gesehen, weiter nach Norden verschobenen Zentrum in Pisa. Die damit einhergehenden politischen Figurationen und Restaurationsphantasien interessieren mich in Bezug auf das Textverständnis und den ‚urkundlichen' Umgang mit literarischen Texten (vgl. Kap. 6.1–6.4).

1.5 Forschung, Edition und Theorieansätze zum Anthologischen Schreiben

Wie überlagern sich Kommunikationsräume, metaphorische Reflexion von Medien in literarischen Denkbildern und Festlegungen der Typografie im ästhetischen Raum von Buch und Zeitschrift? Mit dem Terminus *Anthologisches Schreiben* versuche ich, bei den Autoren Hofmannsthal, Borchardt und Benjamin ein Feld literarischer und kultureller Produktion auszumessen, indem ich die Sammlung, Bearbeitung und Präsentationsform des Textstücks zum Ausgangspunkt nehme. Die Sammlung der Textstücke wird dabei als formvermittelndes Element verstanden: Anthologisches Schreiben als Term bezeichnet versuchsweise eine Poetik, die die vorlaufende Rahmung jeder Textproduktion in Bezug auf den Standort der *Nachträglichkeit* vermittelt, *in* der sich ein traditions – oder ‚ursprungs'-orientiertes Schreibens anzeigt und dynamisiert. Konkret: Erbe und Kanonisierungspolitik werden als unabdingbare Modi der literarischen Erfahrung nicht einfach in Rechnung gestellt, sondern als Teil der ästhetischen Produktion, als Produktionsästhetik im Resonanzraum von Tradition bzw., emphatisch, überlieferter (und damit immer gefährdeter, prekärer, aber auch bearbeitbarer) Tradition bestimmt.

Die bisherige Forschung zu Anthologien konzentrierte sich zum einen häufig auf die Deskription der umfangreichen Textkonvolute, verknüpfte Anthologien zum anderen vielfach ausschließlich mit Intentionen und Zwecken nationaler Ideologie und einer entsprechenden (literarischen) Pädagogik. Daneben wurde in marxistisch-sozialkritischer Tradition Kanonanalyse betrieben, deren ideologiekritische Resultate aber der Differenzierung bedürfen, weil sie auf sozialontologischen Maximen beruhen. Eine multiperspektivische kulturwissenschaftliche Vorgehensweise bezeichnet Knotenpunkte einer *intellectual history*, berücksichtigt poetologische Konzepte und Wirkungen, integriert ästhetische Figurationen und zeitgeschichtliche Kontexte. Als Desiderate sind

Untersuchungen über die Rolle der Verlage und die (schwierige und deshalb meist summarisch beantwortete) Frage nach dem Publikum der Anthologien zu nennen. Auch die Buchausstattung von Anthologien wurde nur in Einzelfällen berücksichtigt.[101]

Hella Straubel hat deutsche und französische Anthologien der 1920er Jahre verglichen. Bei André Gide stehe die Figur Goethes als interessanter Mann im Vordergrund, dessen Genie es ihm erlaube, die Grenzen seiner Individualität zu überwinden und ihn zu einem Allgemeinen führe. Funktional dazu werde die Anthologie zum Versuch, die Menge an Büchern zu bändigen, um etwas spezifisch Nationales zu fassen und dem in seiner Individualität gefestigten Einzelnen einen gemeinschaftlichen bzw. gesellschaftlichen Bezug anzubieten, der der in der eigenen Gegenwart konstatierten Krise trotzen könne. „Während es für den deutschen Anthologisten darum gehen muss, kulturpolitisch zu agieren und durch das Bemühen um den literarischen Kanon eine Gemeinschaft zu stiften, steht für den französischen die anthologische Anleitung des Leseerlebnisses im Mittelpunkt."[102]

Die anthologischen Projekte der hier behandelten drei Autoren verführten oft dazu, deren Ästhetik auf eine ideologische Intention zurückzuführen; in weiteren Forschungsarbeiten wurden akribisch die Entstehungsprozesse, historischen Quellen und Kontexte beschrieben, die bei diesen drei Autoren aufgrund der konsolidierten Archivlage in die Tiefe aufgeschlüsselt werden können.[103] Dass reichlich schriftliches Material überliefert ist, wodurch sich für

---

101 Vgl. Helga Essmann/Paul Armin Frank: Rezension zu *Bibliographie der deutschsprachigen Lyrikanthologien 1840–1914*, unter Mitarbeit v. Sylvia Kucher / Andreas Schumann hg. v. Günter Häntzschel, Bd. 1: Bibliographien, Bd. 2: Register, München u.a. 1991, in: *Arbitrium. Zeitschrift für Rezensionen zur germanistischen Literaturwissenschaft* 15,3/1997, S. 337–340; Rolf Bulang: Die „Bremer Presse Bücher" als Konkurrenz zu den „Geist-Büchern" des George-Kreises. Eine literaturhistorische Skizze, in: *Text. Kritische Beiträge – Sonderheft Typographie & Literatur*, 2016, S. 155–164 sowie Markus Bauer: Der philosophische Typograph: Walter Benjamin, in: Ebd., S. 197–219; Stephan Kurz: *Der Teppich der Schrift. Typografie bei Stefan George*, Basel/Frankfurt/M. 2007.

102 Hella Straubel: *Zum Museum der Literatur. Schriftstelleranthologien in Deutschland und Frankreich*, Heidelberg 2015, S. 104.

103 So geht z.B. Stefan Knödlers umfassende Studie *Rudolf Borchardts Anthologien* vor. Im Sinn einer auf Vollständigkeit abzielenden Darstellung werden die Materialien von Borchardts anthologischen Arbeiten präsentiert und in einem insbesondere werkbiografischen Zusammenhang diskutiert. Die Studie zeigt damit deutlich die zentrale Stellung auf, die das anthologische Arbeiten für die Geschichtspoetik Borchardts einnahm, und stellt die ganze literaturhistorische Breite des Schaffens dieses gelehrten Philologen und Dichters dar. Außen vor bleibt dabei eine stärker kulturwissenschaftliche Perspektive auf die reflexiven Figurationen, die dem Sammeln von Texten und der damit verbundenen Autorposition im historischen Kontext des frühen 20. Jahrhunderts zukommen.

alle drei Autoren eigene Archive und darum gelagerte literarisch-akademische Gesellschaften sowie eine breite akademische Forschung gebildet haben, ist zunächst jenseits historischer Kontingenzen aber auch ein Befund, der die Befragung der kulturphilologischen Konzepte dieser Autoren zulässt.

Die Rezeptionsgeschichte in Form von Forschungsaktivitäten und ersten Werkausgaben nahm einen unterschiedlichen Verlauf. Bei Hofmannsthal setzte nach einer früh beginnenden literaturkritischen Aufmerksamkeit mit seinem Tod eine breite biografische Forschung und Edition seiner Schriften ein, die im Frühjahr 2022 mit Band XXXV zu den späten Reden und Essays aus den 1920er Jahren abgeschlossen werden konnte. Zwischen 1975 und 2022 wurden 40 Bände der *Kritischen Ausgabe* (in 42 Teilbänden) veröffentlicht – es handelt sich um das größte Editionsprojekt zu einem deutschsprachigen Schriftsteller des 20. Jahrhunderts überhaupt.[104] Bei Borchardt stellten sich die Veröffentlichungen mit größerer Verzögerung ein. Die erste Phase der postumen Schriftenpublikation und Nachlassverwaltung wurde durch seine Witwe Marie Luise Borchardt und durch die Nachfahren geprägt. Daneben bildete sich die Borchardt-Gesellschaft, die seit den 1990er Jahren begonnen hat, die Schriften auch kritisch zu edieren; zuletzt wurden Borchardts Erzählungen und Dramen in Text- und Kommentarbänden durch den Borchardt-Archivar Gerhard Schuster neu und in allen vorliegenden Textvarianten und -zeugnissen herausgegeben; darunter das lange Zeit durch die Erben zurückgehaltene große Manuskript *Weltpuff Berlin* (2018). Dies dynamisierte auch die Literaturgeschichtsschreibung zu Borchardt, die mit der Biografie von Peter Sprengel 2015 einen neuen Meilenstein erhielt.[105] Bei Benjamin erfolgte die Kanonisierung nicht zuletzt aufgrund der verstreuten und auf beiden Seiten des Eisernen Vorhangs liegenden Archive mit jahrzehntelangem Verzug, dafür in den 1960er

104 Vgl. Michael Woll: Heidelberg 1933: Zu den Anfängen der Hofmannsthalforschung. Briefe Heinrich Zimmers an Richard Alewyn, in: *Geschichte der Germanistik* 37/38, 2010, S. 110–137; Mayer/Werlitz (Hg.): *Hofmannsthal-Handbuch*; zum Abschluss der Kritischen Ausgabe der Werke Hofmannsthals vgl. etwa das Interview mit dem Herausgeber Konrad Heumann und der Herausgeberin Katja Kaluga in der *Frankfurter Rundschau*: fr.de/kultur/literatur/zur-kritischen-hofmannsthal-ausgabe-unbegreiflich-wo-er-das-hernimmt-91445979.html (letzter Abruf: 31.8.2022). Weitere Presseberichte sind auf der Homepage der Hofmannsthal-Gesellschaft versammelt: hofmannsthal.de/aktuelles/.

105 Peter Sprengel: *Rudolf Borchardt: Der Herr der Worte. Eine Biografie*, München 2015; Gerhard Schuster: Anmerkungen zur Edition, in: Rudolf Borchardt: *Prosa I*, textkritisch revidiert, chronologisch geordnet und erweitert neu hg. v. Gerhard Schuster, Stuttgart 2002, S. 527–531; weitere Bemerkungen zur Geschichte der Borchardt-Editionen in *Prosa IV*, S. 399–402 und *Prosa VI*, S. 549–551, in der neuen Ausgabe von Rudolf Borchardts *Gedichte* (2003), S. 571–575; vgl. die umfangreichen Kommentarbände der neuen Ausgabe der Sämtlichen Werke Borchardts, die ab 2018 angelaufen ist.

und 1970er Jahren umso intensiver und von Lagerbildungen gekennzeichnet, die zeitweise weit über das engere akademisch-intellektuelle Feld hinaus die Kontroversen[106] um die Editionspolitik befeuerten.[107] Ab Ende der 1980er Jahre stieg Benjamins Werk zu einem Referenzobjekt literatur- und kulturwissenschaftlicher Theoriebildung auf. Im 21. Jahrhundert ist, nicht zuletzt mit dem Anstoß einer neuen kritischen Werkausgabe aus dem Umfeld des Walter Benjamin Archivs, ein neues Interesse am unpublizierten Material und am Schreibprozess zu beobachten.

Von der jeweiligen Rezeption abgesehen sind bei allen drei Autoren ähnliche Schwierigkeiten zu verzeichnen, was eine historisch-kritische Edition der Werke betrifft. Unmengen an Material und die Komplexität der Bearbeitungsstufen zum einen, die Vielfalt an bearbeiteten Gattungsformen zum anderen, lassen sich bei allen drei Autoren verfolgen. Für Benjamin ist nebst der Standardedition der *Gesammelten Schriften* (1972–1999) eine zweite unter dem Titel *Werke und Nachlaß* (2008–) zum Teil bereits erschienen, zum Teil noch in Arbeit.[108] Eine auf 20 Bände veranschlagte neue Edition der Texte Rudolf Borchardts ist seit 2018 im Entstehen: bisher liegen die Erzählungen und Dramen in drei üppigen Bänden vor, flankiert von je einem Kommentarband. In diesen werden in sorgfältiger Darstellung Entstehungsgeschichte, Varianten und Zeugnisse präsentiert.

Wie lassen sich Anthologien edieren, die selbst aktiv einen werkästhetischen Anspruch verfolgen? Die damit verbundenen Herausforderungen werden im Folgenden kurz in Bezug auf neuere Editionen der anthologischen Projekte skizziert, die innerhalb der Kritischen Werkausgaben oder in Einzelausgaben von Hofmannsthal, Benjamin und Borchardt erschienen sind. In den *Sämtlichen Werken* von Hugo von Hofmannsthal werden die Aphorismen des *Buchs der Freunde* in Bd. XXXVII (2015) und die *Herausgebertätigkeit* in Bd. XXXVI (2017) ediert, wobei Hofmannsthals editorische Projekte erst spät

106 Dazu aus autobiografischer Perspektive die Erinnerungen von Helmut Lethen an die Kontroverse um das Heft der Zeitschrift *Alternative* zu Benjamin vom Dezember 1967, vgl. Helmut Lethen: *Denn für dieses Leben ist der Mensch nicht schlau genug. Erinnerungen*, Berlin 2020, bes. S. 156–169.

107 Vgl. Thomas Küpper/Timo Skrandies: Rezeptionsgeschichte, in: Lindner (Hg.): *Benjamin-Handbuch*, S. 17–56, hier S. 17–28; spezifisch für die Editionskontroversen um Benjamin in den 1960er und 1970er Jahren, vgl. Thomas Forrer: „Andacht zum Unbedeutenden“. Walter Benjamins Philologie der Philosophie, in: *Text. Kritische Beiträge* 14/2013, S. 49–65.

108 Zuletzt erschien in der Reihe *Werke und Nachlaß* Band 14 *Texte über Städte, Berichte, Feuilletons*, hg. v. Bernhard Veitenheimer in Zusammenarbeit mit Klaus Reichert im Jahr 2021.

als eigenständiger Band in den Editionsplan aufgenommen worden sind.[109] Die jahrzehntelange Geschichte der *Sämtlichen Werke* wird in diesen beiden Bänden in einer umfassenden Präsentation der Quellen, Zeugnisse und Varianten des archivalisch vorliegenden Textbestands weitergeführt. Die zurückhaltende und sich insbesondere einer einführenden Darstellung bzw. eines einordnenden Kommentars enthaltende Edition der Herausgebertätigkeit Hofmannsthals beschränkt damit ihren Anspruch auf diese möglichst vollumfängliche Zugänglichmachung des Textarchivs. Anders die Neuedition von Walter Benjamins bekannter Anthologie *Deutsche Menschen* durch Momme Brodersen (2008), der sich dafür entschieden hat, die Anthologie hinsichtlich des Buchformats von 1936 zu edieren und eine (mögliche) Eigenständigkeit der Serie der *Briefe* in der *Frankfurter Zeitung* (1931/1932) auszublenden. Peter Villwock hat gegen die editorische Deutung der Serie *Briefe* als „Probelauf"[110] durch Brodersen eingewandt, dass die anonym publizierte Feuilleton-Reihe in der *Frankfurter Zeitung* als Formbildung eigenen Zuschnitts analysiert und im Kontext der Debatten im Kreis der geplanten Zeitschrift *Krise und Kritik* um Brecht angesiedelt und diskutiert werden sollte.

Stefan Knödlers Edition der Borchardt'schen *Renaissancelyrik* (2008)[111] ist als Projekt der Rettung und Konstitution eines gescheiterten Werkplans von Borchardt zu bewerten. Im umfangreichen Nachwort wird die Einzigartigkeit der geplanten Anthologie Borchardts in dessen Auseinandersetzung mit den Quellensammlungen und dem Versuch herausgearbeitet, eine deutsche Volksliedtradition zwischen dem 14. und dem 17. Jahrhundert literarhistorisch genuin neu zu konstruieren. Die Sammlung sticht nicht nur als eines der greifbarsten aus den vielen unabgeschlossenen Projekten Borchardts hervor, da ein maschinenschriftliches Inhaltsverzeichnis mit 239 Gedichten überliefert ist, sondern ist das „aufwendigste und ehrgeizigste" Projekt in Borchardts schöpferischer Restauration. In der Bewertung Knödlers gebührt der Anthologie zur Renaissancelyrik ein Rang neben Borchardts monumentaler Neudichtung von Dantes *Comedia*.[112]

Die kurze Zusammenstellung neuerer Editionen dieser Anthologieprojekte zeigt an, dass die editorische Herausforderung in der Entscheidung liegt, entweder gerade eine werkästhetische Offenheit des anthologischen Schreibens im prinzipiell unabschließbaren Bestand an direkten (und indirekten) Quellen

---

109 Katia Kaluga/Donata Miehe/Catherine Schlaud: Nachwort, in: Hofmannsthal, KA XXXVI, S. 1453–1454, hier S. 1453.

110 Brodersen: Anthologien des Bürgertums, S. 444.

111 Rudolf Borchardt: *Deutsche Renaissancelyrik*, aus dem Nachlass rekonstruiert und hg. v. Stefan Knödler, München 2008.

112 Vgl. Stefan Knödler: Nachwort, in: Ebd., S. 455–530, hier S. 455–456 und 528–530.

zu formulieren (und damit auch weitere Publikationskontexte einzubeziehen und *konstellativ* zu deuten) oder sich auf die möglichst *genau nachvollziehbare* Reproduktion eines (im jeweiligen Format, meist im Buch) abgeschlossenen anthologischen Werks zu konzentrieren. Bei allen drei Autoren müssen diesbezüglich viele Fragen offenbleiben: Die Geschichte der Text- bzw. Werkausgaben und die damit verbundene Stellung Hofmannsthals, Benjamins und Borchardts im deutschsprachigen Raum nach dem Zweiten Weltkrieg hätte eine eigene theorie- und praxisgeschichtliche Würdigung verdient.[113]

Die Anthologien Hofmannsthals, Borchardts und Benjamins sind keine zufälligen Beispiele für die Schärfung einer Poetik anthologischen Schreibens. Umfangreiche eigene Begleittexte, Vor- und Nachworte kontextualisieren und kommentieren ihre Anthologien. Anthologische Textformen sind für kulturwissenschaftlich erweiterte Theorien von literarischer Produktion als ‚sozialem Intertext' richtungsweisend geworden.[114] Für die Literatur ‚um 1900' wurde die ‚Geburt der Leserschaft als Mit-Herausgeberschaft' bereits konzeptualisiert.[115] Poststrukturalistische Lektüretheorien haben das anthologische Schreiben der drei hier behandelten Autoren und dessen historische Situierung nicht umfassend in den Fokus genommen, sondern sich entweder auf die ästhetischen Valenzen des Zitierens und Montierens oder auf die Dekonstruktion ideologischer Konnotationen konzentriert. Um die in der anthologischen Tradition als „Kern des Kerns"[116] konzipierten Publikationen entstand bei den drei Autoren eine Selbstarchivierung von Aufzeichnungen und Materialien, deren ‚maschinelle' Funktion als Zitatspeicher für Hofmannsthal gut belegt ist, für Benjamin zumindest als unabdingbare Tatsache seiner Arbeitstechnik Spuren hinterlassen und eine eigene Faszinationsgeschichte herausgebildet hat.[117] Bei Borchardt ist ein reiches Archiv an Handschriften mit einer großen

---

113 Zur äußerst komplizierten Werkgeschichte und der damit verbundenen Rezeption Borchardts vgl. Schuster: Zur Konzeptions- und Überlieferungsgeschichte von Rudolf Borchardts Œuvre; vgl. auch aus kulturgeschichtlicher Perspektive Philipp Felsch: *Der lange Sommer der Theorie. Geschichte einer Revolte 1960–1990*, München 2015.

114 Vgl. Bernhard Böschenstein: Das „Buch der Freunde" – eine Sammlung von Fragmenten? Hofmannsthal in der Tradition des Grand Siècle, in: *Hofmannsthal. Jahrbuch zur europäischen Moderne* 4/1996, S. 261–276.

115 Vgl. Wirth: *Die Geburt des Autors*, S. 434.

116 Hebbel: Zur Anthologien-Literatur, S. 161. Hebbel bezeichnet so den anthologischen Zugriff auf Literatur.

117 Vgl. Mayer: *Hugo von Hofmannsthal*, S. 174; Lindner: Zu Traditionskrise, Technik, Medien, S. 451–464.

Zahl an immer wieder erneuten Anläufen zur Realisierung weit ausgelegter literaturgeschichtlicher, dramatischer etc. Werkpläne zu konstatieren.[118]

Eine rezeptionsästhetische und literatursoziologische Perspektive auf Anthologien und das Anthologische Schreiben muss, in der hier umrissenen Konsequenz, um eine kulturwissenschaftliche-genealogische ergänzt werden. Die kulturpoetische Erweiterung des Lektüremodells von Roman Jakobson durch Moritz Baßler scheint hierzu hilfreich, um eine mittlere Ebene zwischen textphilologischer Mikrobetrachtung und theoretisch-historischer Vogelperspektive einzunehmen. In Bezug auf eine methodologische Betrachtung der Kultur in textueller Hinsicht – als eines durch die Optik eines Lektüreblicks zu deutenden Objekts – schreibt Baßler: „Texte haben immer schon eine paradigmatische Dimension, in der die Äquivalenzen und Alternativen zum notierten Wortlaut festgeschrieben sind." Und zugespitzt: „Die paradigmatische Achse eines Textes ist die Achse der Kultur."[119] Diese „Achse der Kultur" ist die methodologische Referenz für philologisch inspirierte Kulturforschung, die sie als ein latentes Archiv zugleich mitkonstruieren wie zu entziffern versuchen. In Bezug auf Anthologien und das Anthologische Schreiben als ‚schwache Objekte' in meiner Gegenstandskonstruktion scheint die von Baßler umschriebene genealogische Perspektive besonders sinnvoll, weil Anthologisches Schreiben als explizit von Aktionen der Auswahl, der Sammlung, der Zusammenstellung geprägte kulturelle Form die vermeintliche Transzendenz des zusammenhängenden und abgeschlossenen Werks immer schon unterläuft.

Die methodische Referenz einer genealogischen Kultur-als-Text-Deutung affirmiert darüber hinaus eine flexible Perspektivierung der Intention anthologischer Projekte in der Dialektik von Sach- und Begriffsgeschichte, wie sie von Reinhart Koselleck vertreten worden ist (vgl. die konkret bei Rudolf Borchardt ansetzenden Erläuterungen). ‚Schule', ‚Jugend'[120] und ‚Generation'[121] sind zwischen 1900 und 1940 umlaufende flexible Begriffskonzepte, die zwischen Sache und Begriff schillern. Sie können zum einen als soziologische Termini der Beschreibung und Erfassung dienen – und der affirmierenden oder polemischen Stellungnahme –, zum anderen nehmen sie einen metareflexiven Charakter an: Sie bündeln Vorstellungsbilder und haben

118 Vgl. Jörg Schuster: *„Kunstleben". Zur Kulturpoetik des Briefs um 1900 – Korrespondenzen Hugo von Hofmannsthals und Rainer Maria Rilkes*, München 2014.

119 Moritz Baßler: *Die kulturpoetische Funktion des Archivs. Eine Text-Kontext-Theorie*, Tübingen 2005, S. 204.

120 Vgl. Johannes Steizinger: *Revolte, Eros und Sprache. Walter Benjamins „Metaphysik der Jugend"*, Berlin 2013.

121 Vgl. Orhad Parnes/Ulrike Vedder/Stefan Willer: *Das Konzept der Generation. Eine Wissenschafts – und Kulturgeschichte*, Frankfurt/M. 2008.

deshalb ihrerseits einen poietisch-dynamisierenden Aspekt. Anthologisches Schreiben als ein Schreiben im dynamischen Raum der Tradition und des ‚Erbes' konstituiert solche flexiblen Begriffskonzepte. Grenzbegriffe an der Schwelle biologischer und kultureller Diskurse mit einer inhärenten Entwicklungssemantik waren besonders virulent, um Konstitutionsakte der literarischen Tradierung zu legitimieren und zugleich eine methodische Abgrenzung gegen die Fortschrittssemantiken der Naturwissenschaften zu signalisieren. Solche Begriffe befeuerten in den 1920er Jahren interdisziplinäre Diskurse zwischen den aufstrebenden naturwissenschaftlich-empirischen Disziplinen, den sich etablierenden Gesellschaftswissenschaften und der traditionellen Geistesgeschichte, wie Stefan Willer für das Konzept der Generation in den 1920er Jahren dargelegt hat.[122]

In Bezug auf Anthologisches Schreiben gilt es, wie dargelegt, die Darbietung der Texte nicht allein in nationalpolitisch-ideologischen Kategorien zu diskutieren. Die apodiktisch eingenommene Position des Abbruchs einer mit hoher Dignität ausgestatteten kulturellen Tradition der Literatur nach der Romantik, die von Hofmannsthal, Borchardt und Benjamin in unterschiedlicher Tonalität als rezeptionsgeschichtliches Apriori ins Spiel gebracht wird, wird in meiner Untersuchungsperspektive nicht in Bezug auf eine literaturhistorische Falsifizierung hinterfragt, sondern genealogisch verstanden: als Folie der Auseinandersetzung in einem Problemfeld der Bearbeitung der kanonisierten Tradition, und zwar spezifisch zum Zeitpunkt nach dem politischen und kulturellen Zusammenbruch des deutschen Kaiserreichs und der Habsburger Monarchie nach dem Ersten Weltkrieg.

Welchen Status nehmen Hofmannsthals, Borchardts und Benjamins anthologische Projekte für und in dieser Gegenwart ein? Ich werte die deutlich markierte ästhetische Zäsur, die diese drei Autoren für ihre Projekte in Anspruch nehmen und die in paratextuell hervorgehobenen Textfeldern wie Vor- oder Nachworten und Briefen betont wird, als ein zu deutendes Aussageereignis. Dieses deckt keine ‚realen' Machtintentionen auf, sondern lässt sich in einer kommunikativen Bezugnahme auf das literaturpolitische Feld deuten, das durch neue Eckwerte bestimmt wird: die Multiplikation an zirkulierenden politisch-kulturellen Stimmen im Rahmen der nach dem Ersten Weltkrieg in Deutschland entstandenen republikanischen Verfassung. Dies akzentuierte bei allen drei hier behandelten Autoren zugleich die Sensibilität wie das Bedürfnis, die Bedingungen der Publizität, des kommunikativen Austauschs, der ‚Bildung' eines Publikums und der Wirkungsmöglichkeiten mit einer buchästhetischen und traditionspolitischen Perspektive auf Literatur kurzzuschließen.

---

122 Vgl. ebd., S. 218–259.

Anthologisches Schreiben ist dann poetologisch folgenreich und in einem weiteren Sinn als Kulturpoetik erschließbar, wenn ein Verhältnis literarisch-kulturellen ‚Erbens' aktiv so strukturiert wird, dass dieses durchweg als auf eine Ahnenfolge hin (im kausalen Sinn der Folge aus einer Ursache wie im zeitlichen Sinn der Nachfolge) lesbar erscheint. Nachleben, Ahnenfolge, Erbfolge als ein Problem der Zeitgenossenschaft: Das ist die problematische Sache, um die es in einer anthologischen Poetik geht. In den nun folgenden Kapiteln wird exemplarisch an Text- und Publikationskonstellationen sowie an literarischen Denkbildern der drei Autoren das theoretische Verständnis einer Praxis ausgewiesen, die ihre Theorie schon enthält. Dabei sind Figurationen des Zitats und der Anthologie auf die geistesgeschichtlichen Diskurse des Ersten Weltkriegs und dabei insbesondere auf Publikationslogiken und Typografie-Diskurse als materialem Spielfeld zurückzuführen.

KAPITEL 2

Kritik als Konstellation: Die Anthologien des George-Kreises und dessen Nachleben

Ende des 19. Jahrhunderts war der deutschsprachige Literaturmarkt von künstlerisch anspruchslosen anthologischen Kompilationen gesättigt. In dieser Konstellation war die Anthologie für Autorinnen und Autoren mit künstlerischem Anspruch funktional entwertet, weil im Genre der Textzusammenstellung kein Moment der Werkbildung erblickt werden konnte. Dagegen traten kulturkritisch-ästhetizistische Bewegungen an. In Deutschland kristallisierte sich eine einschlägige Gruppe an einem neuen Interesse für die Buchkultur. Dies lässt sich an dem für die Lyrikrezeption und Kanonisierung im deutschsprachigen Gebiet während des ganzen 20. Jahrhunderts äußerst wirkungsmächtigen ‚Kreis' um den Dichter Stefan George nachzeichnen, in dem Philologen, Geistes- und Sozialwissenschaftler, Buchgestalter und Lyriker – darunter auch wenige Frauen wie Jula Cohn oder Marianne Weber – an einem impliziten literaturpolitischen Programm arbeiteten.[1] Deren anthologische Bemühungen sollten nicht allein ausgewählte ältere Literatur präsentieren, sondern transformierten die Tradierungsgeste in eine Sakralisierung von Georges Werk selbst. Ohne dieses Moment und Monument der Sakralisierung von Dichtung sind die Projekte von Benjamin, Hofmannsthal und Borchardt nicht zu begreifen. Ich gehe deshalb im Folgenden umrissartig auf den George-Kreis ein.

2.1 „Symbol des Übergangs" – die Szene der Kritik an Stefan George

Der Werkbildung in Anthologien liegen chronologisch, gattungsspezifisch oder motivisch angeordnete und synchron präsentierte Textstücke verschiedener Autoren und Autorinnen zugrunde. Die damit einhergehenden Rezeptionssignale und -strategien sowie die architektonischen und musikalischen Metaphoriken der Zusammenstellung und Zusammenfügung unterschiedlicher literarischer Stimmen machten Anthologien als Sammlungsform von Textstücken zu dennoch interessanten Objekten für poetologisch avancierte Autoren.

---

1 Vgl. Kaiser: Deutsche Dichtung, S. 626; bilanzierend bei Ulrich Raulff: *Kreis ohne Meister. Stefan Georges Nachleben*, München 2009, bes. Kap. Stile des Erbens, S. 56–83.

Stefan George und Karl Wolfskehl treten in erster Linie gegen eine sich in den Anthologien manifestierende ‚historische Krankheit' an; damit gemeint ist das von Nietzsche entliehene ‚Kranke', ein übermäßig ausgebildeter Sinn für das Historische und die damit verbundene Abwendung vom ‚Leben'.[2] Die Anthologie soll als Textauswahl in einem exklusiven buchkünstlerischen Gewand repositioniert werden. In Bezug auf die Texte wollen George und Wolfskehl die deutsche Dichtung der Goethezeit von der in ihren Augen historisierenden und popularisierenden Rezeption im 19. Jahrhundert lösen. Die Buchkunst ist dabei das Distinktionsmerkmal, das für und durch die künstlerische Rezeption Goethes und der deutschen Dichtung in Anspruch genommen wird – „hat ja die obere masse ihre geschmacklosen prachtausgaben · die untere masse ihre nicht schlechteren notausgaben [sic!]", so ihr Urteil.[3]

Die George-Philologie hat die eminente geistespolitische Bedeutung und die Verzahnung der verschiedenen Mitglieder im intellektuellen Feld Deutschlands vor und nach 1914 herausgearbeitet.[4] In medienkulturwissenschaftlicher Perspektive wurde das intellektuelle Netzwerk um Stefan George untersucht, weiter die philologische Arbeitsteilung, das Übersetzen als zentrale literarische Form der intendierten kulturpolitischen Narrative der ‚Kreis'-Mitglieder und nicht zuletzt die Herausbildung personaler Aura in der bewussten Nutzung der aufkommenden (Bild-)Massenmedien zur Darstellung des geistesaristokratisch verbrämten Intellektuellenkreises.[5] Die Strategien der In- und Exklusion in der Kanonbildung wurden auch für das Textmodell der Anthologien untersucht.[6]

Die dreiteilige Anthologie *Deutsche Dichtung* (*Jean Paul, Goethe* und *Das Jahrhundert Goethes*) erschien als Privatdruck ab dem Jahr 1900, im Handel ab 1910. Die drei Anthologien zeichnen sich durch einen genuin antiphilologischen Impuls aus. Die Texte werden nicht in einer durch philologischen Vergleich geprüften Form präsentiert, sondern sind Ausdruck der Kollationen, die Stefan George und der Philologe Karl Wolfskehl, später auch Friedrich

2 Vgl. Nietzsche: Vom Nutzen und Nachtheil der Historie für das Leben.

3 Stefan George/Karl Wolfskehl (Hg.): *Deutsche Dichtung*, Bd. 1: Jean Paul [1900], Nachdr. neu hg. v. Ute Oelmann, Stuttgart 1989, S. 5.

4 Vgl. Raulff: *Kreis ohne Meister*.

5 Vgl. Hiebler: *Hofmannsthal und die Medienkultur*; Geret Luhr: *Ästhetische Kritik der Moderne. Über das Verhältnis Walter Benjamins und der jüdischen Intelligenz zu Stefan George*, Marburg 2002; Martus: *Werkpolitik*.

6 Vgl. Daniela Gretz: *Die deutsche Bewegung. Der Mythos von der ästhetischen Erfindung der Nation*, Paderborn 2007, S. 241–246; Kaiser: Deutsche Dichtung, S. 625; ders.: Anthologie, Kanon, Literaturbegriff. Überlegungen zu ihrem Zusammenhang – auch in pragmatischer Hinsicht, in: Alexander Löck/Jan Urbich (Hg.): *Der Begriff der Literatur. Transdisziplinäre Perspektiven*, Berlin/New York 2010, S. 151–170; Bulang: Die „Bremer Presse Bücher".

Gundolf, im Gespräch entwickelten.[7] „[D]en Deutschen ein wenig Geschmack beizubringen" lautete der gemeinsame Impetus ihrer Kunstpolitik.[8] Diese Konstruktion eines klassisch ‚hohen Deutschtums' der Dichtung manifestiert sich nicht im Impetus des bewahrenden Überlieferns, sondern in der offensiven Setzung selbstgezogener Traditionslinien, die den Zweck einer exklusiven ästhetischen Bildung, einer „ästhetischen Anthropologie"[9] für einen kleinen Kreis, verfolgen. „Es ging […] vor allem darum, eine Tradition deutscher Dichtung zu entwerfen, die, mit Klopstock beginnend, in Jean Paul und Goethe aufgipfelnd, Höhepunkt und Überwindung im Werk Stefan Georges fand, der sich als Vollender und Neuerer verstand."[10] Dieser Akt der Neuschreibung ist werkpolitisch zu lesen: Die Darbietung untermauert den Anspruch, Georges Autorschaft an der Jahrhundertwende zugleich als singuläre darzustellen wie ihn teleologisch als Abschluss einer exklusiven Genealogie zu präsentieren. Die dreiteilige Anthologie *Deutsche Dichtung* sollte Stefan George als einsamen Dichter-Herold in einem Raum der Geister beschwören, der außerhalb der Gegenwart, außerhalb auch seiner Generation stand; ein Raum, dessen (wie auch immer geartete) Restauration vorläufig einzig in der Buchkunst der Anthologien ihren Platz finden konnte. Deren literarisch-ästhetische Funktion – gerade in den visuell herausstechenden Ausgaben sowie in der editorisch zugrundeliegenden Arbeit – muss zwar auch auf die soziologischen Implikationen der Kreisbildung zurückgeführt werden, ist aber genauso für die Spezifik eines Anthologischen Schreibens interessant.

Die *Deutsche Dichtung* von George und Wolfskehl sortierte Werke der vorangegangenen 150 Jahre nach idiosynkratischen künstlerischen Kriterien. Die Briefkorrespondenz zwischen George, Lechter, Gundolf und Wolfskehl zeichnet die starken editorischen Eingriffe nach. Insbesondere die Philologen Wolfskehl und Gundolf ließen einiges an Akribie in der Herstellung der Texte walten. Ist der im ersten Band der *Deutschen Dichtung* präsentierte *Jean Paul*[11] der ‚deutscheste', so verkörpert *Goethe* – wie ihn George mit leichter Akzentverschiebung sieht – durch „heilige heirat"[12] [sic!] die Idealverbindung einer deutschen Antike. Die Jean Paul-Auswahl stammt von George und präsentiert

7 Vgl. Birgit Wägenbaur/Ute Oelmann: *Von Menschen und Mächten. Stefan George, Karl und Hanna Wolfskehl: Der Briefwechsel 1892–1933*, , München 2015, S. 29.

8 Stefan George an Karl Wolfskehl, 30.7.1896, in:Ebd., S. 149; vgl. auch ebd., S. 27 (Vorwort der Herausgeber).

9 Gretz: *Deutsche Bewegung*, S. 241.

10 Ute Oehlmann: Nachwort, in: Stefan George/Karl Wolfskehl: *Deutsche Dichtung, Bd. 2: Goethe* [1902], Nachdr. neu hg. v. Ute Oehlmann, Stuttgart 1991, S. 105–115, hier S. 106.

11 Bd. 1: Jean Paul; Bd. 2: Goethe; Bd. 3: Das Jahrhundert Goethes.

12 Oehlmann, Nachwort, S. 107.

mittels Auszügen aus Traumprotokollen und Briefen „extreme Momente der Liebe, des Todes, der Realitätsauflösung oder der Traummagie". George wählte, mit einem Wort aus Jean Pauls *Vorschule der Ästhetik*, „Begeisterungs-Stellen" aus.[13]

Die Goethe-Auswahl wurde hingegen zum größten Teil von Wolfskehl zusammengestellt. Ein Schwerpunkt liegt auf Goethes Altersdichtung mit den um 1900 „wenig geschätzten" *Diwan*-Gedichten. Das Verhältnis Georges zu Goethe ist nach Ute Oelmann von Identifikation und Absetzung geprägt.[14] Bernhard Böschenstein nannte das Goethe-Bild der Anthologie eine „kreative Einseitigkeit".[15] Der buchräumliche und gestalterische Erneuerungsanspruch überträgt sich auch auf die Herausgeberfunktion: Goethe wird zurechtgestutzt und aller popularisierenden und volkstümlichen Anklänge, die durch die Rezeption im 19. Jahrhundert als solche aufgenommen und wahrgenommen wurden, entledigt. Goethe sei dem 19. Jahrhundert und seiner moralisierenden oder volkstümlich-deutschtümelnden Rezeption entrissen und als „Verfasser einer formal strengen, symbolischen Dichtung" zum Vorbild erhoben worden. Das Autonomiepostulat einer ‚erneuerten' deutschen Kunst ließ sich so unterstreichen. Die Anthologie diente dazu, „Goethe als den klassischen Dichter der deutschen vorzustellen, als formalen Vollender [...], zum anderen als den Begründer jener höchst artifiziellen west-östlichen Rollendichtung, die in der frühen Dichtung Georges (*Prinz Indra, Algabal, Hängende Gärten*) wie auch im Werk Karl Wolfskehls vielfache Wiedergeburt erfuhr."[16]

Damit entsprach die anthologische Praxis Georges und seiner hauptsächlich mit der Textherstellung beschäftigten Mitarbeiter Karl Wolfskehl und Friedrich Gundolf einem Programm, das zum einen eine bereinigte Version der ‚guten Dichter' bieten wollte und zum anderen eine Selbstversicherung des sich um George bildenden Kreises von Anhängerinnen und Mitarbeitern artikulieren sollte. Das Programm der *Blätter für die Kunst*, die erstmals 1892 erschienen, sollte durch die Anthologien die Krönung einer abschließenden Sonderung von Texten einer spezifisch deutschen Tradition erhalten.

Ein starkes Echo auf das Stundenbuch zu Jean Paul artikuliert sich in der ersten und einmalig gebliebenen Ausgabe des Jahrbuchs *Hesperus* (1909) durch Hugo von Hofmannsthal, Rudolf Alexander Schröder und Rudolf Borchardt (vgl.

---

13 Jean Paul: *Vorschule der Ästhetik*, hg. v. Norbert Miller, textkritisch durchgesehen und eingeleitet v. Wolfhart Henckmann, Hamburg 1990, §86.

14 Oehlmann: Nachwort, S. 107: Oelmann dokumentiert die wichtigsten Eingriffe der Herausgeber an den Gedichten (Umstellungen, die nicht der Chronologie der Entstehung entsprechen, Kürzungen oder Veränderungen).

15 Zit. n. Kaiser: Deutsche Dichtung, S. 617.

16 Beide Zitate in Oehlmann: Nachwort, S. 113.

auch Kap. 3.6 und 6.5). Der wirkmächtigste Text in diesem Jahrbuch ist eine Kritik Borchardts an Georges Lyrikband *Der Siebente Ring*.[17] Die Rezension wächst sich ihm zu einer eigentlichen Testamentsrede *ante quem* aus: die an verdichteten sprach- und stilanalytischen Miniaturen angebrachte Kritik des Stils von George ist von einer Lobrede auf dessen ‚Aufbruch', die „Spiritualität" begleitet, die die deutsche Jugend – der Kritiker Rudolf Borchardt eingeschlossen – allein ihm verdanke. In Borchardts George-Kritik ist der *Übergang* der entscheidende und immer wiederkehrende Begriff, kulminierend im Paradox des „bleibenden Übergangs". Borchardt synchronisiert Georges bisheriges Wirken, die in großen Abständen erschienenen Gedichtbände, als „bleibendes Symbol des Übergangs" mit dem Interregnum[18] der „Übergangsepoche", als das eine nationalkulturelle Durststrecke der deutschen Poesie seit der Reichsgründung 1871 erscheint. George durchmesse „alleingeblieben, [als, F.S.] immer größer werdende Gestalt" mit jeder neuen Lebensepoche ein ganzes Alter des Wachstums – und bleibe dennoch Übergang.[19] Sein Stil sei Symptom eines gesellschaftlichen Schwebezustands, eines nicht restlos sublimierten, wiewohl sich in ‚großer' Gestalt zeigenden Erbes im Nachgang zur Reichsgründung. Diese Kritik sollte nicht nur für das aktive gegenseitige Ignorieren zwischen den *Hesperus*-Herausgebern und den Kreis-Angehörigen[20] wirkmächtig werden, sondern entwarf für den jungen Benjamin eine paradigmatische Szene der Kritik, aus der sich auch später noch seine ambivalente Bewunderung für Borchardts Schreiben speiste. 1910, ein Jahr später, lässt Borchardt als Reaktion auf das *„Jahrbuch der geistigen Bewegung"* aus dem George-Kreis die Streitschrift *Intermezzo* folgen,[21] ein ‚Strafgericht' grobschlächtigster Art.[22]

---

17 Vgl. Rudolf Borchardt: Stefan Georges Siebenter Ring, in: Ders./Hugo von Hofmannsthal/ Rudolf Alexander Schröder: *Hesperus. Ein Jahrbuch*, Leipzig 1909, S. 49–82. Borchardts Kritik ist wieder abgedruckt in: Borchardt: *Prosa I*, S. 68–105.

18 Rudolf Borchardt: *Aufzeichnungen Stefan George betreffend*, hg. v. Ernst Osterkamp, München 1998, S. 182–185.

19 Rudolf Borchardt: Stefan Georges Siebenter Ring [1909], in: Ders.: *Prosa I*, S. 68–105, die Zitate S. 69–71.

20 In den 1920er Jahren ändert sich dies von Seiten Hofmannsthals, der das literaturpolitische Wirken des George-Kreises als vorbildlich für sein eigenes kulturpolitisches Wirken im neu gegründeten Verlag der Bremer Presse (1922) und der Zeitschrift *Neue deutsche Beiträge* (1921) voranstellt. Allerdings historisieren diese Gesten das Wirken Georges zugleich; vgl. Hofmannsthal: Ankündigung des Verlags Bremer Presse, KA XXXVI, S. 51–52 und Vorwort zu *Neue deutsche Beiträge*, Erste Folge. Erstes Heft, ebd., S. 55.

21 Zuerst publiziert 1910 in den *Süddeutschen Monatsheften*; vgl. Borchardt: *Prosa I*, S. 105–138.

22 Vgl. dazu seine Analyse der kulturpolitischen Vernetzung und die Polemik gegen den George-Kreis im langen Brief an Rudolf Alexander Schröder vom 6.3.1910, in: Rudolf Borchardt/Rudolf Alexander Schröder. Briefwechsel 1901–1918, Text. In Verbindung mit

Auf diese Kritik Borchardts reagierte der George-Kreis mit der Herausgabe eigener Jahrbücher.[23] Interessant an Borchardts Abhandlung ist der Begriff der ‚kritischen Kontrolle', der später in den 1920er Jahren auch von Benjamin in seinen Fragmenten zur Literaturkritik verwendet wird: Aus dem Versuch einer anthologischen Monumentalisierung entwickelt die Geste von Borchardts Kritik ein dynamisches Feld gegenseitiger Beobachtung und Konkurrenz, die sich in Jahrbüchern und Zeitschriften manifestiert und den später in der Weimarer Republik so sprichwörtlich gewordenen strategischen Kampf zwischen den Literaturschulen vorwegnimmt. Borchardts Kritik der ‚sozialpathologischen' Tendenzen in Stefan Georges Gedichten soll mit einem Schlag in ein ‚kritisches Erbe' verwandelt werden. So schließt die lange Erörterung der Kritik, in der Borchardt Georges fehlerhaften Einsatz von Metren, Bildern und sein mangelndes Rhythmusgefühl diskutiert, damit, dass die „Gestalt Georges historisch geworden sei" – George war zu diesem Zeitpunkt 42 Jahre, Borchardt 33 Jahre alt – und außerhalb des Kampfes stehe, „den wir kämpfen."[24] „Die heroische Aufopferung Georges für seine Generation und die Folgezeiten ist das Erbe, das wir heute beziehen." Borchardts Kritik übernimmt in dieser maßlosen Geste ein ‚Erbe zu Lebzeiten', um die Kritik der Epoche zum Gelingen zu bringen und das kunstpolitische „Interregnum"[25] für beendet zu erklären. Die Emphase auf Leben und ‚Erbamt' wird durch die nüchterne und genaue Analyse von Sprache und Stil eigentümlich konterkariert. Um ‚Dichtung' und ‚Nation' aus einem zyklischen Zeitverhältnis und damit zwiespältig-rekurrenten Zeiten zu befreien, muss die transzendentale Funktion des Dichter-Kritikers die ‚innere Grenze', wo der Stil, die Bilder „fehlerhaft"[26] werden, minutiös nachzeichnen, um sie anschließend durch den eigenen Neuentwurf exorzieren zu können.

Dies unternimmt Borchardt mit der Kritik von Georges Gedichtzyklus. Analyse von Metrum, Vers, Reim, Bild und Stil sind ihm das Vehikel für eine großangelegte Kritik am historischen Zustand der deutschen Sprachnation, verkörpert in der Gestalt Georges als eines sich opfernden ‚Zwischenkönigs'.

---

dem Rudolf Borchardt-Archiv bearbeitet von Elisabetta Abbondonza, München 2001, S. 272–297, hier S. 295–296. Dies wiederum mag der emphatischen Rhetorik Benjamins in seinem *Wahlverwandtschaften*-Essay (geschrieben 1921/22, publiziert 1924/25) zum Vorbild gedient haben, der dort stellenweise ähnlich holzschnittartig gegen den Germanisten und George-Freund Friedrich Gundolf polemisiert; Walter Benjamin: Goethes Wahlverwandtschaften, GS I.1, S. 123–201, hier S. 162–163.

23 In diesen Jahrbüchern hätten sich, so das Urteil von Erich Unger im *Sturm* 1910, die Fehler Georges objektiviert.

24 Borchardt: Georges Siebenter Ring, S. 102.

25 Beide Zitate ebd., S. 87.

26 Ebd., S. 102.

„George ist hier, wie schon so oft, wie fast immer, wenn er fingiert, wie immer, wenn er Landschaften erfindet, nur im großen Ganzen der Anschauung richtig und verlässlich, wirkt auch wohl durch Größe der Anschauung; er ist in fast jeder Einzelheit, an der er sich kontrolliert und kontrollierbar ist, unrichtig und unmöglich."[27] Die Symbolisierung und Heiligung eines ‚Staats der Dichtung' in Georges Werk sind für Borchardt nicht etwa deswegen problematisch, weil sie in einer ausdifferenzierten modernen Gesellschaft objektiv zu literarisch belanglosen ‚Schimären' würden, sondern „weil die Zeit selbst, die Gegenwart [in Form der von Georges Gedichten inspirierten jungen Generation, F.S.] sie als Chimären für heilig nimmt."[28] Die Kritik Borchardts an der Popularität des Künstlers George postuliert die Restauration einer geistigen Elite, die sich durch die Lebensform starker Abgeschiedenheit auszuzeichnen habe. Gegenüber einer diffusen gesellschaftlichen ‚Einflussnahme' durch eine unkontrollierbare Rezeption in der Massengesellschaft (gleichzeitig etwa auch als ‚Hölderlin-Krankheit' der jungen Generation von vielen beschworen und verdammt) postuliert Borchardt die Kontrolle des eigenen Bilds und die gezielte Intervention mittels polemischer (später in seinem Schreiben auch mittels satirischer) Invektiven in die Gesellschaft. Werner Kraft (1896–1991) hat den feinen Unterton dieser komplexen Bewegung von Annäherung und radikaler Distanzierung so auf den Punkt gebracht:

> [W]enn George im Bereich des Geistes und der Muse die Diktatur durchsetzt, so ersetzt Borchardt sie, wie am Schluss der Rede über *Die neue Poesie und die alte Menschheit*, durch die Idee der Freiheit. […] Dies ist eines der erstaunlichsten Paradoxa, die die Geschichte der Dichtung kennt, und es wird durch seine eigene Poesie entfaltet, wie durch alles, was er über das Wesen der Poesie gedacht hat.[29]

Walter Benjamins Begriff der Kritik ist in dieser Ambivalenz kunstpolitischer Aneignung *und* Auseinandersetzung zwischen Borchardt, Hofmannsthal und George angelegt. Im Lauf seines Lebens hat sich sein kritischer Impuls zwar modifiziert und insbesondere auf die materialistische Kultur- und Gesellschaftsanalyse übertragen, er bleibt jedoch im Kern geprägt von der literarischen Konstellation deutscher Dichtung, die sich nach dem Ersten Weltkrieg auf das Feld der anthologischen Traditionsbildung verlagert. Der Name Stefan George grundiert als *basso continuo* alle in Rede stehenden Dokumente der Gespräche zwischen Benjamin, Gershom Scholem und Werner Kraft während des Ersten Weltkriegs. „Georges Wirken war nicht einfach nur ein Werk, es war ein geistiges

27 Ebd., S. 82.

28 Ebd., S. 90–91.

29 Werner Kraft: *Rudolf Borchardt. Welt aus Poesie und Geschichte*, Hamburg 1961, S. 418.

Phänomen, das seine Macht in vielfacher Weise ausübte. Ein junger Dichter, der sich mit seiner eigenen Rolle beschäftigte, kam an George nicht vorbei: Das hatten Hofmannsthal und Borchardt erfahren, und das erfuhren später Benjamin, Kraft und viele andere."[30] Wolfgang Matz postuliert die „Unmöglichkeit" von Benjamins Seite, Borchardt *ästhetisch* – und nicht *geschichtlich* aufgrund seiner Rolle als Kriegsprophet und Nationalist während des Ersten Weltkriegs – zu widerlegen (vgl. Kap. 5.6).[31] Es wird zu zeigen sein, wie in den Strategien Borchardts, Hofmannsthals und Benjamins die anthologische Form angeeignet wird – restaurativ, hyperbolisch gesteigert oder in entwendend-begrifflicher Abstrahierung von den Texten.

Durch Jean Paul stellte sich zwischen den hier besprochenen Autoren auch erstmals ein zumindest impliziter Kommunikationszusammenhang über die Form der Anthologie her. Georges *Jean Paul*-Anthologie war geprägt vom Versuch, diesen gegen Goethe abzusetzen. Dies stieß auf Kritik, so warf Rudolf Alexander Schröder, ein Freund Borchardts und Hofmannsthals, George eine „Vergewaltigung und Verstümmelung" von Jean Paul vor.[32] Dieses Urteil findet noch in Benjamins Rezension des *Jean Paul*-Buchs von Max Kommerell 24 Jahre später, im Jahr 1933, ein Echo. Darin fordert Benjamin, die Wirkung Jean Pauls zu klären, indem er auf die lange Kette lesender Frauen verweist, die die ausufernden Kunstromane Jean Pauls überhaupt erst in Lesebüchern rezipiert hätten – und damit in Form anthologischer Ausschnitte, nicht als ‚ganze' Prosaromane. Die Wirkungen anthologischer Traditionsbildung und deren Kritik lernt Benjamin in den Angriffen des Hofmannsthalkreises auf die Anthologien Georges und seiner Mitarbeiter kennen.

So machte der erwähnte Max Kommerell seine Ablösung vom George-Kreis ausgerechnet mit einer Veröffentlichung zu Hofmannsthal publik. Seine *Rede auf Hofmannsthal* von 1930 gibt sich als organologisches Poetikmodell zu lesen, das Gattungsprobleme in den Einzelwerken Hofmannsthals auch je einzeln (und damit souverän) dialektisch aufgelöst sieht. Kommerell schließt damit an sein zeitgenössisch breit rezipiertes Buch *Der Dichter als Führer in der Klassik* von 1928 an. „Sind also diese Gedichte [die frühen Gedichte Hofmannsthals, F.S.] wenige an der Zahl, so ist fast jedes eine eigene Gattung und gibt zu verstehen, dass er, dem das Singen so leicht scheint, nicht mehr singt, wo er nicht mehr muss."[33] Obwohl dieser Dichtungsphilosophie bei Kommerell – mit der

30 Matz: *Eine Kugel im Leibe*, S. 25.

31 Ebd., S. 105.

32 Rudolf Alexander Schröder, zit. n. Ute Oelmann: Nachwort, in: George/Wolfskehl (Hg.): *Deutsche Dichtung, Bd. 1: Jean Paul*, S. 111.

33 Max Kommerell: Rede auf Hofmannsthal, Frankfurt/M. 1930, S. 12.

Abwendung von George – allmählich eine historisch-diagnostische Ästhetik der ‚Sprachgebärden' zur Seite tritt und das Lächerliche bzw. die humoristische Personifikation mit der Heroik in ein Verhältnis tritt, das beide Terme betrifft und stellenweise auch Ansätze einer kritischen gegenseitigen Vermittlung dabei durchscheinen, bleibt eine Art unwillkürlicher Rest im heroischen dichterischen Wort, das den kommunikativen Akten entgegensteht. Dort erkennt Kommerell den Punkt, an dem Hofmannsthal die Verkürzung der Perspektiven als Ingrediens der Gegenwart ausmacht und zu gestalten bzw. vorwegzunehmen vermag. Als Positionierung der Kritik macht diese Geste allerdings vor der direkten Bezugnahme der Kunst auf den gesellschaftlichen Diskurs Halt. Kommerell stiftet die kritische Geste nicht von außen, sondern übernimmt sie als eigene Aufgabe des Kritikers restlos, wodurch die Inaktualität[34] der Kommerellschen Hermeneutik bzw. das Problem ihrer fehlenden Anschließbarkeit deutlich wird. Dass diese hermeneutische Exegese sich zugleich in eine gesellschaftliche Analyse der literarischen Ausdrucksformen weiterentwickeln konnte, wie bei Kommerells Marburger Kollegen, dem – ganz im Gegensatz zu Kommerell – später gegen den Nationalsozialismus Widerstand leistenden Romanisten Werner Krauss, sei hier nur angemerkt.[35]

Anthologisches Schreiben und Literaturpolitik bilden also nicht erst im Zwielicht einer durch den Ersten Weltkrieg grundsätzlich problematisch gewordenen Tradition deutscher Dichtung eine Herausforderung, sondern sind in Form eines Autorschaftsprojekts auf sich wandelnde Rezeptionsphänomene zurückgeworfen. Der innere Zusammenhang von Autorbild (formbildende Poetik in Schreib- und Leseszenen) und Autorschaft (als zeitspezifische Strategie Schreibender, das literarische Feld zu erobern) leitet im Folgenden die nach Autor gegliederten Überlegungen in den Kapiteln 3, 5 und 6 an. Zunächst wird die ‚Nah-Erbenschaft'[36] Georges exemplarisch für die drei diskutierten Autoren an Benjamins poetologischer Formreflexion auf das anthologische Medium untersucht: Es wird sich zeigen, dass eine strategische Verkehrung von einer zwar befragbaren, aber trotzdem ‚souveränen' Form des Kunstwerks in eine historisierbare Lebenstechnik, wie sie Benjamin vornimmt, nicht nur poetologisch produktiv ist, sondern auf eine weiterführende Konstellation

---

34 Vgl. Milena Massalongo: Versuch zu einem kritischen Vergleich zwischen Kommerells und Benjamins Sprachgebärde, in: Walter Busch/Gerhart Pickerodt (Hg.): *Max Kommerell – Leben, Werk, Aktualität*, Göttingen 2003, S. 118–161.

35 Vgl. ebd.; zu Kommerells Verhältnis zu Hofmannsthal: Christian Weber: Vom ‚Jünger' Georges zum „Schüler" Hofmannsthals. Max Kommerells Auseinandersetzung mit seinen poetischen Leitfiguren in dem Drama ‚Das kaiserliche Blut', in: *George-Jahrbuch* 7/2009, S. 142–166; ders.: *Max Kommerell. Eine intellektuelle Biographie*, Berlin/New York 2011.

36 Zum Begriff vgl. Kap. 6.1.

ästhetischer Formbildung verweist und an der Negation biografisch orientierter, gebietsmäßig eingeschränkter Kunstgeschichte arbeitet (dazu Kap. 4).

2.2 Von ‚Köpfen' zu ‚Menschen' – von der *Deutschen Dichtung* zu Benjamins Serie *Briefe*

„Die Stunden, welche die Gestalt enthalten, / Sind in dem Haus des Traumes abgelaufen."[37] Dies ist der einzige Vers aus Benjamins nach 1914 entstandenen Sonetten auf seinen Jugendfreund Christoph Friedrich Heinle, der zu Benjamins Lebzeiten auch publiziert wurde – als Motto über einem Denkbild in seinem Buch *Einbahnstraße*. Die Sonette Benjamins bilden eine unmittelbare, wenn auch unausgesprochene Auseinandersetzung mit Georges Dichtung und den darin eingelassenen problematischen kulturpolitischen Vergemeinschaftungen von Benjamins Jugendzeit. Im Denkbild *Nr. 113*, das durch die beiden zitierten Verse als autoritatives Selbstbild gerahmt ist, wird die diabolische, potenziell traumatische Struktur der vergangenen kulturellen Schätze im Besuch des Goethehauses (wo „für die Ahnen mitgedeckt [ist]") *und* im Traum von Goethe[38] ebenso aufgerufen wie die „Nacht der Verzweiflung" in den „feindlichen Bomben"[39] des Kriegs. Christoph Friedrich Heinle hatte sich zusammen mit seiner Freundin Friederike (Rika) Seligson unmittelbar bei Kriegsbeginn im August 1914 das Leben genommen. Dies löste – abseits des allgemeinen Taumels der nationalistischen Euphorie – in ihrem deutsch-jüdischen Bekanntenkreis, unter anderem bei Benjamin, eine Krise und Selbstbefragung aus. Die jungen deutschen Juden wie Benjamin, Gershom Scholem oder Werner Kraft – in reformpädagogischen Schulen erzogen und die Jugendbewegung an den deutschen Universitäten mitprägend – hatten in den Gesängen Hölderlins und den Gedichten Georges noch ein anderes metaphysisches Leben gefunden. Sie mussten nun feststellen, dass diese Gedichte in

37 Walter Benjamin: Nr. 113, in: Ders.: *Einbahnstraße* (WuN 8), hg. v. Detlev Schöttker u. Mitarb. v. Steffen Haug, Frankfurt/M. 2009, S. 12–13, hier S. 12; die von Giorgio Agamben zugänglich gemachten Sonette Benjamins sind in *Gesammelte Schriften* Bd. VII (1989) abgedruckt.

38 Zu Benjamins Goethe-Bezügen ließe sich noch viel mehr sagen, vgl. Klaus Garber: *Walter Benjamin als Briefschreiber und Kritiker*, München 2004; Liliane Weissberg: Benjamins Goethe-Traum, in: Bettina von Jagow/Florian Steger (Hg.): *Differenzerfahrung und Selbst. Bewußtsein und Wahrnehmung in Literatur und Geschichte des 20. Jahrhunderts*, Heidelberg 2003, S. 269–290; Konstantin Baehrens/Frank Voigt/Nicos Tzanakis Papadakis/Jan Loheit (Hg.): *Material und Begriff. Arbeitsverfahren und theoretische Beziehungen Walter Benjamins*, Hamburg 2020 (Argument NF 322).

39 Alle Zitate, Benjamin: Einbahnstraße, S. 12–13.

anthologisierter Form durch den Staat zur Hebung der Kriegsmoral der Soldaten im Feld instrumentalisiert werden konnten. Dies führte sie zu einer zunächst latenten, dann immer stärker durchdringenden Befragung der gesellschaftlichen Bedingungen, innerhalb derer sich kulturelle Formen ausbilden.[40]

Benjamins Bezugnahme auf seine verborgen gehaltenen Sonette zu Heinle und damit auf seine dichterische Herkunft in der Nachfolge Georges bildet wiederum den späteren Ausgangspunkt der Serie „Briefe" (1931/1932), mit denen er sich anschickt, aus dem theoretischen Entwurf der Zeitschrift *Krise und Kritik* (vgl. Kap. 5.2) zu einer folgenreichen Produktion des Schriftstellers voranzuschreiten. Das „Haus Goethes",[41] das Haus der deutschen Dichtung, sollte nicht auf die imperiale Idee des Führers der deutschen Klassik zurückgeführt werden, wie sie die Anthologien des George-Kreises in der *Deutschen Dichtung* als „Unheilsstern" an den Auftakt des 20. Jahrhundert gesetzt hatten: „wer hier einmal wohnt, der soll in nichts ihm gleichen."[42] Vielmehr sind es „unscheinbare" Briefe, die um Goethe kreisen oder an ihn gerichtet sind, die Benjamins Impuls konzeptionell ins anthologische Arbeiten als Form hineinleiten,[43] dessen Ausdruck sich später im einzigen noch publizierten Buch von ihm in den 1930er Jahren, den *Deutschen Menschen*, zeigen wird.

Die zwischen 1767 und 1883 geschriebenen Schriftstellerinnen- und Gelehrtenbriefe veröffentlicht Benjamin anonym in der *Frankfurter Zeitung* (*FZ*) und versieht sie mit Begleitkommentaren, deren Geste kaum in sachphilologische Erläuterungen führt, vielmehr gewisse existenzielle Dimensionen dieser Briefe – Solidarität, Armut, materielle Not, Liebe, Freundschaft, Exil – verdeutlicht. Entgegen einer zunächst in der Rezeption meist blütenlesenden Bezugnahme auf die Benjamin'sche Briefanthologie[44] hat Villwock auf die deutliche

40 Vgl. Matz: *Eine Kugel im Leibe*, bes. S. 17–27.

41 Vgl. für eine produktive Fülle von Lektüreansätzen den Artikel von Weissberg: Benjamins Goethe-Traum, S. 282: „Benjamins Straßen, seine Häuser, und besonders seine Räume sind undenkbar – wirklich unträumbar – ohne ihn. Goethe bot ein Archiv, aus dem Benjamin sein Material erhalten konnte."

42 Benjamin: Nr. 113, in: *Einbahnstraße* (WuN 8), S. 12.

43 Peter Villwock: Goethe in Benjamins „Briefe"-Projekt, in: Hahn/Wizisla (Hg.): *Walter Benjamins „Deutsche Menschen"*, S. 157–175, hier S. 157.

44 Villwock: Walter Benjamins Feuilleton-Reihe, S. 599: „Deutsche Menschen ist nur eine Momentaufnahme aus einem nicht abgeschlossenen Arbeitsprozess", den Villwock auf den Zeitraum 1918–1940 datiert. Nur das Buch sei bisher wahr – und ernstgenommen worden. Villwock betont, dass die Briefe bereits 1931/32, vor der „Machtergreifung" ausgewählt, redigiert, kommentiert und veröffentlicht wurden. „Ihr ursprünglicher Kontext ist nicht die Nazi-Diktatur, und sie sind nicht der heroisch-verzweifelte Versuch eines Exilanten, subversiv nach Deutschland hineinzuwirken, den inneren Widerstand zu unterstützen und bedrohte Kulturschätze vor der Vernichtung zu retten." Benjamins

Konstellation hingewiesen, in der die Briefe ausgewählt wurden, um Goethe als Zentralfigur der Serie *Briefe* zu markieren.[45] Wie kann einer durch Gebrauch abgenutzten, der medialen Dispersion ausgesetzten und nationalistisch instrumentalisierten literarischen Tradition noch etwas abgewonnen werden? Benjamins Kommentare zeigen nachdrücklich und gegen Borchardts Nationalpoesie die Idee einer nicht an nationale oder sprachliche Grenzen gebundenen Humanität.[46] Benjamins *Deutsche Menschen* sollen in ‚anderer Leute Köpfe denken'[47] lassen, und dies zumal im Textumfeld der *FZ* mit ihren unvorhersehbaren Bezugsgefügen: Das anthologische Haus des ‚Führers Goethe' wird in die chaotischen Zeitumstände der frühen 1930er Jahre zerstreut, in die auch das Goethe-Jubiläumsjahr 1932 mit seinen anthologischen Weihebekundungen fällt. So wird neben Hofmannsthals Zentralgestirn Goethe und Borchardts ‚reinem Deutschen' ein drittes Bild des Goethe'schen Jahrhunderts präsentiert:[48] dasjenige eines Goethe, der die bürgerliche Entfremdung ankündigt und als Repräsentant harmonischer Klassik von seinen Nachfahren so entstellt wurde, um in jedermann „einen kleinen Goethe [...] vorfinden" lassen zu können.[49] Peter Villwock bilanziert, dass Benjamins philosophische Idee von Konstellation und Konfiguration produktionsästhetisch nie so radikal umgesetzt worden sei wie in den anonymen Blüten der deutschen Briefe in der *Frankfurter Zeitung*.

Die Produktionsästhetik der Zeitung wird für Benjamin Ende der 1920er, Anfang der 1930er Jahre unter dem Eindruck der verschärften gesellschaftlichen Krise zentral.[50] Der Produktionskreis der Zeitung bzw. des Feuilletons ist das Labor, bildungsbürgerliche Verblendung *im* Medium ihrer überholten

---

kaum veränderte Zusammenstellung älterer Texte wurde von den Interpreten zumeist als besonders geschickt camouflierter antifaschistischer Kassiber gelesen.

45 Vgl. Villwock: Goethe in Benjamins „Briefe"-Projekt.

46 Vgl. Kaiser: Kanonskepsis, S. 135.

47 James Philip McFarland: Die Kunst, in anderer Leute Köpfe zu denken. „Deutsche Menschen" als politisches Projekt, in: Hahn/Wizisla (Hg.): *Walter Benjamins „Deutsche Menschen"*, S. 121–131.

48 Vgl. Kaiser: Kanonskepsis, S. 135.

49 Walter Benjamin: Hundert Jahre Schrifttum um Goethe, in: Ders.: *Kritiken und Rezensionen* (WuN 13.1), S. 352–368, hier S. 367. So Benjamins Urteil zum Buch von Emil Ludwig: *Goethe. Geschichte eines Menschen*, Berlin 1924.

50 So auch für Siegfried Kracauer, Feuilletonredaktor der *Frankfurter Zeitung* und Gesprächspartner Benjamins. Wie Benjamin ist Kracauer Analytiker und Stratege auf dem Schauplatz der Schrift und zieht daraus weitreichende historisch-anthropologische Implikationen für seine Gesellschaftsanalyse. Bei Kracauer ist die Zeitung als gesellschaftliches Leitmedium selbst produktionsästhetischer Impuls, um in seinem Roman *Georg* noch einmal den Bildungsroman entlang eines homoerotischen Subjekts erzählen und scheitern lassen zu können.

Form sichtbar zu machen und damit auf ein breites Publikum einzuwirken. Zwischen 1925 und 1935 veröffentlichte Benjamin – bekanntermaßen auch deswegen, weil seine akademische Karriere verhindert worden war – 140 Beiträge in der *Literarischen Welt* und 112 in der *Frankfurter Zeitung*.[51] Der Schriftstellerbrief aus dem Zeitalter der bürgerlichen Humanität gibt Benjamin Anlass zu einer Erforschung der *Milieus* klassischer Dichtung und klassischen Denkertums. Als Gegenstück zu den Sozial- und Dingcharakteren, die Benjamin später im unabgeschlossenen Großprojekt der Passagenarbeit (1927–1940) als „Urgeschichte"[52] der Moderne untersuchen wird, erprobt er diese unterbrochenen Briefreihen im Rhythmus redaktioneller Autorschaft (vgl. Kap. 4.3). In den Serien, die in der *FZ* 1931 und 1932 veröffentlicht wurden, standen die Briefe – mit Ausnahme des zuletzt veröffentlichten im Juni 1932 – als Aufmacher immer ‚unterhalb des Strichs' an erster Stelle des Feuilletons. Sie waren mit den anonymen Kommentaren Benjamins versehen und markierten damit als redaktionelle Rede der Zeitung den Kommentar zum Tagesgeschehen. So eröffneten die Briefe eine Konstellation indirekten Verweisens zum Umraum der Texte und Meldungen in der Zeitung. Das war von Anfang an gewollt: „Wir gedenken im Folgenden an dieser Stelle eine Reihe von Briefen zu veröffentlichen", so der erste Kommentar.[53] Die Briefe sollen als „der erste Schlag an die Glocke"[54] die Aufmerksamkeit wecken und den Ton vorgeben. Wie das Feuilleton insgesamt, so sollten offenbar insbesondere diese Briefe aus der deutschen Vergangenheit als historischer Spiegel den „fortlaufenden Kommentar zur Politik" liefern, ins „allgemeine Bewusstsein" heben, „wie die Substanzen unserer Gegenwart gelagert sind". Sie sollten den Raum anzeigen, „in dem überhaupt Politik gemacht werden kann", so Benno Reifenberg, damals Feuilletonchef der *FZ*.[55] Die kompositorischen Effekte solcher Einspeisung in das Benjamin eigentlich verhasste Medium des „laufende[n] Zeug[s]"[56] der Zeitung sollten auf die affektive Bindungskraft, ihre Perzeptionsfähigkeit mit dem darum herum auf der Zeitungsseite veröffentlichten politischen Geschehen getestet werden.

---

51 Veitenheimer: Nachwort, in: Benjamin: Texte über Städte, Berichte, Feuilletons (WuN 14.2), S. 1062–1101, hier S. 1083–1084.

52 Walter Benjamin: Das Passagen-Werk, GS V.1, S. 579.

53 Walter Benjamin: Briefe, in: Ders.: *Deutsche Menschen* (WuN 10), S. 107.

54 Ebd.

55 Alle Zitate von Reifenberg b. Villwock: Walter Benjamins Feuilleton-Reihe, S. 602.

56 Brief von Walter Benjamin an Gershom Scholem, 28.2.1932, in: Walter Benjamin: Gesammelte Briefe 1931–1934, hg. v. Christoph Gödde und Henri Lonitz, Frankfurt/M. 1998, S. 77.

> Es war die Probe aufs Exempel einer romantisch-surrealistischen Poetik des Zufalls: ein Hochrisiko-Experiment. Wenn sich direkt neben Benjamins Beschwörung des Humanismus Siegfried Kracauer im Bericht über eine Freikörperkultur-Matinee ausgerechnet auf die Humanität beruft, die es eigentlich verbieten sollte, ‚überschäumende Brüste, dicke Beine, ausgemergelte Leiber' den Blicken aller auszusetzen, dann wirkt Benjamins Ernst daneben leicht lächerlich. [...] Wenn direkt neben biedermeierlichen Privatbriefen immer häufiger von politischen Morden die Rede ist, dann dürfte die obszöne Macht des Faktischen die zarten Pflanzen der Blütenlese Benjamins wohl erdrücken. Die teils frappierenden Koinzidenzen, teils schreienden Widersprüche, teils auch ausbleibenden Funkensprünge seiner Briefe zum Tagesgeschehen konnten nicht im Einzelnen vorausgesehen werden, wohl aber im Ganzen.[57]

Zu gleicher Zeit, in der mit diesem Versuch die neu erarbeiteten produktionsästhetischen Maximen des literarischen Produzenten erprobt werden, wirft Benjamin andererseits sein ganzes Gewicht als Kritiker, das ganze Gewicht seines Namens in die Auseinandersetzung mit Karl Kraus,[58] dessen Werk auf Gegnerschaft und polemischem Willen zur reinen Sprache gegen die Presse aufruht.

Benjamins Camouflage von Georges *Deutscher Dichtung* und Hofmannsthals *Deutschem Lesebuch* (vgl. Kap. 3.6) bezweckt eine Umkehr: Das *Deutsche Lesebuch* stellt einen hypothetischen Besitz aus und bindet diesen in Form von ‚Denkmälern' des Gemüts zurück in die Idee eines Kulturstaats, der die politische Staatsform zu kompensieren vermag bzw. an dem sich ein Publikum erst wieder zu bilden vermöchte: ein „Symposium" wie das Lesebuch oder das *Buch der Freunde* sollte den Speisesaal für die Zusammenkunft von Ahnen und Erbschaften bieten.[59] Findet Hofmannsthal in Briefen und Texten aus dem 18. und 19. Jahrhundert Positionen, Charakterisierungen, Haltungen, Gefühle, die ihm die chaotische Gegenwart deutbar und sinnreich machen, reagiert Benjamin darauf mit dem Postulat der Hebung der Kadaver: aus dem Leichenschmaus der „Köpfe" wiederum auf die genuin schriftliche Erfahrung der Briefe zurückzugehen, die komplizierte Geste einer anthologischen „Inversion eines

57 Villwock: Walter Benjamins Feuilleton-Reihe, S. 611.

58 Vgl. Alexander Honold: *Der Leser Walter Benjamin. Bruchstücke einer deutschen Literaturgeschichte*, Berlin 2000, bes. S. 220–233.

59 Weissberg: Benjamins Goethe-Traum, S. 277: Die *Neuen deutschen Beiträge* seien eine Art Hofmannsthal'sches Symposion gewesen, bei dem der Gastgeber in einen Speisesaal lud, in dem sich zeitgenössische Autoren mit ihren Ahnen treffen konnten, z.B. Florens Christian Rang und Shakespeare, Benjamin und Goethe usw.

Diebstahls"[60] der deutschen Juden an etwas, das durch den nationalistischen Krieg nicht mehr anzueignen ist. – Oder um es mit Kafka zu formulieren, der in der Entstehungszeit von Hofmannsthals *Buch der Freunde* (1921) in einem Brief an Max Brod schreibt: „[…] weil doch irgendjemand auf dem Seil tanzen muß (Aber es war ja nicht einmal das deutsche Kind, es war nichts, man sagte bloß, es tanze jemand)."[61]

Die imperiale Geste von George und der melancholische, politisch ambivalente Versuch der Restauration von Hofmannsthal werden von Benjamin invertiert: Das Ziel ist eine folgenreiche Produktion aus der Reflexion auf das Material und das Medium, um den Anspruch auf Aktualität indirekt anzugehen. So gibt sich paradoxerweise – oder logischerweise – in den kaum beachteten *„Briefe"*-Serien die immer wieder zitierte messianische Vignette Benjamins als historisch-politisches Experiment zu lesen: In der „konkret-geschichtlichen Situation des *Interesses* für ihren Gegenstand"[62] blitzt das dialektische Bild auf, das *„mit jeder Gegenwart zu verschwinden droht, die sich nicht als in ihm gemeint erkannte."*[63] Das Publikationsfeld ist der dazu passende kontingente Rahmen: zum einen das unberechenbare und fremdbestimmte Nicht-Prinzip des Feuilletons der Serie *Briefe*, zum anderen die idiosynkratische Konstruktion einer historischen Epoche des ‚deutschen Bürgertums' in (von Benjamin chronologisch ungenau gereihten) Briefen von Heinrich Pestalozzi bis Franz Overbeck, die am einen Ende um Goethe, am andern um Nietzsche kreisen, und die dann 1936 aus dem Exil in das faschistische Deutschland wirken sollen. „Wie die *FZ*-Reihe eine Serie von Serien, so ist das Ganze des Briefe-Projekts ein Werk potenzieller Werke. Realisiert wurden zwei davon, beide nicht dem eigentlich Intendierten entsprechend. Beide zusammen jedoch können eine Vorstellung von der Gestalt der Idee geben."[64] Beide stehen dabei gleichermaßen unter dem dialektischen Vorbehalt der „indirekten Wirkung", auf die ein „schreibender Revolutionär aus der Bürgerklasse heute" allein hoffen konnte.[65]

---

60 Ebd., S. 272.

61 Franz Kafka an Max Brod, [Juni 1921], in: Max Brod/Franz Kafka: *Eine Freundschaft. Briefwechsel, Bd. 2*, hg. v. Malcolm Pasley, Frankfurt/M. 1989, S. 356–362, hier S. 360.

62 Benjamin: Das Passagen-Werk, GS V.1, S. 494 (Herv. i. T.).

63 Walter Benjamin: Über den Begriff der Geschichte, GS I.2, S. 691–704, hier S. 695 (Herv. F.S.).

64 Villwock: Walter Benjamins Feuilleton-Reihe, S. 604.

65 Ebd.; die Benjaminzitate ebd., S. 610, 607.

> Wir geben, ohne zu empfangen, denn von der Briefform empfangen wir in der Tat nichts mehr. Solch winzige Umstände sind oft Brennpunkte, in denen die Bestimmungskräfte einer Zeit sich sammeln,

schreibt Benjamin 1928.[66] In der traumatisierten Nachkriegsgesellschaft waren die „Kadaver dieses Menschen",[67] eines klassizistischen Humanitätsideals, zunächst „vergletschert"[68] – so nimmt Benjamin die Naturmetaphorik von Friedrich Gundolf auf, der damit seinen Begriff der Klassik belegt. Benjamin dreht die Metapher um und wendet sie auf das Nächstliegende. Die Briefe, die Benjamin präsentiert, sind als freigelegte persönliche Wunden kulturell inkommensurabel, werfen aber Licht auf die vergessenen Schichten der in akademisch-publizistischer Betriebsamkeit und anthologischer Verwertung klassisch gemachten *Köpfe*. Die Kehrseite dieser ‚Kadaver' hervorzuheben, um die imperialen Gesten als Kadavergehorsam des George-Kreises ästhetisch zu exorzieren, unternimmt Benjamin in dieser Serie der Briefe, indem die „Schriftform bürgerlicher Erfahrung" neu ins Werk gesetzt wird.[69] Die delirierenden, von ökonomischen Metaphern durchzogenen Briefe (vgl. Kap. 3.7), etwa jener von Josef Görres an Aloys Vock oder jener von Karl Friedrich Zelter an Kanzler von Müller, die irritierend sachliche Intimität bei Jenny Droste-Hülshoff (im Brief ihres ehemaligen Geliebten Wilhelm Grimm gespiegelt), die Maske des Machiavellismus bei Metternich (an Prokesch-Osten) – sie geben allesamt Zeugnis und Ausblick auf die Möglichkeiten und Grenzen des bürgerlichen Zeitalters, die „Enge der Bürgerstube":[70] Sie repräsentieren nicht den dahinter stehenden „klassischen" Menschen als repräsentiertes Denkmal (der oft als Adressat der abgedruckten Briefe gar nicht zu Wort kommt), sondern konstruieren als Serien eine Perspektive auf ein soziales Milieu – gehen als durch die Zeit fremd gewordener Sachgehalt in einen epochalen Wahrheitsgehalt über, wie Benjamins Bestimmung des Verhältnisses von Kritik und Kommentar im *Wahlverwandtschaften*-Essay von 1921/1922 lautet.[71]

Diese ästhetische Bewegung von ‚Köpfen' hin zu ‚Menschen' als eine spezifische Form der Desautomatisierung klassischer Aura im Versuch ihrer

---

66 Walter Benjamin: Französische Buch-Chronik. Bücher, die übersetzt werden sollten, in: Ders.: *Kritiken und Rezensionen* (WuN, 13.1.), S. 188–199, hier S. 193 (Rezension zu Gabriel d'Aubarède: *Agnès*).

67 Benjamin: Nr. 113, in: *Einbahnstraße* (WuN 8), S. 12.

68 Walter Benjamin: Auf der Spur alter Briefe [Typoskript eines Rundfunkvortrags 1932], in: Ders.: *Deutsche Menschen* (WuN 10), S. 117–120, hier S. 117.

69 Polczyk: Ordnungen der Schrift, S. 217; vgl. die vielfältigen Lektüren in Hahn/Wizisla: *Walter Benjamins „Deutsche Menschen"*.

70 Benjamin: Deutsche Menschen (WuN 10), S. 17.

71 Vgl. Benjamin: Goethes Wahlverwandtschaften, GS I.1., S. 125.

Politisierung werde ich im Kap. 4 anhand der steinernen Personendenkmäler als epistemischem Modell wieder aufnehmen und in weiteren theoretischen Positionierungen bei Autoren in den 1920er Jahren nachverfolgen. Zunächst folgt nun der genauere Blick auf den Standort des Anthologischen in der Poetik Hugo von Hofmannsthals.

KAPITEL 3

Hugo von Hofmannsthal

Hofmannsthals anthologische Arbeiten haben den Begriff der Anthologie insbesondere in den 1920er Jahren maßgeblich mitbestimmt. Seine Belesenheit, sein Schreiben im Modus der weltliterarischen ‚Ahnen', die verdichtet-intertextuellen Strukturgefüge seiner Texte sowie die lebensweltliche Entsprechung eines vielgestaltig vernetzten *Homme de lettres*, der viele Briefwechsel teils über Jahrzehnte aufrechterhielt, sind bekannt und erforscht. Die durch die kritische Ausgabe seiner Werke ermöglichte Breite im Nachvollzug schriftlich niedergelegter Reflexionen und Beziehungen zwischen Texten und Menschen hat den Vorteil, philologische Fragestellungen materialnah beantworten zu können. Die Fülle an hinterlassenem, zu Lebzeiten unpubliziertem Material bezeugt zudem die Bedeutung und die zentrale Stellung von Hofmannsthals Lese- und Schreibpraxis innerhalb seiner im Rückblick weithin als illusionär bewerteten kulturpolitischen Vorhaben.[1]

Das Anthologische Schreiben, so die Hypothese, bildet eine zentrale Szene für die ästhetische Befragung der Reflexion von ‚Ahnenkunst', wie sie in Hofmannsthals Auseinandersetzung zwischen geschlossener künstlerischer Subjektivität und Aufmerksamkeit für die Ausdifferenzierung der Wissenschaften in einer Massengesellschaft diagnostiziert worden ist. Das Anthologische Schreiben vereinigt und prozessiert ein Ensemble von Handlungsformen und Vorstellungen (Traditionsbezug, literarische Lese- und Zitierungspraktiken, das Buch als Überlieferungsformat, die Reflexion verschiedener Formen des Traditionsbruchs in Wahrnehmung, politischer Geschichte usw.), die in Hofmannsthals faktualem und fiktionalem Schreiben insistent sind. Diese Dimensionen aufzufächern ist das Ziel der folgenden Darlegungen.

Die Umlegung des um 1900 virulenten psychologisch-kunstphilosophischen Projektionsparadigmas auf kulturelle und gesellschaftliche Formen[2] gab Hofmannsthal nach dem Ersten Weltkrieg die Möglichkeit, weiterhin mittels

---

1 Vgl. Tamara Reitmeier: Herausgeberschaften, in: Mayer/Werlitz (Hg.): *Hofmannsthal-Handbuch*, S. 82–84.

2 Vgl. spezifisch Jutta Müller-Tamm: *Abstraktion als Einfühlung. Zur Denkfigur der Projektion in Psychophysiologie, Kulturtheorie, Ästhetik und Literatur der frühen Moderne*, Freiburg/Br. 2005; Hans-Georg von Arburg: „Ein sonderbares Gespinst von Raum und Zeit." Zur theoretischen Konstitution und Funktion von ‚Stimmung' um 1900 bei Alois Riegl und Hugo von Hofmannsthal, in: Kerstin Thomas (Hg.): *Stimmung. Ästhetische Kategorie und künstlerische Praxis*, Berlin/München 2010, S. 13–30.

seiner an spezifische erhabene Lektüremomente gebundenen Weltliteraturkonzepte den neuen, nun explizit politischen Krisendiskursen zu begegnen. Dem in Reden und Publikationen nach dem Ende des Ersten Weltkriegs beschworenen Stigma der abbrechenden kulturellen Tradition Deutschlands[3] soll, seiner Auffassung gemäß, nicht in einer Geste der „alles verschlingende[n] Unform", im Essay, begegnet werden, sondern mittels „rhythmisch wiederkehrende[r] Untersuchungen" – „gleichsam Unterhaltungen".[4] Zeitgenossenschaft (vgl. Kap. 3.8) weiterhin als selbstgesetzten Auftrag zu verstehen und literarisch zu verfolgen, konnte sich dadurch dem Vorwurf entziehen, in der Kriegspropaganda mitgewirkt zu haben. So wurde die Restaurierung gerade am medienästhetisch ‚leichtgewichtigen' Modell der Anthologie eingefordert – an jener Lektüremaschine, in der die politischen Insistenzen der Literatur, die Fracht der Repräsentation von (politischen, sozialen usw.) Gehalten traditionell verhandelt und die deshalb von den Ästheten geschmäht wurde. Lektüre als Medium, Literatur als Tradition und Medien wie die Zeitschrift als Inszenierungsorte von Zeitgenossenschaft dienten diesem Verlangen nach Kontinuität. Gerade an ihnen wird deshalb die Brüchigkeit der kulturellen Fortschreibung untergehender politischer Imperialität besonders deutlich analysierbar. Eine zerbrochene Idee nationaler Größe und Einheitlichkeit sollte in einem Lektüremedium reinszeniert werden, ohne die politische Analyse des von Hofmannsthal durchaus wahrgenommenen zivilisatorischen Bruchs im Krieg konsequent auf die eigenen Vorstellungen von Kultur und Kunst übertragen zu müssen.

Eine Idee davon findet sich in der metonymischen Verknüpfung von Büchertischen, Geld und Kinobesuch der Arbeiterinnen und Arbeiter in drei Prosaetüden Hofmannsthals von 1921.[5] Die darin vorgenommenen Ansätze zu einer gesellschaftlichen Analyse des Kulturkonsums oder Gebrauchs kultureller Güter bleiben allerdings vage. Hofmannsthal wird danach auf diese Kulturkritik mehrheitlich verzichten und im Gestus der ‚produktiven Anarchie' des *Buchs der Freunde* auf die Zusammenstellung von einzelnen Aphorismen, Zitaten und Maximen setzen. Indem diese – als Zitate – die Frage mit sich führen, von wem sie sprechen (und gesprochen werden) und an wen sie gerichtet sind, wird die Universalisierung des Mittels Geld in Simmels *Philosophie des Gelds* von Hofmannsthal *im* Material der Literatur – und Ideengeschichte noch einmal überboten (vgl. Kap. 3.7). So wird gerade

3 Vgl. Hugo von Hofmannsthal: Die Idee Europa, in: Ders.: *Gesammelte Werke*, Reden und Aufsätze II, S. 127–129.

4 Hugo von Hofmannsthal: Entstehung der Neuen deutschen Beiträge, KA XXXVI, S. 810.

5 Vgl. Hugo von Hofmannsthal: Drei kleine Betrachtungen [1921], in: Ders.: *Gesammelte Werke*, Reden und Aufsätze II, S. 138–149.

auch *in* der politischen Krise nach dem Ersten Weltkrieg das Nachleben eines inszenierten (Rest-)Bestands von Kulturnationen wie des kulturellen Bruchs durch die Gewalt des Weltkriegs noch einmal aufgeführt. Diese Zusammenhänge werden in den folgenden Unterkapiteln in spezifischen Figurationen und anhand poetologischer Konzepte Hofmannsthals entfaltet.

3.1 „Form ständiger Selbsterfindung" und die Aporien der Forschung

Studien über den Entwicklungsgang des Werks[6] sind mit der Aporie belastet, letztlich willkürliche ‚Zäsuren' zwischen dem frühen und dem späten Hofmannsthal zu setzen und damit dem von ihm vorgezeichneten System der ästhetischen Selbstreflexion hinterherzugehen – wenn er diese vermeintlichen Zäsuren nicht gleichsam als Philologe seiner selbst durch seine bekenntnishaften Aufzeichnungen gesteuert hat, die unter dem Titel *Ad me ipsum* kurz nach seinem Tod veröffentlicht wurden.[7] So bestimmte eine Rhetorik des ‚Gelingens' und seiner Kehrseite, des Versagens, nach Christoph König und zuletzt auch nach Michael Woll lange Zeit die Hofmannsthalforschung.[8] Bei jenen, die davon ausgingen, dass einige Werke gelungen seien, habe eine ‚sakrale' Denkweise dazu geführt, dass – mit den Mitteln der Paraphrase, des abundant gebrauchten Zitats oder dem Bezug auf Hofmannsthals Selbstreflexionen in *Ad me ipsum* – in einem Gestus der ‚Sinnsupplierung' Text und Deutung verschmolzen. Wohl keine Autorenforschung, so König, begegne ihrem Autor so euphorisch und so skeptisch gleichermaßen. „Nicht zuletzt Stichworte wie ‚Praexistenz' oder ‚allomatisch', die direkt aus Hofmannsthals Gebrauch in *Ad me ipsum* übernommen und zu Begriffen der Forschung

6 In der Mitte der 1970er Jahre angelaufenen *Kritischen Ausgabe* erschienen zuletzt der Band XL *Bibliothek* (2012), der Band XXXVI *Herausgebertätigkeit* (2017) sowie, zum Abschluss der Gesamtausgabe, Band XXXV mit Hofmannsthals späten Essays (2022). Auffällig ist, dass etwa im Gegensatz zur *Kritischen Robert Walser-Ausgabe* auch in den jüngst erschienenen Bänden konsequent auf jede Handschrift-Abbildungen verzichtet wurde.

7 Hugo von Hofmannsthal: Ad me ipsum, in: Ders.: *Gesammelte Werke*, Reden und Aufsätze III, S. 598–627. Hofmannsthal übergab diese halböffentliche Stellungnahme zu seinem Werk 1916 an seinen Dichter-Kollegen Max Mell und 1926 auch an den Germanisten Walther Brecht. Dieser veröffentlichte nach Hofmannsthals Tod 1930 das Aufzeichnungskonvolut, das danach, wie Matthias Mayer in seiner nützlichen Werkübersicht schreibt, zum „ebenso unentbehrliche[n] wie gefährliche[n] Schlüssel für die Hofmannsthal-Interpretation geworden ist", Mayer: *Hugo von Hofmannsthal*, S. 174.

8 Vgl. Christoph König: *Hofmannsthal. Ein Dichter unter Philologen*, Berlin/New York 2001, S. 384–388; Michael Woll: *Hofmannsthals „Der Schwierige" und seine Interpreten*, Göttingen 2019.

gemacht wurden, führen dazu, dass die Frage nach dem richtigen Umgang mit den Selbstdeutungen die Hofmannsthalphilologie seit ihrem Beginn beschäftigt", so Michael Woll rückblickend im Hofmannsthal-Handbuch.[9]

Als eine rhetorische Spannung ,zwischen' Ethik und Ästhetik lässt sich dieses interpretatorische Nachzeichnen von Hofmannsthals eigenen Suppositionen der Text – bzw. Werkbewegung bereits bei einem seiner frühen großen Interpreten, Richard Alewyn, beobachten. In seiner Studie von 1949 zu Hofmannsthals erstem dramatischen Stück, *Gestern* (1891), schreibt Alewyn: „In den meisten späteren Gedichten Hofmannsthals sind die Figuren mehr als das, was sie sagen oder von ihnen gesagt wird. Nur hier ist es umgekehrt: Andrea[10] ist als Begriff weiter als die Wirklichkeit, und was er sagt, geht in den Umriss seiner Figur nicht hinein."[11] Das sei auch die Schwierigkeit seiner Auslegung, wie ein interessanter Zusatz Alewyns lautet. Alewyn setzt die ,Unerfahrenheit' des Helden Andrea und die aus der Werkgenese bestimmte Feststellung eines schreibbiografischen Anfangs beim Dichter Hugo von Hofmannsthal in einer Sequenz suggestiv-rhetorischer Fragen gleich. „Ist also Andreas ethische Schwäche im Grunde nicht die gleiche wie die ästhetische des Dichters? Und ist nicht gerade damit in der köstlichsten Weise die Not in eine Tugend verwandelt?" So sei dieses Gedicht auf die koketteste Weise unschuldig und auf die raffinierteste naiv. Die dadurch eröffnete Verknüpfung von (Text-)Ethik und (Lebens-)Ästhetik des Stücks geht noch weiter: „Der Vers scheint zu sagen: Ich bin ja noch so jung!"[12] Der ,Umschlag' von Lebensalter(n) und Sprachmanier in Alewyns Fragesequenz schreibt sprachlichen Gesten ein gleichsam wundersames Gelingen zu. Zum einen ist diese Deutung von der Supposition abhängig, wonach die Figuren im Werk Hofmannsthals ,mehr sind, als sie sagen' und stützt die eigentliche Beweislast – problematischerweise – auf Hofmannsthals eigene Präexistenz-Interpretation, wie Woll in seiner Geschichte der Hofmannsthalforschung aufzeigt. Zum anderen verweist die interpretatorisch-mimetische Geste Alewyns auf einen sprachanthropologischen Denkraum, auf den Sandro Zanetti[13] bezugnehmend auf Agambens Unterscheidung zwischen Stil und Manier hingewiesen hat.[14] Giorgio Agamben hat die Manier spezifischer

---

9 Michael Woll: Wissenschaft, in: Mayer/Werlitz (Hg.): *Hofmannsthal-Handbuch*, S. 396–400, hier. S. 359.

10 Die Hauptfigur in Hofmannsthals Drama *Der Thor und der Tod.*

11 Richard Alewyn: *Über Hugo von Hofmannsthal*, Göttingen 1964, S. 62.

12 Die beiden Zitate bei Alewyn: *Über Hugo von Hofmannsthal*, S. 63.

13 Vgl. Sandro Zanetti: *Avantgardismus der Greise? Spätwerke und ihre Poetik*, München 2011, S. 190–198.

14 Der in pathologisierender Absicht aufgenommene Stil-Begriff Agambens bezieht sein Potenzial aus der in „weitestem Sinn physiognomischen Ekphrasis" kunstwissenschaftlicher

Spätwerke (Überlegungen Ernst Lewys zur Sprache des alten Goethe hinzuziehend) als aneignende Entäußerung, „eine Ahnung und Erinnerung seiner selbst" beschrieben, „allmähliche Zersetzung und polare Refiguration"[15] einer herausgebildeten formalen Eigenart. Voraussetzung für solch eine immanente Theoriebildung ist die Spekulation eines Spielraums der Absetzung ‚von sich selbst' im rückwärtigen erneuten Durchlauf durch ein Werk, der sich in Indizien eines formalen Veränderungsprozesses nicht nur nachweisen lässt, sondern zudem bereits auf einer Rezeptionsgeschichte beruht: im ‚System Hofmannsthal'[16] in der spezifischen Gestalt eines von Philologen um Hofmannsthal und von ihm selbst durch spezifisch gesetzte Hinweise verdichteten Deutungsrahmens. Hofmannsthal wähle, so die überzeugende These von Christoph König, eine Aporie, die Eklektik und Identität, irdische Heteronomie und höhere Wahrheit zusammenzwingen wolle. Diese Aporie nehme die Gestalt der ästhetisch-epistemologischen Norm an, wonach die Wahrheit unsagbar sei. Die Kunst des Schreibenden bestehe deshalb nun in der Ausbildung eines *Stils*: nicht die Wahrheit zu formulieren, aber zu zeigen, dass es sie gebe.[17] So entstehe ein „produktives wie intrikate[s] Wechselspiel zwischen Literatur und Philologie", wie es den Diskurs der Spätwerke bereits vor den wirkungsmächtigen Aufsätzen von Adorno zu einem solchen Spätstil etwa bei Beethoven prägte.[18]

Umgelegt auf eine an Anthologien sich bindende Rezeptionsgeschichte der Klassik bzw. in weiterem Sinn der literarischen Tradition lässt sich in der Vermessung der je spezifischen Distanz anthologischer Setzungen bzw. ihres paratextuellen Rahmens dieses Wechselspiel auch für das ‚innere' Verhältnis der hier behandelten Autoren produktiv machen. Ahnenkunst ist weder einfach epigonal noch rein konstruierend, sondern auf die Schaffung von Konstellationen der Tradition angelegt – bei Hofmannsthal in einer Form der Ahnenkunst, die sich an der Erneuerung von Urbildern der verehrten Autoren in Form von zugespitzten Szenen versucht, die in den Texten als exponierte Gesten innerhalb von Schreib- und Leseszenen erfahrbar werden (sollen).

---

und kulturkritischer Konzepte der 1920er Jahre bei Autoren wie Wilhelm Fraenger, Hans Sedlmayr und Hans Prinzhorn; Hans-Georg von Arburg/Benedikt Tremp/Elias Zimmermann: Einleitung, in: Dies. (Hg.): *Physiognomisches Schreiben. Stilistik, Rhetorik und Poetik einer gestaltdeutenden Kulturtechnik*, Freiburg/Br. 2016, S. 7–18, das Zitat auf S. 11.

15 Beide Zitate in Zanetti: Avantgardismus der Greise, S. 195.

16 So das Konzept von König: *Dichter unter Philologen*, S. 11.

17 Vgl. ebd., S. 10–11.

18 Zanetti: *Avantgardismus der Greise*, S. 187; dort findet sich auch ein Abriss der Forschungs- und Theoriegeschichte.

Die dialogischen Formen der Interpretation bei den Interpretinnen und Interpreten von Hofmannsthals Werken der Nachkriegsgeneration stützen sich oft auf ausgeprägt szenische Gesten. Die frühe Autorenforschung zu Hofmannsthal war in vielfältiger Weise auf die Exilerfahrung ihrer Protagonisten bezogen, die durch den Nationalsozialismus aus Deutschland vertrieben worden waren.[19] Interpretationen dieses Zuschnitts liefen zuweilen auf eine ‚Läuterung' des Werks in Etappen eines gleichsam werkhaften Lebens in Form des Modells des Bildungsromans hinaus oder teilten das Werk in gewissermaßen organische, von außen oder durch literaturgeschichtliche Sequenzierungen eingeteilte ‚Phasen'. Deren Abschnitte wurden etwa mit dem für die Literatur der deutschsprachigen Moderne emblematisch gewordenen Chandos-Brief (‚Chandos'-Krise) und einer nachfolgenden ‚Wandlung' Hofmannsthals zum Komödiendichter[20] oder den während des Ersten Weltkriegs entstandenen Aufzeichnungen *Ad me ipsum* gleichgesetzt. Dieser Gestus der Hofmannsthalforschung war stark von einem ‚vertragsförmigen' Denken zwischen dichterischer Subjektivität und Werkform geprägt, das durch das zugänglich gewordene Archiv Hofmannsthals vielfältig gestützt bzw. durch den kontinuierlichen Strom von Nachlass- und Briefpublikationen erst ermöglicht wurde.

In einer nachfolgenden Generation folgten die dekonstruktivistischen Lektüren der 1990er und 2000er Jahre, die die strukturellen Ebenen von Texten (Rhetorik der Tropen und argumentative Strukturen) in den Blick nahmen. Stellvertretend für solche Ansätze sei auf Lorenz Jägers Artikel „Politik und Gestik" verwiesen,[21] in dem Hofmannsthals Texte auf körperliche Gebärden hin untersucht und diese auf die rhetorisch-syntaktische Textbewegung umgelegt werden. Das dabei aufgewiesene Repertoire an Stilgesten, so Jägers Fazit, bleibe bei Hofmannsthal an ein alteuropäisches Unterwerfungsvokabular gebunden, wogegen im Vergleich dazu Franz Kafkas ‚leere fröhliche Fahrt' dieses hinter sich gelassen habe.[22] Daran schlossen wiederum literatur- und kulturwissenschaftliche Studien an, die Hofmannsthals Schreiben aus dem Kontext seiner Medien, seiner Lebenspraxis oder seiner intellektuellen Bezüge deuteten.

---

19 Vgl. Woll: *Hofmannsthals „Der Schwierige und seine Interpreten"*, S. 13, 187–195, 299–302.

20 Vgl. gerafft Mayer: *Hugo von Hofmannsthal*, S. 6: Hofmannsthal habe dem Chandos-Brief nie die außergewöhnliche Stellung zugebilligt, die man später mit ihm verband.

21 Lorenz Jäger: Politik und Gestik bei Hugo von Hofmannsthal, in: *Hofmannsthal. Jahrbuch zur europäischen Moderne* 2/1994, S. 181–222.

22 Vgl. ebd.; die Forschungsgeschichte bei Michael Woll: Wissenschaft, S. 396–401 und Konrad Heumann: Nachlass/Editionen/Institutionen, in: Mayer/Werlitz (Hg.): *Hofmannsthal-Handbuch*, S. 401–406.

Ab den späten 1960er Jahren startete im neuen Zentrum der Hofmannsthalforschung, im Frankfurter Freien deutschen Hochstift, die *Kritische Ausgabe sämtlicher Werke*. Die neue, auf dem Archiv beruhende textuelle Basis bereicherte die bislang wenig philosophische Autorenforschung durch psychoanalytische und strukturalistische Ansätze. Die Umbrüche in der bundesrepublikanischen Germanistik nach 1968 trugen dazu das ihrige bei, nicht zuletzt, weil herausragende Literaturwissenschaftler, die der Kritischen Theorie nahestanden bzw. diese weitertrugen (Richard Alewyn und Peter Szondi), durch ihr eigenes Interesse für diesen Autor einen Generationenwechsel in der Hofmannsthalforschung produktiv beförderten.[23] Peter Szondis Studien[24] betreffen besonders die lyrischen Dramen des ‚frühen' Hofmannsthal. Die kritische Verpflichtung auf Szondis Feststellung von „Werketappen" im Sinn eines fortschreitenden „Entwicklungsromans, der statt in Kapitel in einzelne Dichtungen zerfällt",[25] geht über Hofmannsthals entelechisches Bildungsmodell hinaus. Die Werke werden nicht mehr als Interpretamente den Begriffen subsumiert, sondern die Hoffnung sei, wie Szondi schreibt, Begriffe *durch* die Werke zu erläutern. Dabei bleibt Szondi indessen auch der Kritik Benjamins an Hofmannsthal verpflichtet, wonach dieser – etwa – den Goethe'schen Stil in einer „oft ans Peinliche grenzende Nähe der Sprache"[26] überassimiliere.

Das Befremdende als einzeln Bedeutendes zu untersuchen und als Auseinandersetzung *mit*, nicht als Muster oder Ausdruck *von* gesellschaftlichen Zuständen zu verstehen, wie es Szondi in seiner Erneuerung der Hermeneutik als einer Theorie der materialen und sozial verpflichteten, grammatisch-kritischen Auslegungskunst fordert und im Rückgang auf Schleiermacher festmacht,[27] hat im Umkehrschluss Hofmannsthal an seinen Interpreten vermisst, wenn er in einer Aufzeichnung 1906 notiert: „Sonderbarer endlos formulierter Vorwurf meinen ersten Produkten gegenüber, dass sie aus einer egoistischen, ästhetischen Einsamkeit, einer unmenschlichen der Sympathie baren Natur hervorgehen."[28] Mögen solche Urteile Hofmannsthals Hinwendung zu den

23 Vgl. auch Woll: *Hofmannsthals „Der Schwierige" und seine Interpreten.*

24 Peter Szondi: *Das lyrische Drama des Fin de Siècle* [1978], Frankfurt/M. 2001.

25 Ebd., S. 342.

26 Ebd., S. 258.

27 Vgl. Peter Szondi: Schleiermachers Hermeneutik heute, in: Ders.: *Schriften II* [1978], Frankfurt/M. 2001, S. 106–131.

28 Hugo von Hofmannsthal: Aufzeichnungen aus dem Nachlass [1906], in: Ders.: *Gesammelte Werke*, Reden und Aufsätze III, S. 473. Vgl. auch das Selbstzeugnis in einem „Imaginäre[n] Brief an Carl Burckhardt" im Konvolut der Selbstreflexionen *Ad me ipsum*: „Ich staune, wie man es [das Jugendœuvre, F.S.] hat ein Zeugnis des l'art pour l'art nennen können. – Wie hat man den Bekenntnischarakter, das furchtbar Autobiographische daran übersehen können[?]", Hofmannsthal: Ad me ipsum, S. 623.

sozialen Formationen des Lustspiels und der Tragödie mitbestimmt haben, die sich um 1900 deutlich abzuzeichnen begann, so untermauert ein genauer Blick in die jeweiligen Aufzeichnungen auch, dass die später von ihm selbst abgesegnete Gehaltsästhetik unter einem Lebens- und Werkbogen, die von der lyrischen Präexistenz in die ‚gültigen Bindungen' des gereiften, ‚verantwortungsvollen' Schriftstellers geführt haben soll, die Fiktion einer nachträglichen Selbsthistorisierung darstellt. 1906 schreibt er sich in Bezug auf seine frühe Produktion – Gedichte und lyrische Versdramen – selbst eine stilistische Überfeinerung zu, die sich in einer mimetischen Verwandlungsfähigkeit abgezeichnet habe. Wird dieser sich abzeichnende Identitätsverlust allerdings in eine stabile familiäre Tradition eingebettet, ist es zehn Jahre später unter dem Eindruck des Ersten Weltkriegs und des Tods seines Vaters gerade umgekehrt: Die ‚Bildung' des eigenen Lebens ist nun die Basis für die Konstitution der Tradition, was ihr – gegenüber generationenübergreifenden Genealogien – nun einen stärker phantasmatischen Charakter zuschreibt, der das kulturpolitische Sendungsbewusstsein Hofmannsthals in der Nachkriegszeit mit der Selbstdeutung der Werkentwicklung zusammenlesen lässt.

Die Perspektive der Hofmannsthalforschung ist, vereinfacht dargestellt, zweigeteilt: Zum einen galt das Interesse lange einem Komplex der Tradition, Überlieferung, ‚Erbfolge' und Epigonalität Hofmannsthals. Dabei steht Hofmannsthals Arbeit *an, mit der* und *gegen* die Tradition im Fokus, die intertextuellen und intratextuellen Geflechte, die Exposition von Abgrenzungen und Affinitäten, die literaturgeschichtlichen Konstellationen und Phantasmen, die daraus folgenden kulturpolitischen Interventionen und Projekte. Zum anderen werden, ebenfalls bereits zu Hofmannsthals Lebzeiten, dessen genuine Modernität und die poetisch-poetologischen Verfahren, Experimente und Figurationen vor dem Hintergrund der Avantgardedebatte untersucht. Dabei liegt der Fokus auf Hofmannsthals Arbeit in und mit verschiedenen Gattungen, am ‚*Andreas*'-Fragment und an der fiktionalen Erzählprosa der ‚Briefe' oder der literarischen ‚Unterhaltungen' sowie der Essays. *Wie* die riesigen Textmengen ediert werden sollten, blieb in den fünf Jahrzehnten der Hofmannsthal-Edition eine wiederkehrende Frage.[29]

Im Sinn einer kritischen Reflexion wird die Forschungsgeschichte an der Schwelle des 21. Jahrhunderts bei Christoph König erstmals zu einem

---

29 Vgl. Woll: *Hofmannsthals „Der Schwierige und seine Interpreten"*. Michael Wolls Dissertation versucht anhand von Hofmannsthals Komödie *Der Schwierige* Werk, Autorenforschung und Wissenschaftsgeschichte systematisch und je aufeinander bezogen darzustellen und aus dieser Bezogenheit heraus zu deuten. Dies ergibt interessante Einsichten in die Geschichte der Hofmannsthalforschung und ihrer Institutionen.

systematischen Element in der Werkinterpretation (die strukturalistischen Forschungsberichte der 1970er und 1980er Jahre waren vor allem ideologiekritisch ausgerichtet).[30] Königs Habilitationsschrift *Hofmannsthal. Ein Dichter unter Philologen* (2001) stellt die wissensgeschichtlich prägnante Abgrenzung sowohl von Autorenphilologie wie dekonstruktiven Ansätzen der Hofmannsthalforschung unter den Begriff des ‚Systems Hofmannsthal'. „Hofmannsthal stützt seine Wahrheitsaporie, die Wahrheit in den Werken ließe sich nicht ausdrücken, durch die Selbstdeutung, er sei von etwas Großem erfasst worden. Heute [d.h. um das Jahr 2000, F.S.] findet er unter den Dekonstruktivisten die Interpreten, die das aktualisieren. Was in den Werken Hofmannsthals häufig Thema ist (die Unerreichbarkeit des Mysteriums), nehmen sie als deren Prinzip und entwerten damit das Kunstwerk als ganzes, auch die Intellektualität Hofmannsthals, die sich in der Rolle zeigt, die er der Selbstanalyse gibt. Alles Geschriebene wird zur prinzipiell unzulänglichen Auslegung eines jenseitigen Wissens, auf das die ‚Zeichen' […] gerade dann verweisen, wenn sie auf ihren herkömmlichen Sinn verzichten. Postuliert wird ein Wissen, das die Zeichen als unlesbar zu ‚lesen' vermag."[31]

Diese Feststellungen Königs sind wiederum nicht gleichbedeutend mit der Forderung nach einer Rückkehr zu rein (werk)biografischen Lektüren. Biografischem stand Hofmannsthal (was ihn mit Benjamin und Borchardt verbindet) skeptisch bis ablehnend gegenüber. Der biografische Zugang eifere der Illusion eines einheitlichen Lebensgangs nach, wogegen das „rein geistige Abenteuer" des dichterischen Schöpfungsvorgangs für ihn im Zentrum gestanden habe.[32]

Die archivgestützten Spuren der in der historisch-kritischen Ausgabe bezeugten Werkkomplexe, ihre Interferenzen und die Buchform der herausgegebenen Anthologien sind zusammenzulesen, um Hofmannsthals *Anthologisches Schreiben* zu modellieren. Eine „Form ständiger Selbsterfindung"[33] benötigt einen Rückhalt in ästhetischen Modellen, deren Genealogie wiederum durch die *Kritische Ausgabe* der Hofmannsthal'schen Werke breit gestützt ist. Hofmannsthal findet diese in den von der Romantik angestoßenen Konzeptionen der unendlichen Kritik, die er später sprach- und kulturvergleichend in der Konstellation von ‚Gemüt' und ‚Geselligkeit' anthropologisch

30 Vgl. Woll: Wissenschaft, S. 397–398.

31 König: *Dichter unter Philologen*, S. 13.

32 Anna-Katharina Gisbertz: Selbstdeutungen, in: Mayer/Werlitz (Hg.): *Hofmannsthal-Handbuch*, S. 89–95, hier S. 89; dort auch das Zitat aus Hofmannsthal: Ad me ipsum (ab ca. 1916), KA XXXVII, S. 117–158, hier S. 150.

33 Wilhelm Hemecker/Konrad Heumann: Vorbemerkung, in: Dies. (Hg.): *Hofmannsthal. Orte*, Wien 2014, S. 10.

kontextualisiert und als deutschsprachige, nicht-nationalistische Traditionsbildung interpretiert.

3.2 Von der Kulturkritik zur Form: Generation, ‚Opfer', Geste

Erste Pläne einer selbstständigen Zeitschrift entwarf Hofmannsthal 1904. Hintergrund dazu bildete eine scharf ablehnende Kritik von Alfred Kerr, in der Hofmannsthal als „Adaptierpoet" und „Kunstarbeiter" im Gegensatz zum „Schöpfer" Richard Beer-Hofmann bezeichnet wurde.[34] Hofmannsthals Notizen stehen unter dem Titel „Über Kritik", die dabei um die Identität des Künstlers kreist.

> [W]ir wollen nicht die Grenze ziehen zwischen Schaffenden und Nichtsch[affenden]. Wir wollen über die Kritik sprechen[,] die auch aus dem Mund der Schaffenden hervorgeht. Und wollen der Kritik nichts vorwerfen als Mangel an Scharfsinn. [F]alsch: jedes Kunstwerk als definitiv anzusehen; immer zu sagen: er hat das und das aufgegeben, er wendet sich jenem zu, er sieht nur das; er meint also das und das; falsch das definitive; falsch: alle billigen Antithesen wie „Kunst" und „Leben", Aesthet und Gegenteil von Aesthet [...][.] [R]ichtig: die Kunstwerke als fortlaufende Emanationen einer Persönlichkeit ansehen [...][.] [R]ichtig: die Production als eine dunkle Angelegenheit zwischen dem Einzelnen und dem verworrenen Dasein anzusehen[.] [R]ichtig: alle Künstler als Bringer von Harmonie zu sehen und die ungeheuer[en] Abstufungen der Begabungen zu genießen wie das Spiel der sich brechenden Meereswellen ohne jede einzelne mit Namen nennen zu wollen.[35]

Was an diesen Annäherungen zunächst auffällt, ist Hofmannsthals Bestreben, die Kritik selbst als eine schöpferische Aktivität zu beschreiben, die deshalb auch nicht eine strikte Trennung innerhalb eines Œuvres eines Künstlers vornehmen (und diese qualifizieren) soll, sondern sich für Entwicklungsverläufe interessieren und sich auf diese konzentrieren soll. Die Kritik nimmt keine Setzungen vor, um vollendete von den unvollendeten Werken abzugrenzen bzw. wie im romantischen Programm die Werke selbst in und durch die Kritik zu vollenden, sondern geht von einem dynamischen Schaffensprozess aus. Damit setzt sich Hofmannsthal von den anthologischen Großunternehmen des George-Kreises ab, die den Anspruch verfolgen, eine ästhetische

34 Hugo von Hofmannsthal: Diese Rundschau (1904), KA XXXIII, S. 234–239 und 803–817, hier S. 804; die ganze Kritik von Alfred Kerr ist abgedruckt in Wunberg (Hg.): *Hofmannsthal im Urteil seiner Kritiker*, S. 132–135.

35 Hofmannsthal: Diese Rundschau, KA XXXII, S. 234–235.

Gemeinschaft durch den ‚dichterischen Führer' zu stiften[36] und einen Kanon zu erstellen, der die Kontinuität der Tradition unterbricht und durch eine Versammlung der Texte und Autoren ersetzt, die einer kultischen Versammlung um Stefan George gleichkommt (vgl. zum George-Kreis, Kap. 2.1). Wird im George-Kreis die Gegenwartskritik als Form eines kritischen Schaffens gänzlich ignoriert zugunsten der kunstreligiösen *Stiftung*, ist bei Hofmannsthal ein davon unterschiedenes Vorgehen zu beobachten. Seine Berührungsängste gegenüber Publikationsformaten der Zeitschrift und der Tageszeitung sind, aller geäußerten Vorbehalte zum Trotz, weit weniger groß als bei George.[37] Hofmannsthals kulturpolitisches Programm tritt in der Form der Rede, der Rezension, der (Selbst-)Edition auf, in diesen wird eine ästhetische Bewegung mit Konzepten kultureller Erschließung und kulturkritischer Wertung verknüpft. Vorrangig ist dabei die Konzentration auf ‚individuelle' Akte dieses Zugangs im Sinn der Lebenshermeneutik Diltheys,[38] indem das Moment kultureller Erneuerung auf ein besonders bewusstes, der sublimen Wahrnehmung und eines besonders präzisen Ausdrucks fähigen (Schreib- bzw. Künstler-) Subjekts begrenzt wird.

Ideen und Handlungsmöglichkeiten spiegeln sich in der dramatischen Exposition von Konflikten. Ein prototypisches Figurenverhältnis wie das von Lehrer und Schüler (*Tod des Tizian*) oder die Konfrontation von Lehrer und Anführer (im Werkkonvolut *Der Turm*) werden in der Zuspitzung auf historisch verbürgte Personen oder Szenerien als paradigmatisches Problem der *Nachfolge* in kulturellen und politischen Krisensituationen (Tod des Lehrers, Übertragung politischer Macht) vorgestellt. Hofmannsthal griff damit auf, was etwa Eugen Rosenstock-Huessy zeitgleich kulturphilosophisch in der Differenz von Ein – und Mehraltrigkeit anhand des (politischen) Führers und des (ästhetischen) Lehrers konzeptualisierte: „[D]er Lehrer gehört immer mehreren Generationen an, aber keiner ganz, der Führer gehört seiner Generation ganz an, dafür keiner andern. Der Führer verformt alle ihm sich Nachbildenden zu Zeitgenossen seiner selbst. [...] Die Lehre verkettet das ungeschichtliche Leben des Nachwuchses mit dem Geschichtlichen der Vorfahren."[39]

Ästhetisch bearbeitet Hofmannsthal das Problem der Nachfolge in der Auffächerung je gleichzeitiger, aber diametral entgegengesetzter Sprechweisen, um sie als einen Konflikt von Sprechformen theatral darzustellen. Der eigentümliche

36 Vgl. Max Kommerell: *Der Dichter als Führer in der deutschen Klassik. Klopstock, Herder, Goethe, Schiller, Jean Paul, Hölderlin* [1928], Frankfurt/M. 1981.

37 Vgl. umfassend dazu Hiebler: *Hofmannsthal und die Medienkultur*.

38 Vgl. dazu seine Essays und der Nachruf zu Dilthey.

39 Eugen Rosenstock-Huessy: Lehrer oder Führer? Zur Polychronie des Menschen, in: *Die Kreatur* 1/1926, S. 52–85, hier S. 55 und 61.

Effekt dieser theatralen Mimesis Hofmannsthal'scher Szenen und Gesten – auch in den erzählenden Texten – ist, dass zeitlich oder kulturräumlich auseinanderliegende Konstellationen ineinander gespiegelt werden. Das politisch und geschichtsphilosophisch ambivalente Generationen-Konzept und die daraus unmittelbar folgende Frage biologisch vorfigurierter Zeitlichkeit bieten sich dazu an, ‚den' Künstler als ästhetische Signatur einer Infragestellung des Epigonentums zu begreifen und damit zu historisieren (psychologisch, somatisch, als biologisches Wesen etc. gemäß den Beständen der zeitgenössisch sich ausdifferenzierenden Wissenschaften vom Menschen). Dies hat Folgen für Hofmannsthals in Zeitschriften, Anthologien und den intellektuellen Netzwerken (besonders den intensiven Briefwechseln) artikulierte Poetik.

Die oben beschriebenen Ambivalenzen gehen in spezifische Figurationen ein. David Wellbery hat Hofmannsthals ästhetische Philologie als sakrifizielle Poetologie anschaulich gemacht und deren Vorbilder in der Lebensphilosophie Schopenhauers und der Tragödientheorie Nietzsches aufgezeigt. Gegen Hofmannsthals eigene wiederkehrende lebensphilosophische Verbrämungen der Gegenwart liest Wellbery „das Opferszenario als ein[en] [Text-]mechanismus zur Übertragung einer Affektskala, die somatisch durchgespielt wird."[40] Wellbery weist dies insbesondere in der notorischen Körpergebärde der ‚Erschütterung' nach, die von Hofmannsthals frühen Prosaarbeiten bis in die jahrzehntelang bearbeiteten *Andreas*-Materialien zu verfolgen ist. Was in der Darstellung in Hofmannsthals Schreiben deutlich wird, ist zunächst für den literaturgeschichtlichen Status seiner Selbstreflexivität wichtig. – Dies soll nun an einer kurzen Lektüre deutlich gemacht werden.

Eine Definition von Georg Lukács' Begriff der Geste sei hier vorangestellt. In seinem Essay zu Kierkegaard heißt es, bezugnehmend auf die Bedeutung der Beziehung Kierkegaards mit Regine Olsen und auf die Frage, welche Rolle die Trennung des Paars für Kierkegaards Schreiben spielte: „Die Geste: unzweideutig zu machen das Unerklärbare, das aus vielen Gründen geschah und sich in seinen Folgen weit verzweigte."[41] Dieser Moment des Übersprungs einer inneren existenziellen Form, hier im Ausdruck der Liebesbeziehung (bzw. des Endes dieser Beziehung), auf das künstlerische Schaffen, weist eine innere Affinität zu der Frage auf, in welcher Gattung sich Stoffe darstellen lassen: ästhetische Gattung als ‚ererbte' (Vor-)Form, Stoffe als ‚erlebtes' Existenzial – und Medien, etwa der Brief, die (schreibende) Hand, der körperliche Raum der

40 David E. Wellbery: Die Opfer-Vorstellung als Quelle der Faszination. Anmerkungen zum Chandos-Brief und zur frühen Poetik Hofmannsthals, in: *Hofmannsthal. Jahrbuch zur europäischen Moderne* 11/2003, S. 281–310.

41 Georg Lukács: *Die Seele und Formen* [1909], Bielefeld 2011, S. 59.

Gesten als Realisationsfiguren einer Augenblickspoetik. In der Entscheidungsfigur der Geste wird ein schwebendes Verhältnis verschiedener Faktoren eingängig an die Vorstellungswelt des Körperlichen gebunden.

Augenblicksemphase und die poietische Innovation finden insbesondere in der Gattungstradition der Novelle ihren Niederschlag, wie Sabine Schneider nachweist: „Gerade die novellistischen Projekte Hofmannsthals (und die als „Novelle in Briefen“ konzipierten *Briefe des Zurückgekehrten* sind dafür das beste Beispiel) werden eher von [...] visionären Stillstellungen, riskanten Augenblicken, in denen die erzählte Zeit aufgehoben scheint, strukturiert als von einer erzählerischen Ökonomie des Nacheinanders. Die Ästhetik visionärer Augenblicke berührt somit auch Gattungsfragen und scheint eine natürliche Affinität zum novellistischen Erzählen aufzuweisen.“[42]

Diese gattungstheoretische und medienästhetische Einsicht bietet ein formsemantisches Interpretament für die Verknüpfung von literarischen Darstellungsproblemen, geistesgeschichtlichen Theoremen und publikatorischen bzw. genauer typografischen Praktiken. Dabei bildet die körperlich-mediale Metonymie oder – mit Villém Flusser – die Geste von Hand, Handschrift und Brief eine ‚Leseszene‘[43] für die im *Andreas*-Narrativ verhandelte Doppelgängermotivik. Interessanterweise kristallisiert sich die erzählerische Grundszene einer aufgespaltenen Identität an verschiedenen Stellen des *Andreas*-Konvoluts an der materialen Schreib- und Mediensituation des Briefs heraus. In einer dazu arrangierten Szene soll mittels einer leiblichen Gestik, eines gleichsam entäußerten Affekts, die stärkste Emotion – Liebe – unsinnlich vermittelt werden. Die entsprechende Szene aus dem *Andreas*-Konvolut liest sich so:

> Geheimnis um Maria: beim ersten Besuch Andreas’ macht sie eine ganz kleine hilflose Bewegung nach einer dunklen Ecke hinter ihrem Sofa, mit einer Unfreiheit um die Mitte des Leibes, – und in diesem Augenblick ahnt Andreas, daß es ein für ihn unauflösliches Geheimnis hier gibt, daß er diese Frau nie kennen wird, und fühlt, daß ihn hier die Unendlichkeit mit einem schärferen Pfeil getroffen hat als je ein bestimmter Schmerz; er hat drei oder vier Erinnerungen, die alle diese point acérée de l'infini in sich tragen (die Begegnung mit der alten Frau und dem Kind am ersten Morgen), – fühlt diesen ungefühlten Schmerz, ohne zu wissen, daß er in diesem Augenblick *liebt*.
>
> Beim ersten Besuch sagt Maria: ‚Man wird Ihnen wieder schreiben.‘ Einmal bekommt er einen Brief von Maria, der leidenschaftlich, ja beinahe cynisch ist; er eilt hin, findet sie nicht. Später findet er sie. Sie ist verstört: man hat mich

42 Schneider: *Verheißung der Bilder*, S. 24.

43 Als Ableitung von der Konzeption der ‚Schreibszene‘ bzw. der ‚Schreib-Szene‘; vgl. Stingelin: Einleitung: „Schreiben“, Fußnote 87. Auch das Lesen ist natürlich nicht einfach ein mit sich selbst identischer Akt, sondern in ein voraussetzungsreiches Ensemble von Praktiken eingelassen.

> von dem Brief unterrichtet ... – sie muß sich zu einem halben Geständnis entschließen: ‚meine Hand ist verhext, sie handelt gegen meinen Willen. Ich bin nahe daran, mich zu verstümmeln, aber das ist gegen das fünfte Gebot ...‘ (– Problem: inwiefern bin ich für meine Hand verantwortlich ...).[44]

Eine Person, die nicht mehr um ihr Schreiben weiß und, um vorzubeugen, sich die Hand verstümmeln will – was gehen die schreibende Person die eigenen Organe, die eigenen Extremitäten an, mittels derer sich die Texte artikulieren? Die Ent-Setzung des Willens durch das technische Prinzip der arrangierten Übung, der Probe, des Tests lässt sich als Problematisierung einer geschlossenen Identität lesen, indem deren materielle Bedingungen in den Blick gerückt werden;[45] dies ist die Position des radikal subjektivierten Erzählers in Hofmannsthals *Andreas*-Fragment, wie Achim Aurnhammer herausgearbeitet hat. Indem die Erzählinstanz die Äquidistanz zugunsten der Fokalisierung des personalen Erzählers im *Andreas* aufgibt, ohne den Rahmen des personalen Erzählens zu sprengen, entsteht eine undeutliche Erzählkonstellation bereits aus der Architektur der Erzählperspektive. Das verhexte Brief-Schreiben ist die Allegorie auf eine offene fragmentarische Ästhetik,[46] die prozessual das subjektivierte Objekt der Erzählung zu einem Prinzip des Erzählens selbst zu gestalten versucht.

Diese Geste radikaler Gewalt gegen einen ambivalenten, teils ‚ent-setzten‘ Körper, die sich in Verrenkungen manifestiert und einen entäußerten Affekt („Liebe“) produziert hat, findet eine komplementär gebaute Szene in der als souverän geschilderten Lebenskunst der Sacramozo-Figur. Die Zurückweisung jeder Verantwortung für Geschriebenes – ‚weder von mir noch an mich gerichtet‘ – allegorisiert im Flug der Brief-Blätter und des Begehrens des jungen Andreas, diese aufzuheben. „Jedenfalls muss ich sie bitten, darüber zu verfügen.“ Das ortlose Begehren des jungen Andreas auf die Rückgabe des Briefs – zurück in Adressierbarkeit und Ordnung, Zuordnung – wird wiederum von einer „unbeherrschten Gebärde seiner Hände“[47] begleitet, die schon wieder nach dem Briefblatt gegriffen hatten. Die Verbindlichkeit der Form des

---

44 Hugo von Hofmannsthal: Erfundene Gespräche und Briefe, KA XXXI, S. 273. Die Klammerbemerkung am Ende des zitierten Abschnitts ist ein Kommentar Hofmannsthals zum Handlungskonzept.

45 Das Verstörende solcher Entfremdungserfahrungen wird bei Benjamin anhand des materiellen Ensembles von Schauspielerkörper und Filmkamera ästhetikgeschichtlich analysiert; zum wichtigen Begriff des Tests in den verschiedenen Fassungen von Benjamins Kunstwerk-Aufsatz, vgl. Lindner, *Benjamin-Handbuch*, bes. S. 243–244.

46 So die Deutung bei Joachim Seng: „Andreas“ (Fragment 1930), in: Mayer/Werlitz (Hg.): *Hofmannsthal-Handbuch*, S. 299–302.

47 Beide Zitate bei Hofmannsthal: Erfundene Gespräche und Briefe, KA XXXI, S. 249.

Sacramozo zeigt sich nicht in einer erneuten inhaltlichen Bezugnahme auf die Frage, wem der Brief gehöre oder nicht gehöre, sondern in der Abweisung eines jeden Aufdrängens und eines sofortigen Verschwindens, von dem der Hauptfigur nur ein Lächeln in Erinnerung bleibt. – Ein Begehren nach der Zuordnung verschriftlichter Gedanken, im einen Fall ein Symbol unmöglicher Liebe, wird durchkreuzt durch eine entäußerte Geste und ein entsprechendes sprachliches Register von Bürokratie und Gewalt. Im andern Fall der Begegnung von Andreas mit seinem entelechischen Lebensmodell Sacramozo ist es der Vorschein eines unverortbaren, schriftlich fixierten und auf die homoerotische Spannung gerichteten Begehrens, dessen Vorgeschichte in der äußeren Form des Briefs liegt. Im einen Fall benennt die Erzählinstanz die aphoristisch zugespitzte Paradoxie, im anderen enthält sie sich – in der Verschmelzung mit der Erzählfigur – jeden Kommentars, bleibt auf der Ebene der Beschreibung bzw. der mimetischen Reflexivierung der Gedanken der erzählten Figur.

Die an medialen Arrangements, Zusammenkünften oder Trennungen unterschiedlicher Körper kristallisierenden Formbildungen deutet Hofmannsthal als einen poetischen Besitz, der aus dem Schreiben wieder ins Schreiben weist. Wie Jörg Schuster in seiner Analyse des Briefwechsels zwischen Hofmannsthal und Marie von Gompertz zu zeigen vermag, liegt im kumulativen Briefverkehr eine produktionsästhetische Voraussetzung von Hofmannsthals Schreiben.[48] Hofmannsthal hat sich die solipsistischen Erforschungen des Ich-Kerns und die Stimmungsbeschreibungen, die in den Briefen von Gompertz' zum Ausdruck kommen, für sein Schreiben zu eigen gemacht, sie teilweise für den Auftakt von *Der Thor und der Tod* fast wörtlich kopiert und in eine Redeszene von Claudio überführt. Dies unterstreicht, wie Hofmannsthal den Arrangement-Wert, den Körpergesten für ein sinnentstaltendes und auf die situative mediale Verfasstheit, Raum- und Zeitbezogenheit abhebendes literarisches Schreiben haben, sich anzueignen wusste. An die Stelle des „Besitz[es] einiger Briefe von einer wirklichen Dame tritt der poetische Besitz."[49]

Hofmannsthal ließ retrospektiv lebensphilosophischen Plattitüden eine Mythologisierung angedeihen, und dies gerade in den selbstreflexiven Schriften wie *Ad me ipsum*, mittels derer er als umsichtiger Medienpraktiker die Ökonomie seiner schriftstellerischen Karriere im Griff zu behalten versuchte. Darin wird der Triumph des metaphysischen Lebens, die Gegenwart des Unendlichen zelebriert. Die „Vergeistigung des Empirischen"[50] in Form der Funktionen der

48 Vgl. Schuster: *„Kunstleben". Zur Kulturpoetik des Briefs um 1900.*

49 Hugo von Hofmannsthal an Marie von Gomperz, 8.4.1892, zit. n. Schuster: *„Kunstleben". Zur Kulturpoetik des Briefs um 1900*, S. 82.

50 Hofmannsthal: Ad me ipsum, S. 622.

Lebensalter dient Hofmannsthal dazu, seine ästhetische Programmatik kundzutun, als eigentlicher Hintergrund der Stimmungsästhetik, die sich weder in Nachahmung des Lebens noch in der Austauschbarkeit des poetischen Worts erklären lasse: „[E]s führt kein Weg direkt von Leben in Poesie, von Poesie in Leben", wird da postuliert.[51] Zugleich zeigt die Rekonstruktion der von ihm verwendeten Schriften, die neben der Philosophie auch ein breites Feld der zeitgenössischen Soziologie, Ethnologie und der religionswissenschaftlichen Mythenforschung umfassen, dass sich Hofmannsthal auf dem Stand der geisteswissenschaftlichen Gelehrtenkulturen bewegte.[52] Die hermeneutische Praxis tritt hinter eine ästhetische Opferlogik als Effekt eines präsumptiven (Wort-)Opfers, dessen dezisionistischer Charakter, die Ambivalenz dieser Ästhetisierung, sich auch in Hofmannsthals Kunstdialogen äußert.[53]

> CLEMENS Sie ist doch nicht ganz die Sprache, die Poesie. Sie ist vielleicht eine gesteigerte Sprache. Sie ist voll von Bildern und Symbolen. Sie setzt eine Sache für die andere.
>
> GABRIEL Welch ein häßlicher Gedanke! Sagst du das im Ernst? Niemals setzt die Poesie eine Sache für die andere, denn es ist gerade die Poesie, welche fieberhaft bestrebt ist, die Sache selbst zu setzen, mit einer ganz anderen Energie als die stumpfe Alltagssprache, mit einer ganz anderen Zauberkraft als die schwächliche Terminologie der Wissenschaft.[54]

---

51 Hofmannsthal: Poesie und Leben [1891], zit. n. Mayer: *Hugo von Hofmannsthal*, S. 148.

52 Vgl. Heinz Hiebler: Im Steinbruch der Dichtung. Hugo von Hofmannsthals Bibliothek (Rezension zu Hugo von Hofmannsthal: *Sämtliche Werke. Kritische Ausgabe. Bibliothek*, hg. v. Ellen Ritter, Frankfurt/M. 2011), IASLonline (28.9.2014); http://www.iaslonline.de/index.php?vorgang_id=3801, letzter Zugriff: 15.4.2022.

53 Darauf werde ich in der Diskussion von Benjamins Hofmannsthalrezeption zurückkommen, die – so eine vorläufige These – nach Hofmannsthals Tod in seiner Kritik der literaturgeschichtlichen Bücher von Max Kommerell (*Der Dichter als Führer der Klassik* von 1930 und *Jean Paul* von 1933) fortgesetzt wird. Das vorherrschende Motiv dieser Rezeption bildet die Hofmannsthal zugeschriebene ‚Sprachlosigkeit', vgl. Kap. 5.6. Die dabei wirksamen Intentionen für die Produktion Benjamins in den 1930er Jahren sind von der Forschung keineswegs ausgeschöpft, insbesondere in der Verknüpfung der Briefanthologie *Deutsche Menschen* mit der Passagenarbeit. „Was nie geschrieben wurde, lesen", Benjamins in der Passagenarbeit verwandtes Motto aus Hofmannsthals *Tor und Tod* von 1897, erscheint als messianische Formel der Umkehr einer universalen Opferlogik, wie sie in den Gesprächen zwischen Rang, Hofmannsthal und Benjamin diskutiert wird – und immer verbunden bleibt mit Fragen des Publizierens und der Publikationsformate. Der materialästhetische Aspekt und die damit verbundenen Produktions- und Publikationslogiken aus Benjamins Passagenarbeit wären vor dem Hintergrund der Situation im Ersten Weltkrieg und den Zeitschriftenprojekten der 1920er Jahre noch einmal neu zu denken.

54 Hofmannsthal: Erfundene Gespräche und Briefe, KA XXXI, S. 498–499.

Auch der Gedanke des Opfers in der Form der Doppelung in *victima* und *sacrificium*, in die ‚Tat' des Opfers *und* die performative Tathandlung, die Opferung, tritt in Hofmannsthals Reflexionen schon früh auf – im Briefwechsel mit dem Theologen und späteren Freund Walter Benjamins, Florens Christian Rang, wird dies als poetologisches Prinzip sichtbar.[55] Im Umkehrschluss der hier angesprochenen (Wort-)Opfer-Logik als Produktionsimpuls lässt sich eine Hypothese dazu aufstellen, weshalb Hofmannsthal immer vor dem Werk Kafkas zurückgeschreckt ist. Der Abgrund – als Humor – der bei Kafka gebotenen *Un*-Wirklichkeitserfahrung liegt in der scharfen ‚Entsetzung' der Sprache aus einem Zusammenhang institutionell-performativ *gesicherter* Sprachspiele des Rechts, der Theologie sowie mathematischer Kalküle zu den im 19. Jahrhundert entstehenden Versicherungspraktiken. Diese Spiele sind bei Kafka aber wiederum von einer formal fixierten Erzählinstanz gedeckt, wogegen bei Hofmannsthal die Erzählinstanz zerstreut und an den Rand der noch sprachlich zu deckenden Weltwirklichkeit geführt wird. Das stilistisch-reflexive Umkreisen der Grenze des Sagbaren bleibt (meistens) ein Problem der Erzählfiguren selbst und nimmt ihnen, als Identitätsproblem, alle Klarheit. Die dezisionistische Erzählsprache Kafkas inszeniert die Grenze des Sagbaren hingegen als permanenten Konflikt von Perspektiven, die aber, für sich genommen, nicht verschwommen oder unklar sind. Die werkästhetische Konsequenz daraus ist bei Hofmannsthal der Versuch, systemische Kontrolle über sein entgleitendes, prozessual-ästhetisches *offenes* Werk mittels philologischer Expertise (zurück)gewinnen zu wollen; bei Kafka der Handlungsimpuls, das eigene Werk (mit der Hilfe Max Brods) vernichtet zu sehen wollen.

3.3 Ästhetik der ‚Literarischen Person'

Im steten Umkreisen der Bedrohung geschlossener künstlerischer Subjektivität liegt ein kulturkritisches Potenzial, das sich die konservativen Revolutionäre in ihrer politischen Ästhetik für die Feindorientierung gleichermaßen wie für die Selbstkonstitution als künstlerische Subjekte zunutze machten. Was Hofmannsthal in dieser Perspektive nach dem Ersten Weltkrieg als „alles verschlingende Unform des Essays" geißeln wird, dessen bedient er sich seit Beginn seines Schreibens und – als einziger Gattung – über seine ganze Schaffensperiode hinweg, um sich in der Perspektive des jungen ‚Ahnen' mittels Rezensionen und Aufsätzen in die ästhetischen und kulturellen Debatten einzuschalten. Er

55 Hugo von Hofmannsthal/Florens Christian Rang: Briefwechsel (1905–1924), in: *Die neue Rundschau*, 70, 3/1959, S. 402–448; Wellbery: Opfer; vgl. auch Benjamin: GB II.

steht damit einem philosophischen Zugang zu Literarischem, Künstlerischem und Kulturellem nahe, der etwa auch bei Simmel oder dem jungen Lukács zu beobachten ist.

Es lässt sich andererseits nicht bestreiten, dass sich gewisse Figurationen, denen Hofmannsthal in seinen Texten ein bestimmtes literarisches Gepräge verleiht – wie in erster Linie dem ‚Opfer' –, vergleichsweise reibungslos in reaktionäre politische Ideologeme übertragen lassen. Seit Adornos Diktum von der „blutrünstigen Theorie des Symbols"[56] in seiner Rezension des Briefwechsels von George und Hofmannsthal aus dem Jahr 1937, das sich auf die Opfersymbolik von Hofmannsthals *Gespräch über Gedichte* bezieht und darin die politisch durch die reaktionäre Allianz von Nationalsozialisten und Nationalkonservativen zu verwertenden Möglichkeiten der Neuromantik angelegt sieht, hat sich dazu eine Forschungsdebatte entwickelt. Hofmannsthals Tod 1929 und Georges Tod 1933 haben deren Stellungnahme zu bereits etablierten nationalsozialistischen Machtverhältnissen in Deutschland verunmöglicht. Die Etablierung des NS-Regimes bildet zugleich den Hintergrund für den Erklärungsmodus von Adorno.

Hofmannsthal entwickelt eine bildpoietische Epistemologie, die sich als universales Zeichenempfinden zu lesen gibt. Sprache ist darin Symbol der Nicht-Mitteilbarkeit, eines Dickichts nicht endgültig auflösbarer Bilder. Diesen gegenüber möchte der Autor Verschiedenes zu einem unveräußerbaren Besitz anordnen – den Besitz eines universalen Lesers als singulärer Schnittstelle dieser Bilder (vgl. Kap. 3.7 zu dieser von Simmels Neukantianismus inspirierten ästhetischen Formgebung). Dies sei vorab am Ausschnitt eines Essays von Hofmannsthal näher erläutert.

Für den jungen Hofmannsthal ist Stilbestimmtheit die ästhetisch-kulturelle Perspektive, die durch die Unabhängigkeit des souveränen Ästheten einen kulturellen Zusammenhang an der Oberfläche der flüchtigen ‚Augenblickserlebnisse' zu stiften vermag. Im Prosastück *Englischer Stil* von 1896 zählt Hofmannsthal in einer divergenten Liste Eigenheiten eines vermeintlich englischen Stils auf, nur um in einer reflexiven Volte den kulturellen Zusammenhang dieses Zusammenhangslosen wieder in Frage bzw. vor seinem Lesepublikum als zusammenhangslos auszustellen. Hier sei ein längerer Ausschnitt zitiert:

> Es wird sicher einige Leute geben, welche mit allen diesen Gedanken sehr unzufrieden sind. Sie werden sagen, daß ich Dinge durcheinanderwerfe, die miteinander nichts zu tun haben. Sie werden sagen, daß die Barrisons gar keine Engländerinnen

---

56 Theodor W. Adorno: George und Hofmannsthal. Zum Briefwechsel: 1891–1906, in: ders., *Gesammelte Schriften*, hrsg. von Rolf Tiedemann, Bd. 10.1: *Kulturkritik und Gesellschaft I. Prismen, Ohne Leitbild*, Frankfurt/M. 2003, S. 195–237, hier S. 234.

sind, sondern Amerikanerinnen, und die englischen Empiremöbel nicht besonders verschieden von den französischen; daß ich von lebendigen Artistinnen geredet habe, als ob es wertvolle tote Kunstgegenstände wären, und von Stühlen, als ob es Menschen wären; daß alle diese Dinge nicht zusammengehören, daß aus dieser ganzen Konfusion nichts weiter folgt und daß es nichts Willkürlicheres und Anmaßenderes gibt, als solche Gruppen zu schaffen, denen nichts Wirkliches zugrunde liegt. Diesen sei nur weniges geantwortet, und was sie ohnehin nicht verstehen werden: Ja, es gehört wirklich nichts zusammen. [...] Alles ist in fortwährender Bewegung, ja alles ist so wenig wirklich als der bleibende Strahl des Springbrunnens, dem Myriaden Tropfen unaufhörlich entsinken, Myriaden neuer unaufhörlich zuströmen."[57]

Die einführende *captatio benevolentiae* gegenüber der Leserschaft verweist auf die Undurchdringlichkeit der Wirklichkeit, die ästhetischer Arbeit bedarf und die sich im Schlussbild der verheißungsvoll durchlaufenen poietischen Innovation frugal erschließt: Im formlos-formvollendeten Ornament des Springbrunnens, das sich als entzückendes Vorstellungsbild den „unzufriedenen" Leserinnen und Lesern bietet und die unfruchtbaren Vergleiche einer Schein-/Sein-Differenz in der Verschränkung von Material und Wahrnehmung absinken lässt. Das Bildinventar des Brunnens und des Wasserstrahls ruft Hofmannsthal häufig auf, um in einer ‚nüchternen' Wirklichkeitserfahrung die Serie der ‚als ob'-Bilder emphatischer Flüchtigkeit und sich ineinanderschiebender Traumbilder zu begrenzen. Hermann Broch hat in seiner Hofmannsthalstudie dazu den materialästhetisch interessanten gedanklichen Ansatz entwickelt, wie sich das „Abschließenkönnen" einer künstlerischen Arbeit denken ließe: „Vermutlich ist es der jedem Kunstwerk inhärente lyrische Gehalt, dem es Abschlussreifung verdankt."[58]

Hofmannsthal kennzeichnet die ironische Absetzung vom Massenpublikum in seinem in der *Frankfurter Zeitung* erschienenen *Englischen Stil* doppelt: als ästhetische Haltung des englischen ‚Kenners' wie als autoreferenzielle kulturelle Stilistik, die eben gerade ohne einen ‚tiefen', geschlossenen Begriff von Kultur auskommt. Die Absetzung mündet im Bild eines als Schwimmer imaginierten ästhetischen Subjekts.[59] Dessen Körper nimmt die flüchtigen

---

57 Hugo von Hofmannsthal: Englischer Stil, in: Ders.: *Gesammelte Werke*, Reden und Aufsätze I, S. 565–572, hier S. 571. Vgl. Hugo von Hofmannsthal: Augenblicke in Griechenland, in: Ders.: *Gesammelte Werke*, Erzählungen, Erfundene Gespräche und Briefe, Reisen, S. 603–628, hier S. 616.

58 Hermann Broch, zit. n. Michael Hamburger: Das Fragment: Ein Kunstwerk? In: *Hofmannsthal. Jahrbuch der europäischen Moderne* 3/1995, 305–318, hier S. 314.

59 Zur gleichen Zeit fasst Robert Walser in seinem Prosastück *Greifensee* die ästhetische Wahrnehmungsproblematik, die sich auf das Erleben des Subjekts beruft, sehr ähnlich – ebenfalls durch die Perspektive eines Schwimmers. Vgl. den Aufsatz von Hubert Thüring:

Reize der sich dem vagierenden Gesichtsfeld bietenden Umwelt auf und sieht sich gerade im kontingenten Wechsel der Eindrücke eines grenzenlosen Daseins, einer gesteigerten und zugleich entgrenzten Souveränität versichert. Diese Doppelbewegung entspricht einer auch in der zeitgenössischen Kunstwissenschaft, etwa bei Alois Riegl, feststellbaren Entscheidung: Wo die *Stimmung* zu einer methodischen Grundkategorie erhoben wird, wird sie „vom verschwommen konturierten Einzelobjekt provoziert".[60] Am dadurch eingesetzten Rhythmus des Kontrasts im Verhältnis von Ebene und Raum vermag an der Schwelle zur selbstreferenziellen Moderne das Ganze von Kunst und Kunstgeschichte weiterrezipiert und -tradiert zu werden,[61] ohne sich zunächst der überlieferten normativen Ansprüche des Klassischen entledigen zu müssen – ja ohne überhaupt die entstehenden Probleme eines epigonalen Verhältnisses zur (‚deutschen' bzw. ‚deutsch-antiken') Klassik aktiv thematisieren zu müssen.

Es ist diese ästhetische Grundfigur des aus der präzisen Kontur herausgehobenen Einzelobjekts, mittels dessen Hofmannsthal die ‚Literarische Person' als paradigmatische Figur der Literaturgeschichte ausbildet. Im Text *Englischer Stil* sind ‚einzelne' Momente noch als Teil einer souveränen, das heißt kulturerschließenden Ästheten-*Philologie* konzipiert: des (künstlerischen) Vermögens, Wahrnehmungen im Kleinsten zu interpolieren. Sie durchlaufen in Hofmannsthals späterem Schreiben eine produktionsästhetische Transformation, die im Resultat sowohl eine Fragmentarisierung der Formate (und Publikationen) als auch eine Hinwendung *zum Einzelnen* (als Dichter, der ein bestimmtes Lebensmodell, eine bestimmte generationale Lagerung,[62] eine bestimmte gesellschaftliche Verortung etc. verkörpert)[63] bedeuten. Diese Hin-

---

Zur Poetik zweier früher Texte Robert Walsers: „Greifensee" (1899) und „Glück" (1900), in: Felix Christen/Thomas Forrer/Martin Stingelin/Hubert Thüring (Hg.): *Der Witz der Philologie. Rhetorik – Poetik – Edition*, Frankfurt/M./Basel 2014, S. 140–162.

60 Arburg: „Ein sonderbares Gespinst von Raum und Zeit", S. 18.

61 Vgl. ebd., S. 18–23.

62 So das Konzept des Soziologen Karl Mannheim, vgl. Parnes/Vedder/Willer: *Das Konzept der Generation*, S. 246 und passim.

63 Dies spiegelt sich in einer für Hofmannsthal notorischen Maxime: „The whole man must move at once"; dazu Brian Coghlan: „The whole man must move at once". Zum Persönlichkeitsbild des Menschen bei Hugo von Hofmannsthal, in: *Hofmannsthal-Forschung* 8/1985, S. 29–47. Es handelt sich um einen von Hofmannsthal „auch sonst mit Vorliebe zitierten Spruch" (vgl. Briefwechsel Hugo von Hofmannsthal/Eberhard von Bodenhausen, S. 262) des Engländers Richard Steele aus der Zeitschrift *Spectator* von 1711, den er über Georg Christoph Lichtenbergs *Sudelbücher* kennenlernte; vgl. Sabine Schneider: Die Briefe des Zurückgekehrten (1907/08), in: Mayer/Werlitz (Hg.): *Hofmannsthal-Handbuch*, S. 329–335, hier S. 330.

wendung zu *,den'* Einzelnen hat den Effekt, dass diese als Figuren tendenziell monumentalisiert, also nicht mehr im interpolierenden Vollzug, sondern in textuellen Quintessenzen – einzelnen Passagen, Anekdoten, kurzen Porträts, veröffentlichten (teils fiktiven) Briefen oder aufgezeichneten Unterhaltungen etc. – wahrgenommen und zur Stiftung von Traditionsgenealogien modelliert werden.[64]

Dabei hält Hofmannsthal bei aller Relativierung genau in dieser Hinwendung zu den Einzelnen auch Distanz zum völkischen Literaturgeschichtsdiskurs etwa eines Josef Nadler. So notierte Hofmannsthal 1928 unter anderem: „Über Nadler [...] Die Angriffspunkte: entschieden großdeutsch/antisemitisch/antihumanistisch?/ nein?/ Hauptpunkt: das Einzelne kommt nicht zur Geltung." Sobald sich Nadlers Theorien und Thesen auf das Individuum bezögen, „muss die Theorie falsch und entstellend werden: Das höhere Recht des Individuums besteht in der Überwindung der Gebundenheiten."[65] Hier verweigert die sich verselbstständigende Bildmacht die politische *claritas* und bewirkt Ambivalenzen – wie so oft bei Hofmannsthal.

Ist Kultur mit Max Weber „ein vom Standpunkt des Menschen aus mit Sinn und Bedeutung bedachter, endlicher Ausschnitt aus der sinnlosen Unendlichkeit des Weltgeschehens",[66] so behandelt der frühe Hofmannsthal dieses Problem als eine Frage *für Einzelne*, eine Frage ästhetischer Souveränität, der Konstruktion des Zusammenhangs im Wissen um das Zusammenhanglose, der philologischen Beschwörung einer geistigen Form von Individualität, die sich jeder philologischen Präzisierung zugunsten einer Beschwörung der funktionellen Wirkung von Lebensaltern entzieht. Diese ästhetische Idee der Erschließung wird im Konzept der ,Ahnen' für die Literaturgeschichte funktionalisiert. Die Evidenz sogenannter Lebensalter bewirkt die diskursiv hergestellte Harmonie des vorgespiegelten philologischen Offenbarungserlebnisses, das Hofmannsthal in seiner Habilitationsschrift zu Victor Hugo inszeniert. In der Vorrede heißt es:

64 Durchaus in der Nähe zu den geistesgeschichtlichen Werken der Wissenschaftler im George-Kreis. Dazu der Abriss der George'schen Traditionspolitik in Kap. 2.1 dieser Arbeit. Hofmannsthal hat seiner 1901 zurückgezogenen, aber von ihm selbst 25 Jahre später veröffentlichten Habilitationsschrift ein entsprechendes Modell ästhetischer Philologie entwickelt, das von Christoph König zum umfassenden produktionsästhetischen Modell erklärt wurde; vgl. König: *Dichter unter Philologen*.

65 Hugo von Hofmannsthal: Zu Josef Nadlers „Literaturgeschichte", KA XXXIV, S. 147–151, hier S. 148. Zu Nadlers Antisemitismus, vgl. König: *Dichter unter Philologen*, S. 259–262.

66 Heinz Schlaffer: Der Zusammenhang des Zusammenhanglosen, in: *Merkur. Zeitschrift für europäisches Denken* 58, 663/2004, S. 590–597, hier S. 596.

> Man wird in der folgenden Darstellung die Einzelheit, das biografische und literarhistorische Faktum, fast völlig vermieden finden: es erschien als anstrebenswert, die leitenden Ideen eines künstlerischen und menschlichen Daseins aufzusuchen, welche freilich weder Ideen im philosophischen, noch im politischen Sinne sind, sondern dem ästhetisch-ethischen Gebiete angehören: die individuellen Tendenzen, welche in der Führung des Lebens und in der dichterischen Produktion sich gleichmäßig geltend machen, die aus der Fülle der einzelnen Züge erschlossen, dargestellt aber im Zusammenhange werden können, und deren Einheitlichkeit und tiefe Harmonie eben die literarische Person: Individuum, Werk, Wirkung und Nachwirkung zusammen ausmacht.[67]

Der Traditionsbestand ist, so die Annahme, über die ‚Literarischen Personen' unhinterfragbar gesichert, eben weil deren Rezeption diese stets erneuert: ein Diskurs ästhetischer Vererbung in nuce. Obwohl Hofmannsthal sich im Modus des ‚jungen Ahnen' bewegt, seine Texte offensiv als aus den eigenen Lektüren heraus geschriebene darstellt (und damit auch auf ein spezifisches Lesepublikum abzielt), setzt er in den poetologischen Überlegungen das Individuum an die Spitze und vertritt einen emphatischen Autorbegriff.

In dieser Ästhetik der ‚Literarischen Person' werden zwei Dimensionen bekräftigt: Auf der sichtbaren Ebene stehen die empirische Person, die Einflüsse, denen sie ausgesetzt ist, ihr Produkt und dessen Effekt (einschließlich der Rezeptionsgeschichte der Bücher). Auf der anderen Seite behauptet sich eine vergleichende Literaturgeschichte der *Altersstufe*, in der ein Text entstanden ist, als Ausdruck eines ‚Generationenerlebnisses', das Allgemeingültigkeit zu verleihen bestrebt ist. Hofmannsthal behauptet die Integration des Sichtbaren in diese als ‚allgemein', also als übergreifend angenommene Ebenen des gemeinhin Literaturhistorischen und der Generation. Ein *gesellschaftlich* Allgemeines – geteilte Lebensbedingungen – verschwindet hinter einem geteilten Erlebnis qua eines Generationenzusammenhangs oder -gegensatzes.[68] Dahinter steht die traumatische Kriegserfahrung, die sich in diesem zeitgenössisch breit geteilten Ausdruck (‚Generationenerlebnis') nur indirekt und verbrämt Bahn bricht.

Erst das konkrete ‚Erlebnis' der dichtenden Person verbürgt in Hofmannsthals Auffassung die Individualität eines Werks, das andernfalls als ‚bloßer' (naturalistischer) Ausdruck einer Generation keinerlei Wirkung erzielen könne. Dieses Erlebnis ist gleichzeitig brüchig geworden, im eigentlichen Sinn postklassisch, da es sich nicht mehr aus der Erfahrungstotalität der Ahnen einstellt,

---

67 Hofmannsthal: Studie über die Entwicklung des Dichters Victor Hugo (1901), KA XXXII, S. 220–264, hier S. 222.

68 Zur komplexen Diskursgeschichte des Begriffs der Generation als eines Konzepts der Objekt- wie der epistemischen Metasprache im 19. und frühen 20. Jahrhundert, vgl. Parnes/Vedder/Willer: *Das Konzept der Generation*, bes. S. 10–20, 188–217.

sondern der Gegenwart ausgesetzt ist. Gerade diese Brüchigkeit vermeintlich individuellen Erlebens insistiert in Hofmannsthals Schreiben. Im „Dahinsturz", einer Erfahrung des psychischen Zusammenbruchs anlässlich einer Reise nach Griechenland im Jahr 1907,[69] versagt die traditionelle Bildhermeneutik, die das Gesehene als Deutung in ein Überlieferungsgeschehen einstellt.[70] Übrig bleibt ein Trümmerfeld der Antike in sinnentleerter Analogie zu Goethes Bericht aus Sizilien als gespenstische Stätte des Nichtvorhandenen. Der Blitz mit allen Begleiterscheinungen einer Ästhetik der Plötzlichkeit erscheint dem Hofmannsthal'schen Betrachter dann, ausgerechnet, im *Museum* der Akropolis.

Im Folgenden bleibt zu zeigen, wie dieses wahrnehmungstheoretische Muster dichterischer Subjektivität und ‚klassischer' literarischer Form in den Anthologien und der ästhetischen Erneuerung der Buchkultur zum Spieleinsatz der ‚konservativen Revolutionäre' gerät, die sich als Formexperimentatoren ‚im Kleinen', im Wort, verstehen,[71] und sich dabei gegen die avantgardistische Materialrevolution der gleichzeitig auf den Plan tretenden Konstruktivisten, Formalisten und Dadaisten verwahren. Sabine Schneider hat für Hofmannsthal unter Berücksichtigung der zeitgenössischen psychophysischen, kunstwissenschaftlichen und ästhetischen Diskurse umfassend dargelegt, inwiefern die wiederkehrenden Chiffren bildpoetologisch lesbar werden und damit einen Beitrag zur Entschlüsselung dessen leisten, was als Ästhetik der konservativen Revolutionäre figuriert.

> Die These vom Bild als Anderem der Sprache impliziert [...] medialen Reibungswiderstand und setzt voraus, dass ‚Bild' dabei nicht auf das konventionelle rhetorische Schema der Tropen oder die Erzeugung von Anschaulichkeit eingeengt werden kann, sondern eine heuristische Formel für den Komplex einer alternativen Sprachform ist, deren Faszination in der Verheißung poietischer Innovation und semiotischer Komplexität liegt (nicht aber in vermeintlicher Unmittelbarkeit oder mimetischer Anschaulichkeit).[72]

Eine solche ‚Entgrenzung' des Bildbegriffs hat der Hofmannsthalforschung einen produktiven Schub gegeben. So hat Ursula Renner herausarbeiten können, dass der Autor „im Medium der bildenden Kunst die für das eigene literarische Schaffen zentrale Frage nach dem Verhältnis von *aisthesis* und

---

69 Hofmannsthal: Augenblicke in Griechenland, in: Ders.: *Gesammelte Werke, Erzählungen, Erfundene Gespräche und Briefe, Reisen*, S. 618.

70 Vgl. Friedmar Apel: Evidenz vor dem Abgrund. Hofmannsthals Reisebilder, in: Helmut Pfotenhauer/Sabine Schneider/Wolfgang Riedel (Hg.): *Poetik der Evidenz. Die Herausforderung der Bilder um 1900*, Würzburg 2005, S. 67–75, hier S. 70.

71 Vgl. Rudolf Borchardt: Schöpferische Restauration, in: Ders.: *Reden*, S. 230–253, hier S. 252; vgl. Kap. 6.4.

72 Schneider: *Verheißung der Bilder*, S. 23.

poiesis" reflektiere.[73] Hofmannsthal führe im Blick auf Bilder zumeist auch einen (impliziten oder expliziten) Metadiskurs über die poetische Funktion von Bildern und Texten.

Der Wirklichkeitsanspruch dieser politischen Ästhetik als fingierter Kulturphilologie stützt sich auf eine Konstruktion, eine Sollensmetaphysik. „Wenn ein Mensch dahin ist, nimmt er ein Geheimnis mit sich: wie es ihm, gerade ihm, – im geistigen Sinn – zu leben möglich gewesen sei."[74] Individuelle Auslegungskunst ist bei Schleiermacher die historische Voraussetzung der Gattungskenntnis, damit überhaupt ein individuelles Werk gestaltet werden kann. So wird die Auslegungskunst auch Teil einer nicht mehr regelgeleiteten Poetik. Hofmannsthal nimmt diesen dialektischen, proto-ästhetischen Ansatz gleichzeitig auf, erzeugt aber auch, gegen Schleiermachers „grammatische" Hermeneutik, eine Nähe des Hermeneutikers in der „Harmonie des Gegenstands".[75] Im Anschluss an Dilthey wird das Individuelle als Ordnung im Sinn eines Kreuzungspunkts von Wirkungszusammenhängen bestimmt. Die Gestalt wird zum Prinzip der Einheit im historischen Objekt;[76] diese Gestalt kann sich etwa auf eine Person und ihre Umgebung, auf eine Person in ihrem Lebensabschnitt, eine Person in ihrem institutionellen Wirkungskreis beziehen.

Der metaphysische Unterbau der mit den Lebensaltern ‚Kindheit', ‚reifer Erwachsener' und ‚betrachtender Greis' verbundenen verallgemeinerten Lebensfunktionen lehnt sich an Konzepte der romantischen Werkkritik an und ist gegen den empiristischen literaturgeschichtlichen Positivismus, die historisch-kritische Philologie,[77] gerichtet. Victor Hugos Leben wird in der Rhetorik dieser ästhetischen Philologie Hofmannsthals als glückende Folge von Übereinstimmungen der inneren Natur mit der äußeren Umwelt geschildert. Ein Zitat aus Hofmannsthals Aphorismenband *Buch der Freunde*[78] untermauert die ‚ästhetische' (tautologische) Logik dieser Hermeneutik des Lebens. „Ein Mann, der mit fünfunddreißig stirbt, ist auf jedem Punkt seines Lebens ein Mann, der mit fünfunddreißig stirbt. Das ist das, was Goethe Entelechie nannte."[79] Dass eine solche hermeneutisch prästabilierte Harmonie der Faktoren einer aus dem Bruch des Lebens im Tod hervorgehenden

73 Ursula Renner: *„Die Zauberschrift der Bilder". Bildende Kunst in Hofmannsthals Texten*, Freiburg/Br. 2000, S. 503.

74 Hugo von Hofmannsthal: Buch der Freunde, KA XXXVII, S. 9–62, hier S. 27.

75 Vgl. Szondi: Schleiermachers Hermeneutik, S. 127–128.

76 König: Geschichte und Historismus, S. 7.

77 Vgl. Ebd., S. 6.

78 Vgl. die gesonderte Diskussion dieses 1922 erschienenen Aphorismenbands.

79 Hofmannsthal: Buch der Freunde, KA XXXVII, S. 14.

Dialogizität, die die ‚Literarische Person' ausmachen, trotzdem nicht ohne ein nationalliterarisches Apriori auskommt, zeigt die Gegenüberstellung von Victor Hugo und Goethe am Ende des zweiten Kapitels von Hofmannsthals Studie.

> Das Subjekt seiner literarischen Erregung war niemals ein ganz egoistisches [...]; und dem Hörer sagte ein untrügliches Gefühl, dass hier einer sprach, dem das stärkste Menschliche immer gegenwärtig war. Und wenn sich Goethe einem Vertrauten gegenüber mit großartiger Ruhe in der berühmten Wendung aufschließen durfte: ‚Meine Sachen können nicht populär werden; sie sind nicht für die Masse geschrieben, sondern nur für einzelne Menschen, die etwas ähnliches wollen und suchen', so gilt für Victor Hugo fast das gerade Gegenteil. Der Einzelne wird nur das Allgemeinste seines Daseins hier ausgesprochen finden, aber die große Menge wird sich immer und wieder in ihm zusammenfinden, der mit wundervoller Beredsamkeit auszudrücken gewußt hat, was allen gemeinsam ist und keinem völlig fremd bleiben kann.[80]

In diesen ästhetischen Suchbewegungen knüpft Hofmannsthal an die Lebenshermeneutik an: „Die realen Lebenskategorien sind [bei Dilthey] zugleich die hermeneutischen Kategorien des Verständnisses von Welt."[81] Einzelerlebnisse mutieren zu Erkenntnis-, tendenziell gar zu Offenbarungserlebnissen einer ästhetischen Philologie. Individuelle Lebens- und geteilte Epochenzeit moderieren diese philologische Dramatik, aus dem Epochen- und Generationenbewusstsein ergibt sich die ‚Problemgeschichte' einer Dichtung, das ‚Literarische' einer Person. Die ersten Kapitel von Hofmannsthals Studie[82] zu Victor Hugo ‚enthüllen' unter den Titeln „Lebenslauf / Als Entwickelung der geistigen Form" eine Stimmungsdramatik der literarischen Person. Darauf folgt eine ausführliche Stil- und Ausdrucksanalyse,[83] bei der in der nun empirisch betriebenen philologischen Arbeit am Material der Literatur Victor Hugo als Individuum eine geistige Form erhalten soll.

Die Erschließung einer deutenden Perspektive auf Kultur, so kann man zusammenfassen, geht bei Hofmannsthal zunächst von einer stark wahrnehmungstheoretischen Problematisierung der Subjektivität aus. Die metaphysische

---

80 Hofmannsthal: Studie über die Entwicklung des Dichers. Victor Hugo, KA XXXII, S. 251–293, hier S. 258.

81 Heinrich *Anz:* Hermeneutik und Individualität. Wilhelm *Diltheys* hermeneutische Position und ihre Aporien, in: Hendrik Birus (Hg.): *Hermeneutische Positionen. Schleiermacher – Dilthey – Heidegger – Gadamer*, Göttingen 1982, S. 68.

82 Vgl. Hofmannsthal: studie über die Entwicklung des Dichers. Victor Hugo, KA XXXII, S. 251–293.

83 Vgl. Ebd., S. 293–320.

Verschränkung einer allgemeinen Funktion der Zeit als umschließender problematischer Gegenwart mit der je konkreten Produktion eines Dichters ist über die Lebensalterfunktion, eine Art ‚Generationenerlebnis', fixiert. Die Auflösung einer festen hermeneutischen Ausgangsposition (zugunsten des Subjekts als Schnittpunkt der Erfahrungstatsachen und der Generation als begrenzendem Filter) ebenso wie die Verabschiedung der „Darstellung des Ganzen"[84] (zugunsten der Annahme der ‚Gestalt') führen Hofmannsthal in die anthropologische Reflexion.

Die anthropologischen Maximen, innerhalb derer das Bild der ‚Literarischen Person' konstituiert wird, sind auf eine anthologische Poetik zugeschnitten, die sich auf die Montage von Textfragmenten ausrichtet und damit den Anspruch verbindet, Tradition gleichermaßen als im Buchformat abgeschlossenes ästhetisches Ganzes zu restaurieren und zu präsentieren wie zugunsten einer zeitgenössischen Rezeption zu erneuern.

3.4 Anthologische Verdichtungen: Aphorismus – Geste des Blätterns – *Buch der Freunde*

Verschiebt man den Fokus weg von der lebensphilosophischen Konstruktion als Offenbarungsphilologie mitsamt ihren problematischen Rückspiegelungen funktionalisierter Lebensalter auf dichterische Erzeugnisse und wendet sich den produktionsästhetischen Effekten zu, zeigen sich interessante Implikationen, die im Folgenden an Hofmannsthals Aphorismenband *Buch der Freunde* sowie an seinen Zeitschriften und Zeitschriftenprojekten diskutiert werden sollen.

Der Aphorismenband *Buch der Freunde* erschien 1922 im Insel-Verlag. Das Büchlein versammelt eigene Aphorismen und Kurzessays sowie zitierte Maximen anderer Autorinnen und Autoren; die Hälfte der aus über siebzig Texten entnommenen Zitate stammen von Dichterinnen und Dichtern. Meistens sind es Auszüge aus Briefen, theoretischen oder autobiografischen Texten, Tagebucheinträgen, also aus sich selbst als *entlegen* demonstrierenden Werkteilen.[85] Sprüche französischer und englischer Autoren, es handelt sich fast ausschließlich um Männer, sind in der Originalsprache zitiert. Thematische Eingrenzungen lassen sich leicht erkennen, auch wenn sie nicht durch rahmende Übertitel ausgezeichnet sind. Es geht um allgemeine Maximen des

84 König: Geschichte und Historismus, S. 7.

85 Vgl. Rainer Noltenius: *Hofmannsthal – Schröder – Schnitzler. Möglichkeiten und Grenzen des modernen Aphorismus*, Stuttgart 1969, S. 20.

Lebens, um die künstlerische Produktion, um Religion, Politik und um das Verhältnis der Geschlechter. Nachdem Hofmannsthal das aphoristische Material aus seinen Aufzeichnungen zunächst mit Erzählprosa zusammen als fortlaufendes Jahrbuch zusammen mit dem Insel-Verlag projektiert hatte, stellte sich allmählich die Idee eines Aphorismenbuchs ein. Seiner Verlegerin Katharina Kippenberg empfahl er, das Manuskript (wahrscheinlich ein Typoskript) auseinanderzuschneiden. Die Vorlage für Kippenbergs Anordnung der Aphorismen im *Buch der Freunde* lässt sich nicht mehr rekonstruieren.[86]

Das Druckbild des *Buchs der Freunde* mit Blindzeilen zwischen den gesetzten Sprüchen weist von allen Hofmannsthal'schen Publikationen vielleicht am stärksten mimetisch auf seine Tagebücher und Aufzeichnungshefte hin, in denen nicht ein selbstvergegenwärtigendes Schreiben dominiert, sondern abschnittweise abgesetzte Reflexionen, die von Zitaten aus seiner Bibliothek durchsetzt sind. Hofmannsthals umfangreiche Arbeitsbibliothek mit vielen annotierten Büchern[87] bildet die Grundlage für die Szenerie der Wiederaufführung eines abstrakten Klassizismus, eines Schreibens in der Ahnenfolge, die sich nicht auf eine beschwörende literarische Ahnenschau reduzieren lässt. Seine Arbeit geht von reflexiven Wendungen an den Texten aus, die konstruktiv als Hermeneutik des Erinnerns, dekonstruierend als zerstörendes Zitieren begriffen werden können.[88] In einer brieflichen Äußerung gegenüber Rudolf Pannwitz inszeniert Hofmannsthal die Genese der Aphorismen hingegen unter Ausblendung seiner Arbeitstechnik als eine Art Traumprotokoll: Diese habe er meist in der Nacht und unmittelbar nach dem Aufwachen aufgezeichnet. Vielleicht versucht er sich damit noch einmal in eine spezifisch deutsche Literaturtradition einzureihen – offensichtlich ist, dass die „produktive Anarchie", das „produktive Nebeneinander"[89] dieses Buchs darauf ausgerichtet sind, mit eigenen Maximen einen (negativen) Bezug auf die als krisenhaft erfahrene Nachkriegswirklichkeit aufzubauen.

Der Titel *Buch der Freunde* schreibt eine Sentenz aus den Aufzeichnungen des 17-jährigen Hofmannsthal von 1891 aus: „Jeder Mensch schreibt seine eigene Biographie; Künstler sein heißt sie verstehen und gekürzt herausgeben. [...] Künstler lieben vollendete Kunstwerke nicht so sehr wie Fragmente, Skizzen, Entwürfe und Studien, weil sie aus solchen am meisten fürs Handwerk lernen

---

86 Vgl. den Kommentar zu Hofmannsthal: Buch der Freunde, in: Ders.: KA XXXVII, S. 169–171.
87 Vgl. Hiebler: Im Steinbruch der Dichtung.
88 Vgl. Heinz Hiebler: Hofmannsthal als kreativer Leser, in: Mayer/Werlitz (Hg.): *Hofmannsthal-Handbuch*, S. 87–89, hier S. 88.
89 Hugo von Hofmannsthal: Zeugnisse zum Buch der Freunde, KA XXXVII, S. 293–294.

können."[90] Diese produktionsästhetische Irritation lebensphilosophischer Prämissen bleibt ein Paradigma, das sich bei Hofmannsthal durchzieht. Die – gekürzte – Selbstdarstellung fragmentarisch und wiederum biografisch aufzunehmen, verabsolutiert das Arbeitsprinzip einer anthologischen Edition in einem ästhetischen Modus, indem die Suche nach einem einheitlichen, ‚Leben' und ‚Individuum' zur Deckung bringenden Stil den vorhergehenden Bruch und eine fragmentarische Vorstellung von Form voraussetzt.[91] Diese Konzeption war auch für eine Rezeption anschlussfähig, die sich besonders in den 1950er Jahren emphatisch auf Hofmannsthals Ästhetik bezog und diese, wie etwa der Dichter und Philologe Michael Hamburger, existenzialistisch las – gleichsam als ‚Ersatz' für die ‚Unmöglichkeit' bei jenen Vertriebenen, eine Gedächtniskultur der Shoa jenseits der deutschen Klassik auszubilden.

> Das Paradox einer Treue, die eine Form von Untreue darstellt, ist mit einem anderen Paradox verknüpft, das im Hofmannsthalschen Werk gegenwärtig ist, dem Paradox, dass wir nicht wirklich wir selber sein können, bis wir wissen, wie wenig von unserem Ich uns wirklich gehört.[92]

Hofmannsthals rearrangierendes Schreiben macht sich unterschiedliche Gattungsmodi wie etwa die briefliche Kommunikation als strategisch eingesetztes Spielfeld (und Arsenal) für die literarische Arbeit der Distanzierung als Medialisierung zunutze.[93] So heißt es in einer anderen Variante zum künstlerischen Schreiben der eigenen Biografie in Bezug auf die Dichtungstopoi von Haus und Garten:

> Wer heute baut, soll nicht einen alten Garten kopieren, sondern von ihm ein paar Wahrheiten ablernen. Irgendwie wird er mit der Anlage seines Gartens seine innere Biographie schreiben, so wie er sie mit der Zusammenstellung seiner Möbel in seinen eigenen Zimmern schreibt."[94]

Das moderne Leben verlange nach Fingierungspraktiken. Derer ist die Künstlerperson in der ästhetischen Formwerdung und -einrichtung (als Interieur etwa)

---

90 Hugo von Hofmannsthal: Aufzeichnungen aus dem Nachlass [1891], in: Ders.: *Gesammelte Werke*, Reden und Aufsätze III, S. 331.

91 Als Insistenz der Bezugsumkehr in Form von *Neueinsätzen* hat Sandro Zanetti dies für eine Poetik der Spätwerke in seiner Studie *Avantgardismus der Greise* anschaulich gemacht.

92 Hamburger: Hugo von Hofmannsthal, S. 51.

93 Vgl. die Ausführungen Jörg Schusters zur Briefpoetik Hofmannsthals und Rilkes, die als ein ‚Sich Einrichten' im modernen Leben begriffen wird; Schuster: *„Kunstleben". Zur Kulturpoetik des Briefs um 1900*, S. 28–34.

94 Hugo von Hofmannsthal: Gärten [1906], in: Ders.: *Gesammelte Werke*, Reden und Aufsätze I, S. 577–584, hier S. 581.

bereits gewahr. Im Anschluss an Nietzsche wird der Künstler als Artisten-Philologe charakterisiert, der im basalen Verstehensakt keine psychologische Perspektive einnimmt, sondern sich in die ästhetische Dissonanz der Form einstimmt, um das Individuelle kristallisieren zu lassen. Jene Form, die Hofmannsthal an der ‚Literarischen Person' Victor Hugos so ungebrochen beschwor, der philologischen Analyse am kontingenten Wortmaterial voranstellte und damit letzten Endes auf die Auslöschung bzw. auf den automatischen Nachvollzug dieser Kontingenz zielte. Wenn bisher das ‚Einzelne' in seiner eigensinnigen Logik als produktionsästhetisch innovativer Umgang mit der literarischen Tradition begriffen und gegen eine philologische Programmatik ins Feld geführt wurde, die Hofmannsthal nach seiner zurückgezogenen Habilitation letztlich nicht weiterverfolgte, so ist damit auch für eine Betrachtung der Editionstätigkeit als künstlerischer Arbeit argumentiert. Dies ist weniger trivial, als es zunächst klingt, denn die Hofmannsthalrezeption hat dessen editorische Praktiken meist ausschließlich vor der Folie eines nationalpolitischen und -pädagogischen Repräsentationsbegehrens gelesen.[95]

Zunächst gilt es deshalb, einen weiteren wichtigen materialästhetischen Aspekt in Hofmannsthals poetologischer Figuration und der materialen Basis seiner Argumentation zu analysieren: das rhetorische Muster seiner Kulturkritik. Hofmannsthals Entwurf der Künstlerperson als Repräsentant seiner Kulturkritik ist so zeitgebunden wie gegenwartsentrückt. In der 1906 gehaltenen Rede „Der Dichter und diese Zeit" bildet das Blättern im Buch die universale Geste des zeitgenössischen Menschen. Das Buch ist einerseits Metapher für das rastlose Erhaschen gespeicherten Wissens und fügt sich damit in die alte Topik des Wissensspeichers. Zum anderen und interessanterweise entwickelt Hofmannsthal den Gedanken einer gleichzeitig materialen und performativen Dimension dieses Blätterns: in seiner Lesart nützt sich mit dem Zerblättern und Abgeblättert-Sein der Bücher gleichzeitig der darin gespeicherte Wert ab. Zerfledderte Bücher markieren eigenartigerweise nicht einfach ein intensiv rezipiertes, sondern ein inflationiertes Wissen. Durch diese flüchtig-nivellierende Nutzung rückt der Akt des Lesens selbst in den Vordergrund: „das Lesen [wird] in unserer Epoche eine Lebenshandlung, eine des Beachtens werte Handlung,

95 Ebensowenig hat die Benjaminforschung die Übertragungseffekte zwischen Benjamins und Hofmannsthals produktionsästhetischem Umgang mit der literarischen Tradition eingehend analysiert; die Übernahme anthologischer Praktiken durch Benjamin wurde meist wiederum auf den nationalpolitischen Aspekt reduziert, als kritische, camouflierte Intervention und Kontrafaktur in Bezug auf die Kulturpolitik der Nazis (*Deutsche Menschen*), vgl. bes. Kap. 2.2.

eine Geste."[96] Es geht also nicht um die Aneignung von Wissen in der Kulturtechnik des Lesens, sondern um die ästhetische Geste der Flüchtigkeit als Symbol für eine Zeitgenossenschaft, realisiert im durchgeblätterten Buch und in der blätternden Hand. Das durchgeblätterte Buch bildet die Allegorie einer in Hofmannsthals Augen ubiquitär gewordenen Verwertungspraxis, die symbolisch mit einer sich verkürzenden Halbwertszeit des Wissens verknüpft wird. Dem setzt Hofmannsthal seine ästhetische Philologie der Lebensalter der ‚Literarischen Person' entgegen. In deren philologischer Analyse bleibt die Unabschließbarkeit und inhärente dynamische Produktivität ästhetischer Formbildungsprozesse[97] als durchdrungener Lebensform[98] im künstlerisch tätigen Individuum[99] aufgespeichert und kann gewissermaßen modellartig untersucht werden. Auch diese Umstülpung von sozialer Nivellierung des Lesens in eine damit mögliche ‚innere' Distanzierung der Lesenden, die daraus eine eigenständig-abgesetzte Lebensform entwickeln, eröffnet vielfältige Anknüpfungspunkte.

In Bezug auf den Umgang mit der literarischen Tradition hingegen setzt die *Öffnung* des Buchs, weg vom Wissens- und Gedankenspeicher hin zur performativen Geste des Blätterns, produktionsästhetische Effekte frei: Diese liegen in der Behauptung, dass zugleich in dieser Geste das Wissen der Bücher selbst veralte. Die im flüchtig Aufgeschnappten, Zitierbaren, im Kleinen, im Kurzen, Herausgezogenen, Abgerissenen zutage tretenden Effekte eröffnen

96 Hugo von Hofmannsthal: Der Dichter und diese Zeit, KA XXXIII, S. 127–148, hier S. 132–133.

97 Vgl. Rüdiger Campe: „Die tiefste Bestätigung des Daseins der Dissonanz". Emil Boutroux und Georg Simmel in der „Theorie des Romans", in: Rüdiger Dannemann/Maud Meyzaud/Philipp Weber (Hg.): *Hundert Jahre „Transzendentale Obdachlosigkeit". Georg Lukàcs' „Theorie des Romans" neu gelesen*, Bielefeld 2018, S. 25–36.

98 Eva Geulen hat den Begriff der Lebensform für das Verhältnis von Giorgio Agamben zur negativen Dialektik Adornos untersucht. „Dem Gedanken bleibt die Möglichkeit – und vielleicht ist es die einzige Möglichkeit, die ihm überhaupt bleibt – seine eigene Unmöglichkeit zu denken, dieselbe zum Gegenstand des Gedankens zu machen. Es käme dann für den Gedanken darauf an, zu denken, dass er sich von der Entstellung nicht befreien kann. Das mag seine einzige Möglichkeit sein; in jedem Fall aber ist es eine Möglichkeit, die sich allein im und für das Denken ergibt. Das eigene Insistieren auf einem Immer-schon-zu-spät könnte sich einerseits dem Versuch verdanken, das Privileg der Möglichkeit durch seine Umkehr negierend zu entmachten und dabei aus der Unmöglichkeit vielleicht doch noch eine Möglichkeit zu gewinnen." Eva Geulen: Wirklichkeiten, Möglichkeiten und Unmöglichkeiten: Zum Problem der Lebensform bei Giorgio Agamben und Theodor W. Adorno, in: *MLN* 3, 125/2010, S. 642–660, hier S. 643.

99 Vgl. David E. Wellbery: Form und Idee. Skizze eines Begriffsfeldes um 1800, in: Jonas Maatsch (Hg.): *Morphologie und Moderne. Goethes ‚Anschauliches Denken' in den Geistes – und Kulturwissenschaften seit 1800*, Berlin 2014, S. 17–42, hier S. 19.

den Blick auf einen Umgang mit Wissen als zukünftig *anders* zu tradierendem Wissen.[100] In dieser Verkürzung auf eine Geste der Wissensaneignung und des Aktualitätsdrangs im angeblätterten und weggelegten Buch zitiert Hofmannsthal gleichermaßen kurrente zeitgenössische Kulturkritik und positioniert sich doch in einem Abstand dazu, indem die Logik dieser kulturkritischen Rhetorik von der materialen Form des Buchs ihren Ausgang nimmt, um auf die allgemeine Dissonanz der Lebensformen hinzuweisen.

Vor diesem Hintergrund erscheint das *Buch der Freunde* als eine kontrafaktische Semiose, eine Komödie des nun selbst in der ‚Hochreife' stehenden Mittvierzigers Hofmannsthal auf die Poetik der ‚Erbfolge' seiner früheren Jahre und seine inszenatorisch angelegte Kulturkritik, die dazu ebenso viele Begleittöne freilegt wie die ästhetische Philologie Hofmannsthals als Interpret von Victor Hugo.

Das *Buch der Freunde* ist in seiner polemischen Entgegensetzung zur Gegenwart, die in ihm „für jeden Satz" geortet wurde,[101] keineswegs Ausdruck der ästhetischen Souveränität, die der philologische Literat Hofmannsthal als eine Art letztgültigen Besitz auslegt, der quasi allen inflatorischen Tendenzen auch in der Kultur widerstehen würde – wider alle Ironisierung von Dingen und Menschen, die er in gleichzeitig entstehenden Zeitungsessays Anfang der 1920er Jahre beklagt. Die spruchhaften Konversationen, in aphoristischen Formeln versammelt, treten zwar als allgemeiner Besitz der Sprachnationen Europas auf und erscheinen als geglückte Demonstration eines Einzelnen, wie aus den Traditionen des europäischen Denkens der interkulturelle Austausch nach dem Ersten Weltkrieg wieder reaktiviert werden könnte. Die Inventur des geistig-kulturellen Bestands ist aber in keiner Weise abschließend, sondern gerade in den der *Insel*-Herausgeberin Katharina Kippenberg überlassenen Setzungen auf Anschlussfähigkeit und intensive Rezeption ausgerichtet. Das Druckbild des Buchs erfordert eine Verlangsamung des Lesens und damit das Gegenteil zur Geste des Blätterns, damit interpretative Brückenschläge zwischen den einzelnen Sprüchen möglich werden. Die Spruchformeln sind ohne jedweden Kommentar, einzig mit dem Autornamen und, in manchen Fällen, einer (ungenau-summarischen) Fundstelle abgedruckt. So werden Spuren ausgelegt, die zugleich das Blättern abbremsen wie animieren: zwischen entfernt gesetzten Aphorismen im *Buch der Freunde* und im Griff bzw. der Suche nach den Quellenangaben dieser Aphorismen der *„Freunde"*, die sich zusehends als Buchpersönlichkeiten zu figurieren beginnen. Zum anderen ist dieser tragbare Besitz ein Gegenmodell der Gesamtausgaben und der umfangreichen

100 Vgl. Gamper/Mayer: Erzählen, Wissen und kleine Formen, bes. S. 11–15, 19–20.

101 Böschenstein: Das „Buch der Freunde", S. 274.

Bibliothek, aus der sie geschöpft wurden. Das Oktav-Format der *Insel*-Bücherei ist bereits zur Erscheinungszeit des *Buchs der Freunde* der Inbegriff für das handliche und leichte, das verkehrsgerechte transportable Büchlein für Momente literarischer Transgression in der Kutsche oder der Trambahn.

Die im Chandos-Brief ästhetisch prätendierte ‚Sprachkrise', scheiternde ästhetische Transzendenz, wird durch polemische Inaktualität ersetzt. Die von Hofmannsthal im Verbund mit seiner Verlegerin aktiv betriebene Fragmentarisierung – was die Chronologie wie die Thematik der Sprüche, Aphorismen und Sentenzen angeht – steht in einem interessanten Verhältnis zum zeitgleichen kulturkritischen und mit latent antisemitischen Untertönen versehenen Diskurs um die Homologie von ‚Geld' und ‚Schrift'. Ist das *Buch der Freunde* ein konservativ-revolutionäres Programm zum Aufbruch aus der ‚Sprachkrise', Ironisierung der Schrift-Semiose in der inflationären Buchproduktion und ein Vorspiel zur anthologischen Aneignung des Traditionsbesitzes, die Hofmannsthal mit dem verlegerischen Großprogramm der Bremer Presse in den 1920er Jahren anging? Im Prosastück *Die Ironie der Dinge* (1921 als Teil von *Drei kleine Betrachtungen* veröffentlicht) wird diese lange eingeübte und an Simmels *Philosophie des Geldes* (vgl. Kap. 3.8)[102] geschulte Form der Kultur- und Gesellschaftskritik für die Gegenwartsdiagnose erprobt. Hofmannsthal changiert darin zwischen einer ästhetischen Betrachtung der Folgen der Inflation für das zeitgenössische politische Geschehen und der ängstlichen Beschwörung der sozialen Konsequenz, die die Geldvermitteltheit auf das geistige (und damit ist gemeint: das etwaig nicht geldvermittelte) Wirken einer intellektuellen ‚Elite' hat. Die geistige Arbeit könne angesichts der vollkommenen Entwertung kein ‚geistiges' Gesicht mehr haben, weil deren dem Tauschverkehr bislang entzogen gebliebene soziale Basis ironisiert, ‚gleich' gemacht und damit auf einen kontingenten Verkehrswert bezogen werde.

Metaphern und Allegorien für das poetische Schaffen, wie sie im ‚Schwimmer' des *Englischen Stils* zu Jahrhundertbeginn auftreten und die lyrisch entfaltete Poetik der Vorgeschichte des Frühwerks prägen,[103] werden durch eine reflexive Wendung auf die Vorvergangenheit ersetzt. Im *Buch der Freunde* (1922) ist das ‚zusammenhanglos Gewordene' dieser Vorvergangenheit als Komödie des

102 Vgl. Mayer: *Hugo von Hofmannsthal*, S. 67–71; Friedmar Apel: Die Ambivalenz der Anomie. Hugo von Hofmannsthals „Verse, auf eine Banknote geschrieben", in: *Hofmannsthal. Jahrbuch zur europäischen Moderne* 20/2012, S. 161–172; Lorenz Jäger: Zwischen Soziologie und Mythos, S. 95–107.

103 Vgl. die Forschungsbeiträge von Ralf Simon: Die Szene der Einfluß-Angst und ihre Vorgeschichten. Lyrik und Poetik beim frühen Hofmannsthal, in: *Hofmannsthal. Jahrbuch zur europäischen Moderne* 20/2012, S. 37–77 und Zanetti: Lyrisch aus der Kulisse der Historie treten, S. 141–160.

produktiven Nebeneinanders aktualisiert und inszeniert. Diese kann aber nur demjenigen klar vor Augen stehen, der in der „Supposition des Quasi-Gestorbenseins“[104] für sich die Position des Überlebenden, des im Zustand des Nachlebens Lebenden annimmt. Die ästhetische Konsequenz daraus ist die Spruchsammlung. Im Gleichschritt mit der Semiose der Schrift, der ‚Inflationierung‘ der Kultur in einer ironischen Komödie, der Dekonstruktion des repräsentativen Herausgebers und Kriegsschriftstellers der *Österreichischen Bibliothek*, setzt Hofmannsthal ästhetische, moralische und politische Sentenzen von sich selbst und rund 70 Autoren aus der Weltgeschichte. Nicht mehr nur thematisch wird die *aisthesis* der Leserinnen und Leser, das flüchtig Wahrnehmbare, das Nervöse in die Stilregister der Moderne eingepasst; auch die *poiesis* – so deuten es zumindest die Selbstaussagen an – lässt die offene Form des systemlosen Aphorismus, des lyrisch verdichteten Handlungsbilds zu. Hofmannsthal war der Umbruch so stark zu Leibe gerückt, dass sich seine poetischen Verfahren deutlich veränderten. Das *Buch der Freunde* ist in dieser Hinsicht am stärksten exponiert: Weder die symbolistische ‚Gemachtheit‘ der Poesie aus Worten noch ein stimmungsharmonisches souveränes Ästhetentum bestimmen dessen Poiesis, sondern das Nebeneinander „versteckter Mündlichkeit“ (die den Zauber schön geschriebener Bücher ausmache),[105] von Traum-Aufzeichnungen, Zitaten aus dem *Andreas*-Fragment und (teils falsch zugeordneten) Annotaten aus seiner Bibliothek. Sowohl das ‚Schöne‘ wie das (nationale) Trauma weiter auf eine ‚Empfindungsfähigkeit‘ des ästhetischen Ichs zu gründen, schien nunmehr ausgeschlossen.

3.5 Der Gang durch die Sprachdenkmäler: *Das Deutsche Lesebuch*

Im Gegensatz zu Stefan George hat sich Hofmannsthal weder praktisch noch programmatisch von den Massenmedien seiner Zeit abgewandt.[106] Vielmehr werden in seinen literaturkritischen Schriften wie in seinem poetischen Werk Phänomene des medialen Umbruchs *in* der Sprache wie *als* Wirklichkeitserfahrung zur Reibungsfläche des Schreibens.[107] Als ein früher erklärter Berufsschriftsteller im deutschsprachigen Raum musste er mediale Resonanz erzeugen und war deshalb sehr aufmerksam für gattungswirksame Entscheidungen, sobald diese eine wichtige Rolle für die Rezeption spielen sollten.

---

104 Hofmannsthal: Ad me ipsum, S. 605.
105 Hofmannsthal: Schöne Sprache [1921], in: KA XXXV, S. 45–48, hier S. 46.
106 Vgl. dazu die umfassende Studie von Hiebler: *Hofmannsthal und die Medienkultur*.
107 Vgl. Schneider: *Verheißung der Bilder*.

So hat er beispielsweise in der Zusammenarbeit mit Max Reinhardt und Richard Strauss seine Stücke und Libretti immer wieder umgeschrieben.[108] Daneben hat Hofmannsthal Feuilletons in Tageszeitungen veröffentlicht. So ist der berühmte Text *Ein Brief* (Brief des Lord Chandos an Francis Bacon), der erstmalig im Feuilleton der Berliner Tageszeitung *Der Tag* erschien, in der Literaturwissenschaft zum emblematischen Text für die moderne Literatur um 1900 geworden.[109] Die Anthologien- und Zeitschriften-Projekte Hofmannsthals sind nur unzulänglich beschrieben, werden sie einzig als Traditionsfixierung und Kanonisierungsbegehren in nationalliterarischer Absicht gelesen. Als Publikationsform intervenieren Anthologien in ein literaturpolitisches Feld, das ab der zweiten Hälfte des 19. Jahrhunderts marktförmig organisiert ist und in dem sich entsprechende Distributionsmuster der ‚Aufmerksamkeit'[110] herausgebildet haben. Hebbels Diktum von 1854 – „Wir leben in der Zeit der Anthologien […], wir vertragen nur noch die Quintessenz der Quintessenz"[111] – hat in diesem Sinn exemplarischen Charakter, weil es auf die Bedeutung dieser Sammlungen für die Konstitution eines breitflächigen literarischen Marktes im 19. Jahrhundert ebenso hinweist, wie darauf, *wie* im Rahmen kleinfamilialer, aber auch literaturbetrieblicher bürgerlicher Lese- und Tradierungspraktiken *welche* Literatur (bzw. Dichtung) wahrgenommen, gelesen, besprochen oder als Repräsentationsmittel benutzt wurde. Die dem Marktgeschehen immanente Logik der Verknappung übertrug sich auch auf das Aussehen und die Gestalt der Bücher, die, in Form der anthologischen Sammlungen, dieses Prinzip auch zum medientechnischen Rahmen ihres Inhalts bestimmten. Friedrich Hebbels Essay „Zur Anthologien-Literatur" (selbst eine Rezension von zwei Anthologien) beginnt denn auch mit medientechnischen Hinweisen auf den Wandel der Buchformate.

> Wir leben in der Zeit der Anthologien. Wie die Folianten längst zu Quartanten zusammen schrumpften und die Quartanten dem Groß- und Klein-Oktav wichen, wie das Schweinsleder und der Saffian dem gepreßten Papier Platz machten und die messingenen oder ehernen Krampen, die ehemals so sicher an jedem Thesaurus zu hangen pflegten, wie Schloß und Riegel an der Thür, ganz und gar verschwanden, so hat sich auch das Innere der Bücher vollständig metamorphisiert und manches bloße Register der verschwundenen Periode ist umfangreicher, als jetzt ganze Werke.[112]

108 Vgl. Konstanze Heiniger: *„Ein Traum von großer Magie". Die Zusammenarbeit von Hugo von Hofmannsthal und Max Reinhardt*, München 2015.

109 Vgl. Mayer: *Hugo von Hofmannsthal*, S. 84, 88, 91, 94–95, 101–102; vgl. ausführlich Hiebler: *Hofmannsthal und die Medienkultur*.

110 Vgl. Georg Franck: *Ökonomie der Aufmerksamkeit. Ein Entwurf*, München 1998.

111 Friedrich Hebbel: Zur Anthologien-Literatur.

112 Ebd.

Die von Hofmannsthal verantworteten Anthologien vor und während des Ersten Weltkriegs – die *Deutschen Erzähler* von 1912 und die *Österreichische Bibliothek* während der Kriegs- und der frühen Nachkriegszeit[113] – entsprechen noch einem Anthologiemodell des 19. Jahrhunderts.[114] Die *Deutschen Erzähler* bieten Erzählungen von Goethe bis Keller, die in keiner bürgerlichen Bibliothek fehlten und demnach „nichts Neues boten", wie es in zeitgenössischen Reaktionen heißt. Vielmehr standen sie „am Ende einer [bildungsbürgerlichen] Lektüreerfahrung".[115] Die *Österreichische Bibliothek* sollte die habsburgische plurinationale Reichsidee dem deutschsprachigen Österreich vermitteln. Diese beiden ersten Anthologieprojekte Hofmannsthals bieten, mit Michel Foucault gesprochen, „Geschichte in traditioneller Form", die die „Monumente der Vergangenheit [memorisiert], sie in Dokumente [transformiert], um sie sprechen zu lassen"[116] – um Literatur in Form der Objektivation für ein außerliterarisches, ein politisches Interesse in Anspruch zu nehmen. Im Fall der versammelten Texte deutschösterreichischer, böhmischer, rumänischer usw. Autoren in der *Österreichischen Bibliothek* ist das angesprochene ‚Dokument' im Foucault'schen Sinn die Vielsprachigkeit des multinationalen Habsburgerreichs, die für eine politische Zukunft der prekär gewordenen multinationalen Staatsform ‚alte' Ressourcen aus der Literaturgeschichte ‚neu' erschließen – beschwören – möchte.

Hofmannsthals Anthologien der 1920er Jahre reduzieren den Anspruch einer literarischen Dokumentation des Zeugnishaften auf ‚das Neue', indem an einer Kontinuität deutscher literarischer Überlieferung gearbeitet wird, die nicht den üblichen und umlaufenden literaturgeschichtlichen Entwicklungsparadigmen entspricht, sondern geradezu mimetisch von der These einer ‚brüchigen' bzw. abgebrochenen Überlieferung angetrieben ist. Heute, wo nach Hofmannsthal Ironie über allem schwebe, falle die Nation „wieder in die Einzelnen auseinander, wie sie vor einhundertfünfzig Jahren glorreich in die Einzelnen auseinandertrat."[117]

---

113 Die *Deutschen Erzähler* erschienen 1912 im Insel-Verlag. Die Anthologie ist eine auch nach den damaligen zeitgenössischen Maßstäben konventionelle Auswahl von berühmten Erzählungen der klassischen Moderne von Goethe bis Keller.

114 Vgl. die Einführung in Kap. 1.

115 Vgl. Knödler: *Rudolf Borchardts Anthologien*, S. 134: „Heute, da sowohl die Kenntnis der klassischen deutschen Erzählungen als auch ihr Vorhandensein in den Haushalten nicht mehr vorausgesetzt werden können, hat das Buch eine neue Bedeutung bekommen, denn es bietet nun eine Art Basis- oder Anfängerkanon und steht als solcher nicht mehr wie bei Hofmannsthal und seinen Zeitgenossen am Ende einer Lektüreerfahrung, sondern an deren Anfang."

116 Michael Foucault: *Archäologie des Wissens* [1969], Berlin 2013, S. 15.

117 Hugo von Hofmannsthal, zit. n. Straubel: *Zum Museum der Literatur*, S. 44.

Die Auswahl der in das *Deutsche Lesebuch*[118] aufgenommenen Stücke umfasst Texte in Prosa und fiktionale Prosafragmente. Die Auszüge sind Kunstkritiken, historischen Lebens- und Epochenbildern, essayistischen Erörterungen, philosophischer Prosa und Briefprosa entnommen, deren Entstehung auf das Jahrhundert zwischen 1750 und 1850 beschränkt ist. Das Österreichische als eine ‚Vermittlungsform', die bei Hofmannsthal nicht frei ist von imperial-rassistischem Dünkel, insbesondere über ‚ein zu vergeistigendes Slawisches', verschwindet nach dem Ersten Weltkrieg in dieser aktualisierten europäischen Kulturtopografie.[119] Organisiert ist das *Lesebuch* um zentrale Texte Goethes, der mit drei Textstücken vertreten ist und auch in der Vorrede als Zentrum dessen dargeboten wird, was Hofmannsthal als deutsches Jahrhundert 1750–1850 zum Ausdruck bringen möchte. Die ästhetische Philologie Hofmannsthals läuft trotzdem nicht darauf hinaus, die im George-Kreis gepflegte Überhöhung des Dichters als Führer in Texten zu verstehen zu geben, die entscheidende Lebensszenen ausdrücken sollen bzw. das ‚Rezeptionserlebnis' durch deren geschichtsphilosophische Dignität überhöhen. Hofmannsthal schreibt dem *Deutschen Lesebuch* sein Verhältnis zu George bzw. zu der für diesen Kreis konstitutiven Anthologie *Das deutsche Jahrhundert* anders ein. Im Text *Platen und Aristophanes* von Karl Immermann, der in der Anthologie abgedruckt ist, heißt es im Schlussabschnitt:

> Aber ein großer Dichter, wozu man ihn hat emporschrauben wollen, ist er ebenso wenig, als zwanzig gute Gedanken, die jemand hat, aus ihm den großen Denker machen. Ich bleibe also bei meiner Meinung: die ältere lyrische Stimmung wollte sich in Platen noch einmal durch die metrische Form rekonstruieren, sie brachte es auf diesem Wege aber nur zu einer geschmackvollen Anthologie, und die Originalitäten, die sie produzierte, waren Variationen über die gleichen Sätze: Die Schönheit ist schön – und: Ich bin das größte Genie der Zeit.[120]

Indem Hofmannsthal implizit auf die *Textkonstitution* Goethes von Wolfskehl und Gundolf im zweiten Band der Anthologie *Das Deutsche Jahrhundert* Bezug nimmt, wird – im Gegenlicht des *paradigmatischen Epigonen* Immermann[121]

---

118 Hugo von Hofmannsthal (Hg.): *Deutsches Lesebuch*, Bd. 1, München 1922 ; ders. (Hg.): *Deutsches Lesebuch*, Bd. 2, München 1923. Eine Neuauflage erschien 1926, für diese wurden einige Texte ausgetauscht bzw. erweitert, zu einigen Autoren wurden biografische Hinweise ergänzt.

119 Vgl. Schneider: Österreich/Mitteleuropa, S. 125–126.

120 Hofmannsthal: *Deutsches Lesebuch*, Bd. 2, S. 95.

121 Immermanns Monumentalroman *Die Epigonen* (1836) inszeniert „Epigonalität in Form einer Depotentialisierung klassischer und romantischer Leihgaben" mittels einer Metaphorik der „Verwaltung": Die Epigonen erweisen sich als eine Sippschaft von Plagiatoren, die – und das ist das Neue – im Namen späterer, glücklicherer Generationen

und seiner Persiflage auf Platen – die Reduktion auf eine strenge und reine Symbolik als reduktive Ästhetik einer ignoranten Nachwelt doppelt aufs Korn genommen: zum einen in Bezug auf die Konstellation des Nachlebens des 19. Jahrhunderts und seiner durchgehenden ‚Verkünstelungs'- und Selbstreferen zialitätspraktiken;[122] zum anderen im Aufruf und der Verwerfung ebendieser Konstellation in den Anthologien, im erneuerten anthologischen Schreiben ausgehend vom George-Kreis. Die von Hofmannsthal *in extremis* reinszenierte Aufgipfelung der deutschen Literaturgeschichte im personalen Ablauf zwischen Platen, Immermann, dem George-Kreis und ihm selbst spart also alle kontingenten Momente der Rezeptionsgeschichte zugunsten einer Emanation von Autorschaft im Geist der Kritik aus.

Hofmannsthals Darstellungsapriori ist einem Kulturbegriff zugewendet, der literarische Formen als historische Emanationen begreift.[123] Erst aus dieser Doppelbewegung erschließt sich ein Verständnis für seine Bemühungen um die Erneuerung historischer Gattungen vor dem Hintergrund seiner Verankerung in der englischen und französischen Literatur des 19. Jahrhunderts. Diese von seiner Essayproduktion begleiteten und mit begrifflichen Versuchen um Nation, Sprache und Kultur verbundenen Suchbewegungen der Nachkriegszeit allein im Zeichen politischer Krise und ideologischer Erneuerungshoffnungen zu lesen, reicht nicht aus. Die produktiven kritischen Debatten werden dadurch einseitig auf eine Ursache verengt: Ausdruck der Krise und einer mit dieser verbundenen ‚religiösen' Suche nach neuen politischen Formen zu sein. Die Literatur – oder das Literarische – ist in dieser Perspektive immer schon zugleich funktionalisiert wie ein spiegelbildliches Äquivalent dessen, was gar nie anders sein konnte als fiktiv: „In der Gegenwart, die uns

handelt", Philipp Theisohn: *Plagiat. Eine unoriginelle Literaturgeschichte*, Stuttgart 2009, die Zitate auf S. 363 passim.

122 Vgl. Theisohn: *Plagiat*, Kap. X Die Erben, bes. S. 363–376.

123 Vgl. die rezeptionsmächtige Kritik von Rudolf Borchardt an Stefan Georges Gedichtzyklus *Der siebente Ring*, in: Ders./Hofmannsthal/Schröder: *Hesperus*; wieder in: Borchardt: *Prosa I*, S. 68–105. Vgl. Kap. 2.1. Diese Kritik Borchardts und insbesondere ihr Hinweis auf die immanente ‚Gewalt' des Georgeschen Stils in seiner resoluten Ausblendung aller technischen Konstitution der Dichtung wurde für Benjamins und Adornos Bild von George stilprägend, insbesondere für die auffällige Historisierung Georges als eines ‚Epochenphänomens' bei Benjamin. Sie war der Ausgangspunkt des späteren Versuchs von Benjamin und Adorno in den 1930er Jahren, den Jugendstil literatursoziologisch als Regression der Technik auf die Umweltbedingungen des Hochkapitalismus zu lesen. Die Perspektive dieser Kritik scheint in Hofmannsthals Ansinnen, ästhetische ‚Szenen' wiederaufzuführen und damit einer historischen Kritik zugänglich zu machen, vorgeprägt. In einem Brief an Adorno aus der Entstehungsphase des Baudelaire-Aufsatzes benennt Benjamin den Jugendstil gar als den Fluchtpunkt, von dem her die Moderne als ganze untersucht werden solle.

umgibt, ist nicht weniger Fiktives als in der Vergangenheit, deren Abspiegelung wir Geschichte nennen. Indem wir das eine Fiktive durch das andere interpretieren, entsteht erst etwas, das der Mühe wert ist."[124] Die Epistemologie dieser Form geschichtlichen Denkens gewinnt ihren Gegenstand wiederum durch eine visuelle Objektivierung, durch eine Verdoppelung des Zeichenhaften, woraus nach Hofmannsthals Auffassung erst eine die Betrachtenden anregende *poiesis* entstehen kann.

Die vielen neuen Lesestücke der zweiten Auflage des *Deutschen Lesebuchs* von 1926 verstärken die charakteristische Rahmung durch den Herausgeber. Der panoptische Charakter der ersten Ausgabe wird in der Anordnung und den Übergängen der Stücke in der zweiten Ausgabe von 1926 deutlicher von wiederkehrenden Zentralmetaphern wie jener des ‚Gemüts' bestimmt, das zugleich in seiner sprachkulturellen Genealogie herausgestellt wird. Der Herausgeber Hofmannsthal setzt sich als impliziten Autor ein, der mittels der wiederkehrenden Gemüts-Metapher die ins *Lesebuch* aufgenommenen Texte einer aufgedeckten Wahlverwandtschaft unterstellt oder zumindest jener Affinität zu einer ‚tiefen' Sprachgläubigkeit, wie sie im verdichtetet wiederkehrenden ‚Gemüt' artikuliert ist. Die, mit Foucault, ‚Memorisierung' der Spuren auf ein Außersprachliches hin wird in dieser zweiten Ausgabe des Lesebuchs transformiert zu einem verstärkten Hinweisen auf dasjenige, was die Stücke zwischen den Zeilen miteinander verknüpft – auf das Lesebuch als einen literarischen Gedächtnisraum. Auch in der zweiten Auflage sind die Stücke nicht in die Chronologie ihrer Entstehung eingebunden, trotzdem sind sie deutlicher von der Topik eines ‚deutschen Schreibens' bestimmt, unterstrichen durch die angefügten „Gedächtnistafeln"[125] am Schluss der Ausgabe, die die Autoren in Kurzbiografien in Erinnerung rufen sollen. Hofmannsthal hat nicht nur in seinen Vorarbeiten mit Zitatcollagen und der Anleihe von fremden Texten gearbeitet, sondern auch in den Publikationen. Er hat diese immer wieder in neue Projektkontexte eingefügt, in neuen Konvoluten abgelegt.

Dieser bewegliche Text-Besitz wurde im ‚Gemüt'-Denken verankert. Auch in vielen der abgedruckten Texte der *Neuen deutschen Beiträge* wird das Gemüt thematisch. Ein Echo darauf bilden die Träume als Aneignungen des hypothetischen, im Gemüt verankerten Besitzes. Die ‚Landschaft' wird dabei ebenso durch die mimetische Anverwandlungsfähigkeit vorweggenommen, wie Hofmannsthal etwa die Atmosphäre Tirols in einem Brief an seinen Vater mit der Entstehungsphase der *Briefe des Zurückgekehrten* verknüpft: ‚1 Tiroler

124 Hofmannsthal: Buch der Freunde, KA XXXVII, S. 28–29.

125 Vgl. den Kommentar zum *Deutschen Lesebuch*, KA XXXVI, S. 1030–1031, 1065–1077; vgl. Hofmannsthal: *Deutsches Lesebuch*, 2., erw. Aufl.

Sommertag'[126] bringe die Stimmung, um die Novelle schreiben zu können. Dies lässt sich an Paul Valérys *création par des principes séparés* anschließen (vgl. Kap. 4):[127] Der Schriftsteller muss sich in ein mit bestimmten Prävalenzen ausgestattetes Milieu[128] begeben. In Hofmannsthals diesbezüglicher Inszenierung spielt insbesondere die ‚Atmosphäre', das Klima, eine zentrale Rolle; darin aktualisiert sich der hypothetisch universale Besitz in Form der inneren Bilder.

In der zweiten Auflage beschließt ein wortgeschichtlicher Beitrag zur Semantik von ‚Gemüt' das *Deutsche Lesebuch*, das sich als Konzept durch die ganze Anthologie zieht. Der Beitrag zieht die Summa aus Hofmannsthals Poetologie der Anthologie, indem einige Philologen und Schriftsteller noch einmal aufgerufen und zitiert werden und indem der von Hofmannsthal beschworene ‚Besitz' gegen das ‚passivisch' und fern von Tätigkeit apostrophierte Gemüt gestellt wird. In den Anthologien wird aber genau dieses Gemüt in all seinen Ausleuchtungen als das Verbindende eines deutschen Typus ausgemacht, dessen reflexive Verdichtungen den Schriften von Philosophen und Dichtern um 1800 entnommen sind. Hofmannsthal inszeniert einen entsprechenden Wörterbuchbeitrag von Rudolf Hildebrand aus dem Jahr 1896 dabei im Jahr 1926 als eine verdichtete Anthologie *in nuce*, indem prägnante Definitionen und Charakteristiken des Gemüts, des Gemüthaften und dessen wortgeschichtlicher Wandel in der Sprachentwicklung des Deutschen mittels der bei Hildebrand eingeschobenen Zitate von Goethe, Schiller, Fichte, Schlegel, Adelung usw. kommentiert werden. Noch einmal paradieren die im Lesebuch aufgenommenen Dichter und Denker am Ende des Buchs quasi in einer Galerie vor dem Lesepublikum vorbei.[129]

‚Gemüt' war aber auch die Chiffre für das Scheitern bzw. die Selbstkritik Hofmannsthals in einer Notiz aus dem Jahr 1907 mit dem Titel „Was sind deine Figuren ...": Figuren werden dort als physiognomischer Ausschnitt, Tendenzen und „Gemütsverfassungen" bezeichnet (etwa Elektra und Kreon), wogegen „in der Gestalt das Problem erledigt [sei]."[130] Hiervon ausgehend bezeichnet Gemüt den sprachlich sichtbar werdenden Schnittpunkt der (dramatischen) Figuren,

126 Hofmannsthal: Briefe des Zurückgekehrten, KA XXXI, S. 416: „Mein ziemlich bescheidener Wunsch wäre 1–1,5 schöne sommerliche Tage in Tirol zu erleben, einer bestimmten kleinen Prosaarbeit wegen – die diese Stimmung braucht" (Hugo von Hofmannsthal an seinen Vater, 14.7.1907).

127 Vgl. Hans-Georg von Arburg: ‚Gefrorene' oder ‚stumme' Musik? Zur Kritik eines Denkbildes für Architektur bei Goethe, Nietzsche und Valéry, in: Andreas Beyer/Ralf Simon/Martino Stierli (Hg.): *Zwischen Architektur und literarischer Imagination*, Paderborn 2013, S. 243–272.

128 Ein in der Soziobiologie des 19. Jahrhunderts und auch im Naturalismus zentrales Konzept, das Hofmannsthals kulturell anverwandelt.

129 Hofmannsthal: *Deutsches Lesebuch*, 2., erw. Aufl., S. 304–311.

130 Hugo von Hofmannsthal: Was sind deine Figuren, KA XXXI, S. 472.

wogegen das Konzept Gemüt der späteren Anthologien gewissermaßen nach außen gewendet und nationalkulturell umadressiert auf die Gestalt ‚des' Deutschen gerichtet ist.[131] Im Gang durch die ausgewählten Sprachdenkmäler soll dessen ‚Gestalt' vorgestellt, greifbar gemacht werden. Das harmonische Gespräch der (verstorbenen, klassisch gewordenen) deutscher Geister in ‚mittlerer Prosa' zu beschwören, sie sprichwörtlich als Geister erhaben lesbar zu machen, bildet seinen Gegenstand. Damit bewegt sich Hofmannsthal nicht zuletzt in einem Beschreibungsmuster, wie es in der Tradition der physiognomischen Diskurse verankert ist: „Künstlerische Gestaltproduktion" wird in einen „wechselseitigen Ästhetisierungs- und Szientifierungsprozess" eingebunden.[132]

3.6 Ein ästhetisches Modell: *Neue deutsche Beiträge*

Die Zahl der deutschsprachigen Zeitschriften mit literarischem und kulturellem Anspruch explodierte in den 1920er Jahren und erreichte während der anbrechenden Weltwirtschaftskrise Anfang der 1930er Jahre ihren Höchstwert.[133] Ausgehend von Hofmannsthals Postulat der „Wirkungslosigkeit der Schrift" sollte die Zeitschrift – als Zeit-Schrift, als Forum emphatischer ‚Zeit-Genossenschaft' – konkreter Schnittpunkt der Pluralität bzw. Ort der ‚Versammlung' des vom Zerfall Bedrohten werden. Als „exklusiv", von „höchstem Niveau" apostrophiert und ans Vorbild des englischen *Spectator* angelehnt,[134] boten die *Neuen deutschen Beiträge* ein Forum für die mit Hofmannsthal befreundeten Schriftsteller. Jedes Heft sollte „eine geistige Einheit" sein, legte auf die Typografie ebenso Wert wie auf Textauswahl und -anordnung.[135] Auffällig an den von Hofmannsthal verfassten Verlagsankündigungen ist eine Bewegung hin zur Weltliteratur. Neben deutschsprachigen Texten vom Mittelalter bis 1850 wurden in diesem Konzept Orientalia, antike und romanische Texte eingebunden, wobei auf die Mitwirkung von Philologen wie Karl Vossler und Josef Nadler zurückgegriffen wurde. Formales Programm ist der auf Goethe zurückgehende Begriff der ‚Gestalt', hier auch Ausdruck von Hofmannsthals Ablehnung der ‚Unform' des Essays zugunsten einer Verwandlung

131 Vgl. Hugo von Hofmannsthal: Neue Deutsche Beträge, KA XXXVI, S. 54–68, hier S. 55.
132 Arburg/Tremp/Zimmermann: Einleitung, S. 10.
133 Vgl. Fritz Schlawe: *Literarische Zeitschriften 1910–1933*, Stuttgart 1962, S. 1.
134 Vgl. ebd., S. 29–30.
135 Hugo von Hofmannsthal: Ankündigung des Verlags Bremer Presse, in: Herausgebertätigkeit, KA XXXVI, S. 50–52, hier S. 50; vgl. Jochen Strobel: Neue deutsche Beiträge (1922–1924), in: Mayer/Werlitz (Hg.): *Hofmannsthal-Handbuch*, S. 375–377, hier S. 375.

bloßer Materie in ein „zugleich plastisches und transparentes Beziehungsgeflecht", vom Individuum ausgehende Lebendigkeit statt abstraktem Diskurs, „ein Ganzes über den Einzelheiten".[136] Die in der Zeitschrift veröffentlichten Texte zeigen einen größeren Pluralismus sowohl in den versammelten Gattungen (Auszüge aus Dramen, Lyrik, Essay, Aphorismen) als auch in den aufgerufenen weltliterarischen Bezügen, denen, im Gegensatz zu den Anthologien, keine explizit ‚politischen Dokumente' einer (wie auch immer ‚deutsch' verstandenen) konstituierten Tradition unterlegt wurden. Hofmannsthals (und Borchardts) kulturpolitisches Movens der ‚Schöpferischen Restauration', die er in seiner stark rezipierten Münchner Rede *Das Schrifttum als geistiger Raum der Nation*[137] (1927) im Hinblick auf einen deutschen und französischen Traditionsbesitz bzw. in der Herausforderung durch den vermeintlichen Abbruch der nationalliterarischen Tradition proklamiert, zeigt sich in den *Neuen deutschen Beiträgen* kaum.

Das Profil der *Neuen deutschen Beiträge* wird in einer doppelten Bewegung von der Tradition deutscher Zeitschriftengründungen und der damit verbundenen Form intellektueller Zusammenarbeit abgesetzt. Zum einen – in einer Geste der Demut – von der um 1800 herrschenden, von Goethe, Schiller und den Romantikern verantworteten Zeitschriften *Horen* und *Athenäum*, zum anderen von der eigentlichen generationalen Abgrenzungsfolie der 1892 erstmals erschienenen *Blätter für die Kunst* des George-Kreises, in der „Geist und Strenge" in einer „vordem nicht vernommenen[n] Sprache"[138] zur Jugend gesprochen hätten. Nicht nur sollen die *Beiträge* Stimmen aus mehreren Generationen versammeln (z.B. den jungen, im Ersten Weltkrieg gestorbenen Hölderlin-Philologen Norbert von Hellingrath und den älteren Theologen Florens Christian Rang u.a.), vielmehr bekunden sie gerade darin eine „‚bescheidene[n] Ehrerbietigkeit' gegen die europäische geistige Welt".[139] Diese wird im Forum der Zeitschrift durch einander fernstehende Protagonisten verkörpert, um so das Konzept der sich aus Individuen zusammensetzenden und darstellenden Zeitschrift zu verdeutlichen.

Dieses Darstellungsideal übersetzt sich in Hofmannsthals Schreiben vielfach in eine aus der Aufklärung bezogene Metaphorik der Versammlung rund um Tische, der Versammlung in und um Bücher: paradigmatisch erkennbar im Prolog zum Stück *Die Frau am Fenster*, in dem die Funktion des theatralen Vorspiels in ein systematisches Schwanken zwischen intradiegetischer Realität und

136 Strobel: Neue deutsche Beiträge (1922–1924), S. 377.
137 Vgl. Kap. 1.4.
138 Hofmannsthal: Herausgebertätigkeit, KA XXXVI, S. 55.
139 Hofmannsthal: Herausgebertätigkeit, KA XXXVI, S. 55, Anf. i.T.

Theaterfiktion überführt wird. In diesem Prolog werden nach romantischem Vorbild erzählte Zeit und Erzählzeit verschleift, wenn der Dichter als Regisseur in Bildern die Handlung und die Figuren erträumt, die um einen prunkvollen Tisch gruppiert werden.[140] Hofmannsthals Stücke präfigurieren damit die überhöhte Vorstellung philologischen Wissens in der ästhetischen Durchdringung von Formen, die dann auch für die kulturpolitischen Anthologien Grundlage und „Methode" für die Darstellung sind.[141]

Das Entlegene und insbesondere die – indirekt – in der Zeitschrift gegeneinander antretenden Stimmen aus verschiedenen Generationen widerstreben der Abbildung eines homogenen ‚Volksgeistes'. Die Form der kulturphilologischen Auseinandersetzung mit den Zeitgeistern, deren Stimmen in der Zeitschrift veröffentlicht werden, bietet dagegen eine Bühne der Auseinandersetzung, die nicht durch kritische Wertung und Auflösung dargeboten, sondern eher implizit vollzogen wird.[142] Ein vorherrschendes Diskursangebot ist dabei die Physiognomik, die in den 1920er Jahren eines der schillerndsten und ambivalentesten Resonanzfelder ist und von reaktionär-nationalistischen Gruppen und Sekten aufgegriffen wird.[143] Interkultureller Bildung wird dadurch ein großer Wert für die Bildung eines ‚vergeistigten' Publikums zugesprochen. Hofmannsthal stellt unter Beweis, wie stark er die von ihm immer wieder als disparat beschriebenen deutschen und französischen Sprach- und Literaturtraditionen wieder in Beziehung bringen möchte. Der Krisendiskurs nach dem Ersten Weltkrieg wird von Hofmannsthal nicht explizit aufgenommen, sondern als Lücke, als fehlendes ‚Generationenerlebnis' verbrämt (dessen traumatische Seite nicht explizit eingeblendet wird) und auf die Sprachsituation übertragen: Der Begriff des Dichters sei um die Jahrhundertwende 1800 geprägt worden: Goethe, Herder, Schiller und Rousseau hätten, so Hofmannsthal in einer Gedenkrede auf Beethoven von 1919, ein „gemeinsames

140 Vgl. Juliane Vogel: Schattenland des ungelebten Lebens. Zur Kunst des Prologs bei Hugo von Hofmannsthal, in: *Hofmannsthal. Jahrbuch zur europäischen Moderne* 1/1993, S. 165–181.

141 Strobel: Neue deutsche Beiträge, S. 377.

142 Alfred Brust funktioniert dies in seiner Rezension des 1. Hefts der *Neuen deutschen Beiträge* (wiederabgedruckt in: Volke/Zeller (Hg.): *Buchkunst und Dichtung*, S. 106–107) in einen geschichtsphilosophischen Kurzschluss von Volk und Mensch um, indem er den von Hofmannsthal aufgerufenen Gestaltdiskurs physiognomisch umdeutet.

143 Vgl. Heiko Christians: Gesicht, Gestalt, Ornament: Überlegungen zum epistemologischen Ort der Physiognomik zwischen Hermeneutik und Mediengeschichte, in: *Deutsche Vierteljahresschrift für Literaturwissenschaft und* Geistesgeschichte 74, 1/2000, S. 84–110. Weniger auf die offen politischen Deutungsangebote als hinsichtlich der diskurskonstituierenden Funktion für Ästhetisierungs- und Szientifizierungsprozesse wird der physiognomische Diskurs untersucht in Arburg/Tremp/Zimmermann (Hg.): *Physiognomisches Schreiben*.

Generationenerlebnis" gehabt. Nun, also 1920, sei die Sprache dafür nicht zu arm, sondern „in ihrem unermesslichen Reichtum geschieht es, dass sie die Menschen nicht zusammen-, sondern auseinanderhält."[144]

Die Ambivalenz dieses ‚Reichtums' erblickte Hofmannsthal nicht zuletzt in der Figur Rudolf Borchardts, mit dem er seit der ersten Begegnung 1902 eine prekäre, aber sich über Jahrzehnte hinziehende Freundschaft und Produktionsgemeinschaft pflegte. Borchardts ‚dämonische Natur', so Hofmannsthal, lenke dessen philologisches Talent in eine geradezu widerphilologische Praxis kultureller Beschwörung. Borchardt sei ein Philologe mit dichterischem Antrieb, dessen Deutungen zu widerhistorischen Formsetzungen führten[145] – hinzuzufügen wäre: Diese treten in einem triumphalistischen Gestus auf, der keinen Widerspruch dulden möchte.

Das verschiedentlich formulierte Ziel für die Zeitschrift unterstreicht ein Textideal, das in der Ankündigung zu den *Neuen deutschen Beiträgen*[146] rekapituliert wird und in den komplementären Begriffen von ‚Haltung' und ‚Tradition' zum Ausdruck kommt. Gegen den „Hang zur Abstraktion" und eine „begrifflich überzüchtete Sprache", wie sie Hofmannsthal mit dem Essay als Form in Zusammenhang bringt, setzt er, im Rekurs auf Goethe und in gleichzeitiger Anlehnung und Distanzierung von George, die Gestalt. „Kein Essay, sondern eine möglichst kurze, möglichst hohe Darstellung eines einzelnen Dings aus dieser Sphäre oder eines einzelnen Bezugs [ist es, F.S.], der zwischen Dingen dieser Sphäre unter sich oder zwischen diesen Dingen und uns waltet [...]."[147] Diese Topoi sind zugleich im deutschnationalen Diskurs der Zeit sehr verbreitet und etwa auch von Rudolf Borchardt gegen ein sogenanntes „jüdische[s] Literaturpariatum"[148] in Stellung gebracht worden.

Im Dezember 1922[149] verdeutlicht Hofmannsthal in einem Brief an Marie Luise Borchardt, die Frau von Rudolf Borchardt, die produktionsästhetischen Voraussetzungen des Zeitschriftenkonzepts. Hofmannsthal bezieht sich im

---

144 Hugo von Hofmannsthal, zit. n. Straubel: *Zum Museum der Literatur*, S. 44; vgl. ebd., S. 43–44.

145 Eine ähnliche Debatte wiederholt sich ein Jahrzehnt später zwischen Benjamin und Adorno in der brieflich geführten Auseinandersetzung um Benjamins *Passagen*-Exposé und seinen Baudelaire-Aufsatz.

146 Vgl. Hofmannsthal: Herausgebertätigkeit, KA XXXVI, S. 54–68 (verschiedene Vorbemerkungen des Herausgebers Hugo von Hofmannsthal zu einzelnen Heften).

147 Hugo von Hofmannsthal an Willy Wiegand und Ludwig Wolde, 28.1.1922, in: Hofmannsthal: Herausgebertätigkeit, KA XXXVI, [Zeugnisse zu den Neuen deutschen Beiträgen], S. 887–889, hier S. 889.

148 Brief an Hugo von Hofmannsthal, 2.8.1919, in: Rudolf Borchardt/Hugo von Hofmannsthal: *Briefwechsel*, Bd. 1, hg. v. Gerhard Schuster, München 2014, S. 249–262, hier S. 260.

149 Vgl. Volke/Zeller (Hg.): *Buchkunst und Dichtung*, S. 101–102.

Brief auf sein Anliegen, eine neue Zeitschrift herauszugeben, die den als einmaliges Jahrbuch erschienenen *Hesperus* von 1909 – ein Gemeinschaftsprojekt von Hofmannsthal, Rudolf Borchardt und Rudolf Alexander Schröder – wiederaufnehmen und weiterführen soll.

> Es sollen Dinge darin stehen, die einen nachdenken machen und die einen lachen machen, sonderbare und bedeutende Tatsachen, Witze, Anekdoten – die Beschreibung einer wunderbaren Pflanze[,] die einmal in solcher Vollkommenheit da war, oder eines bestimmten Wetters an einem bestimmten Vormittag, neben einer Anekdote über die heilige Theresa, ich will kleine Geschichten aus dem Boswell hinsetzen, wunderbare Beispiele menschlicher Dummheit, Apophtegmata der Deutschen aus dem Zinkgraef, Fetzen aus Coleridges Table-Talk. [...] Denn das sind ja gerade die Abfälle von seiner [Borchardts, F.S.] Tafel, nach denen meine Hündlein schnappen möchten. So habe ich mir ja dies ‚Redigieren' immer geträumt.[150]

Dieses Raster der Auswahl und der Impetus auf die „Tatsachen" misst dem Beiläufigen und Entlegenen einen großen Wert zu. Die Kategorien, die die Auswahl bestimmen sollen, scheinen in Hofmannsthals Intention eher aus der Zusammenstellung selbst zu entstehen, also ein Effekt der Auswahl des Redaktors zu sein. Das Fragmentarische wird zur erkenntnisleitenden Struktur desjenigen, der als Redaktor in Gesamtausgaben bzw., wenn es Zeitgenossen betrifft, in deren gedruckten und ungedruckten Texten zu navigieren versteht. Damit verbunden ist bei Hofmannsthal eine deutliche Reserviertheit gegen die Philologie und die Übersetzung als gelehrte Expertisen, denen er für die Zeitschrift das Entlegene und Abseitige von Freunden und geistig Verwandten vorzieht.[151] Fragmentarisieren ermöglicht ihm als redigierendem Produzenten, Bruchstellen zu konstruieren, Übergänge *mitzugestalten*. Er entspricht dem von Georg Lukács gezeichneten Idealbild des Kritikers als Platoniker:

> Manchmal ist mir so, als ob die Ehrlichkeit des echten Kritikers, die geradezu darnach trachtet, mit ihrem Modell nicht eigenwillig umzugehen, es vielmehr um jeden Preis so zu zeichnen, wie es tatsächlich existierte, aus der tiefen Erkenntnis der eigenen Grenzen entstanden ist. Er, der nur Übergänge zu konstruieren vermag, kommt dem Schaffen umso näher, je mehr unbestreitbare Realität und je fester sie ihn bindet.[152]

---

150 Hugo von Hofmannstthal, zit. n. ebd., S. 102.

151 Borchardt hat sich nur abschätzig zur Zeitschrift *Neue deutsche Beiträge* geäußert, zu der er auch kaum beitrug. Dies mag persönliche Gründe haben, da Borchardt und Hofmannsthal nach Borchardts Veröffentlichung der Festschrift *Eranos* zu Hofmannsthals 50. Geburtstag 1924 eine schwere Krise in ihrer Freundschaft durchmachten; Matz: *Eine Kugel im Leibe*, S. 77–78; Briefwechsel Borchardt/Hofmannsthal; Sprengel, Herr der Worte, S. 301–302.

152 Lukács: *Die Seele und die Formen*, S. 54.

Der Plan zu einer selbstständigen Monatsschrift von 1920 zeichnete sich deutlich durch Hofmannsthals Anspruch auf die Herausgeberschaft aus. Während die Notizen von 1904 eine Zusammenarbeit unter Gleichgesinnten als die eigentliche Aufgabe der Zeitschrift formuliert und sich nicht zur Form der Beiträge geäußert hatten, verabschiedet sich die Fassung von 1920 vom Zeitgeist und fordert eine Zusammenarbeit, die einem abstrakteren Begriff von Zeitgenossenschaft folgen solle.

> Durchaus entgegen dem Zeitgeist, der negiert wird. Keine Jagd nach dem ungreifbaren Momentanen; der Begriff des Aktuellen als unvorhanden betrachtet. Entgegen allen anderen Revuen, die durch eine hungrig ins unendliche fortrasende Linie versinnlicht werden können, ist die gesuchte Form hier der Kreis. Rhythmische Wiederkehr in jedem Sinne: in der beschränkten Zahl der Mitarbeiter, in den Formen und geistigen Komplexen, die hingestellt – nicht behandelt werden sollen. Nicht haschen nach einer chimären Entwicklung, sondern Hinweis auf geistigen Besitz. Ein höheres Soziales, eine geistige deutsche Gesellschaft darin supponiert.[153]

Eine negative Bezugnahme auf die Aktualität hatte im früheren Zeitschriftenprojekt nie zur Debatte gestanden. Die Notizen von 1904 waren von der Selbstvergegenwärtigung dessen geprägt gewesen, was literarische oder ‚schöpferische' Kritik sein sollte. Nun zeichnet sich das Programm dadurch aus, dass es, weniger repräsentativ als die Anthologien der Vorkriegs- und Kriegszeit, den „geistigen Besitz" hinstellen, nicht etwa vermitteln möchte. Die Zeitschriftengründungen nach dem Ersten Weltkrieg sind Ausdruck einer chaotischen politischen Situation, in der das Vakuum der Funktionseliten die Verlaufsform weltanschaulicher Debatten gleichzeitig befreit und fragmentiert. Aus der politischen und ökonomischen Krisenlage heraus sind Zeitschriften aber zugleich auch ein probates Mittel, sich eines (im Gegensatz zum Buch) preiswerter zu produzierenden kollektiven Forums zu versichern.

Solche Suchbewegungen unter dem Vorzeichen eines ästhetischen Integralismus bringen die Generation der Schriftsteller und Ästheten um 1900 auf einen bereits vielfältig – etwa in der Malerei oder im Buchhandwerk – vorfigurierten Stilbegriff. Beim Philosophen Georg Simmel[154] gibt es den interessanten Versuch, die Aporien und Rudimente einer elitär-aristokratischen Form der Kultur hinsichtlich ihres historischen Praxissinns (und damit hinsichtlich ihrer Produktionsmomente) zu überbrücken. Für Simmel ist der Stil das Element historisch-sachgemäßer Anverwandlung der Dinge, das dem reinen So-Sein

153 Hofmannsthal: Varianten und Erläuterungen zur Herausgebertätigkeit, KA XXXVI, S. 825.

154 Vgl. Jäger: Zwischen Soziologie und Mythos, S. 95–101.

und Sollen der menschlichen Formung des Stoffs die Note der Zeitgenossenschaft gibt.

3.7 Erbe, Ironie – Bargeld. Hofmannsthal und Simmel

Simmels Begriff des Lebensstils umfasst die komplexen Verhältnisse der Entwicklung der materiellen Kultur in der Zeit und der damit verknüpften, dialektisch ausgeprägten kulturellen Erscheinungen, deren historischer Rhythmus durch das Geld sichtbar wird. „Was die Kultur der Dinge zu einer so überlegenen Macht gegenüber der der Einzelpersonen werden lässt, das ist die Einheit und autonome Geschlossenheit, zu der jene in der Neuzeit aufgewachsen ist."[155] Damit öffnet sich ein Kontrast zu den ‚Stilbildern' des Lebens der Gegenwart, die ihre analytische Überzeugungskraft aus der Allgemeinheit von Bereichen (oder institutionellen Praxen) ziehen: Geld, Recht, Bildung. Simmel stellt in der empirischen Gegenwartsanalyse die personalen Zuspitzungen dieser allgemeinen Formen in „subjektiv differenzierten Lebensgestaltungen" fest, „die Ausnutzung ihrer ausgreifenden, allen Interessenstoff ergreifenden Bedeutung für die Praxis des Egoismus, die erschöpfende Entwicklung personaler Unterschiede an diesem nivellierten allgemein zugängigen und gültigen, und deshalb jedem Sonderwillen gegenüber widerstandslosen Material".[156] Diesen Gegenständen widmet Simmel seine bis heute nutzbringend zu lesenden Essays etwa zur Mode oder zum Großstadtleben, die in Folge des differenzialisierenden Zugriffs ein Reflexionsvermögen auf ihre eigene Form beinhalten.

Simmel schrieb der Intellektualität in der *Philosophie des Geldes* den Status zu, der „subjektive Repräsentant der objektiven Weltordnung"[157] zu sein. Da Geld in der modernen Gesellschaft allenthalben als Zweck, als „Haltepunkt des Handelns"[158] empfunden werde, drücke dies viele Dinge, die eigentlich den Charakter des Selbstzwecks hätten, zu bloßen Mitteln herunter. „Indem das Geld selbst überall und zu allem Mittel ist, werden dadurch alle Inhalte des Daseins in einen ungeheuren teleologischen Zusammenhang gestellt."[159] Die Entwicklung des Geldwesens

155 Georg Simmel: *Philosophie des Geldes* [1900], Frankfurt/M. 1993, S. 627.
156 Ebd., S. 612.
157 Ebd., S. 592.
158 Ebd. S. 593.
159 Ebd., S. 594.

schematisiert Simmel als Prozess hin zu einer Rhythmisierung,[160] „einer durchgehenden Vergleichmäßigung“,[161] die Regungen und Reizungen des Individuums einer transindividuellen Periodizität enthebt. Geld wird als das „Sondergebilde verkörperter Relativität“[162] verstanden, das jenseits aller Einseitigkeit jedem wirtschaftlichen Gegenstand „wie ein eigenes Glied zuwachsen kann“.[163] Dadurch gerät es in eine historisch zentrale Rolle, die Veränderungen zu markieren, die das soziale Leben bestimmen bzw. in die Richtung seiner Beschleunigung, Verdichtung, Versachlichung und Entpersönlichung treiben. Es stellt das Moment der Objektivität von abgelösten Tauschhandlungen dar, da es von spezifischen Qualitäten der tauschbaren Einzeldinge frei ist und deshalb von sich aus zu keiner wirtschaftlichen Subjektivität ein entschiedeneres Verhältnis hat als zu einer anderen.

Die Produktion mit ihrer Technik und ihren Ergebnissen erscheint Simmel „wie ein Kosmos mit festen sozusagen logischen Bestimmtheiten und Entwicklungen, der dem Individuum gegenübersteht, wie das Schicksal es der Unstätheit und Unregelmäßigkeit unseres Willens tut“.[164] Geld sei das durchgreifendste, weil für sich indifferente Mittel für die Überführung eines uns überindividuell zwingenden Rhythmus von Lebensbedingungen (homöostatischer Prozesse wie Essen und Trinken, sexuelles Begehren) in eine Ausgeglichenheit und Schwankungslosigkeit derselben, die den menschlichen Kräften und Interessen eine einerseits individuellere, andererseits sachlichere Bewährung gestatte. Geld formt keinen Antagonismus gegen anderes aus, sondern bewahrt das Umfassende eines allgemeinen Sinns, auch in der Gleichmäßigkeit, mit der es sich den Gegensatzpaaren leiht, wenn sie auseinandertretend ihr allgemeines Verhältnis zum Geld für die Ausgestaltung ihrer Konflikte benutzen.[165]

Die Potenziale, die eine solche als Rhythmisierung der Kontraste vorgestellte Entwicklung für die Deutung kultureller Formen und Praxen bietet, schreibt Simmel technischen Medien zu (z.B. dem Telegrafen und dem Telefon, der künstlichen Beleuchtung der Städte oder der gedruckten Literatur,

---

160 Vgl. das Habilitationsprojekt „Rhythmus und Lebensform 1870–1940“ von Thomas Forrer, Universität Luzern; https://www.unilu.ch/fakultaeten/ksf/institute/seminar-fuer-kulturwissenschaften-und-wissenschaftsforschung/kulturwissenschaften/forschung/postdoc-projekt-verfasser-thomas-forrer-rhythmus-und-lebensform-1870-1940/ (letzter Aufruf: 15.04.2022).

161 Simmel: *Philosophie des Geldes*, S. 680.

162 Ebd., S. 716.

163 Ebd., S. 695.

164 Ebd., S. 651.

165 Vgl. ebd., S. 691 und 694.

die die Versorgung mit intellektueller Anregung biete).[166] Eine Form der Rhythmisierung gesonderter Inhalte sieht er in der Schreibmaschine.

> Das Schreiben, ein äußerlich-sachliches Tun, das doch in jedem Fall eine charakteristisch-individuelle Form trägt, wirft diese letztere [die Schreibmaschine, F.S.] nun zugunsten mechanischer Gleichförmigkeit ab. Damit ist aber nach der anderen Seite hin das Doppelte erreicht: einmal wirkt nun das Geschriebene seinem reinen Inhalte nach, ohne aus seiner Anschaulichkeit Unterstützung oder Störung zu ziehen, und dann entfällt der Verrat des Persönlichsten, den die Handschrift so oft begeht, und zwar vermöge der äußerlichsten und gleichgültigsten Mitteilungen nicht weniger als bei den intimsten. So sozialisierend auch alle derartigen Mechanisierungen wirken, so steigern sie doch das verbleibende Privateigentum des geistigen Ichs zu umso eifersüchtigerer Ausschließlichkeit.[167]

Die Fabrikation mechanischer Gleichförmigkeit entäußert den hypostasierten ‚Verrat am Persönlichsten', dessen sich die Handschrift als emphatisch betonte menschliche Bildungs- und Kulturform in der gleichgültigen ‚Anwendung' auf alle möglichen geschriebenen Inhalte immer schon schuldig gemacht habe.[168]

Diese Vorstellung eines technisch evozierten, moralischen Bruchs wird zum interessanten kulturphilologischen Moment, die These durchgreifender Rhythmisierung vormalig gesonderter Lebensinhalte kritisch-analytisch zu nutzen. Die Frage, „ob das Geld nicht nur an diesen Rhythmen teilhat, sondern auch jenes Herrschen oder Sinken der Periodik der Rhythmen des Lebens von sich aus beeinflusst",[169] lässt sich vor diesem Hintergrund als ästhetische Praxis begreifen. „Im Rahmen einer radikal erkenntnis- und wertrelativistischen Kulturphilosophie rückt nämlich bei Simmel Projektion zu einem Zentralbegriff auf, dessen Geltung sich auch auf die Methodenreflexion der Geschichtswissenschaft und die ästhetische Theorie erstreckt."[170] Das Milieu einer fortschreitenden Reflexionskultur führt dazu, dass geteilte begriffliche Vorstellungen vervielfältigt und atomisiert werden, ihre Selbstverständlichkeit (und dadurch auch ihre Appropriation durch gesellschaftliche Leitinstanzen) durchaus zu verlieren imstand sind – und gleichzeitig daraus Potenzial hinsichtlich einer Befragung der ästhetischen Zielform des Werks zum einen, der Medien und der Formen künstlerischer Zusammenarbeit zum anderen geschlagen wird. Hofmannsthal formuliert diese Impulse produktionsästhetisch aus:

166 Vgl. ebd., S. 652.
167 Ebd.
168 Vgl. ebd.
169 Ebd., S. 676–677.
170 Müller-Tamm: *Abstraktion als Einfühlung*, S. 253.

> Alle ‚Werke' sind Abfälle: das Streben ist alles. [...] [D]er Künstler empfindet immer seine Stärke woanders als in sich. [D]ies scheinbar indiscrete an alles tasten: dies ist die *eigentliche* Form: nur so wird das Netz so feinmaschig[,] dass auch das völlig unscheinbare erfasst werden kann. [...] Der Redacteur zusteuernd auf dunkles nie gesehenes Land: Synthese [...]. Es gibt das Momentane der Übereinstimmungen, wellenhaft aufblitzend: ein eigentliches schwer zu fixierendes Niveau des Geistigen, *während* es gelebt wird. Dieses wird hier gesucht."[171]

Über die Universalisierung des Gelds gewinnt Simmel einen kulturellen Begriff des „Symbols", dessen universale Form zugleich die Praxis der kulturellen Produktion historisch zwingend antreibt: ein von personalen Funktionen losgelöster Begriff des Werts, verkörpert in einer im philosophischen Denken des Westens zugleich immer als in sich selbst inhaltsleer vorgestellten ‚Hülle'. Diese Struktur bestimmt Simmel als „Torhüter des Innerlichsten",[172] indem er sie mimetisch in die Nähe der Sprache rückt. Es gehöre zu den Eigenarten quantitativer Gewalten, dass das Funktionelle, rein Quantitative, das ihre Seinsart sei, auf die qualitativen bestimmten Lebensinhalte treffe und diese zur Zeugung weiterer qualitativ neuer Bindungen animiere.[173] Nach Jutta Müller-Tamm wird die Form des historischen Erkennens bei Simmel, paradigmatisch für Diskurse um 1900, auf die absolute Metapher der Projektion bezogen, insofern sich historisches Erkennen als Erleben eines fremden psychischen Zusammenhangs vollzieht. Historische Erkenntnis wird damit als psychische Modalität verstanden, als ein Gefühl für die Richtigkeit gewisser psychischer Konstellationen, das die allgemeine Gültigkeit, den ‚Objektivitätscharakter' (Simmel) der historischen Erkenntnis ausmacht.[174]

Hans Blumenberg sieht Simmels Leistung darin, Geld nicht als Wertsubstanz darzustellen, sondern als Ablöser personaler Funktionen. Es sei aufschlussreich, dass Simmel erst eine Philosophie des Geldes geschrieben und an diesem Thema gefunden habe, was ihm gestattete, später vom ‚Leben' zu sprechen. Geld sollte ursprünglich die Wert-Thematik eröffnen und ‚realisieren', sie an ein allgemeines Substrat binden, so Blumenbergs Deutung von Simmels Transformation – schließlich habe es ihn auf den Weg des Lebens, der Hypostase des nach Blumenberg inhaltsleersten aller Begriffe geführt. Simmel spreche ungeniert vom metaphysischen Wesen des Geldes: indem es

---

171 Zit. n. ebd., S. 238 (Herv. i. Orig.).

172 Simmel, Philosophie des Geldes, S. 653.

173 Ebd., S. 653–654.

174 Vgl. Müller-Tamm: *Abstraktion als Einfühlung*, S. 300.

als absolutes Mittel die Möglichkeit aller Werte als den Wert aller Möglichkeit inkorporiere.[175]

Nach Uwe Hebekus erfährt diese Denkmaschine ‚Geld' beim Simmel-Leser Hofmannsthal in Form der ‚Schrift' ihre semiologisch umfassende „ästhetische Ermächtigung": „Immer ist ‚Schrift' sozusagen das Leitmedium, was es Hofmannsthal erlaubt, das Pandämonium der Moderne durchgängig als semiotisches Phänomen auszubuchstabieren."[176] Geld sei das Vehikel der Verflüssigung, das in der sittlichen Welt so gut wie in der sozialen Welt nichts als Übergänge schaffe. Wird eine solche negativ charakterisierte Lebensform auf das Feld der Rhetorik übertragen, wird aus dem Übergang „Ironie".[177] Im Geld ist, nach Anselm Haverkamp, eine metaphorische Struktur wirksam, die Umbesetzungsenergien freisetzt und dies jenseits oder unterhalb personaler Funktionen. Das Geld ist auf anthropomorphe Fiktionen nicht angewiesen.[178] Simmels Semiose des Gelds zum buchstäblichen reinen ‚Lebensmittel' in der Sphäre des Intellekts erweist sich in der Reflexion auf die Erbfolge seiner philosophischen Praxis. In seinem Tagebuch schrieb er:

> Ich weiß, dass ich ohne geistigen Erben sterben werde (und es ist gut so). Meine Hinterlassenschaft ist wie eine in barem Gelde, das an viele Erben verteilt wird, und jeder setzt sein Teil in irgendeinen Erwerb um, der seiner Natur entspricht: dem die Provenienz aus jener Hinterlassenschaft nicht anzusehen ist."[179]

Indem Simmel Vererbung als Metonymie für den Geschichtsdiskurs verwendet, schafft er eine anschlussfähige Gründungsszene für eine formlogisch gedachte Kulturphilologie (und die daraus folgenden Kulturwissenschaften),

---

175 Vgl. Hans Blumenberg: Geld oder Leben. Eine metaphorologische Studie zur Konsistenz der Philosophie Georg Simmels (1976), in: Ders.: *Ästhetische und metaphorologische Schriften*, hg. v. Anselm Haverkamp, Frankfurt/M. 2001, S. 177–192, hier S. 191.

176 Uwe Hebekus: *Ästhetische Ermächtigung. Zum politischen Ort der Literatur im Zeitraum der klassischen Moderne*, Paderborn/München 2009, S. 144.

177 Ebd., S. 146.

178 Vgl. Anselm Haverkamp: Geld und Geist. Die Metapher des Geldes und die Struktur der Offenbarung, in: Dirk Baecker (Hg.): *Kapitalismus als Religion*, Berlin 2003, S. 184. Haverkamp sieht bei den für ihn wichtigsten Theoretikern der ästhetischen Moderne, Hans Blumenberg und Umberto Eco, vollführte Parallelaktionen zwischen Geld und Geist. Blumenberg erkenne diese bei Paul Valéry, Umberto Eco bei James Joyce. Dabei geht es Haverkamp, mit Aristoteles, um die „in Religion und Kapitalismus unterschiedlich genutzte quasi-transzendentale Strukturvoraussetzung, die bei Eco und Blumenberg eine metarhetorische, im rhetorischen Sinne technische Voraussetzung ist, in der – das ist die These – die allegorische Struktur des Offenbarungsdiskurses in die metaphorologische ‚Durchtechnisierung' der Lebenswelt als einer kapitalistischen übergeht" (ebd., S. 179).

179 Georg Simmel: *Fragmente und Aufsätze aus dem Nachlass*, München 1923, S. 1, zit. n. Blumenberg: Geld oder Leben, S. 192.

das emphatisch Dichterische und die Geschichte ihrer vermeintlichen Entäußerung zu ‚retten' (kritisch), zu restaurieren (politisch) oder durch strategische Methodenwechsel analytisch zu kontrollieren für die Konstruktion von geistesgeschichtlichen Interferenzobjekten (anthologische Genealogien, Genre-Filiationen, kulturvergleichende Formationen). Die Hypostase des Kulturellen nach dem Modell der ‚Vererbung' gestattet es, das verlorengegangene Erworbene als permanent neu zu aktualisierende Aufgabe zu postulieren. Hofmannsthal, Benjamin und Borchardt folgen im Rekurs auf den George-Kreis letztlich solcherlei Form der Vergegenständlichung in ihrem emphatischen Anspruch, in ihren Publikationsinitiativen und realisierten Anthologien. Sie konzentrieren sich dabei in je unterschiedlicher Weise auf die Frage, wie und ob diese Rhythmisierung an den Kulturprodukten Spuren hinterlässt, die sichtbar werden.[180]

„Mit der Vergegenständlichung des Geistes ist die Form gewonnen, die ein Konservieren und Aufhäufen der Bewusstseinsarbeit gestattet; sie ist die bedeutsamste und folgenreichste unter den historischen Kategorien der Menschheit. Der ganze Stil des Lebens einer Gemeinschaft hängt vom Verhältnis ab, in dem die objektiv gewordene zur Kultur der Subjekte steht."[181] Was biologisch so zweifelhaft sei, die ‚Vererbung' des Erworbenen, werde, so Simmel, zur geschichtlichen Tatsache. Hofmannsthal schließt weniger analytisch als kulturkritisch daran an: „Hinter den Rücken des Geldwesens zu kommen, scheint die eigentliche moralische Revolution zu sein, die heute ansteht."[182] Den analytischen Vorgaben Simmels folgend setzt Hofmannsthal die formale Universalisierung des intellektuellen Subjekts und des Geld-Subjekts für gegeben. So dramatisiert er dieses in einer variantenreichen „Gebärdensprache des Geldes"[183], etwa in seinem Stück *Cristinas Heimreise*, im *Jedermann* oder im *Turm*. In seinem kulturpolitischen Werk hält er gegen die monetarisierten Stilgesten von Tragödie und Komödie den ‚echten' Besitz, dessen Versprechen er in den ‚gültigen' Formaten der Anthologie und der Zeitschrift erblickt. Was Hofmannsthal immer wieder als geistigen Besitz supponiert, der hypothetisch ‚alles' umfasst und insbesondere in den Traumreflexionen und der Traumpoetik auch für das Werk produktiv gemacht wird, realisiert das Zeitschriftenkonzept der *Neuen deutschen Beiträge* als ästhetisches Modell.

---

180 Vgl. dazu in anderer, aber verwandter Perspektive und in Bezug auf Riegl und Hofmannsthal, von Arburg: „Ein sonderbares Gespinst von Raum und Zeit", S. 19.

181 Simmel: *Philosophie des Geldes*, S. 627–628.

182 Hofmannsthal: Buch der Freunde, KA XXXVII, S. 45.

183 Jäger: Zwischen Soziologie und Mythos, S. 95.

> Jede wirkliche Beziehung hat die Kraft, gewisse Gruppen von Gedanken des Anderen so zu regieren – oder vielleicht existieren diese Gedanken nur durch diese Beziehung, jedenfalls ruft sie sie hervor, sie schafft das geistige Klima, in dem sie existieren können. So besitzt der eine in dem [A]nderen Ländereien, Landschaften, Gärten, Abhänge, deren Leben nur die Strahlen dieses einzigen Sternes speisen und tränken, auch nur dieses Leben erweckt haben.[184]

Ihrer elitären Stossrichtung zum Trotz liest sich Hofmannsthals Zeitschriftenprojekt deshalb in erster Linie als intellektuelles Kommunikationsangebot *in progress*. Die Ambivalenz des Projekts steckt in der Emphase auf die Erledigung des Problems in der Gestalt[185] – ein Projekt, das in der Bevorzugung ästhetisch offener Formen (wie sie im Brief an Wiegand bzw. an Marie Louise Borchardt zum Ausdruck gebracht sind) aber auch Züge einer Selbstreflexion auf die kulturelle Situation der Gegenwart trägt. Im Format des Briefwerks hat Hofmannsthal die Form zwischenmenschlicher Beziehung auf ihre spezifisch poetologischen Zusammenhänge erprobt und nutzbar gemacht; so hat er das Umlaufen von persönlichen und schriftförmigen Beziehungen als potemkinsche Dorflandschaft bezeichnet.[186] Werkfragmente werden ohne Einführung nebeneinandergestellt, wobei der Herausgeberkommentar weniger die einzelnen Bezüge zwischen den Beiträgen stiftet oder erklärt, sondern vielmehr in seinen Vorworten beständig die Leitlinien der Zeitschrift in Erinnerung zu rufen versucht. In den besten Beispielen treten die Beiträge als schöpferische Überbietung einer Tradition auf, wie in Walter Benjamins rezeptionsmächtigem Essay *Goethes Wahlverwandtschaften*, jener exemplarischen Literaturkritik, die zunächst 1924/25 in Hofmannsthals *Neuen deutschen Beiträgen* in zwei Teilen abgedruckt wurde. Die *Neuen deutschen Beiträge* bilden den Versuch, das Gespräch zwischen Generationen verschiedener Intellektueller wieder anzuregen und sich dazu die interkulturellen Potenziale von Goethes Weltliteraturkonzept zunutze zu machen. Die Versammlung von Autoren unterschiedlichen Alters und von Texten scheinbar fernab liegender kultureller Signatur deutet die produktiven Potenziale an, die Hofmannsthal

184 Hugo von Hofmannsthal an Helene Nostitz, 2.4.1907, in: Hugo von Hofmannsthal/ Helene von Nostitz: *Briefwechsel*, hg. v. Oswalt von Nostitz, Frankfurt/M. 1965, S. 33.

185 Vgl. Annette Simonis: *Gestalttheorie von Goethe bis Benjamin. Diskursgeschichte einer deutschen Denkfigur*, Köln/Weimar/Wien 2001.

186 Vgl. Brief den Brief von Hofmannsthal an Beer-Hofmann vom 13.5.1895, in: Hugo von Hofmannsthal/Richard Beer-Hoffmann: *Briefwechsel*, hg. v. Eugene Weber, Frankfurt/M. 1972, S. 47; vgl. Simmel: *Philosophie des Geldes*, S. 593. Vgl. die genaue Analyse der Briefwechsel Hofmannsthals bei Schuster: *„Kunstleben". Zur Kulturpoetik des Briefs um 1900.*

aus der pathetisch bekundeten Ablehnung einer als „Aktualität“[187] verstandenen „Gleichzeitigkeit“[188] zieht.

3.8 Buchkunst und Anthologisches Schreiben: Die Bremer Presse

Im dynamisierten Raum einer reflexiven Kulturästhetik, wie sie Hofmannsthal von Simmels Philosophie des Geldes und in der Konkurrenzstellung zum George-Kreis bezieht, wird das Buch als anthologisches Traditionsmedium generell neu bewertet. Die kulturkritische Befragung der Ökonomie[189] (und die damit verbundene Vorstellung der ‚Nivellierung‘ von ‚Inhalten‘ gegenüber dem plastisch-holistischen Gestaltdiskurs) verlängert sich auch in eine Debatte über Schriftformen und Typografie. Die äußere Gestalt des Schrifttyps und des Drucks sowie die Textgestalt sollten in Reflexion aufeinander entwickelt werden, getreu der 1923 von Paul Valéry geäußerten Devise, wonach das Buch eine vollkommene Lesemaschine sei:

> [D]eren Bedingungen [lassen] sich mit ziemlicher Genauigkeit nach den Gesetzen und Methoden der physiologischen Optik bestimmen und gleichzeitig ist es aber auch ein Kunstgegenstand, ein Ding, aber eines mit eigener Persönlichkeit, das den Stempel eines besonderen Geistes trägt und das hohe Bemühen um eine ausgewogene und bewusste Ordnung verrät.[190]

In dieser ästhetischen *und* handwerklichen Perspektive auf Schrifttypen und -typologien – gegen eine Individualisierung der Schriften im „Eigentümlichen

187 Darauf wird sich Benjamin in seinem brieflichen Begleitschreiben bei der Übersendung seines Aphorismenbuchs *Einbahnstraße* an Hofmannsthal 1928 beziehen: „Eine Bitte aber liegt mir Ihnen gegenüber am Herzen: in allem Auffallenden der inneren und äußeren Gestaltung nicht einen Kompromiß mit der ‚Zeitströmung‘ sehen zu wollen. Gerade in seinen exzentrischen Elementen ist das Buch wenn nicht Trophäe so doch Dokument eines inneren Kampfes, von dem der Gegenstand sich in dem Worte fassen ließe: Die Aktualität als Revers des Ewigen in der Geschichte zu erfassen und von dieser verdeckten Seite der Medaille den Abdruck zu nehmen.“ (Walter Benjamin an Hugo von Hofmannsthal, 8.2.1928, GB III, S. 331–332, hier S. 331). So Benjamins durchsichtiger Versuch, sich an Hofmannsthals Poetik anzulehnen.

188 Hofmannsthal: Einleitung des Herausgebers der Neuen deutschen Beiträge, KA XXXVI, S. 56.

189 Deren Genealogie hat etwa Giorgio Agamben nachgezeichnet, vgl. *Herrschaft und Herrlichkeit. Zur theologischen Genealogie von Ökonomie und Regierung* (Homo sacer II.2), Berlin 2010.

190 Paul Valéry, zit. n. Roland Reuss: Die Mitarbeit des Schriftbilds am Sinn, in: *Neue Zürcher Zeitung*, 3.2.2011; https://www.nzz.ch/die_mitarbeit_des_schriftbildes_am_sinn-1.9331415 (letzter Aufruf: 31.8.2022).

und Ungewöhnlichen", die insbesondere in den Entwicklungen der Akzidenzschriften der Werbewirtschaft geortet wurde –, richtete sich das primäre Interesse auf das Buchformat in seiner material-individuellen Gestalt: die „klare tektonische Gliederung einer Buchseite".[191]

Die Bremer Presse wurde 1912 durch den Architekten und Schriftsteller Rudolf Alexander Schröder, den langjährigen Leiter Willy Wiegand und den Altphilologen Ludwig Wolde gegründet und 1921 um einen Verlag ergänzt. Die bis 1932/33 tätige und danach finanziell zusammengebrochene Presse war eines der wichtigsten Glieder in einer Kette von Privatpressen in Deutschland, die die in den 1870er Jahren von England ausgehenden buchkünstlerischen Impulse aufnahm.[192] Das Programm bestand in der Exklusivität handwerklicher Buchdruckerkunst. Anders als die Anthologien Georges[193] sollte mit der Bremer Presse nicht eine Kreisbildung im literarischen Feld betrieben werden, vielmehr richtete sich das Unternehmen auf die Wiederherstellung von Unverwechselbarkeit der Kunstproduktion im industriellen Zeitalter vermittels ‚schöner Bücher'. Wiegand formulierte es so:

> In England, von woher wir die Art des Unternehmens und die Terminologie übernommen haben, bedeutet *private press* eine private Druckerei, d.h. eine Offizin, die nicht in fremdem Auftrage, sondern für die typografischen und literarischen Interessen des Besitzers arbeitet. Seit William Morris sind die Bestrebungen der englischen *private press* vorwiegend ästhetische, d.h. auf die Schönheit der Schrift und die Sorgfalt von Satz und Druck gerichtet.[194]

Verschiedene Privatpressen konzentrierten sich im ersten Jahrzehnt des 20. Jahrhunderts auf Druckqualität und Weiterentwicklung der Schriften. Die Bremer Presse stellte sich die Aufgabe, den großen Werken der Weltliteratur „typographische Monumente" zu errichten.[195] Die Vereinigung von Druckauftrag und Druckleitung ergebe „die geistige Einheit des Buchs", d.h. die Übereinstimmung der literarischen Wahl mit dem Schriftmaterial und der Art seiner Anwendung.[196] Die wichtigste Aufgabe, die den deutschen Pressen zufalle, sei die Veredelung der Buchschrift. Wiegand postulierte, dass die

---

191 Volke/Zeller (Hg.): *Buchkunst und Dichtung*, S. 96–97.

192 Volke/Zeller (Hg.): *Buchkunst und Dichtung*, S. 11.

193 Vgl. die Rivalität zwischen Rudolf Borchardt und Stefan George, die sich in den Buchprojekten abzeichnete; mit den relevanten verbürgten Zitaten aus den Briefwechseln dargestellt bei Bulang: Die „Bremer Presse Bücher", bes. S. 157–159.

194 Willy Wiegand, in: Volke/Zeller (Hg.): *Buchkunst und Dichtung*, S. 16–17.

195 Josef Lehnacker: *Die Bremer Presse. Königin der deutschen Privatpressen*, München 1964, S. 112.

196 Volke/Zeller (Hg.): *Buchkunst und Dichtung*, S. 18.

Weiterentwicklung der Fraktur- und Antiqua-Schriften lange Zeit steckengeblieben sei. Das gedruckte Wort der ‚großen Welt-Literatur' verlange eine Gestalt, die bei möglichst nicht-individueller Zeichnung vielfältigen Druckaufgaben gewachsen sein sollte.[197] Diese nicht-individuelle Zeichnung motivierte aber gerade die Schriftentwicklung, wie eine zeitgenössische Quelle in der Betrachtung der 1922 fertiggestellten griechischen Type der Bremer Presse bewundernd feststellt: Die Schaffung von Varianten einzelner Buchstaben sollte nach Wiegand ermöglichen, den „Zeichenanschluss innerhalb des Wortes herzustellen."[198] Julius Rodenberg stellt die schriftkomparatistische Leistung dieser Schriftentwicklung heraus, wenn er anmerkt: „Es war mir das umso interessanter, als hier von Wiegand auf eine abendländische Druckschrift das angewandt worden ist, was einer so elastischen Schrift wie z.B. der arabischen mit ihren zahlreichen Buchstabenvarianten von Natur eigentümlich ist, die deshalb auch in Druckwerken nie um den Zeichenanschluss innerhalb des Wortes verlegen zu sein braucht."[199] Diese Unterordnung des Schriftbilds im Zeichen eines harmonischen Leseflusses legt den Fokus auf eine Typografie des ästhetisch Dienenden (vgl. dagegen die entsprechenden Thesen Walter Benjamins in Kap. 5.4 und 5.5).

Das Exposé zur Gründung des Verlags der Bremer Presse von 1920 entwirft selbst eine Art Anthologie: Das literarische Programm sollte alles umfassen, was als Grundlage des heutigen geistigen Lebens empfunden werde: Übersetzungen aus der antiken Literatur, Dichtungen des Mittelalters, bedeutende Werke der deutschen Literatur des 16. bis 19. Jahrhunderts sowie Übersetzungen aus der englischen, französischen und italienischen Literatur.[200] Anspruch erhoben die Verlagsleiter ebenso auf den wissenschaftlichen Wert des Programms. Nach anfänglichen Versuchen strebte Wiegand eine immer strengere Gleichförmigkeit an. Nach dem Ende des Ersten Weltkriegs sollte die „esoterische Attitüde" aufgegeben[201] und die Buchwerkstatt der Privatpresse 1920 um einen Verlag ergänzt werden. Im Jahrzehnt 1920 bis 1930 legte die Bremer Presse nahezu hundert Bände vor, eine enorme Leistung für ein Kleinunternehmen mit wenigen Mitarbeitern.[202] So entwickelte sich die Bremer

197 So die Erinnerung des langjährigen Mitarbeiters der Bremer Presse, Lehnacker: *Die Bremer Presse*, S. 113.

198 Willy Wiegand, zit. n. Julius Rodenberg: *Deutsche Pressen. Eine Bibliographie*, Zürich 1925, S. 56.

199 Ebd.

200 Vgl. Knödler: *Rudolf Borchardts Anthologien*, S. 149.

201 Volke/Zeller (Hg.): *Buchkunst und Dichtung*, S. 12.

202 Vgl. ebd., S. 13. Für Rudolf Alexander Schröder bildete die Herausgabe der *De civitate Dei* von Augustus die größte buchkünstlerische Leistung; vgl. ebd., S. 27.

Presse zur „Königin der deutschen Privatpressen". Als erstes Buch wurde im November 1913 *Die Wege und die Begegnungen* von Hofmannsthal herausgegeben. 1917 folgte die Publikation der Übersetzung der *Germania* von Tacitus durch Rudolf Borchardt. *Oedipus*, Kleists *Robert Guiskard*, Tibulls *Elegien*, Bacons *Essay* und der *Urfaust* wurden ab 1919 in Bad Tölz im ehemaligen Landhaus von Thomas Mann konzipiert. Handpressendrucke der *Ilias* und der *Odyssee*, der Bibel, der *De civitate Dei* und der *Divina Comedia* stehen als Verlagswerke den Anthologien von Hofmannsthal und Borchardt gegenüber: *Das Deutsche Lesebuch, Deutsche Denkreden, Ewiger Vorrat deutscher Poesie, Der Deutsche in der Landschaft, Selbstzeugnisse Schillers* u.a.m. Im Zuge der Bekanntschaft mit Hofmannsthal war auch Walter Benjamin als Herausgeber einer Anthologie der sprachtheoretischen Schriften Wilhelm von Humboldts vorgesehen, die aus ungeklärten Gründen nicht zustande kam[203] – möglicherweise deswegen, weil Benjamin in einem in den *Humboldt-Blättern* 1928 erschienenen Text Rudolf Borchardt, einen der wichtigsten Verlagsmitarbeiter, als intellektuellen Verräter am kosmopolitischen Gedanken der Humanität geziehen hatte.

Die Verlagsgründung sollte die typografische Arbeitsweise der Bremer Presse auf das preiswerte Buch übertragen, zugleich wurde das literarische Tätigkeitsgebiet ausgeweitet. Die Anthologien zeigten eine typografische Durchbildung und Anordnung, die den Drucken der Presse so nahe wie möglich kommen sollte. Die „einmalige Zusammenarbeit von Handwerkern, Künstlern und Dichtern" in der Bremer Presse stand unter dem programmatischen Stichwort der „Uneigennützigkeit" der Schriftgestalt: Die Einbildungskraft des Lesers vor den „geistigen" Inhalten der Bücher sollte nicht durch eine hervortretende, ‚individuelle' Schrift behindert werden, diese sollte vielmehr „zurücktreten", ja „vergessen" gehen.[204] Betrachtet man die einzelnen anthologischen Titel in der Folge ihrer Publikation, wird eine immer strengere Gleichförmigkeit sichtbar. In der Praxis war dieses von geistesgeschichtlichen und kulturpolitischen[205] Motiven angetriebene Programm in der Anfangsphase vor dem Beginn des Ersten Weltkriegs mit einer hohen Experimentieraktivität in der Ausbildung der Schriftgestaltung verbunden. Als Ausgangspunkt wurde dabei vorwiegend auf die Frühdruck-Schriften der venezianischen Renaissance zurückgegriffen.[206]

---

203 Vgl. Brodersen: Nachwort. Ein Wörterbuch der Humanität, S. 476.

204 Willy Wiegand: Die Bremer Presse, in: Volke/Zeller (Hg.): *Buchkunst und Dichtung*, die Zitate S. 16 passim.

205 Vgl. Hugo von Hofmannsthal an Anton Kippenberg, in: Hugo von Hofmannsthal: *Briefwechsel mit dem Insel-Verlag 1901–1929*, hg. v. Gerhard Schuster, Frankfurt/M. 1985, S. 723.

206 Vgl. Lehnacker: *Die Bremer Presse*, S. 113.

Auf Seiten der beteiligten Editoren bzw. der ‚philologischen Künstler' Schröder, Hofmannsthal und Borchardt[207] war diese Stoßrichtung verbunden mit einer künstlerischen Philologie: Texte wurden nicht nach einem positivistischen Vollständigkeitsanspruch der Präsentation aller genetischen (Vor-)Stufen ‚hergerichtet', sondern unter vergleichenden Aspekten und der durch den Herausgeber verantworteten Synthese. Auffällig ist dabei, dass mit Ausnahme sehr allgemeiner geistesgeschichtlicher Kommentare vielfach auf jede genauere bzw. insbesondere auf eine überprüfbare Darlegung der Genese der Edition verzichtet wurde. Gerade die Anthologien Borchardts wichen der Kritisierbarkeit durch apodiktische Vorgaben aus, erhoben die Ablehnung philologischer Nachvollziehbarkeit geradezu zum Programm. Dadurch setzten sie sich auf der Ebene der editorischen Entscheidungen (etwa in der Bearbeitung von Texten Heinrich Heines und Hölderlins) harscher Kritik aus (vgl. Kap. 6.6).[208] Die Editionen standen, wie in der Forschung ausführlich behandelt,[209] oft unter restaurativ-nationalpolitischen Prämissen bzw. wurden in den 1920er Jahren unter solchen rezipiert. Dies blieb wiederum nicht ohne Einfluss auf die Selbstwahrnehmung der Macher der Bremer Presse: 1927, im Umfeld von Hofmannsthals *Schrifttums*-Rede an der Universität München, betonte Wiegand die Differenz zwischen Antiqua und Fraktur in Bezug auf die zwischen deutschen und romanischen Sprachräumen unterschiedlichen Prozesse des Lesens, ohne allerdings diese These näher auszuführen oder mit Beispielen aus der Druckgeschichte zu belegen.[210] Noch 1964 konstatierte Hans Adolf Halbey rückblickend:

---

207 „Es wäre ein eigenes Thema – zweifellos von literaturgeschichtlichem Reiz – einem solchen Typus des Editors und seiner Verbindung mit der Verlagsgeschichte des 20. Jahrhunderts nachzugehen", so Middell: Vom Umgang des Dichters, S. 117. Dies kann in meiner Arbeit nicht geleistet werden; vielmehr versuche ich, die Querbeziehungen zwischen Werkästhetiken und anthologischen Editionen sowie die entsprechenden Beziehungskonstellationen für ein erweitertes Verständnis fruchtbar zu machen, das aber auf die Ästhetiken von Hofmannsthal, Borchardt und Benjamin beschränkt bleiben muss.

208 Die Buchproduktion lässt sich im Archiv nicht mehr nachvollziehen: im Zweiten Weltkrieg wurden Druckerei und Archiv in der Münchner Georgenstraße durch eine Bombe zerstört.

209 Zusammenfassend Middell: Vom Umgang des Dichters; Wagner-Zoelly: *Die „Neuen Deutschen Beiträge"*; Wolfram Mauser: „Die geistige Grundfarbe des Planeten". Hugo von Hofmannsthals „Idee Europa", in: *Hofmannsthal. Jahrbuch zur europäischen Moderne* 2/1994, S. 201–222.

210 Vgl. Wiegand: Über Schrift und Sprache [1927]; ein Auszug davon in: Volke/Zeller (Hg.): *Buchkunst und Dichtung*, S. 25–26. Diesem angetönten Zusammenhang wird an anderer Stelle nachgegangen, wo ich ausgehend von der Debatte zwischen Hofmannsthal, Florens Christian Rang und Benjamin die Implikationen für die Schrift- und Publikations-Ästhetik aufweise.

> Bei dem Unterfangen der Bremer Presse [ging es] um den ‚Charakter' der Schrift. Das ist eine ganz und gar deutsche Haltung. In keinem anderen Land hat es in neuerer Zeit so viele voneinander verschiedene Schriftkünstler gegeben, die das Gleiche auf unterschiedliche Weise wollten und erreichten, nämlich sich selbst charakteristisch in der Schrift auszudrücken. Verbunden ist dies mit dem literarischen und bildkünstlerischen Expressionismus. Die Bremer Presse sei deutsch und „in dieser Form englisch niemals möglich gewesen.[211]

Es sei hier, ohne weiter darauf einzugehen, nur darauf hingewiesen, dass dieser Zusammenhang seine konstitutiven Gründungsszenen in der Engführung von ‚Schreiben' und ‚Physiognomie' im 18. Jahrhundert hat.[212]

Die Stichworte ‚nüchtern', ‚fest', ‚sachbezogen' und ‚distanzierend' zur Charakterisierung der Schriftgestalt der Drucke und Bücher der Bremer Presse weisen auf den literarhistorischen Zusammenhang, von dem in den Zeugnissen der Mitarbeiter nicht oder nur *ex negativo* die Rede ist: die Ablehnung bzw. der negative Bezug auf expressionische Schriftgestaltungen der Avantgarde. In der Zirkulation der Schriftgestalten zwischen Akzidenzdruck und kunsttypografisch interessierten Zeitschriften sowie der Genese literaturhistorischer bzw. literaturpolitischer Etiketten und Programme standen die konservativen Revolutionäre der Bremer Presse aber nicht weit weg von anderen literaturpolitisch agierenden Gruppen. Der programmatische Humanismus bediente sich zwar emphatisch dieser Konzepte – die ethischen Maximen der Literaturproduktion und – gestalt unterschieden sich dabei aber nicht grundsätzlich von jenen Texten, die in den 1920er Jahren als ‚neusachliche' figurierten und deren Programm es war, sich einen ‚nüchternen' Blick auf die Gegenwart anzueignen.

Planetarische Kontemporaneität lautet das Hofmannsthal'sche Stichwort für diesen Ebenenwechsel hin zu vermeintlicher Nüchternheit der Nachkriegszeit. Im *Buch der Freunde* äußert sich die Ablehnung einer gleichsam vom transnationalen Individuum der Weltliteraturen aufs Nationale übertragenen Gewalt eines *Sprachzustands*. Mit ‚Nation' ist bei Hofmannsthal weniger ethnische Herkunft als gemeinsame Sprachtradition gemeint. Die Vertiefung des Sprachdenkens bzw. einer als aufs Nationale verschoben wahrgenommenen Sprachkrise lässt sich nicht auf einen völkischen Ethnopluralismus reduzieren. Eine wichtige Stelle für diesen Befund findet sich in der Vorrede Hofmannsthals zu seiner Anthologie *Wert und Ehre deutscher Sprache* (1927): In der gesammelten Herausgabe deutscher Schriften von Justus Georg

---

211 Hans Adolf Halbey: Die Bremer Presse als buchkünstlerisches Phänomen in heutiger, kritischer Sicht [1964], in: Volke/Zeller (Hg.): *Buchkunst und Dichtung*, S. 96–98, hier S. 98.

212 Vgl. Hans-Georg von Arburg: His master's characters. Zum physiognomischen Problem der Handschrift bei Lavater, in: Ders./Tremp/Zimmermann (Hg.): *Physiognomisches Schreiben*, S. 21–46.

Schottel bis Jacob Grimm wertet Hofmannsthal die „gegenwärtige deutsche Verkehrssprache“ als „ein Konglomerat von Individualsprachen“, worin nur das Individuum „fallweise mit seiner Magie [die Worte, F.S.] zu bändigen“ vermöge.[213] Weil diese Individualsprachen jeweils unübertragbar seien, „kann man deutsch nicht korrekt schreiben“. „Man kann nur individuell schreiben, oder man schreibt schon schlecht.“[214] An die Stelle einer geselligen Sprache sei eine Gebrauchssprache getreten.

Ausgehend von dieser Basis einer geschichtlich verbürgten objektiven Unmöglichkeit, gegenwärtig korrektes Deutsch zu schreiben, setzt Hofmannsthal seine ästhetische Hoffnung auf die Fernwirkung, die die hohen dichterischen Sprachdenkmäler und die Volksdialekte aufeinander haben würden – dort werde die Nation geschichtlich wieder ‚einziehen‘ können.[215] Diesen pseudomagischen Zug bildet Hofmannsthal insofern ab, als er auf die chronologische Anordnung der Reden verzichtet, um das entsprechende rezeptionsästhetische Erlebnis zu evozieren. Die damit prätendierte Sprachentwicklung insinuiert ein quasi magisches Zusammenschießen zu einer geistigen Ordnung, die auch eine politische Neuordnung insinuiert, deren konkrete Gestalt aber ausgespart bleibt. Heinz Hiebler bringt dies zusammen mit dem „Gedankenspuk“, den Hofmannsthal in seinem Sprachbuch zum Zweck eines kulturpolitischen Schulterschlusses der deutschen Nation im formgewordenen Geist einer gemeinsamen Sprache ohne gattungsmäßige Grenzziehung zwischen literarischer und wissenschaftlicher Prosa inszeniert. Hofmannsthal beschwöre ein „Bacchanal von Gespenstern“, stilisiere die Literatur zum Rettungsanker und Ursprung der Nation.[216]

Gleichwohl bringt dieses restauratorische Gebaren Möglichkeiten einer produktiven Rezeption. Die ‚offene Form‘ treibt den Problemkomplex produktionsästhetisch voran. Ist Hofmannsthal gegenüber dem Essay[217] als programmatischer Form der Verflüssigung[218] skeptisch eingestellt, so kommt Aphorismen, Zitaten und dem anthologischen Medium eine geradezu gegensätzliche Funktion zu: Die ‚babillots‘ werden zu Problemkernen einer Gedächtnisprosa Hofmannsthals, die der narrativen Anschaulichkeit entgegenstehen und dem Ausdruck geben, was auf dem Deckblatt seines Korpus

---

213 Hofmannsthal: Wert und Ehre deutscher Sprache, KA XXXVI, S. 116–120, hier S. 117.

214 Ebd.

215 Ebd.

216 Hiebler: *Hofmannsthal und die Medienkultur*, S. 165.

217 Adorno lässt den kritischen französischen Essay im Werk von Sainte-Beuve beginnen; vgl. Theodor W. Adorno: Der Essay als Form, in: Ders.: *Noten zur Literatur* (GS 11), S. 9–33, hier S. 12.

218 Adorno: Der Essay als Form, S. 18.

Die Briefe des Zurückgehrten steht: „Der Zustand des modernen Individuums ist Verzweiflung."[219] Der zusammengeraufte ‚Zitatenschatz' als vermeintliches Werk stimmiger Fügung in einem vereinheitlichten ‚nationalen Corpus' verwandelt sich zur ungegliederten komödiantischen Bestandsaufnahme in ‚Traumprotokollen'. Werkästhetisch zeigt sich dies insbesondere am *Andreas*-Komplex, den Hofmannsthal nach Jahrzehnten erfolgloser Versuche, diesen Roman zu beenden, schließlich als Steinbruch für verschiedene Werke benutzte. In seinen Nachkriegsprojekten stellt Hofmannsthal einer systematisch als abgerissen verstandenen Traditionsperspektive auf die deutsche Kultur diese kleinen Sammlungen entgegen, um ein individuelles Lektüremodell zu erinnern, das gerade durch die Kriegsanthologien und die eigenen Propagandareden beschädigt worden ist.

Geselligkeit als Basis eines interkulturellen Gesprächs zwischen als geschlossen imaginierten Sprach- und Kulturräumen prägt den Aphorismenband *Buch der Freunde* wie die nachfolgenden anthologischen Projekte. Die Funktion der demütigen Autorität, die sich bei Hofmannsthal in einer Geste der Ergänzung des Lebens durch die Kunst äußert, hat im anthologischen Schreiben eine Art Nullpunkt. Die für Anthologisierungsbemühungen in Anspruch zu nehmende Kanonizität und die zugrundeliegende Vorstellung einer in hierarchischem Sinn *Geschichtlichkeit* prätendierenden Literatur bestätigen zum einen den machtvollen Anspruch auf Beherrschung des (literarischen und politischen) Gedächtnisfelds und lassen sich in diesem Sinne gerade für den avancierten Weiterentwickler Hofmannsthal deshalb als poetologischen Rückfall verzeichnen. Zum anderen tritt im Gedanken eines *prima vista* reaktionären, auf die Verklärung der Vergangenheit bezogenen literarisch-kulturellen Ordnungsgefüges auch die innere Pluralität hervor, die seine Poetik einer Überbietung der Tradition *ohne tabula rasa* vollzieht.

Damit steht der ‚Ahnenkünstler' im Kontext einer kritischen Reformulierung einer Denkmalkunst, wie sie im nun folgenden *Zwischenspiel* von Kapitel 4 verdichtet und *fallweise* an einer Reihe von ästhetischen Positionen besprochen werden soll. Methodisch verändere ich dabei meinen argumentativen Gestus und verlasse die eher kommentierend-darstellende zugunsten einer interpretierenden Betrachtungsweise, wie sie einer Lektüre angemessen ist.

---

219 Hofmannsthal: Die Briefe des Zurückgekehrten, KA XXXI, S. 416; vgl. Schneider: „Die Briefe des Zurückgekehrten", S. 329–335.

KAPITEL 4

(Un)Bestimmte Geschichte: Kritik der Repräsentation in Konzepten des Denkmals und die Folgen für das Anthologische Schreiben

Ohne eine gewisse Beständigkeit des Milieus wäre das Leben unmöglich.
Ohne gewisse Ähnlichkeiten die Erkenntnis ebenfalls.
Sie verlangt, dass die Dinge nicht unendlich variiert und auch nicht unendlich statisch sind.[1]
Paul Valéry

Im Folgenden soll ein kurzer Durchgang durch epistemologische Denkbilder ‚des' Künstlers bzw. für das Künstlerische dazu beitragen, das Anthologische Schreiben der hier behandelten Autoren auf deren Nachleben in der deutschen Ästhetiktheorie bei Adorno und Blumenberg hin zu betrachten. Die hier versammelten Positionsnahmen, Überlegungen und Figurationen stehen in der Nachfolge Nietzsches und leiten insbesondere von Hofmannsthals ästhetischem Konzept der *Literarischen Person* als bestimmter geistiger Form, Individualität und Generation in der Traditionsschrift ineinander zu verschränken (vgl. Kap. 3.7), zu einem Schreiben mit und in ‚*Begriffspersonen*'[2] über, wie es das Paradigma des Anthologischen Schreibens bei Benjamin ausbildet (vgl. bes. Kap. 5.6). Die epistemologische Funktion des Personendenkmals als repräsentierter Siegergeschichte wird in diesem Durchgang auf eine andere, offene ästhetische Form befragt, die in der Fortentwicklung ästhetischer Debatten zunehmend als produktive Unter-/Unbestimmtheit der Tradition gefasst werden konnte – und in diesem Gedanken bis in die jüngsten Debatten um die Restitution kulturellen Raubguts durch den Kolonialimperialismus verlängert werden kann.[3]

1 Paul Valéry, zit. n. Gert Mattenklott: Ähnlichkeit. Jenseits von Expression, Abstraktion und Zitation, in: Ders./Gerald Funk/Michael Pauen (Hg.): *Ästhetik des Ähnlichen. Zur Poetik und Kunstphilosophie der Moderne*, Frankfurt/M. 2001, S. 167–184, hier S. 169.

2 Den Begriff haben Gilles Deleuze und Félix Guattari in ihrem Buch *Was ist Philosophie?* entwickelt.

3 Vgl. Bénédicte Savoys Reflexion auf die Marmorstatue Frédéric-Auguste Bartholdis im Innenhof des Collège de France, die sie direkt aus der epistemischen Unterbestimmtheit und tendenziellen Funktionslosigkeit öffentlicher Denkmäler im Hier und Jetzt entwickelt; Bénédicte Savoy: *Die Provenienz der Kultur. Von der Trauer des Verlusts zum universalen Menschheitserbe*, Berlin 2018, bes. S. 22–30.

Am Denkmal ist das Moment konstitutiver Traditionssetzung sichtbar, weshalb es für Autoren, die im Anthologischen Schreiben den Diskurs um (literarisches) ‚Erbe' bestimmen wollten, zu einem interessanten Objekt werden konnte. Erinnerungs- und Wahrnehmungskonstellationen als *traditionskonstituierende* Erfahrungsmomente werden dabei gegen eine Vorstellung von gleichsam selbstidentisch überlieferbarer Tradition *als* Repräsentation, wie sie paradigmatisch das Personendenkmal vorstellt, in Stellung gebracht.

Die dabei durchschrittenen Sinnbilder und Metaphoriken bewegen sich in der Spur von Paul Valérys materialästhetischer Reflexion: wie „dem äußeren Bild eines Texts ein Sinn und eine Wirkung gegeben werden kann, die denen [den inneren Bildern, F.S.] des Texts gleichkommen."[4] Der genuine Materialästhetiker Valéry hat dem Paradox der Literatur schlechthin, dass sich Literatur nur in Bildern zeigt, welche nur in der Sprache Sinn machen,[5] in seinen ästhetischen Dialogen *L'âme et la Danse* und *Eupalinos* Ausdruck gegeben. „Der Geist der im Dialog miteinander Sprechenden und Denkenden materialisiert sich in den Körpern ihrer Wörter als immaterieller Wortsinn."[6] Für diese *création par principes séparés* bilden die ‚actes de construire' des seine Schöpfungen musikalisch komponierenden Meisterarchitekten die Form. Demgegenüber steht die „Hydra der Schulästhetik", wie sie Benjamin aufruft, „mit ihren sieben Köpfen: Schöpfertum, Einfühlung, Zeitentbundenheit, Nachschöpfung, Miterleben, Illusion und Kunstgenuss".[7] Die in den folgenden Unterkapiteln eingeführten ästhetischen Figurationen reagieren in unterschiedlicher Art und Weise kritisch auf diese Repräsentationslogik und sind deshalb produktiv zu machen für ein Anthologisches Schreiben, das sich in Distanz dazu setzt.

Bei Hofmannsthal wie bei Musil, bei Borchardt wie bei Valéry und Benjamin findet sich eine gleichermaßen affektiv unterlegte Ablehnung der steinernen Personendenkmäler, die im 19. Jahrhundert augenfällig den öffentlichen Raum der Städte einzunehmen beginnen. Hofmannsthal verknüpft seine „unerträglichen" Gefühle diesen Denkmälern gegenüber mit einer Sprachmetapher: Sie seien „steingewordene Phrasen einer halbvergangenen Ära", die an jeder Ecke herumstünden und dadurch dazu beitrügen, diejenigen in Vergessenheit zu

---

4 Paul Valéry: Letzter Besuch bei Mallarmé (frz. 1923, dt. 1931/32), in: Ders.: *Werke*. Frankfurter Ausgabe in sieben Bänden, Bd. 6: Zur Ästhetik und Philosophie der Künste, hg. v. Jürgen Schmidt-Radefeldt, Frankfurt/M. 1995, S. 252–254, hier S. 253.

5 Von Arburg: ‚Gefrorene' oder ‚stumme' Musik, S. 267.

6 Ebd.

7 Walter Benjamin: Der heutige Stand der Wissenschaften, in: Ders.: *Kritiken und Rezensionen* (WuN 13.1), S. 305–312, hier S. 308 (Rezension zu Emil Ermatinger: Philosophie der Literaturwissenschaft, Berlin 1930).

bringen, denen sie gesetzt sind.[8] Das physisch vorhandene Personendenkmal wird von Hofmannsthal den Vergegenständlichungstendenzen in der Sprache angenähert. Die Form des Erinnerns sei in der steingewordenen Phrase ebenso verkannt wie in der sprachlichen Phrase. Nicht die Ablehnung eines erinnerungswürdigen Monuments steht für Hofmannsthal dabei im Mittelpunkt, vielmehr die Modelle, in denen dieses repräsentiert wird.

Auf derselben Ebene, aber von einem ‚interaktiv' vorgestellten räumlichen Bewusstsein her argumentierend, macht sich Musil über die Denkmalkultur lustig.[9]

> [A]ber der Beruf der meisten gewöhnlichen Denkmale ist es wohl, ein Gedenken erst zu erzeugen, oder die Aufmerksamkeit zu fesseln und den Gefühlen eine fromme Richtung zu geben, weil man annimmt, dass es dessen einigermaßen bedarf; und diesen ihren Hauptberuf verfehlen Denkmäler fast immer. Sie verscheuchen geradezu das, was sie anziehen sollten. Man kann nicht sagen, wir bemerkten sie nicht; man müsste sagen, *sie entmerken uns*, sie entziehen sich unseren Sinnen: es ist eine durchaus positive, zur Tätlichkeit neigende Eigenschaft von ihnen![10]

Musils Neologismus weist im zweideutigen Bezug des Pronomens als Personal- *oder* objektbezügliches Reflexivpronomen auf, dass die Denkmäler paradoxerweise nicht nur das Vergessen provozieren (wie auch in Hofmannsthals ‚Phrase'), sondern auch die Wahrnehmung (als Form des Erinnerns) in den sie umgebenden urbanen Raum ausstreuen: indem sie uns *uns selbst* vergessen – und in den sinnlichen Geboten und Angeboten der Stadt wiederfinden – lassen. Hier deutet sich das Paradigma des Flaneurs an, das sich in vielen Essays der Epoche beobachten lässt.

Rudolf Borchardt nähert sich Denkmälern in der Haltung des präapokalyptischen Reporters. „Unsere heiligen Städte werden vielleicht schon nicht mehr unsere Söhne, gewiss nicht mehr unsere Enkel sehen. Kann sein, ich gehe durch Worms als sein letzter Beschreiber, wie Strabo durch Korinth. Ein Grund mehr Rechenschaft zu geben".[11] Ebenso wie in seiner Schilderung des toskanischen Volterra dreißig Jahre später weist Borchardt der Sprache

---

8 Hofmannsthal: Gärten [1906], S. 577.

9 Vgl. Robert Musil: Denkmäler, in: Ders.: *Gesammelte Werke*, Bd. 2: Prosa und Stücke. Kleine Prosa. Aphorismen. Autobiographische Essays und Reden. Kritik, hg. v. Adolf Frisé, Reinbek 1978, S. 506–509, hier S. 508 (zuerst als Feuilleton erschienen in: *Prager Presse*, 10.12.1927).

10 Ebd. (Herv. F.S.).

11 Vgl. Rudolf Borchardt: Worms. Ein Tagebuchblatt [1906], in: Ders.: Prosa III, hg. v. Marie Luise Borchardt unter Mitarbeit v. Ernst Zinn, Stuttgart 1960, S. 256–267, hier S. 267.

einen Grund für das Spiel der Ähnlichkeiten zu, die sich über Jahrhunderte erstrecken und in die Zukunft verlängern können. Dieser Beliebigkeit setzt er die Kraft des Beobachters entgegen, der in der Imagination eines quasi soldatischen Flaneurs die Zerstörung des Alten durch die Katastrophe des Neuen noch einmal, gewissermaßen in einer letzten überscharfen Belichtung, festzuhalten vermag.

Kulturelle oder natürliche Denkmäler, seien es Statuen, Landschaften oder Städte, erhalten in diesen unüberhörbar kulturkritischen Diagnosen einen (Verfalls-)Wert und wirken entsprechend auf die Beobachterinnen und Beobachter zurück, die sich gerade *in* dieser Diagnose eines größeren Zusammenhangs versichern – bei Hofmannsthal des unecht Gewordenen, bei Musil des paradox die Wahrnehmung Steuernden bzw. Zerstreuenden, bei Borchardt des unrettbar Verfallenen. Benjamin schließlich bringt das Denkmal halbbewusst in seinem imperialen Zusammenhang zur Kenntnis. Der pharaonische Obelisk auf der Pariser Place de la Concorde „im Mittelpunkt des größten aller Plätze" lasse nicht „einen von Zehntausenden, die hier vorübergehen, aufmerken; nicht einer von Zehntausenden, die innehalten, kann die Inschrift lesen. [...] So löst ein jeder Ruhm Versprochenes ein": Unsterblichkeit wird mit Nutz- und Wirkungslosigkeit, ja Unlesbarkeit – oder politisch gewendet: Unerlöstheit und gespenstischem Fortwirken – gleichgesetzt.[12]

„Wer das Gesellschaftliche anders als symbolisch nimmt, geht fehl."[13] Der kurze Durchgang durch ästhetische Positionsnahmen gegenüber dem Denkmal zeigt insbesondere eines: seine Eignung zum kulturkritischen Symbol urbaner Wahrnehmungsform. Subjekt- und sprachtheoretisch bildet Nietzsche für diese Positionen wirkungsmächtige Funktionsbilder aus, die im nächsten Abschnitt betrachtet werden.

12 Walter Benjamin: Papier und Schreibwaren, in: Ders.: *Einbahnstraße* (WuN 8), S. 38–39, hier S. 39.

13 Hofmannsthal: Buch der Freunde, KA XXXVII, S. 18.

4.1 Energie der Auflösung und neue Wahrnehmung (Nietzsche, Benjamin)

> We live, as it were, upon the front edge of an advancing wave-crest,
> and our sense of a determinate direction in falling forward
> is all we cover of the future of our path.
> William James

In diesen Projektionen des Denkmals verankert sich allmählich ein materialästhetisches Denken; die Repräsentationswerte des Denkmals werden abgelehnt, um in den *actes de construire* für eine – als potenziell grenzenlos vorgestellte – Schaffenskraft in Erfahrungsmomenten zu plädieren. Anthologisches Schreiben, das Nähe bzw. Distanz der/zur Überlieferung zu einem produktiven poetologischen Ansatzpunkt macht, nutzt nicht nur die metaphorische Energie, sondern besonders die damit verbundenen Wahrnehmungs- und Erfahrungsmotive. In Aphorismus 310 *Wille und Welle* in Nietzsches *Die fröhliche Wissenschaft* heben sich solche Tendenzen der Umsetzung blinder transformativer Lebenskräfte in transfigurierende Schaffensprozesse deutlich heraus. Daran können formästhetische Tendenzen festgemacht werden, die in der Nachfolge Nietzsches wirkungsmächtig geworden sind. Rekursionen zwischen Schaffenden und Publikum allegorisieren im geschichtslosen, gleichzeitig mit subjektartigen Zügen ausgestatteten Naturbild der Welle.

> Wie gierig kommt diese Welle heran, als ob es Etwas zu erreichen gälte! Wie kriecht sie mit furchterregender Hast in die innersten Winkel des felsigen Geklüftes hinein! Es scheint, sie will Jemandem zuvorkommen; es scheint, dass dort Etwas versteckt ist, das Werth, hohen Werth hat. [...] So leben die Wellen, – so leben wir, die Wollenden! – mehr sage ich nicht. [...] Wie werde ich *euch* verrathen! Denn – hört es wohl! – ich kenne euch und euer Geheimniss, ich kenne euer Geschlecht! Ihr und ich, wir sind ja aus einem Geschlecht! – Ihr und ich, wir haben ja Ein Geheimniss![14]

Das bekräftigte ‚eine Geheimniss' von Wille bzw. den Wollenden und der Welle zeigt sich zunächst über die enge Verwandtschaft des Wortmaterials in minimaler phonologischer Differenz. Diese evoziert durch ihre titelgebende Stellung Äquivalenz auch hinsichtlich der Semantik. Die Wollenden und die Wellen haben nicht nur ein geteiltes Geheimnis, das verborgen bleiben soll, sondern sind auch aus demselben *Geschlecht*. Als Wesen existieren beide in

---

14 Friedrich Nietzsche: Die fröhliche Wissenschaft [1882/1887], in: Ders.: *Morgenröte. Idyllen aus Messina. Die fröhliche Wissenschaft. Kritische Studienausgabe*, Bd. 3, hg. v. Giorgio Colli / Mazzino Montinari, München 1999, S. 343–651, hier S. 546 (Aphorismus Nr. 310).

der Sprache, in der sie aneinander anlehnen. Wie die Wollenden die Wellen ihres Willens als Tendenz zur sprachlichen Gestaltung der Welt erkennen, aufspüren und verwirklichen, so brechen die Meereswellen mit unterschiedlichen Tempi, mit Schaum und Gischt als tendenziell amorphe Sprachmacht über die Wollenden, kriechen in die innersten Winkel und ziehen sich wieder daraus zurück. Das ‚eigentliche' Geheimnis mit hohem Wert ist das Verwandt-Sein in der Sprache, die im Bild nicht nur aktive individuelle Kräfte und blinde Naturkräfte umfasst, sondern beide in einen Dialog zu verstricken sucht. Das sprechende Ich, das den Wellen anthropomorphisierende Züge zuschreibt und gleichzeitig versucht, deren natürliches ewiges Bewegungsgesetz zu benennen, scheitert daran, den Willen der Wellen, ihr Geheimnis, aufzudecken. Der Versuch, einen Dialog und damit eine vielleicht glückende ‚Kommunikation' zu etablieren, scheitert an der ausgestellten Rhetorizität der Sprachstruktur (an der Emphase, den Imperativen, den rhetorischen Fragen, der gehäuften Verwendung von Gedankenstrichen als graphematischen Signalen der Auslassung). Das Geheimnis ‚als solches', das Text-Ich und Welle teilen, ist dabei durchaus zu benennen: Es ist die Konzeption der Sprache als Struktur in der Sausurre'schen *langue*, die unaufhörlich „Jemandem zuvorkommen [will]", „unendliches weißes Gezottel und Gischt darüber weg[-wirft]."[15] Gestaltende Transfiguration entspricht der künstlerischen Virtuosität in der Umlegung des Prinzips der *langue* als *parole* – wobei der eigentliche Akt, der nur die Leere des Geheimnisses bezeugen kann, den rhetorischen Überschuss, das Transfigurierende, die Sprachwelle selbst (als Schwelle zur Sprache), wieder fortpflanzt.[16]

---

15 Ebd.

16 Ein ebenso schlagender Prätext dazu findet sich in Goethes *Torquato Tasso*: „Ich scheine nur die stummbewegte Welle. / Allein bedenk', und überhebe nicht / Dich deiner Kraft! Die mächtige Natur, / Die diesen Felsen gründete, hat auch / Der Welle die Beweglichkeit gegeben, / Sie sendet ihren Sturm, die Welle flieht / Und schwankt und schwillt und bäumt sich schäumend über. / In dieser Woge spiegelte so schön / Die Sonne sich, es ruhten die Gestirne / An dieser Brust, die zärtlich sich bewegte"; Johann Wolfgang Goethe: *Torquato Tasso*, VV. 3435–3444, zit n. Ders: *Italien und Weimar 1786–1790*, hg. v. Norbert Miller und Hartmut Reinhardt, München 1990 (Münchner Ausgabe, 3.1), S. 426–520, hier S. 519. In Philipp Theisohns Literaturgeschichte des Plagiats wird das Funktionsbild des Meers mit dem Goethe-Zitat in einer Reflexion über das „Eigentum" des literarischen Texts im Kraftfeld von Aneignung, Diebstahl und (poststrukturalistischem) ‚Fluss' der Texte verhandelt; Theisohn: *Plagiat*, S. 13. Vgl. auch die dritte von Theisohns Ausgangsthesen zum Plagiat: „Plagiate verhandeln grundsätzlich ein ‚inneres' Verhältnis von Text und Autor", das sich je nach historischer Konstellation in unterschiedlichen Plagiatsjurisdiktionen, -ökonomien oder textuellen Formen der Beziehung des Autors zu ‚seinem' Stoff ausdrückt; ebd., S. 3 und bes. 14–34.

So gestaltet sich in dieser kleinen allegorischen Formästhetik Nietzsches der Umschlag zwischen den (strukturalen) Transformations- und den (formprozessierenden) Transfigurationskräften der Sprache, als *langue* und *parole*, als notwendige Wende und als permanentes Aufheben des Abbruchs. „Wie gierig kommt diese Welle heran, als ob es Etwas zu erreichen gälte!" So ‚leben' sie, Wille und Welle, in und durch die selbstreferenzielle Struktur der Sprache, deren „Geheimniss" in einer allegorischen Wertsetzung, einer Ökonomie von „Ebbe und Fluth",[17] liegt. Die naturgeschichtliche Affekttopik produziert ‚absolute Metaphern' im Sinn Blumenbergs,[18] deren hyberbolische rhetorische Ökonomie eine künstlerische Persona geradezu herausfordern, die diese noch zu beherrschen weiß. Diese ‚gierige' Nähe von Kunstwollen und Sprachmacht gipfelt in der Konzeption des souveränen Künstlers als des zarathustrischen Übermenschen, als eines „durch den Himmel durchgewachsne[n] historische[n] Mensch[en]"[19] – und öffnet den Weg für eine Foucault'sche Genealogie des Verschwindens eben genau dieser Subjektfunktion in den anonymen historischen Aprioris der Diskurse von Evolution, Macht, Leben.

Walter Benjamin hat, gerade in einem sprachanalytischen Blick auf Nietzsche, Ansätze eines handlungstypologischen Modells entwickelt, um das Überlieferungsgeschehen im emphatischen Sinn bewertbar zu halten; er bezieht sich dabei ähnlich wie Nietzsche auf die produktive Kraft von Strukturen sprachlicher Gleichnisse. So sieht Benjamin den freigesetzten, durch kulturell tradierte Formen ungeschützten Dilettantismus in ästhetischen Belangen dem Tanz zugeordnet. Es ist der Dilettant, den die Fantasie aus der eigentlichen und echten Rezeptivität an der Seite der schlechthin geistigen Erscheinungsweise des Kunstwerks zu sinnlichen Spontaneitäten verführt – der, vom bloßen Wort entzündet, den Willen brandig fortschwelen lässt.[20] Die Entgrenzung des historischen Menschen von einer gesetzmäßig eingefassten metaphysischen Vorstellungswelt – Lukács' „transzendentale Obdachlosigkeit"[21] – versinnlicht sich für Benjamin im Tanz als freigestellter Erfahrung – „how can we know the dancer from the dance?" (William Butler Yeats). In diesem erfährt „der Dilettant

---

17 Nietzsche: Fröhliche Wissenschaft, S. 369 (Aphorismus 1).

18 Zum Komplex der ‚Absoluten Metapher' als literalem Ausdruck einer buchstäblichen Poiesis der Textmaschine, vgl. Philipp Auchter: *Maschinen. Ansätze zu einer absoluten Metapher*, unpubl. Masterarbeit, Universität Zürich 2016, bes. S. 60–63.

19 Walter Benjamin: Kapitalismus als Religion, GS VI, S. 100–103, hier S. 101, vgl. Uwe Steiner: „Kapitalismus als Religion", in: Lindner (Hg.): *Benjamin-Handbuch*, S. 167–174, hier S. 171–172.

20 Leicht abgewandelt nach Walter Benjamin: Antiquitäten, in: Ders.: *Einbahnstraße* (WuN 8), S. 44–45.

21 Georg Lukács: *Die Theorie des Romans. Ein geschichtsphilosophischer Versuch über die Formen der großen Epik* [1916], Bielefeld 2009, S. 52.

[…] lernend seine Spontaneität."[22] Benjamin erweitert den Gedanken begriffsfigürlich um die klinische Diagnose des Schizophrenen, bei dem Sprache und Physis sich am nächsten kommen, die Sprache physisch wird in der Durchbrechung des Banns, der Sinn der Wörter sich nicht an der Außenseite der Textstruktur eines sinnförmigen Geistes, sondern im symbolisch-bildlichen der Fantasie inkorporiert und gleichzeitig entgrenzt. – „Kein heiler Wille ohne die genaue bildliche Vorstellung. Keine Vorstellung ohne Innervation."[23]

Die Welle als infinitesimal grenzauflösende Struktur fraktaler Selbstähnlichkeit bietet Benjamin ein überzeugendes Funktionsbild für die von ihm als natürlich konzipierte, grenzauflösende Fantasie emphatischer Erfahrung – „Gabe, im unendlich Kleinen zu interpolieren."[24] Um die Schizophrenie als Urgeschichte entstaltender Affektarbeit in der kapitalistischen Lebenswelt dialektisch und kollektivisch zu begreifen, bemüht Benjamin auch an anderer Stelle das Bild des Meeres, der Tiefsee:

> Die Urzeit – im Bilde zu reden: die Tiefsee – der Sprache, das ist das Medium, in das sie beide, der Dichter und der Kranke, herabtauchen. Der Lyriker tut es in der Taucherglocke der Kunstform, verantwortlich und auf Zeit, der Kranke nackt und bloß, so dass er bei den Schätzen da unten, die er zu heben nicht imstande ist, verbleibt.[25]

Der Lyriker, der (philologische) Schüler, der in der Tradition der Schriftkultur navigiert, „lernt produzierend", weil er durch die Erfahrung des Lehrers semiologisch geschult ist.

Als Epochenfigur scheint Nietzsche für Benjamin der repräsentative Grenzfall für die Gefahren und Verlockungen einer bürgerlichen Bildungskultur im Zerfall.[26] Deren Repräsentanten haben sich, wie Benjamin in seiner Anthologie *Deutsche Menschen* in den 1930er Jahren schreiben wird – wobei der Bezug auf die NS-Machtergreifung anklingen mag –, „freiwillig aus dem Deutschland der Gründerzeit verbannt" (vgl. zu *Deutsche Menschen*, Kap. 2.2).[27] Entlang

---

22 Walter Benjamin: Über den Dilettantismus, GS VI, S. 135.

23 Walter Benjamin: Antiquitäten, in: Ders.: *Einbahnstraße* (WuN 8), S. 44–45, hier S. 44.

24 Ebd., S. 45.

25 Walter Benjamin: Zwei Bücher über Lyrik, in: Ders.: *Kritiken und Rezensionen* (WuN 13.1), S. 176–179, hier S.179 (Rezension zu Alexander Mett: Über Beziehungen zwischen Spracheigentümlichkeiten schizophrener und dichterischer Produktion, 1928).

26 Hofmannsthal und Borchardt beziehen sich ebenfalls auf Nietzsches Krisendiskurs, wenn sie ab 1916 ein neues Europa zu beschwören beginnen. Unter diesen Figuren einer „geistige[n] Grundfarbe des Planeten […] wird Nietzsche ihren Platz haben; vielleicht aber darf man sagen, *dass sein Europäertum etwas Brüchiges hat, weil er sich auf Europa zurückzieht, statt Europa im Blick zu haben*", Hofmannsthal: *Gesammelte Werke*, Reden und Aufsätze II, S. 53 (Herv. F.S.).

27 Benjamin: *Deutsche Menschen* (WuN 10), S. 100.

der „unsinnlichen Ähnlichkeit“[28] von Tanz und Sprache wird das Bewusstsein einer Krise der klassischen Ästhetik, die sich im 19. Jahrhundert im Denkmalkultus selbst die Luft abgeschnitten hatte, auf die Spitze getrieben. In einer Genealogie der damit aufgerufenen taktilen Dimension der Träumenden und der ‚Geisteskranken' wird letzteren zugeschrieben, in ihrem Sprechen und Schreiben eine Reise durch das Innere des Körpers zu unternehmen – auf der Reise ihre ‚eigene' Geografie zu erkunden. Der damit ‚unverborgene' Wahnsinn in Schrift und Sprache – im Verkennen der getrennten historisch-strukturellen von der performativ-‚künstlerisch' formprozessierenden Dimension der Sprache – ist dabei „umso erschreckender“,[29] als daran die tiefgreifenden Transformationen greifbar werden, die Benjamin später in einem umfassenden Sinn als Zerstörung der Intelligenz in seiner mit Marx amalgamierten These eines Geschichtsbruchs bzw. einer Urgeschichte im 19. Jahrhundert entwickeln wird.

In diesem an Nietzsche gewonnenen Bruchstück einer entgrenzten übersprunghaften Subjektivität schärft sich das gedächtnistheoretische Gegenkonzept des Eingedenkens, eines zentralen Begriffs von Benjamins Gedächtniskonzeption.[30] Dieses tritt als erneutes Distanzgebot auf den Plan.

> Was wir Kunst nannten, beginnt erst zwei Meter vom Körper entfernt. [...] Der Traum eröffnet nicht mehr in eine blaue Ferne. Er ist grau geworden. Die graue Staubschicht auf den Dingen ist sein bestes Teil.[31]

Endlose Rekursion des Künstler-Ichs und endlose Rekursion des Menschheitssubjekts: wohl nicht zuletzt deshalb enden sowohl Benjamins Buch *Einbahnstraße* (1928) als auch die Anthologie *Deutsche Menschen* (1936) mit auf Nietzsche gesetzten Signalen, ohne diesen „geheimen Stichwortgeber“[32] klar und deutlich aufzugreifen. Was in der lebensweltlichen Wiederkehr der ‚großen Krankheit' am Künstler selbst wiederauftritt und die diagnostizierten Krankheiten der Kultur subjektiv überschlägt, an dem kann die sich erstmals ‚als Menschheit begreifende Spezies' bei Benjamin in Fahrten ins Innere der Zeit ‚gesunden', wie es im ausleitenden Prosastück der *Einbahnstraße* heißt:[33] Die Metaphorik verdichtet frühsozialistische, marxistische und Anleihen der Kosmiker um Klages. Die Passage scheint geradezu spiegelbildlich auf die Person Nietzsches zuzuführen, ohne dass dieser in den Vexierbildern sichtbar wird.

---

28 Walter Benjamin: Lehre vom Ähnlichen, GS II.1, S. 204–210, hier S. 207 und passim.
29 Benjamin: Bücher von Geisteskranken, GS IV.2, S. 615–619, hier S. 618.
30 Vgl. Lindner: Zu Traditionskrise, Technik, Medien, S. 451–465.
31 Benjamin: Traumkitsch, GS. II.2, S. 620–622, hier S. 622, 620.
32 Lindner: Zu Traditionskrise, Technik, Medien, S. 458.
33 Vgl. Walter Benjamin: Zum Planetarium, in: Ders.: *Einbahnstraße* (WuN 8), S. 75–76.

Die Energie dieser metaphorischen Verdichtungen und Umbesetzungen allegorischer Ökonomie des Erinnerns führt von der Kritik am Denkmal auf die damit verbundenen Wahrnehmungsformen zunächst des künstlerischen Subjekts, und, in einem zweiten Schritt, auf dessen Produktionsweisen. Diese Schritte werden im Folgenden an einem Modell Valérys, nämlich an dessen Idee von Sokrates, und der Kritik und Weiterführung bei Benjamin und Blumenberg exemplarisch nachgezeichnet.

4.2 Sokratische „Erektion des Wissens" und Fortschrittskritik (Valéry, Benjamin)

Das rhetorisch gewordene Ich in Form unbedenklichster vielfacher „Wendungen",[34] wie es in Nietzsches *Fröhlicher Wissenschaft* gefeiert wird, ist als epochales Krankheitssymptom diagnostiziert – nicht mehr (ausschließlich) im statisch-repräsentativen Außen der historistischen Denkmäler (die auch Nietzsche scharf aufs Korn genommen hatte), sondern in der feinnervigen Produktivkraft des postmetaphysisch grenzenlos gewordenen ‚historischen' Subjekts selbst.

In *L'âme et la Danse* und *Eupalinos*, den 1921 verfassten Künstler-Dialogen Paul Valérys, findet Benjamin ein anderes, ihn entzückendes Modell für die Diagnose und gleichzeitig reflexive Befragung der ästhetischen und anthropologischen Krise. Valéry siedelt die ironischen Totengespräche seiner Dialoge im gleichen Bildfeld wie Nietzsche und Benjamin an: jenem von Tanz und Meer. Der Tanz wird bei Valéry zur intensivsten ästhetischen Selbstverwirklichung des schöpferischen Menschen. In *L'âme et la Danse* wird das Produktivwerden menschlicher Reflexivität bis an den Rand der physischen Erschöpfung des Sinns vorgeführt: Die intensive Anschauung der drei Gesprächspartner Sokrates, Erystimachos und Phaidros konfiguriert die gewissermaßen ultimativen – äußersten und letzten – Wendungen der Tänzerin als Gedanken vorführendes Wortkunstwerk, in denen sie am Ende des Dialogs im Bann der Fantasie zwischen Leben und Tod ihr erstes und zugleich letztes Wort aushaucht und danach zusammenbricht. Die Tanzkunst wird „zum Paradigma jeglicher Kunst, die die Möglichkeiten der ästhetischen Selbstverwirklichung des menschlichen Körpers auszuschöpfen versucht"[35] und zugleich diesen an oder über die Grenze der physischen und psychischen Erschöpfung treibt.

34 Nietzsche: Fröhliche Wissenschaft, S. 571.

35 Das Zitat aus der Anmerkung des Hg. Karl Alfred Blüher, in: Paul Valéry: Werke 2, S. 456; vgl. Paul Valéry: Philosophie des Tanzes [1936], in: Ders.: *Werke*, Bd. 6, S. 243–257.

Der zweite Dialog, *Eupalinos*, verhandelt im Gespräch zwischen Sokrates und Phaidros, durch dessen Rede die Gedanken des Architekten Eupalinos wiedergegeben sind, ein übergreifendes Problem der klassisch-romantischen Ästhetik und der verschiedenen Kunstgattungen zwischen Produktion und Rezeption – wobei Malerei und Dichtung als bildsame von der Architektur und der Musik (mit deren unsinnlicher Verkörperung der Idee) unterschieden und in weitreichenden Reflexionen besprochen werden. Die Ode des – bloß immateriell, in seinen Gedanken und in der Vermittlung von Phaidros vorhandenen – Eupalinos führt in dessen absolute Vergeistigung: „Du bist von uns der einzige Gegenstand, der sich mit dem Weltall (Sphärenmusik) vergleichen lässt."[36] Wie bei Nietzsche scheint es die Willenskraft, die „noch das Unteilbare teil[t] und dass ich mäßige und unterbreche die Geburt meiner Ideen."[37] In der Mitte des Dialogs erwähnt Sokrates, dass ihm in der Jugend am Strand durch Zufall das „zweideutigste Ding der Welt"[38] in die Hände geraten sei. Sein Erzählen dieses Jugenderlebnisses wird nun seinerseits von Phaidros an die Oberfläche geholt, der Sokrates' Abschweifen auf Welle und Meer, Schaum und Gischt immer wieder auf die Frage nach dem Ding lenkt – und damit die vom kanonischen Sokrates verwendete Strategie des Fragens gleichsam übernimmt und gegen diesen wendet. Dieses Ding, weder natürlicher Herkunft noch ganz künstlich, zwingt ihn zur Entscheidung, ob er die Erkenntnissuche fortan künstlerisch-bildnerisch umsetzt oder weiterhin reflexiv-philosophisch. Schließlich wirft er das Ding zurück ins Meer und geht landeinwärts davon, das Meer mit dem Schlund der Geschichte gleichsetzend: „Die Jahrhunderte kosten nichts; wer über sie verfügt, verwandelt, was er will, in was immer."[39] Dem Meer als physiognomisch undeutbarem Tableau wohnen in dieser anthropologischen Allegorie Staunen und Vergessen gleichermaßen inne:

> L'Histoire est le produit le plus dangereux que la chimie de l'intellect ait élaborée. Ses propriétés sont bien connues. Il fait rêver, il enivre les peuples, leur engendre de faux souvenirs, exagère leurs réflexes, entretient leurs plaies, les tourmente dans leur repos, les conduit au délire des grandeurs ou à celui de la persécution, et rend les nations amères, superbes, insupportables et vaines.[40]

---

36 Paul Valéry: Eupalinos oder Der Architekt, in: Ders.: *Werke*. Frankfurter Ausgabe in sieben Bänden, Bd. 2: Dialoge und Theater, hg. v. Jürgen Schmidt-Radefeldt, Frankfurt/M. 1989, S. 7–85, hier S. 30.

37 Ebd., S. 42.

38 Ebd., S. 48

39 Ebd., S. 52.

40 „Geschichte ist das gefährlichste Produkt, das die Chemie des Intellekts entwickelt hat. Ihre Eigenschaften sind wohlbekannt. Sie regt zum Träumen an, berauscht die Völker,

Paul Valérys Kunstideal ist, in der Nachfolge seines Lehrers Mallarmé, das absolute Werk – es beinhaltet so viele Ideen, wie es Zeichen hat.[41] Dagegen kostet der Blick in den Schlund der Geschichte nichts und verursacht nur ubiquitäre Verwirrung über die endlose Zahl an unübersichtlichen, nicht sinnfällig zu machenden bruchstückhaften Fakten – eine kulturkonservative Volte gegen die theoretische Grundlage des Historismus in der Kontingenz. Die Dialoge werden, auf den ersten Blick ganz dem antiken Vorbild entsprechend, durch Sokrates' beredtes Staunen vorangetrieben, dem immer neue Reflexionsschlaufen folgen. Valérys Modell beruht auf einer Prüfung, die die entscheidenden Fragen aussetzt. Die Entscheidung für die künstlerische oder die philosophische Existenz – für Plato die klassische Frage in Bezug auf die Lenkung des Staats und die eigentliche Eingliederung ins Gemeinwesen – wird dadurch offengehalten. Wenn Sokrates den Blick vom Meer abwendet, nimmt er die durch den undefinierbaren Gegenstand aufgeworfenen Fragen mit.

Gernot Böhme hat die anthropologische Innovation des ‚Typs Sokrates' noch einmal geschärft.[42] Sokrates ist derjenige, der in der Form der Frage das Wissen *und* das Nichtwissen erhellt. Die Praxis der Prüfung in den platonischen Dialogen unterstellt, dass derjenige, der etwas weiß, auch sagen können muss, was er weiß. Diese Unterstellung hat einen frappierenden Effekt: Sokrates hat zwar inhaltlich nichts zur Wissenschaft beigetragen, ist durch diese Forderung aber zu einem der Begründer der Wissenschaft geworden. Das sokratische Fragen als eine Methode der Erzeugung dieser ‚Weisheit' erhellt einen Was-Gehalt, also auch, *via negativa*, das Nichtwissen, und zeigt auf, dass beide im Ich stecken. ‚Ich bin mir als Nichtwissender meiner selbst bewusst': So formt sich ein sokratisches Persönlichkeitsbild. In Bezug auf die Methode heißt das: Sokrates fasst das Scheitern keineswegs als ein Scheitern der Methode auf, sondern als ein Scheitern der Personen. Durch ihr Scheitern offenbaren die Gesprächspartner, dass sie nicht eigentlich tapfer, besonnen usw. sind. Aber das eigentümliche Beziehen von Wissen auf eine ‚Form' – hier: was Tapferkeit ist – zeigt auch, dass das erforderte Wissen gar kein Wissen eines Was-Seins

---

erzeugt falsche Erinnerungen, übertreibt ihre Reflexe, hält ihre Wunden aufrecht; sie lässt die Völker nicht zur Ruhe kommen, verleitet sie zum Größen – oder gar zum Verfolgungswahn, verbittert die Nationen, macht sie hochmütig, unerträglich und eitel." (Übers. F.S.); vgl. Paul Valéry: Über Geschichte, in: *Werke. Frankfurter Ausgabe in sieben Bänden, Bd. 7: Zur Zeitgeschichte und Politik*, hg. v. Jürgen Schmidt-Radefeldt, Frankfurt/M. 1995, S. 173–176, hier S. 173.

41 Die Zeitschrift, in der der Dialog veröffentlicht wurde, hatte Valéry eine exakte Zeichenzahl vorgegeben.

42 Gernot Böhme: *Der Typ Sokrates*, Frankfurt/M. 1988, S. 118–122. Für den Hinweis auf diesen Text danke ich Dr. Thomas Forrer.

ist. Sokrates' Wissen ist das Wissen eines Nichtwissens. Wie der produzierende Schüler in Benjamins früher Reflexion über den Dilettantismus in der Sprache arbeitet und deshalb nicht in eine unbegrenzte Rezeptivität verfällt, die dem sinnlichen Dilettanten eignet, ist der Reflex des Einspruchs und das Wandern landeinwärts, ohne den Gegenstand mitzuführen, ohne aber doch die Fragen vergessen zu können, die Kehrseite jener physiognomisch operierenden Geistigkeit, bei der die Jahrhunderte, der Blick darauf, nichts kosten, weil sie an Idealbildern orientiert sind – welcher (post-)metaphysischen Natur (,Gott', ,historische Persönlichkeit', ,Kontingenz', ,Unbewusstes', ...) diese auch immer sein mögen.

„Der ‚sokratische' Valéry nähert sich in dieser extremen Steigerung einer konstruktiven Ideenwelt, die einzig aus dem Ich schöpft, Nietzsche an." Ebenso wie diesem eignet ein Gegenentwurf zum ‚Klassizismus', wie ihn Benjamin Mitte der 1920er Jahre im Werk Goethes so fasst: „nichts ist kennzeichnender für den Klassizismus als dieses Streben in dem gleichen Satz das Symbol zu erfassen und zu relativieren."[43] Weder wird das ‚zweideutigste' Ding erfasst, seine Zweideutigkeit wird nicht aufgelöst – noch relativiert: Die Fragen der Entscheidung, die es ans Subjekt heranträgt, bleiben als Wissen um das Nicht-Wissen präsent und begleiten Sokrates (wie schwierig es ihm auch ist, darüber zu sprechen). Valéry wendet also die Sokrates zugeschriebene Erkenntnismethode der fragenden Maieutik, seine Hebammenkunst, ironisch auf diesen selbst zurück: Das Ding wird in seiner Undurchdringlichkeit ernstgenommen, bewirkt es doch die Richtungsänderung und Abwendung vom Schlund des Meeres. Zugleich kommt es einer heroischen Entscheidung gleich, das Ding wegzuwerfen, es nicht zu bearbeiten. Ein tapferer Held und ein gewahrtes Geheimnis entbinden das Erhabene der Szene.

Benjamins Valéryrezeption bringt ein Element ein, das den damit aufgerufenen (und in der Aufklärungsästhetik positiv besetzten) Diskurs des Erhabenen um seine Kehrseite erweitert.

> Wie nahe rührt nicht die vorzügliche Ableitung des Klassischen aus dem Gedanken einer „königlichen Techne", welche das Griechentum „nach dem Modell der spezialisierten kunstmäßigen Leistung", der Techne überhaupt, sich gebildet habe, an das Tiefste, was Valéry über die Klassik zu sagen hat. [...] Heute hat über Klassik kaum einer mehr zu sagen als der Verfasser des „Eupalinos".[44]

---

43 Benjamin: Goethes Wahlverwandtschaften, GS I.1, S. 153.

44 Walter Benjamin: Das Problem des Klassischen und die Antike [1931], in: Ders.: *Kritiken und Rezensionen* (WuN, 13.1.), S. 313–317, hier S. 316; vgl. auch den Hinweis auf Valéry in dem Aufsatz „Zum gegenwärtigen gesellschaftlichen Standort des französischen

Klassizität wird hier als Parallelführung des Königlichen – als des qua *sozialer* Funktion unbeurteilbar Gewordenen – und des *Spezialistentums* – als funktionaler, von personaler Bestimmung abgekoppelter Kategorie – geführt. Letztere muss sich auf Exaktheit, Nachvollziehbarkeit, Rationalität und Methode verpflichten lassen. Der *Typ Sokrates* zeigt auf, dass die Exaktheit der Methode als Kehrseite das Scheitern oder Verschwinden der (Form der) Person in sich trägt: Der an Nietzsche vorgeführte Wahn der Durchsteigerung des historischen, ‚obdachlos' gewordenen Menschen in den leer gewordenen Himmel. Lukács' Feststellung, wonach viele Autoren Henri Bergsons Idee der *durée* vor diesem Hintergrund zu einer konstitutiven Kraft ihres Schreibens machen, bot in den 1920er Jahren auch in Deutschland einen interessanten Resonanzboden für ästhetische Positionsnahmen.[45]

Weil mit und gegen Valéry keine Frage gestellt werden kann, auf die das Kunstwerk die letzte Antwort zu geben vermöchte, führt dieses Subjektmodell direkt in die Selbstbefragung, die Benjamin problemgeschichtlich in der Dialektik von Souveränität und Kreatürlichkeit der Trauerspiel-Figuren herausgearbeitet hat. Hier setzt er *politische* Kritik an Valérys Annahme einer totalen Übertragbarkeit der Methode ein: Dessen konstruktive Poetik einer „Umwandlung eines Gedankens in einen anderen" – die *poésie pure* („Gedichte, in denen das Spiel der Bilder die Wirklichkeit enthält"[46]) als das eigentliche Konstruktionsmaterial der Kunst – sei das letzte Kap des Fortschrittsgedankens. Benjamin bringt es mit den imperialen Bestrebungen des 19. Jahrhunderts zusammen und gibt ihm damit eine politische Dimension. „Welche Seele würde zögern, das Weltall auf den Kopf zu stellen, um ein wenig mehr sie selbst zu sein", sagt Sokrates in Valérys Dialog.[47] Genau diese Attitüde – von Benjamin bereits in seinem frühen Aufsatz *Sokrates* von 1916 als „Erektion des Wissens"[48] auch, ansatzweise, in eine Kritik der Heteronormativität männlicher Vorstellung der (Neu-)Geburt im Denken bzw. des Denkens überführt – wird er 1931 bei einem Geburtstagsporträt Valérys als die imperialistische Attitüde eines ungebrochenen Fortschrittsdenkens brandmarken. Der Schöpfer des Monsieur Teste, des Herrn Kopf, steht für jene durch

---

Schriftstellers": „Er hat die Technik der Schriftstellerei durchdacht wie kein anderer. Und man würde die Sonderstellung, die er einnimmt, vielleicht hinreichend schon mit der Behauptung treffen, daß Schriftstellerei für ihn in erster Linie eine Technik ist." Walter Benjamin: Zum gegenwärtigen gesellschaftlichen Standort des französischen Schriftstellers, GS II.2, S. 776–803, hier S. 792.

45 So etwa auch Ernst Bloch; vgl. Lukács: *Theorie des Romans*, bes. S. 94–101.

46 Valéry: Eupalinos oder Der Architekt, S. 73.

47 Ebd., S. 77.

48 Walter Benjamin: Sokrates, GS. II.1, S. 129–132, hier S. 131.

den Fortschrittsglauben bewirkte „Trübung des Sehsinns“,[49] wie sie in Wilhelm Worringers in den frühen zwanziger Jahren Epoche machenden Abhandlung *Abstraktion und Einfühlung* (1907) konzipiert wird: Aus dem archaischen Einfühlungsdrang resultiert ein synthetisches, sich auf geistige Denkoperationen, nicht mehr auf materielle Referenten beziehendes ästhetisches Erleben,[50] das sich nur noch als objektivierter Selbstgenuss einsetzen kann, und, wie in Nietzsches Rhetorik, heroisch werden muss. Als einen ‚Seher‘, dessen chthonischer Blick ins Leere geht, porträtiert Benjamin Paul Valéry während dessen Auftritt im Herzen des intellektuellen Lebens von Frankreich – an der *Académie française* – und evoziert damit die gefährliche Szene des untätig gewordenen lebenden Denkmals inmitten institutioneller Kulturbetriebsamkeit.[51] Dieser *fremd*bestimmten Rhythmik der Einverleibung setzt Benjamins Glücksbegriff im *Theologisch-politischen Fragment* den ‚*gegen*rhythmischen‘[52] Eingriff einer messianischen Natur entgegen, deren Unscheinbarkeit nur durch und in theatralen Situationen ‚vergegenwärtigt‘ werden kann[53] – und deshalb umso dringlicher auf den Handlungsraum der Geschichte angewiesen ist, worin das Erkannte genutzt werden kann. Das repräsentative Außen der Denkmäler als in jeder Beziehung fremdbestimmte Rhythmik (in Bezug auf Handlungsräume der Subjektivität in der Geschichte) ist das Gegenmodell zum Anthologischen Schreiben mit historischen Begriffspersonen als ein intertextuelles Denken mit Dritten bzw. in der Position einer dritten Person.

4.3 Keine Deduktion aus dem Biografischen: Historische Begriffsperson (Benjamin, Valéry, Blumenberg)

Die geistestechnischen Funktionsbilder des Tanzes (ein Gegenbild für *langue* und *parole* der Sprache) und des Meeres (ein Gegenbild für menschliche Natur auf historischem Grund), beim Stichwortgeber Nietzsche sowie bei Valéry herausgearbeitet, ermöglichen die Ausmessung eines antiklassizistischen

49 Wilhelm Worringer: *Abstraktion und Einfühlung. Ein Beitrag zur Stilpsychologie* [1907], hg. v. Helga Grebing, Paderborn/München 2007, S. 88. „Das Ich erscheint als Trübung der Größe, als Beeinträchtigung der Beglückungsmöglichkeit des Kunstwerks.“, ebd., S. 98.

50 Vgl. Claudia Öhlschläger: Einleitung, in: Worringer: *Abstraktion und Einfühlung*, S. 13–42, hier S. 22 und 29f.

51 Vgl. Walter Benjamin: Paul Valéry an der Ecole normale supérieure [1929], GS IV.1, S. 479–480.

52 Vgl. Walter Benjamin: Theologisch-politisches Fragment, GS II.1, S. 203–204.

53 Vgl. Fabian Saner: *Ingenium der Utopie. Walter Benjamin und seine Leser Giorgio Agamben und Jacques Derrida*, unpubl. Masterarbeit, Universität Zürich 2012.

Feldes für ein Anthologisches Schreiben, das mit Personen- und Denkmalkult nur eine *äußere Ähnlichkeit*, jene der Sammlung und Ausstellung, teilt. Die Valéryrezeption ermöglicht Benjamin eine Vertiefung seines Konzepts der Klassik, indem Geschichtlichkeit und Dauerhaftigkeit der Klassik in der Auseinandersetzung mit dem Symbol *zugleich* von den präsenztheoretischen Kategorien der platonischen Tradition (Schein, Ausdruck/Ausdruckslosigkeit) getrennt und auf die „königliche" techné produktionsästhetischen Denkens der aristotelischen Tradition umgewidmet werden. „Kunst ist für Valéry eine mentale wie physische Handlung, deren Wesen in der Hervorbringung und im Entstehungsprozess statt im fertigen Produkt zu suchen ist."[54] Die im *Wahlverwandtschaften*-Essay theologisch fundierte Ablehnung des Symbolhaften in dessen Diabolisierung schließt ein messianisches Kunstverständnis aus: Im Unterschied zum Leben des Geschöpfs kommt dem „Leben des Gebildeten" niemals „Anteil an der Intention der Erlösung"[55] zu. Durch seine Valéryrezeption 1925/1926 – angeregt durch Hofmannsthal?[56] – mag dies Benjamin im Vorfeld der Niederschrift der Aphorismen der *Einbahnstraße* zu einer vertieften Auseinandersetzung mit der Textform der ‚Denkbilder' angeregt haben. In einer material- oder produktionsästhetischen Perspektive

54 Regina Karl: Paul Valéry: Entwendung als Handhabe, in: Jessica Nitsche/Nadine Werner (Hg.): *Entwendungen. Walter Benjamin und seine Quellen*, Paderborn 2019, S. 389–413, hier S. 394.

55 Benjamin: Goethes Wahlverwandtschaften, GS. I.1, S. 159; vgl. Sigrid Weigel: *Literatur als Voraussetzung der Kulturgeschichte. Schauplätze von Shakespeare bis Benjamin*, Paderborn 2004, darin Kap. 6. Das Kunstwerk als Einbruchstelle. Zur Dialektik menschlicher und göttlicher Ordnungen in Benjamins *Goethes Wahlverwandtschaften*, S. 109–126, hier S. 119.

56 Nachdem Hofmannsthal Benjamins *Wahlverwandtschaften*-Essay 1924/1925 in seiner Zeitschrift *Neue deutsche Beiträge* abgedruckt hatte, trafen sich die beiden 1928 zu zwei Gesprächen in Berlin, die als bizarr und fantastisch charakterisiert worden sind (vgl. Jäger: Zwischen Soziologie und Mythos, S. 105–108). Wieso konnten sich Benjamin und Hofmannsthal – bei aller gebotenen Vorsicht vor Überinterpretation und in vorläufigem Absehen von der Abhängigkeit der Fürsprache des berühmten Schriftstellers für den jungen Kollegen, dessen akademische Karriere gescheitert war – gerade Mitte der 1920er Jahre aneinander reiben? Benjamin reagierte auf Hofmannsthals deutschen Typus, auch auf dessen ‚Haltung' als genuines Konzept der literarischen Erfahrung. Hofmannsthal interessierte sich für Benjamins Allegoriekonzept, dessen Denkfigur des dialektischen Bilds. Auch in der medienästhetischen ‚Lebensschrift' konnten sich Benjamin und Hofmannsthal Mitte der 1920er Jahre thematisch kreuzen, so experimentierte Benjamin 1928 mit Haschischprotokollen, die zu dieser Zeit mit Fritz Fränkel, Ernst Joel und Ernst Bloch durchgeführt wurden; Hofmannsthal arbeitete am Plan des Priesterzöglings und des Zeichendeuters; vgl. Jäger: Zwischen Soziologie und Mythos. Hofmannsthal hatte Benjamin bereits Übersetzungsaufträge vermittelt. Vgl. Matz: Hofmannsthal und Benjamin, in: *Akzente* 36 1/1989, S. 43–65.

wäre das Ziel dieser Textform darin beschrieben, *geistestechnische Funktionsbilder zu kreieren, die den Symbolbegriff umwenden*: die Zusammenführung und Relativierung von Gegensätzen, die das Bestreben eines klassizistischen Symbolbegriffs markiert, wird durch die allegorische Nutzung ihrer in der kapitalistischen Lebenswelt bereits unwillkürlich durchtechnisierten Struktur ersetzt:[57] Der ‚Kapitän' auf dem Mastbaum des Schiffs im Wind des erobernden Fortschritts und der ‚Seher' mit abgewandtem Blick auf dem Katheder der elitären Bildungsinstitution versinnlichen keine melancholische Abwendung von diesen Typen, sondern *zeigen* auf den ambivalenten durchtechnisierten Geist in seiner äußersten, letzten, gegenwärtigsten Verkörperung – *das* ist der Einsatz dieser literarischen Form der Gegenwartskritik. Ein durch einen Satzfehler ungedruckt gebliebenes Gleichnis Benjamins verbildlicht diesen Gedanken unsinnlicher Ähnlichkeit geradezu idealtypisch, indem ein Wort von Karl Wolfskehl wortspielerisch umgewendet wird: Fischt das Symbol im metaphysisch „Trüben", geht es den Chthonikern, den Sehern, um ein „Fischen im Drüben".[58] Die Gefahr bei diesem Fischen im Hier-und-Jetzt ist dabei immer, dass Haken oder Köder vom Strom der Zerstreuung mitgerissen werden – dem ist technische Gewissenhaftigkeit bei der Einrichtung der gedanklichen, sprachbildlichen und politischen Konstellationen entgegenzuhalten, was sich in den intensiven Reflexionen zu Zeitschriften, Büchern und den sozialen Institutionen von Kunst und Ästhetik (Redaktion, Verlag, Bibliothek, Museum, Kino, usw.) niederschlägt, die Hofmannsthal, Benjamin, in geringerem Maße auch Borchardt, auszeichnen. – Welche Folgen haben diese Reflexionen für die Erforschung ästhetischer Gegenstände *als* geschichtliche? Die maßlose Rezeptivität des Dilettanten stellt für Benjamin im Gefolge Nietzsches und Valérys das Indiz der Wiederkehr eines historischen Bewusstseins als eines symbolisch-metaphysischen Ungefährs im ‚modernen' Künstler dar.

Von Benjamins Auseinandersetzung mit Valérys Konzeption des Geschichtlichen sind keine umfangreichen schriftlichen Aufzeichnungen überliefert. An dieser Stelle setzt Hans Blumenberg ein, dessen voluminöse philosophische Arbeit in Auseinandersetzung mit ästhetischen Traditionen auffällig spärlich auf Benjamin Bezug nimmt.[59] Blumenberg interessiert sich für den anti-

57 Diesen Gedanken entnehme ich Haverkamp: Geld und Geist, S. 179.

58 Walter Benjamin: Erleuchtung durch Dunkelmänner, in: *Kritiken und Rezensionen* (WuN 13.1), S. 386–391, hier S. 388 (Rezension zu Hans Liebstöckls: *Die Geheimwissenschaften im Lichte unserer Zeit*, 1932). Vgl. den Stellenkommentar dazu in Benjamin: *Kritiken und Rezensionen* (WuN 13.2), S. 373, mit einem Verweis auf Benjamins Brief an Adorno vom 3.9.1932 (GB IV, S. 126–129), wo Benjamin den Setzfehler richtigstellt.

59 Vgl. Eckardt Köhn: Hans Blumenberg liest Walter Benjamin. Philologische Splitter, in: Harald Hillgärtner/Thomas Küpper (Hg.): *Medien und Ästhetik. Festschrift für Burkhardt*

biografischen Verdacht, den Valéry in der Trennung ideeller Deduktion von der historischen Person begrifflich macht. Diese Zweifel an Geschichte und Geschichtsschreibung bleiben bei Valéry notorisch im Vorwurf, dass sie ein Verführungsinstrument der Massen und der Staaten seien:[60] In seinem Essay *Einführung in die Methode des Leonardo da Vinci* gebe Leonardo, so Valéry, nur den Namen ab für die deduktiv-methodisch erstellte *Gestalt*, die er präsentieren wird, also für das „Gedankengeschöpf" („une créature de pensée").[61] Im Dialog *L'âme et la Danse* ist vom blinden Wissenden als einer „choréographie de symboles savantes" die Rede,[62] von welchem gelte:

> Fast nichts von dem, was ich über sie äußern werde, darf auf den Menschen, der diesen Namen berühmt gemacht hat, bezogen werden. Ich lege es nicht darauf an, Deduktion und Person zusammenfallen zu lassen, was ich im schlechten Sinn für unmöglich halte.[63]

Valéry schafft sich eine *Begriffsperson* namens Leonardo da Vinci, um die Unbegrifflichkeit künstlerischen Schaffens – jenseits des vermeintlichen Gebietscharakters in der Umgrenzung künstlerischen Schaffens durch biografisches bzw. kunstgeschichtlichen Wissen – darstellbar zu machen: Das biografische Wissen kommt seiner Auffassung nach einem hypostasierten Nicht-Wissen gleich.

Nebst diesem Modell einer über Valéry entwickelten sokratischen Begriffsperson, die ein spezifisches Wissen bzw. Nichtwissen der Ästhetik entwickelt, stellt die Psychoanalyse eine ähnliche Epistemologie für die Ambivalenz von künstlerischer Anstrengung und notwendiger Desillusionierung bereit. Das Modell der Traumdeutung verschafft den Spielraum, die ästhetische Eigenart künstlerischer Formprozessierung gegen die historistische Zumutung umfassender Kontingenz abzuschirmen. Damit wird es auch ermöglicht,

---

Lindner, Bielefeld 2003, S. 83–102, hier S. 101: „Vielleicht hätte hier – in der identischen Beurteilung dieser Textstelle des erzählenden Sokrates – und im Verhältnis der beiden Denker zu Paul Valéry eine umfassende Untersuchung der theoretischen Gemeinsamkeiten zwischen Blumenberg und Benjamin ihren günstigsten Ausgangspunkt, von dem aus die in den Texten manifeste Rezeption nur als Spitze des Eisbergs erscheinen könnte." Burkhardt Lindner meinte, Blumenberg habe sich die Früchte seiner Benjaminlektüre konsequent versagt.

60 Vgl. Karin Krauthausen: Blumenbergs möglicher Valéry, in: *Zeitschrift für Kulturphilosophie* 1/2012, S. 36–60, hier S. 52.

61 Paul Valéry: Einführung in die Methode des Leonardo da Vinci, in: Ders.: *Werke*, Bd. 6, S. 7–61, hier S. 10.

62 Valéry: Eupalinos oder Der Architekt, S. 44.

63 Valéry: Einführung in die Methode des Leonardo da Vinci, zit. n. Krauthausen: Blumenbergs möglicher Valéry, S. 40.

ästhetisch-politische Ziele hinsichtlich der Bewahrung, Umwandlung und Revolutionierung des ‚Erbes', der Überlieferung weiterhin zu verfolgen – insbesondere auch über die Kriegstraumata hinweg, die zur gleichen Zeit wie Hofmannsthals und Borchardts Anthologieprojekte ab Mitte der 1920er Jahre in literarischen Erzeugnissen, der sogenannten Frontliteratur, erst so richtig Konjunktur erhalten.

Bei Hofmannsthal findet sich unter dem Namen Valérys ein unausgearbeiteter Entwurf seiner *Erfundenen Gespräche* mit dem Titel „Der Dichter und der Geometer": „Je disais à mon ami que des savants hommes courent bien plus des risques que les autres, puis qu'il font des paris, et que nous restons hors de jeu; et qu'ils ont de manières de se tromper: la nôtre, qui est aisée – et la leur, laborieuse."[64] Hofmannsthal kannte die Freud'sche Psychoanalyse gut. Bei Freud heißt es: „Die Herstellung von Sammel- und Mischpersonen ist eines der Hauptarbeitsmittel der Traumverdichtung."[65] Als „Hauptarbeitsmittel" wendet sie Hofmannsthal in seiner Münchner Rede zur konservativen Revolution (1927) an, indem er nicht nur die Träumer, sondern auch die Dichter zu Sammel- und Mischpersonen verdichtet und als „Schatten und Schemen" kommentiert.[66] Ein Schatten, im Gegenwurf des Anblicks, oder ein Schema können etwas veranschaulichen, unter das dann, wenn es begrifflich erfasst wird, mehrere Gegenstände fallen können. Die anthologischen Arbeiten Hofmannsthals sind auf eine solche kunst- und bildungspolitische ‚Wiederherstellung' einer Typik konzentriert, die die kulturkritisch beklagte ästhetische Unbestimmtheit der Gegenwart mittels Einblendung der klassischen Köpfe geschichtlich auffüllen will.

Die schriftstellerische Finte Valérys – aus der Arbeit an einem ästhetischen Nicht-Wissen ästhetischen Freiraum zu schlagen – verschafft andererseits auch Benjamin zentrale Einsichten in die (Des-)Institutionalisierung oder (De-)Historisierung intellektuell und künstlerisch verankerten Wissens. Genau an dieser Funktion setzt Benjamins Interesse für das Anthologische Schreiben als einer Form an, die die Befragung der Wissens- und Bildungsgeschichte generationaler Zusammenhänge ermöglicht und damit Überlieferung nicht

64 „Ich sagte meinem Freund, dass die Gelehrten weitaus mehr Risiken eingehen als alle anderen, indem sie Wetten abschließen; wir hingegen bleiben außerhalb dieses Spiels. Sie täuschen sich in anderer Art als wir: unsere ist leicht, ihre beschwerlich", Hofmannsthal: Der Dichter und der Geometer, KA XXXI, S. 209 (Übersetzung F.S.).

65 Sigmund Freud: *Die Traumdeutung* (Der Käfertraum), zit. n. Dethloff: Hugo von Hofmannsthal und eine konservative Revolution, S. 538.

66 Dies hat Klaus Dethloff in seiner Relektüre von Hofmannsthals Münchner Rede von 1927 herausgearbeitet; vgl. Dethloff: Hugo von Hofmannsthal und eine konservative Revolution, S. 538–539.

als irgendwie typologische Repräsentation betrachtet (in der Umlegung der typologischen *figurae*[67] auf ästhetische Modi), sondern als *intertextuelles und intermediales Überlieferungsgeschehen* formprozessierender Momente in Produktion und Rezeption. Die intellektuelle bzw. künstlerische Persona wird quasi aus ihrem Milieu, dem Raum, dem Umfeld, in dem sie tätig ist, schreibt, spricht usw. physiognomisch deduziert.[68] Dies lässt sich an den Porträtbildern wie den Städtebildern gut erkennen, an denen Benjamin ab Mitte der 1920er Jahre seinen unverkennbaren Stil entwickelt. Im Porträt von Valéry (1931) ist es dessen eigenes geistestechnisches Funktionsbild des Meers, das das Arrangement bietet – der Redner Valéry wird als Kapitän „an das Kap des Denkens" gesetzt.[69] Die kritisierte politische Unbestimmtheit des Sehers Valéry wird als Funktionsbild für die Ambivalenz der Aufklärung und der Geschichte ihrer Institutionen *bis an den konkreten Ort* der Pariser Ecole normale supérieure geführt, an der Valéry gerade spricht und in der sich alle Probleme der mitgeschleppten uneingestandenen Kehrseiten dieser Aufklärung damit reproduzieren.[70] Der verdichtete Zusammenzug des Valéry'schen Funktionsbilds des Meers ermöglicht diese produktions- und rezeptionslogische Verschränkung eines Gedankens (hier: der Aufklärungskritik). Im Modus der Aneignung und Umfunktionierung des jeweils zentralen Funktionsbilds des zu anthologisierenden Autors, der zu anthologisierenden Autorin, bewahrt Anthologisches Schreiben für Benjamin zugleich ästhetische Eigenarten des bzw. der Porträtierten, ohne auf die typologisch-symbolische Repräsentationslogik des anthologischen Mediums im Sinn einer Reihe von Textdenkmälern zurückzufallen. Damit ist der Anspruch verbunden, produktionslogisch wie rezeptionslogisch ein Stück Überlieferung im emphatischen Sinne *weiter*schreiben zu können.

Unter dem Titel *L'Allemagne fraternelle 1800–1900* wollte Benjamin zusammen mit seinem Übersetzer Pierre Klossowski eine Auswahlsammlung der Milieus und der Entourage großer Persönlichkeiten von Hegel, Goethe, Hölderlin,

67 Vgl. Friedrich Balke/Hanna Engelmeier: *Mimesis und Figura. Mit einer Neuausgabe des ‚Figura'-Aufsatzes von Erich Auerbach*, Paderborn 2016; Patrick Eiden-Offe: Typologie und Krise. Fichte in Lukàcs, in: Dannemann / Meyzaud / Weber (Hg.): *100 Jahre „Transzendentale Obdachlosigkeit"*, S. 211–228.

68 Vgl. Jacques Derrida: *Das andere Kap. Die vertagte Demokratie. Zwei Essays zu Europa*, Frankfurt/M. 1992 (*L'autre cap suivi de La démocratie ajournée*, Paris 1991).

69 Walter Benjamin: Paul Valéry. Zu seinem 60. Geburtstag, GS II.1, S. 386–390, hier S. 390.

70 Dieses prekäre Funktionsbild – in dem nicht zuletzt auch die erhängten Sklaven des transatlantischen Sklavenhandels mitgelesen werden können – hat Jacques Derrida in Bezug auf Valéry in *Das andere Kap* triftig gemacht.

Büchner und Marx bis Nietzsche, Gustav Freytag und Keller dokumentieren.[71] Für seine anthropologisch zu nennende Erfahrungskunde[72] gebraucht er camouflierend Begriffe wie ‚Lehre', ‚Rhythmus', ‚Welle' oder ‚Tanz' – also genau jene Etiketten des aisthetischen ‚Leib-' und ‚Bildraums', wie sie durch Ludwig Klages gerade Mitte der 1920er Jahre auf den fragwürdigen Höhepunkt ihrer historischen Popularität zulaufen. Ein sprechendes Beispiel dafür sind gerade Benjamins Bezugnahmen auf Borchardt zwischen 1921/22 und 1928: Zunächst wird dieser als „Beschwörer"[73] im Gegensatz zu Goethe dargestellt (im *Wahlverwandtschaften*-Essay), später dann bloß noch summarisch unter den intellektuellen Verrätern „an den Gütern [gefasst], zu deren Wächter Jahrtausende sie [die Intellektuellen, F.S.] bestellt haben".[74]

An dieser Stelle setzt Benjamins Umwertung oder Umfunktionierung anthologischen Schreibens bzw. der in diesem Schreiben niedergelegten Erschließungsmetaphoriken in Bezug auf ‚Erbe' und Vergangenheit ein: Sprachförmige Eigenheiten des jeweiligen schreibenden (oder adressierten) Menschen werden als kollektive historisch-soziale Funktionen der Haltung (‚Freundschaft', ‚Treue', ‚Aufrichtigkeit' uvm.) analysiert. Ästhetische Unverfügbarkeit textueller Erzeugnisse wird dem „aufklärerischen Durchdringungsanspruch" entgegengehalten – und beide gleichermaßen in ein historisches Paradigma philologischer Betrachtungsweise umgelegt.[75] Hatte Benjamin 1919 Werke und Briefe eines Menschen noch „wie eine Wasserscheide"[76] so unterschieden, dass das eine begrifflich zugänglich, das andere Zeugnis von begriffslosen Lebensprozessen sei, interessiert er sich in seiner späteren anthropologischen Historisierung der Ästhetik als kollektiver Wahrnehmungsform für die Rhythmik, in der Ausdrucksformen historischen Lebens in Ausdrucksformen historischer Werke einen Begriff und Ausblick auf das nur materialistisch zu erzeugende „Nachleben" eines Kunstwerks und eines Menschen geben können.

---

71 Vgl. Brodersen: Nachwort. Ein Wörterbuch der Humanität, S. 475–476. Der Herausgeber Brodersen entnimmt dies einem neu aufgefundenen Typoskript im Benjamin Archiv. In den *Gesammelten Schriften* der 1980er bis 2000er Jahre fand sich noch kein Hinweis auf dieses Projekt.

72 Vgl. Detlev Schöttker: Nachwort. Aphoristik und Anthropologie, in: Benjamin: *Einbahnstraße* (WuN 8), S. 563.

73 Benjamin: Goethes Wahlverwandtschaften, GS. I.1, S. 182.

74 Walter Benjamin: Drei Bücher des Heute, in: Ders.: *Kritiken und Rezensionen* (WuN 13.1), S. 116–122, hier S. 120.

75 Vgl. die interessante Befragung der metaphorischen Ressourcen im Begriffsfeld der Philologie bei Marcel Lepper: *Philologie zur Einführung*, Hamburg 2012, bes. S. 36–41, hier S. 39.

76 Walter Benjamin: Die Fahne, GS VI, S. 94–95, hier S. 95.

Hier trifft sich Benjamin mit Blumenbergs an Valéry gewonnener Epistemologie des Dichtens, die sich, genau wie Benjamin im Bild des Schülers und des Dilettanten, für eine eigentümliche Paradoxie interessiert: Nach Blumenberg

> sorgt der Dichter seinerseits entscheidend für die *Unbestimmtheit* der Tradition, die er vorfindet, und zwar paradoxerweise gerade durch die Wahrnehmung jenes Anreizes für eine Phantasie, die frei geworden ist, dem vorgefundenen Substrat *Überbestimmtheit* zu geben.[77]

Von der Kulturkritik am steinernen Personendenkmal und dessen Deduktion historischen Werts – Repräsentationskult des Historismus – über eine ‚sokratisch' zu nennende Arbeit an einer personal gebundenen Form des Nicht-Wissens – Kritik des Historismus – bis in das spezifisch *geschichtlich* bestimmte theoretische Verhältnis von (Traditions-)Wissen und Unbestimmbarkeit des künstlerischen Schaffens – ästhetische *Analyse* des historistischen Paradigmas – ist es ein weiter Weg: Es ist der Weg der negativen Dialektik und Ästhetik Adornos von den Gesetzmäßigkeiten ästhetischer Gegenstandsbearbeitung zu den daraus entstehenden materialästhetischen Paradoxa, der hier in der gerafften Zusammenschau von Nietzsche, Benjamin, Valéry und Blumenberg[78] an exemplarischen Szenen konturiert werden sollte.

Das nun folgende Autorenkapitel zu Walter Benjamin führt das hier anhand von Funktionsbildern umschriebene Feld ästhetischer Verhandlungen und Umwertungen zurück auf deren materielle Referenten einerseits und auf die Begriffsbildung andererseits: In welchen Konstellationen (z.B. Zeitschriften) kann sich eine Ästhetik des Überlieferungsgeschehens in eine konkrete Arbeitspoetik umsetzen? Welche Folgen hat dies für einen Autor, dessen philosophische Texte bis Mitte der 1920er Jahre geradezu idealtypisch die Werkform der geschlossenen Abhandlung anstrebten? Und wieso steigt das Anthologische Schreiben in Form von Textserien gar zum Modell für eine (politisch) folgenreiche Produktion auf?

---

77 Hans Blumenberg: Wirklichkeitsbegriff und Wirkungspotential des Mythos [1971], in: Ders.: *Ästhetische und metaphorologische Schriften*, S. 327–406, hier S. 346.

78 Die Weiterführung dieser Zusammenschau könnte über die Reflexion der Begriffsgeschichte der Technik und des Technischen laufen, die bei allen dreien in unterschiedlichem Ausmaß „den Zusammenhang von Technik und Überlieferung aufnimmt, ohne ihn selbst technizistisch zu verkürzen", Lindner: Zu Traditionskrise, Technik, Medien, S. 462.

KAPITEL 5

Walter Benjamin

Denn menschliches Leben läßt sich
nicht nach Analogie eines Kunstwerks betrachten.[1]
Walter Benjamin

„Da Anthologie zu deutsch heißt: Blütenlese, so ist diese Nummer keine Anthologie."[2] Benjamins Strukturprinzip des Anthologischen Schreibens wendet sich erstens gegen einen normativen Repräsentativitätsanspruch, einen symbolischen Zusammenhang zwischen dem herausgenommenen und anthologisierten Einzelstück und dem damit verbundenen Verweiszusammenhang in eine gebietsmäßig (z.B. biografisch oder motivisch) abgegrenzte Literatur-, Kunst- und Kulturgeschichte. Die gereihten Texte entstehen zweitens aus einem seriellen Prinzip, das seinen Zusammenhang aus einer Geste gewinnt: nicht symbolisch relativierend und zusammenführend, sondern konstruiert aus Wenigem – der Handhabe des ‚destruktiven Charakters' (vgl. Kap. 5.2).[3] Die radikalen Positionssetzungen in den einzelnen Texten stehen der Vorannahme vieler Leserinnen und Leser entgegen, wonach Benjamin von Ambivalenzen zwischen nostalgischer Versunkenheit und rückhaltloser Aufgabe zugunsten des Neuen hin- und hergerissen gewesen sei. Benjamins Art, alte Bücher zu lesen und daraus Zitate oder Textreihen zu montieren, schreibt sich von seiner kontraintuitiven Maxime des Sammelns her: „Die alte Welt erneuern – das ist der tiefste Trieb im Wunsch des Sammlers"[4] oder im Kommentar Lindners: „Die Verjüngung der Welt geht für den Sammler von einem destruktiv gegen das Bestehende gerichteten Impuls aus."[5] Die materialen Gegenbilder in Benjamins literarischen Glossen und Stücken prägen sich als Serienbildungen in seinen Anthologien aus. Gereiht und in unterschiedliche (kommentierende und mediale) Zusammenhänge versetzt, sind sie verschiedenen gesellschaftlichen Beleuchtungs- und Handlungszusammenhängen ausgesetzt, wogegen die Anthologien Hofmannsthals und Borchardts meistens einem Motivprinzip (‚Landschaft' ‚Gemüt' usw.) untergeordnet oder in eine normative Typologie

1 Benjamin: Goethes Wahlverwandtschaften, GS I.1, S. 123–201, hier S. 161.
2 Benjamin/Haas: Vom Weltbürger zum Großbürger, GS IV.2, S. 815.
3 Benjamin: Der destruktive Charakter, GS IV.1, S. 396–398.
4 Walter Benjamin: Ich packe meine Bibliothek aus, GS IV.1, S. 388–396, hier S. 390.
5 Lindner: Zu Traditionskrise, Technik, Medien, S. 453.

DOI:10.30965/9783846767436_006

(‚Beste Köpfe', ‚Ewiger Vorrat') eingeordnet sind, die von Entwicklungslinien ausgeht.

Produktionsästhetisch ersetzt die Serienbildung und die Fokussierung auf die mediale Qualität der Anthologie deren Typik als Zerfallsprodukt der Tradition – der ‚blühenden' Anthologie und ihrer Repräsentation klassischer, verstanden als ‚ewig wiederaufgreifbarer' Köpfe oder Motive. Benjamin orientiert sich an der Idee einer kollektiven Rezeption in der Zerstreuung als begrifflichem Komplement des Kunstwerks, um das Anthologische Schreiben als Methode aufzuweisen, die eine andere Funktionalität gesellschaftlicher Produktions- und Rezeptionsprozesse bahnt: Anthologien als kulturkonservative Produkte gegen den Zerfall werden zum formprozessierenden Mittel, textuelle *als* mediale Überlieferungsprozesse *inmitten des gegenwärtigen Zerfallsgeschehens* zu bearbeiten und diesen konstatierten Zerfall ästhetisch mitzugestalten, ohne in einer Logik der ‚Rettung' zu verharren bzw. sich auf diese zu beschränken.[6] Dieser ‚sokratische' Weg vom Typ der personalistischen Denkmäler ans physiognomisch unintelligible anonyme Meer der *poésie pure* von Valéry erfolgte unausgewiesen auch auf der Welle Nietzsches, dessen Vexierbild in der Architektur von Benjamins Serien und Reihen sowohl in der *Einbahnstraße* wie in den *Deutschen Menschen* auffällige Schlusssteine bildet (vgl. besonders Kap. 4).

5.1 Klassik und Zerstreuung

In Walter Benjamins Texten stehen die Philosophie und die ästhetisch-künstlerische Philologie sowohl als historisch gewordene Zugänge zur Deutung von Artefakten als auch als methodische Selbstverständigungsweisen der schriftstellerischen Arbeit in Spannung zueinander. Diese Spannung lässt sich insofern als produktives Moment Benjamin'scher Schreibszenen[7] begreifen, als das Verhältnis von Philologie und Philosophie auf eine Praxis hinweist, die (im Wissen um ihre historische Gewordenheit) immer schon einer Dichtotomie

6 Ein interessantes Gegenbild dazu mag sich in Simmels Auseinandersetzung mit der Ruine als Formwerdungsmoment finden, die als weitgefasstes Funktionsbild zwischen Natur und Kultur auch in Benjamins Trauerspielbuch begrifflich versinnlicht ist. Vgl. Aleksandra Prica: Ruine. Versuch über die philosophische Kehrseite bei Georg Simmel, in: Natalie Pieper/Benno Wirz (Hg.): *Philosophische Kehrseiten. Eine andere Einleitung in die Philosophie*, Freiburg/Br./München 2014, S. 273–297. Vgl. meine Rezension dieses Sammelbands in: *Variations. Literaturzeitschrift der Universität Zürich* 23/2015, S. 212–213.

7 Stingelin: Einleitung: „Schreiben".

von zeitlos-idealer Vorstellung der Formwerdung und spur- und restlosem Herstellungsprozess entzogen ist.

> Benjamin gehört zu jenen unübersichtlichen Autoren, deren Werk auf eine disparate Wirkungsgeschichte angelegt ist; diese Autoren treffen wir immer nur an in der aufblitzenden Aktualität eines für historische Sekunden die Herrschaft antretenden Gedankens.[8]

Als Jürgen Habermas diese Sätze 1972 in seiner wirkungsmächtigen Studie zu Benjamin veröffentlicht, hat die Kontroverse um die Edition von Benjamins Schriften und die damit einhergehende Popularisierung im deutschsprachigen Raum im Umfeld der studentischen Protestbewegung einen ersten Höhepunkt erreicht. Im selben Jahr beginnt der Suhrkamp-Verlag mit der Publikation der *Gesammelten Schriften* (GS), die die vorangegangenen Neuauflagen und Sammelpublikationen einzelner Texte Benjamins ablösen. Auf eine bisher von Polemik bestimmte Kontroverse folgt nun eine stärker auch an werkimmanenten Kriterien orientierte Beschäftigung, die von Skepsis gegenüber Editionskriterien und Textdarbietung in den *Gesammelten Schriften* begleitet bleibt.[9]

Die von Habermas konstatierte disparate Wirkungsgeschichte ist ein Ausgangspunkt, Benjamins Begriffsfiguren auf ihre Reflexion von *Wirkungsmomenten* im Schreiben zu untersuchen. Dabei wird sich zeigen, dass Benjamin aufgrund methodischer Skrupel gegenüber der rhetorischen Wirksamkeit von Schrift an Text- und Medienkonstellationen arbeitet, die sich – in Bezug auf die Bestimmung des Kunstwerks in der Zeit seiner Produktion und der Zeit seiner Rezeption – als Herausforderung innerhalb des Wahrnehmungsschemas und hermeneutischer Interpretationsverfahren zeigen. Die Aktualisierbarkeit – von Gedanken, Methoden, Medien – spielt dabei eine zentrale Rolle, wobei Benjamin, ausgehend von einer Konstellation der frühromantischen Ästhetik, produktions- und materialästhetische Fragen zunächst eher zum Gegenstand einer philosophischen Betrachtung macht, als dass sie Ausgangspunkt für eine Reflexion auf die Form des Materials würden. Dies ändert sich mit der Arbeit an den Anthologien und deren aufwertender Repositionierung als Traditionsmedien im Zuge der Auseinandersetzung mit dem George-Kreis, mit

---

8 Jürgen Habermas: Bewusstmachende oder rettende Kritik – die Aktualität Walter Benjamins, in: Siegfried Unseld (Hg.): *Zur Aktualität Walter Benjamins*, Frankfurt/M. 1972, S. 173–224, hier S. 176.

9 Zu den zentralen Setzungen dieser Kontroverse unter dem Aspekt von Benjamins Verhältnisbestimmung von Philologie und Philosophie, vgl. Forrer: „Andacht zum Unbedeutenden", S. 49–53.

Hofmannsthal und Borchardt. Der literarische Text tritt in der literaturwissenschaftlichen Interpretation in einen Dialog mit den geschichtlich gewordenen Elementen materialer, inhaltlicher, stilistischer usw. Art, die sich ihr entgegenstellen. Interpretation ist, um einen Definitionsansatz von Christian Benne aufzunehmen, „Text in seinem angenommenen und rekonstruierten Werkcharakter."[10]

Bis Mitte der 1920er Jahre begreift Benjamin das Kunstwerk vor dem Hintergrund romantischer, neukantianischer und religionsphilosophischer Theoriebildung als Ausdrucksort eines prinzipiell unruhigen und unauflösbaren Spannungsverhältnisses von Schönheit und Wahrheit. Die Erfahrung der Kunstform setzt, in der kantischen Lesart Georg Simmels, einen Schematismus voraus, der Anschauung und begriffliches Verstehen verknüpft, ohne eines von beiden zu sein.[11] Dieses nach Interpretation verlangende Ausdrucksverhältnis versucht Benjamin in seiner paradigmatischen kunstphilosophischen Behandlung eines einzelnen Werks, dem Essay *Goethes Wahlverwandtschaften*,[12] über komplementäre Begriffspaare einzuhegen und insofern dialektisch darstellbar zu machen. Mit den flexiblen wie griffigen Konzepten von Kommentar und Kritik, Rhythmus und Zäsur, Schein und Ausdruckslosigkeit stellt Benjamin eine von ihm angenommene, wechselseitige Unausschließbarkeit von menschlicher und göttlicher Schicksalsordnung dar und macht – in der steten Einblendung der Rezeptionsgeschichte der *Wahlverwandtschaften* Goethes – die Grenzen kunstphilosophischer Kritik sichtbar, ohne einer Remythisierung des Kunstwerks bzw. der dichtenden Person, einer schlechten Heiligung in die Hände zu spielen.[13] Das Werk wird als Medium oder „Einbruchsstelle" des ‚In-Erscheinung-Tretens' des reinen Inhalts konzipiert, dessen Lokalisierung in der Sphäre der Anschauung Benjamin jene ‚Brechung' konstatieren lässt, die ihn im Unterschied zur romantischen Kontinuität der Formen im absoluten Medium der Kunst zur Annahme einer diskontinuierlichen Nicht-Identität zwischen dem einzelnen Werk und dem höchsten Gehalt der Kunst führt.[14] Hierbei bewegt sich Benjamin in sprachtheoretischen Konzepten, die nicht zuletzt im George-Kreis zirkulierten. So

10 Benne: *Die Erfindung des Manuskripts*, S. 623.

11 Vgl. Astrid Deuber-Mankowsky: *Praktiken der Illusion. Kant, Nietzsche, Cohen, Benjamin bis Donna Haraway*, Berlin 2007, bes. S. 203–221, hier S. 215, sowie Campe: „Die tiefste Bestätigung des Daseins der Dissonanz", S. 32–33.

12 Vgl. die Lektüren in Helmut Hühn/Uwe Steiner/Jan Urbich (Hg.): *Benjamins Wahlverwandtschaften. Zur Kritik einer programmatischen Interpretation*, Berlin 2015.

13 Vgl. Weigel: *Literatur als Voraussetzung der Kulturgeschichte*, S. 109–126.

14 Uwe Steiner: *Die Geburt der Kritik aus dem Geiste der Kunst. Untersuchungen zum Begriff der Kritik in den frühen Schriften Walter Benjamins*, Würzburg 1989, S. 274.

hatte der Philologe Norbert von Hellingrath die Unterscheidung zwischen harter und glatter Fügung aus der antiken Rhetorik insbesondere auch für Zäsuren in der Literaturgeschichte eingesetzt, die den ebenso begrifflich operierenden Philologen Benjamin anziehen mussten. Bei Hellingrath heißt es programmatisch:

> Für uns / die wir von der begrifflich unsinnlichen seite herkommen / wird als wesentlich erscheinen dass in harter fügung möglichst das einzelne wort selbst taktische einheit sei / in glatter dagegen das bild oder ein gedanklicher zusammenhang meist mehrere wörter sich unterordnend.[15]

Benjamin macht sich dieses Konzept parataktischer Gleichartigkeit des Wortmaterials gegenüber hypotaktischen Vorstellungen zu eigen und stipuliert eine rhythmische Zäsur in einer quasi-epiphanischen Volte, um das „bebende" „Geheimnis" von Wahrheit und Schönheit zu ‚verewigen'.[16] Damit hat er an einem ungemein wirkungsreichen und faszinierenden, auch auf andere ästhetische Felder erweiterbaren Paradigma mitgearbeitet, das insbesondere die Modernekonzeption und Ästhetikforschung der Frankfurter Schule und später die poststrukturalistische Kulturtheorie des späten 20. Jahrhunderts und frühen 21. Jahrhunderts prägen sollte, hervorgehoben etwa in der paradoxen Begriffsfigur des „Ausnahmezustands" von Giorgio Agamben.[17]

Uwe Steiner bilanziert: „In den Werken selbst erscheint zwar die Wahrheit, jedoch als Geheimnis, als in den Sachgehalten Verborgenes. Erst in der Kritik zeigt sich, dass diese Verhüllung der Wahrheit in den Werken dem Problem der Wahrheit in der Philosophie als Problem ihres Systems korrespondiert. Deshalb insistiert Benjamin darauf, dass die Kritik die Wahrheit im Werk als ‚erfordert' erkennt; denn diesem gegenüber bleibt sie ebenso wie das System der ihm geltenden philosophischen Frage gegenüber transzendent."[18] Das Kunstwerk als in der Tradition des Erhabenen stehende Einbruchsstelle einer Dialektik von menschlicher und göttlicher Ordnung ist damit auch an einem Ort angesiedelt, an dem verschiedene Vorstellungen oder Ordnungen der Zeit aufeinandertreffen: menschliche als kreatürliche, göttliche als messianische Zeit. Soll „die Zeit" auf- (oder vielleicht: nieder-?)geschrieben werden – und

15 Norbert von Hellingrath: *Pindarübertragungen von Hölderlin. Prolegomena zu einer Erstausgabe* [1910], Jena 1911, S. 5–6. Die Schrägstriche stehen so im Erstdruck, die Kleinschreibung ist typisch für die Publikationen des George-Kreises. Zu Hellingrath, vgl. Jürgen Brokoff/Joachim Jacob/Marcel Lepper (Hg.): *Norbert von Hellingrath und die Ästhetik der europäischen Moderne*, Göttingen 2014.

16 Benjamin: Goethes Wahlverwandtschaften, GS I.1, S. 181–182.

17 Vgl. Saner: *Ingenium der Politik*.

18 Steiner: *Geburt der Kritik*, S. 276–277.

das ist das in der „Zeitschrift“ erforderte inhaltliche Ideal –, gilt es, die Idee der Kritik richtig zu verorten. Dies kann, so Benjamins Einsicht, nur in der Beobachtung der (zunehmend anonymen) Instanzen geschehen, in denen Krisen*förmiges* dauerhaft sichtbar wird.

Benjamins Kritikbegriff wird in einem Exposé für die Habilitationsschrift *Ursprung des deutschen Trauerspiels* deutlich: „Das allegorische Kunstwerk trägt die kritische Zersetzung gewissermaßen schon in sich, in ihm vollzieht sich die Geburt der Kritik aus dem Geiste der Kunst.“[19] Das in diesem idiosynkratischen Sinn *allegorische* Kunstwerk – Benjamin dachte dabei in erster Linie an die barocken Trauerspiele – vollzieht das kritische Moment des ‚natürlichen‘, zeitlich bedingten Zersetzungsprozesses als Einspruch der Sachgehalte. Auftretende Requisiten, melancholische Gemütszustände, ‚fallende‘, zu Kreaturen verwandelte ehemals souveräne politische Herrscher usw. erfüllen die Funktion, das Tempo natürlicher Zerstörungs- bzw. Zerfallsprozesse des kreatürlichen Lebens zu beschleunigen. Diese Sachgehalte sind als „Spuren der Zerstörung“[20] für die Kritik der Nachwelt les- und damit in Form von Aktualisierungen benutz- und bearbeitbar. Für die demgegenüber *nicht-allegorischen* Kunstwerke ist es hingegen der Verlauf der Dauer selbst, der Zersetzung bewirkt:[21] an ihnen bleibt die ästhetische Kritik folgenlos, weil es keine spezifischen Einsatzpunkte einer Rezeptionsgeschichte zu beobachten gibt, die eine solche ‚Spur der Zerstörung' anzeigen könnten.

Hier erfolgt die Umstellung einer genuin kunstphilosophischen Perspektive auf eine wahrnehmungsästhetische. Im Briefwechsel mit Florens Christian Rang erörtert Benjamin in seltener Deutlichkeit gewisse Grundlegungen, die in seinen publizierten Schriften in den 1920er Jahren so nicht zutage treten.

> Dabei gilt mir als ausgemacht, daß es Kunstgeschichte nicht gibt. […] Es [das Kunstwerk, F.S.] ist seinem Wesentlichen nach geschichtslos. […] Die wesentliche Verbindung unter Kunstwerken bleibt intensiv. Die Kunstwerke stehen in dieser Hinsicht ähnlich wie die philosophischen Systeme, indem die sogenannte ‚Geschichte‘ der Philosophie entweder uninteressante Dogmen- oder gar Philosophen-Geschichte ist, oder aber Problemgeschichte, als welche jederzeit die Fühlung mit der zeitlichen Extension zu verlieren und in zeitlose, intensive *Interpretation* überzugehen droht. Die spezifische Geschichtlichkeit von Kunstwerken ist ebenfalls eine solche, welche sich nicht in ‚Kunstgeschichte‘, sondern nur in Interpretation erschließt.[22]

19 Walter Benjamin: Exposé [zu Ursprung des deutschen Trauerspiels], GS I.3, S. 950–952, hier S. 952.

20 Benjamin: Der destruktive Charakter, GS IV, S. 396–398, hier S. 398.

21 Steiner: *Geburt der Kritik*, S. 269.

22 Walter Benjamin an Florens Christian Rang, 9.12.1923, GB II, S. 390–397, hier S. 392–393.

Kunstwerke im starken Sinn des Worts erfordern immer eine interpretatorische Befragung, weil ihre Schönheit in Benjamins Konzeption einen Kern des Wahren umhüllt, ein bloß in diskontinuierlichen Einsätzen aufzuweisendes Geheimnis, das – in anderer Diktion – als ihre andauernde Wirkungskraft beschrieben werden kann und auf andauernde Befragung angewiesen ist. Der eigentliche Clou dabei ist, dass in dieser Klassik der Kunstwerke (d.h. der Periode ihrer höchsten Wirkungskraft, in der sie gemäß Benjamin nicht beurteilbar sind) *keine* gesellschaftliche Vermittlung stattfindet. Dagegen bleibt nach der Umschmelzung dieses Konzepts ab den späten 1920er Jahren *keine* Klassik mehr übrig, sondern es ist (wie es dann die *Dialektik der Aufklärung* von Adorno und Horkheimer vorgebracht hat) in der kollektiven Wahrnehmbarkeit in verschiedenen Epochen, auch etwa im antiken Epos des Odysseus, die Zerrissenheit der Moderne in Form des nicht mehr schicksalsbestimmten Individuums bereits angebrochen (vgl. Kap. 4).

Was diese Zersetzung der Form des Kunstwerks in der Zeit bewirkt, ist als symptomatische Spur an der Gesellschaftsanalyse ebenso sichtbar zu machen wie im Kunstwerk, bedingt aber eine entsprechende Rezeptionshaltung. Das Stichwort Benjamins dazu lautet: „Rezeption in der Zerstreuung".[23] Darin wird kollektive Wahrnehmung als Voraussetzung gesellschaftlicher Analyse ermittelt. In dieser spezifischen Dialektik berührt und verlässt Benjamin zugleich die materialistische Analytik von Basis und Überbau. Die Zerstreuung und das Zerstreute sind damit nicht eine Verfallserscheinung, ein Krisensymptom, eine durch die Kulturkritik aufgefundene Unzulänglichkeit der Zustände. Zerstreutheit und Zerstreuung sind vielmehr die unhintergehbaren gesellschaftlichen Kollektivmedien geworden – gewissermaßen die Operatoren der „notwendigen Wahrnehmbarkeit"[24] des für Benjamin ontologisch fundierten Wahrnehmungsbegriffs einer Massengesellschaft.

Was Benjamin (mit Kant und Simmel) als Dynamis der Kunstform im *Wahlverwandtschaften*-Essay konzipiert hatte, wird damit aufs ausdruckslose Feld anonymer Gesellschaftsprozesse expliziert, womit sich insbesondere die von ihm vertretene Idee eines geschlossenen Spannungsverhältnisses von Wahrheit und Schönheit *im Kunstwerk* ganz neu stellt: sind Kunstwerke weiterhin als je spezifische Effekte dieses Krisenverhältnisses zu denken? Wie lässt sich die gesellschaftliche Krise als Spannungsort des Theologumenons einer

23 Benjamin: Das Kunstwerk im Zeitalter seiner technischen Reproduzierbarkeit [Dritte Fassung], in: ders.: Werke und Nachlaß. Kritische Gesamtausgabe, hg. v. Christoph Gödde u. Henri Lonitz, Bd. 16: Das Kunstwerk im Zeitalter seiner technischen Reproduzierbarkeit, hg. v. Burkhardt Lindner, Berlin 2013, 96–141, hier S. 137.

24 Benjamin: Der Begriff der Kunstkritik in der deutschen Romantik, GS I, S. 112.

messianischen Zäsur begreifen und lesbar machen? Und ist deren Darstellung die zu aktualisierende politische Aufgabe des Kunstwerks, damit ‚die Zerstreuten' eine Vorstellung von sich selbst bekommen? Welche Verwandlungen auch immer Benjamins Denken mitbestimmen, sich einen immer präziseren Begriff des Kunstwerks zu machen, wie er in den späten 1930er Jahren postuliert, diesen Anspruch hat sein Schreiben nie aufgegeben, aber auf andere Interessensgebiete verschoben: das Anthologische Schreiben wurde ihm dabei über die Zwischenstufen der Zeitschriftenkonzepte zu einer Handhabe für die Beantwortung dieser Fragen.

5.2 Benjamins Begriffslabor: Folgenreiche Produktion im Projekt *Krise und Kritik*

Die Konkretisierung der medienästhetischen Analyse der Zerstreuung liegt für Benjamin im Impetus auf eine *folgenreiche* Produktion. Ist das künstlerische Produzieren notwendigerweise in kollektive Zerstreuung und Zerstreutheit eingelassen, weil diese, als mediales Apriori, durch die gesellschaftlichen Leitmedien (Zeitung, Rundfunk, Film) oder auch im Blick auf die politisch-gesellschaftliche Anomie demokratisierter Massenkultur gegeben ist, so hat sich die intellektuelle Arbeit nicht nur inhaltlich, sondern auch formal damit auseinanderzusetzen, um nicht einem „veraltete[n] Vermittlungsmedium"[25] – hier dem Buch – zu verfallen.

Im Hinblick auf geplante, aber nicht über die Projektierung hinausgekommene Zeitschriften wollte Benjamin dieses Moment der verschärften Krise als Funktion im Medium der Zeitschrift produktiv machen. Der Blick sollte auf die Produktionsbedingungen der Zeitschrift gerichtet werden, indem ihre Funktion als kommunikatives Forum zwischen Texten und Publikum in den Fokus rückte. Für Benjamin *ist* die Zeitschrift eine Folge und ihre innere Grundlage ist das Produzieren *als* Folge. Die Kunst*produktion* als Ausübung von gesellschaftlicher Wahrnehmungsexpertise (nicht als kunsthandwerklich regelgeleitete) zu begreifen, dieser bei Benjamin über die Valéryrezeption vermittelten *Technik* im aristotelischen Sinn standen nicht zuletzt die Überlegungen zu den Zeitschriften Pate.

Der radikalste und unrealisiert gebliebene Entwurf in diese Richtung war das Zeitschriftenprojekt *Krise und Kritik*, das 1930/1931 Linksintellektuelle um Brecht und Benjamin zum Zeitpunkt der größten Spannungslage der

25 Walter Benjamin: Vereidigter Bücherrevisor, in: *Einbahnstraße* (WuN 8), S. 29–31, hier S. 30.

instabilen Weimarer Republik konzipiert hatten.[26] Die Produktionssituation dieser Schriftsteller und Künstler veränderte sich mit der Exilsituation einige Jahre später fundamental und wurde in jeder Beziehung eingeschränkt. Bereits zuvor entstanden im Rahmen des Zeitschriftenprojekts Entwürfe, die die Widersprüche von künstlerischen Produktions- und Erkenntnisprozessen in einer von politischen Klassenspannungen zerrissenen kapitalistischen Marktsituation adäquat reflektieren sollten. Das Zeitschriftenprojekt versuchte diese Spannungsverhältnisse im Hinblick auf eine Methodik kollektiver Autorschaft und serieller Rezeption auszulegen.[27] In den redaktionellen Diskussionen im Autorenkreis der Zeitschrift sollten Thesen formuliert werden, die mittels Beiheften für jeden Schreibenden der jeweils folgenden Ausgabe Gegenstand der Auseinandersetzung in seinem eigenen Spezialgebiet werden sollten. Das Ephemere der Aktualität wäre nicht im Rhythmus vermeintlicher Tagesinformiertheit, sondern in Form gemeinsam konstituierter Thesen dingfest gemacht worden, so dass die Autoren, als Produzenten, *aufgrund* dieser Thesen aber dennoch *methodisch* ‚aus dem Denkgebiete heraus' kommen sollten.[28] Dadurch sollte der Originalitätsanspruch ‚bürgerlicher' Wissenschaft an den allein arbeitenden Autor *funktional*, im Hinblick auf die Serialisierung der Zeitschrift, entkräftet werden.[29] Leitend war der Anspruch, im ‚Spezialistentum'[30] der produzierenden Schriftsteller[31] eine Produktion über interne dynamische Thesen-Diskussionen und externe Wiederaufnahme der Folgen des seriell bereitgestellten Wissens möglich werden zu lassen.

Die gemeinschaftlich erarbeiteten Thesen sollten damit jene folgenreiche Spur ‚produktiver' Zerstörung artikulieren, deren methodischen Wert Benjamin in Notizen zu seinem Text *Der destruktive Charakter* von 1931 auf den Punkt

26 „Lukács hat als erster diese unsere Ideen publik gemacht" [bezogen auf die Gruppe der Intellektuellen, die die Zeitschrift *Krise und Kritik* gründen wollten, F.S.], so der mitbeteiligte Ernst Bloch, zit. n. Doris Zeilinger: Georg Lukács und Ernst Bloch. Geschichte und Klassenbewusstsein als Kristallisationspunkt; http://www.trend.infopartisan.net/trd0502/t270502.html (letzter Aufruf: 24.4.2022).

27 Umfassend zu diesem Projekt vgl. Erdmut Wizisla: *Benjamin und Brecht. Die Geschichte einer Freundschaft*, Frankfurt/M. 2004, S. 115–163.

28 Vgl. die begriffliche Fixierung dieses Gedankens später in Benjamins Vortrag „Der Autor als Produzent" [1934], GS II.2, S. 683–701.

29 Benjamin: Das Passagen-Werk, GS V.1, S. 595. Benjamin zitiert hier Friedrich Engels.

30 Vgl. Müller/Wizisla: „Kritik der freien Intelligenz", S. 61–76.

31 Benjamins anhand von Proust und der Surrealisten herausgearbeitete Genealogie der Krise der Intelligenz findet besonders in seiner Rede „Der Autor als Produzent" von 1934 (postum erschienen 1966) Ausdruck (GS II.2, S. 683–701); vgl. Chryssoula Kambas: Positionierung des Linksintellektuellen im Exil, in: Lindner (Hg.): *Benjamin-Handbuch*, S. 420–435, hier S. 431–434.

bringt: „Einige machen die Dinge tradierbar (das sind vor allem die Sammler, konservative, konservierende Naturen), andere machen Situationen handlich, zitierbar sozusagen: das sind die destruktiven Charaktere."[32] Zerstörung ist dabei als eine Produktionsmethode zu verstehen, die den geschichtlichen Stoff ab- und zurückbaut, in einer Produktionssituation, die auf wenigem beruht. Das ‚Wenige' ist der Diagnose einer „Erfahrungsarmut"[33] als *gesellschaftlicher* Folge des technisierten Kriegs geschuldet: Die Prekarität von anthropologischen Sicherungsleistungen tritt gerade Jahre nach Kriegsende in der von Benjamin als Symptom bewerteten gesellschaftlichen Weigerung zutage, die exterminatorischen Konsequenzen der neuen Waffensysteme anzuerkennen. „Eine Generation, die noch mit der Pferdebahn zur Schule gefahren war, stand unter freiem Himmel in einer Landschaft, in der nichts unverändert geblieben war als die Wolken, und in der Mitte, in einem Kraftfeld zerstörender Ströme und Explosionen, der winzige gebrechliche Menschenkörper."[34]

Eine in diesem Sinn doppelt *folgenreiche Produktion* aus der Reflexion auf das Material und das Medium sollte den Anspruch auf Aktualität indirekt angehen. „Wie komplex die Programmatik von Krise und Kritik war, zeigt der Vergleich mit Benjamins früherem Zeitschriftenprojekt *Angelus Novus*: Nach Jahren kritischer Arbeit in der Öffentlichkeit bewegte sich Benjamin mittlerweile in einem anderen Umfeld. Politisch hatte er Positionen bezogen, die ihm früher fremd gewesen wären. Sein Verhältnis zum Publikum war ein anderes. Was jedoch das Gebot der sachlichen Stimmigkeit angeht, die Bestimmung durch Historie, die Forderung nach Aktualität, den Anspruch auf Wahrheit – und den Versuch, diese Maßgaben zu integrieren –, ist Benjamin nicht von seinem früheren Entwurf abgewichen."[35] *Krise und Kritik* wäre auf eine veränderte Form der Zusammenarbeit hinausgelaufen: Die Versetzung der intellektuellen Arbeit in einen strikten Produktionsmodus der Thesen- und Gedankenfabrik, aber in der kollektiven *Methode* von den *Parolen* des kommunistischen Parteiprogramms unabhängig – nur in der Produktions*situation* von den Wellen der Ereignisse der Tagespolitik getragen und nur in den mitgebrachten intellektuellen *Werkzeugen* vom „bürgerlich saturierten"[36] akademischen Betrieb abstammend, nicht aber inhaltlich auf diesen bezogen.

32 Benjamin: Der destruktive Charakter, GS IV.1, S. 396–398, hier S. 396; ders.: Notizen über den „destruktiven Charakter", GS IV.2, S. 999–1001, hier S. 1000.

33 Zum Begriff der Erfahrungsarmut vgl. Lindner: Zu Traditionskrise, Technik, Medien, S. 453–455.

34 Walter Benjamin: Erfahrung und Armut [1932], GS II.1, S. 213–219, hier S. 214.

35 Wizisla: *Benjamin und Brecht*, S. 162.

36 Walter Benjamin an Max Rychner, 7.3.1931, GB IV, S. 17–20, hier S. 18.

Einige Jahre später, 1938 im Exil, mahnte Benjamin in seinem Porträt des Instituts für Sozialforschung in der Exilzeitschrift *Mass und Wert*: „Denn die geistigen Besitztümer sind derzeit um nichts besser gewährleistet als die materiellen. Und es ist Sache der Denker und Forscher, welche noch eine Freiheit der Forschung kennen, von der Vorstellung eines ein für alle Mal verfügbaren, ein für alle Mal inventarisierten Bestandes an Kulturgütern sich zu distanzieren."[37] Eine damit skizzierte Arbeitssituation hätte gerade den rückzugsbedürftigen, stillen Forscher Benjamin vermutlich überfordert und wäre deshalb wohl auch unter besseren gesellschaftlichen Rahmenbedingungen gescheitert. Dennoch wurden die an diesen Zeitschriftenprojekten geschärften Vorstellungen einer Mitarbeit der intellektuellen Person in der Gesellschaft und der Überwindung der anachronistischen ‚Ortlosigkeit' der ‚freischwebenden Intelligenz' zu einem wichtigen Moment der Benjamin'schen Umfunktionierung des Traditionsmediums Anthologie.

Zunächst gilt es aber, einige Begriffskonzepte zu erläutern, die für eine Reflexion des Anthologischen Schreibens jenseits der Analyse einzelner Anthologien wichtig sind. Das ‚Detail', der ‚Rest', das ‚Fragment', die ‚Spur' bilden markante Begriffe, die in eine erkenntnistheoretische Zentralstellung aufrücken.[38] Der methodische Zugriff lässt sich grob als archäologisch fassen: Es geht darum, *aus dem* und *durch das* Detail das verstellte, verschwundene Ursächliche aufzuweisen und zu entziffern – mit philologischem Instrumentarium jenseits der Texte auch die Welt als zeichenhaft zu begreifen und semiologisch zu durchdringen. Das Detail wird nicht mehr in der Struktur von Allgemeinem und Besonderem verstanden,[39] sondern erhält einen primären erkenntnistheoretischen Rang. Die erkenntnistheoretischen Voraussetzungen dieser via Detail dingorientierten Entzifferungsarbeit sind dabei entscheidend an die Form der Darstellung gebunden, wie es im ersten Satz des Trauerspielbuchs heißt: „Es ist dem philosophischen Schrifttum eigen, mit jeder Wendung von neuem vor der Frage der Darstellung zu stehen."[40]

Benjamin ist kein „Physiognomiker der Dingwelt", der „wie ein Magier" die „Gegenstände seiner Vitrine" in die Hand nimmt und sie „aus dem Funktionszusammenhange" löst – auch wenn dies in Texten von Ende der 1920er Jahre im Kontext seiner Surrealismusrezeption stellenweise an der

37 Benjamin: Ein deutsches Institut freier Forschung, GS III, S. 518–526, hier 525.

38 Vgl. dazu die Arbeiten von Sigrid Weigel, die Benjamin im Rahmen der ersten Generation der deutschen Kulturwissenschaft (Warburg, Cassirer, Kracauer, Freud) verortet; Weigel: *Literatur als Voraussetzung der Kulturgeschichte*, S. 21.

39 Vgl. ebd.

40 Walter Benjamin: Ursprung des deutschen Trauerspiels, GS I.1., S. 203–430, hier S. 207.

Textoberfläche so scheinen mag.[41] Was Benjamin interessiert, ist die Historizität der Wahrnehmungs*form* vor dem Hintergrund einer ontologisch verstandenen ‚notwendigen Wahrnehmbarkeit', die durch Technikentwicklung und Materialerschließung die ‚Dingwelt' und ihre sinnlichen Erfahrungsräume umwälzt: ein Beitrag zur Entwicklung der Ästhetik als Geschichte der Wahrnehmung.[42] Im Material als prozeduralem Begriff vermitteln sich die metaphorischen Aneignungsprozesse der stofflich-physischen Aspekte, der Begriff des Materials schließt aber auch das Denken selbst als eine materiale Praxisdimension ein.[43] In Benjamins Denk- und Schreibprozess drängt diese Konstellation über die Sprachästhetik hinaus und wird für Kulturanalysen fruchtbar gemacht. Die Sprache der Dinge lesbar zu machen wie einen Text, bedingt für den semiotischen Blick nicht, diese Zeichenhaftigkeit semantisch zu verabsolutieren – auf ein Inneres, ‚Naturanlagen', ein göttliches Medium etc., wie es die historische Tradition der Physiognomik vorgegeben hatte.[44] Vielmehr folgt Benjamin im Zuge seiner abrupten Rezeption der Marx'schen Theorie und Sprachanalyse der Erkenntnis, dass „das Auszudrückende und seine äußere Objektivation [...] aus ein und demselben Material bestehen."[45] ‚Material' wird damit zu einem konzeptuell-verzeitlichten Begriff, der das jeweilige ‚Frühe' eines Ausdrucksstadiums bezeichnet, dessen ‚Urgeschichte' mittels eines analytischen Prozesses ausdrückbar werden lässt. Das Anbrechen, Sichtbar werden – und das Verschwinden, Unsichtbar werden, sind als besondere prozessuale Stadien in Benjamins Epistemologie zentral und erhalten dementsprechend den höchsten erkenntniskritischen Status.[46]

Der folgende knappe Durchgang durch zentrale Benjamin'sche Begriffskonzepte aus der langen Arbeitsphase der Passagenarbeit (1927–1940) stellt das Feld vor, innerhalb dessen auch die anthologischen Arbeiten *Briefe* (1931/32)

---

41 Walter Benjamin: Pariser Passagen I [1929], GS V.2, S. 993–1038, hier S. 1027.

42 In Bezug auf die verschiedenen Fassungen des Kunstwerkaufsatzes hat dies Burkhardt Lindner überzeugend dargelegt, vgl. Burkhardt Lindner: „Das Kunstwerk im Zeitalter seiner technischen Reproduzierbarkeit", in: Ders. (Hg.): *Benjamin-Handbuch*, S. 229–250.

43 Vgl. Jan Loheit: Benjamins Material. Oder der Stoff, aus dem die Wunschbilder sind, in: Baehrens/Voigt/Tzanakis Papadakis/Loheit (Hg.): *Material und Begriff*, S. 261–285, bes. S. 264–267.

44 Vgl. Arburg/Tremp/Zimmermann (Hg.): *Physiognomisches Schreiben.*

45 Valentin M. Volosinov: *Marxismus und Sprachphilosophie* [1929], hg. u. eingel. v. Samuel M. Weber, Frankfurt/M./Berlin/Wien 1975, S. 145.

46 2014/2015 habe ich am Forschungskreis *Hinwendung zum Materialen. Nietzsche und die Kulturwissenschaften um 1900* an der Universität Luzern teilgenommen. Ich danke dem Interdisziplinären Forschungskreis, besonders Dr. Tobias Brücker und Dr. Thomas Forrer, für Hinweise und Gespräche zum Begriff des Materials.

und *Deutsche Menschen* (1936) entstanden sind. Bei aller ‚Überforschung' Benjamins hat eine Beschäftigung mit diesem Autor meiner Überzeugung gemäß nach wie vor auch die begrifflichen Gehalte mitzubedenken, wenn auch der Impetus einer verstärkten Erforschung der Kontexte und ein Wegkommen von reiner Benjaminexegese sicher angezeigt sind. Mit den vorliegenden Bänden der neuen Edition *Werke und Nachlaß* könnte heute begonnen werden, eine Geschichte der Benjaminrezeption im späten 20. und frühen 21. Jahrhundert zu schreiben.

In den *Gesammelten Schriften* waren die medien- und produktionsästhetischen Interessen und Perspektiven des Künstlers und Intellektuellen Benjamin der philosophischen Generallinie seiner beiden wichtigsten Gesprächspartner Scholem und Adorno hintangestellt worden. So sind in den *Gesammelten Schriften* die Spuren der Auseinandersetzung verschwunden, die Benjamins „Versuch, eine Geschichte der Produktivkraft der Arbeit" zu schreiben (wie Dietmar Dath meint[47]) bereits in den editorischen Darbietungen der zu Lebzeiten gedruckten prominenten Texte, beispielsweise der *Einbahnstraße*, kennzeichnen.

Benjamins Materialbehandlung verlässt die erklärend und kausal verkettende des historistischen Geschichtsschreibers zugunsten der diskontinuierlich erzählenden des kommentierenden Chronisten.[48] Jedes Ding trägt „in sich die Miniatur des Ganzen",[49] wie er Leibniz' Konzept der Monade zitiert. Dies impliziert eine intensive Reflexion auch des scheinbar Abwegigen, Unwichtigen. Die unabsehbare und unabgeschlossene Materialiensammlung und Textrezeption, die der Passagenarbeit (und deren Ziel, eine Urgeschichte des 19. Jahrhunderts zu schreiben) zugrunde liegt, ist nicht Indiz für eine ausgeuferte Sammelwut bzw. für die fehlende Kraft, das verzweigt Disparate unter eine theoretische Synthese zu zwingen, sondern will antithetische Schockmomente provozieren, wie sie Benjamin von der Ausdruckslogik der Surrealisten übernimmt und unter dialektischen Prämissen weiterentwickelt.

---

47 Alexander Kluge im Gespräch mit Dietmar Dath, in: Alexander Kluge: *Nachrichten aus der ideologischen Antike – Marx – Eisenstein – Das Kapital* (3 DVDs mit einem Essay von Alexander Kluge; 570 Minuten), Frankfurt/M. 2008.

48 Vgl. die dritte von Benjamins Geschichtsthesen (1939/1940): „Der Chronist, welcher die Ereignisse hererzählt, ohne große und kleine zu unterscheiden, trägt damit der Wahrheit Rechnung, daß nichts was sich jemals ereignet hat, für die Geschichte verloren zu geben ist." Benjamin: Über den Begriff der Geschichte, GS I.2, S. 694.

49 Benjamin: [Rezension zu] Oskar Walzel, Das Wortkunstwerk. Mittel seiner Erforschung. Leipzig: Quelle und Meyer 1926. XVI, 349 S., GS III, S. 50–51, hier S. 51.

> Die Konkretion löscht das Denken, die Abstraktion entzündet es. Jede Antithetik ist abstrakt, jede Synthesis konkret. (Die Synthesis löscht das Denken.)[50]

Die Differenz zwischen Essenz und Akzidenz wird nur auf den ersten Blick aufgehoben – denn der „Wahrheitsgehalt" entzündet sich nur bei genauester, „mikrologische[r]" Versenkung in die Einzelheiten eines „Sachgehalts".[51] Die Spannungsbögen dieser Metaphorik – Explosion da, Kontemplation dort –, sind wiederum Ausdruckssignatur für die erkenntnistheoretischen und geschichtsphilosophischen Bögen: Was an Ideen und Arbeit in die Dinge hineingelegt wurde, gilt es in der von Benjamin entwickelten „materialistischen Physiognomik"[52] gleichermaßen zu entziffern und aus dem geschichtlichen Panorama herauszusprengen, um es in seinem Sinn nicht nur zu deuten, sondern nutzbar zu machen.

Die Aufwertung der Leistungen, die Benjamin in der Problematisierung einer Metaphysik von Werk und Zeugnis vornimmt, erfolgt in einer abstrakt als Physiognomisierung seines Schreibens zu bezeichnenden Dingbearbeitung. Adorno übermittelte dies als, vermeintliches, Zitat von Benjamin selber: „Ich interessiere mich nicht für Menschen, ich interessiere mich nur für Dinge", habe dieser im Gespräch einmal geäußert.[53] Damit sind nicht allein stoffförmige Dinge bezeichnet, sondern distinkte Wahrnehmungsakte unterhalb historischer Bewusstseinsschwellen – gemeinhin alles, was als ‚Spur' eine philologische Erforschung innerhalb des oben beschriebenen Paradigmas notwendiger Wahrnehmbarkeit nach sich zieht. Das Verfahren bezieht seine theoretische Energie aus der gleichzeitigen Abstoßung von den beiden Polen des Historismus und des orthodoxen Marxismus. Benjamin entwickelt seine Methode einerseits aus der radikalen Verabschiedung des Historismus in der Tradition eines Droysen oder Ranke.[54] Dass und *wie* Erfahrung nicht als vergangene abgelegt

50 Benjamin: Das Passagen-Werk, GS V.2, S. 1033.

51 Benjamin: Ursprung des deutschen Trauerspiels, GS. I.1, S. 208; vgl. Willy Bolle: *Physiognomik der modernen Metropole: Geschichtsdarstellung bei Walter Benjamin*, Köln/Weimar/Wien 1994, S. 410–411.

52 Rolf Tiedemann: Einleitung, in: Walter Benjamin: Das Passagen-Werk, hg. v. Rolf Tiedemann, GS V.1, S. 29.

53 Theodor W. Adorno: Benjamin der Briefschreiber [1962], in: Ders.: *Noten zur Literatur* (GS 11), S. 583–590, hier S. 586.

54 „Gute Formulierung von Bloch zur Passagenarbeit: die Geschichte zeigt ihre Marke von Scotland Yard. Das war im Zusammenhang eines Gesprächs, in dem ich darlegte, wie diese Arbeit – vergleichbar der Atomzertrümmerung, die die ungeheuren Kräfte freimacht, welche die Atome zusammenhalten – die ungeheuren Kräfte der Geschichte freimachen soll, die im ‚es war einmal' der klassischen historischen Erzählung eingeschläfert werden. Die Geschichte in dem Bestreben die Sache zu zeigen, ‚wie sie denn eigentlich

und präjudiziert werden könne, formuliert er plastisch auch in seinem letzten Brief an Adorno vom Mai 1940.

> Meine Eltern machten an den Orten, wo wir auf Sommerwohnung waren, mit uns Spaziergänge. […] Wenn wir […] irgendeines der obligaten Ausflugsziele erreicht hatten, pflegte mein Bruder zu sagen: Da wären wir nun gewesen. Das Wort hat sich mir unvergesslich eingeprägt.[55]

Im Zuge seiner Marxismusrezeption arbeitet Benjamin andererseits auch daran, eine abstrakt-dialektische und fortschrittsfixierte Teleologie umzuformen.[56] In *Ursprung des deutschen Trauerspiels* bildet die Ablehnung eines teleologischen zugunsten eines diskontinuierlichen Geschichtsbegriffs den Ausgangspunkt der literaturhistorischen Analysen. „Statt Welt*geschichte* kausal zu beweisen, legt er das Detail aus, um es in den kreatürlichen Welt*lauf* einzubetten."[57] Im Weltlauf hat jeder Sachverhalt eine Geschichte für sich, die in prinzipiell unabschließbare Zusammenhänge und Kontexte eingefügt werden kann. Das Verfahren der Chronik ist deshalb geeignet, zunächst dem Vergessen und der falschen Hierarchisierung entgegenzuarbeiten. Wenn der oben zitierte Ausspruch von Walters Bruder Georg Benjamin in der Liste[58] die abgeschrittenen Orte als Erlebnisse abhakt, um sie mittels der sprachlichen Phrase dem unmittelbaren Vergessen zuzuleiten, quasi emblematisch als erfahrungslos zu stempeln, „ist das wesentliche der Chronik, daß für sie auch das kleinste Dasein, sei es eines Lebendigen, eines Ortes oder einer Sache geschichtliche Einheit ist, eine Geschichte für sich hat."[59] Das geschichtliche Material liegt konkret, aber in unzusammenhängenden Bruchstücken vor; es fügt sich nicht mittels ‚der Macht des guten Willens' (Hans-Georg Gadamer) von selbst in eine Struktur, die der ‚gute Wille zur Macht' (Jacques Derrida) einer hermeneutischen Praxis fugenlos und in kontrollierter Anwendung einer Methodik von Teil und Ganzem herzustellen imstande wäre. Das Material kommt aber auch nicht in einer immanenten Dialektik ‚zu sich selbst': Begriff

---

wirklich gewesen ist' war das stärkste Narkotikum des 19ten Jahrhunderts", Benjamin: Pariser Passagen, GS V.1, S. 1033.

55 Walter Benjamin an Theodor W. Adorno, 7.5.1940, GB VI, S. 444–455, hier S. 445.

56 Vgl. Benjamin: Das Passagen-Werk, GS V.1, S. 574.

57 Norbert W. Bolz/Richard Faber (Hg.): *Walter Benjamin. Profane Erleuchtung und rettende Kritik*, Würzburg 1985, S. 146.

58 Georg Benjamin hatte von Kind an eine Affinität zur peniblen Erstellung von Listen, etwa auch seiner Spielzeuge; vgl. Howard Eiland/Michael Jennings: *Walter Benjamin. A Critical Life*, Cambridge/London 2014, S. 19.

59 Walter Benjamin: [Die Sätze Hebels], GS II.3, S. 1447–1448, hier S. 1448. Hierbei handelt es sich um eine Aufzeichnung zum Vortrag „Johann Peter Hebel. 3", GS II.2, S. 635–640.

und Sache liegen zerstreut und – so die kritische Person ihre Praxis ‚richtig' ausübt – dennoch ‚unvermischt'[60] da und harren der Nutzung. Diese ist prinzipiell diskontinuierlich, abhängig von der Ausbildung einer Methode, die im Wesentlichen als akribische Anwendung philologischer Techniken beschrieben werden kann: „Im Zentrum einer wissenschaftlichen Arbeit, die sich ernst nimmt, stehen Methodenfragen".[61] Für Benjamins Arbeitsweise wurde dies folgendermaßen gefasst:

> Der genauen Textrecherche folgt eine versenkende Lektüre mit einer Technik des Exzerpierens, woraus sich Kategorien bilden, die den Stoff strukturieren. Daran verfestigen sich Gedanken und prägen sich Thesen heraus. Benjamin systematisierte mit Hilfe von Ziffern und meist farbigen Übertragungszeichen seine Archive. Es ist die Arbeit an Wissenssystemen, wie sie im *Passagen*-Projekt zur Reife, wenn auch nicht zum Abschluss gebracht wurde.[62]

5.3 Kollektive Wahrnehmung: Die ‚Wende' im Zeichen des Anthropologischen Materialismus (mit einem Einschub zu Nietzsche)

> Der historische Index der Bilder sagt nämlich nicht nur, dass sie einer bestimmten Zeit angehören, er sagt vor allem, dass sie erst in einer bestimmten Zeit zur Lesbarkeit kommen. [...] Dadurch, dass die abgeschiednen Dinge als Bilder der subjektiven Intentionen einstehen, präsentieren diese sich als urvergangne und ewige.[63]
>
> *Walter Benjamin*

Was hier in der Diktion eines Ludwig Klages oder C.G. Jung auftritt, ist damit zentraler Gegenstand der von Benjamin geforderten materialistischen Kulturanalyse: Im Ausdruck der menschlichen Erzeugnisse und Formen wird die Kulturgeschichte als ‚lesbar' indexiert und damit auf gesellschaftlich vergangene ‚Intentionen' befragbar.[64] Diese Bilder kristallisieren als „erstarrte Unruhe", in der Vergangenheit für einen Moment im Augenblick

60 „Das Ausdruckslose ist die kritische Gewalt, welche Schein vom Wesen in der Kunst zwar zu trennen nicht vermag, aber ihnen verwehrt, sich zu mischen." Benjamin: Goethes Wahlverwandtschaften, GS I.1, S. 181.

61 Benjamin: Ein deutsches Institut, GS II.2, S. 525.

62 Müller/Wizisla: „Kritik der freien Intelligenz", S. 75.

63 Benjamin: Das Passagen-Werk, GS V.1, S. 577 und 582.

64 Vgl. ebd., S. 580; Sigrid Weigel: *Entstellte Ähnlichkeit. Walter Benjamins theoretische Schreibweise*, Frankfurt/M. 1997, S. 39–44.

der Erkennbarkeit aufblitzt und „mit jeder Gegenwart zu verschwinden droht, die sich nicht als in ihm gemeint erkannte“.[65] *Das* ist die zu politisierende Frage nach der kollektiven Wahrnehmung, die sich anschickt, Konstellationen des historisch Zerstreuten zu rezipieren. Deren geschichtlicher Zusammenhang wird für Benjamin ab Mitte der 1920er Jahre in der Erweiterung seiner zunächst kunst-, sprach- und rechtsphilosophischen Interessen zum zentralen Forschungs- und Erkenntnisgegenstand.

Anthropologische Überlegungen hatten diesen durch Lektüre marxistischer Schriften und Begegnung mit linken Kunstschaffenden und Intellektuellen angetriebenen Erkenntnisprozess vorbereitet. Dies lässt sich an einer Aufzeichnung Benjamins von 1917 nachweisen.[66] Deren bildliche Dichte in der Phänomenbeschreibung und -differenzierung weist sein Verlangen nach, in den Spezifika der sprachlichen Semiosphäre anthropologische (bzw. in seiner späteren Diktion kulturelle) Ausdrucksformen aufzuzeigen und deren epistemische Kraft gewissermaßen semiologisch zu kennzeichnen. Die Notizen sind das Resultat eines brieflich mit Gershom Scholem geführten Austauschs über den Kubismus, stehen aber auch im Zusammenhang mit Benjamins Rezeption von Wassily Kandinskys 1912 erschienener Schrift *Über das Geistige in der Kunst* sowie der Schriften des Wiener Kunstwissenschaftlers Alois Riegl. Die Aufzeichnung stellt eine Auseinandersetzung mit Grafik und Malerei dar, hat ihre Fluchtlinie aber in der Sprachtheorie. Benjamins frühes Interesse an einer Epistemologie der Kunst und an den anthropologischen Bedingungen der Wahrnehmung spitzt sich in der Auseinandersetzung mit den Konzepten der Philosophie Friedrich Schlegels und der Romantiker auf die Frage zu, wie sich die Vermögen der Fantasie materialhaft niederschlagen. Dabei wird die Farbe zum Medium der Auseinandersetzung von kunstvoller, nicht-intendierter, in Benjamins damaliger Terminologie ‚göttlicher‘ Schöpfung, gegen die ‚reine‘ Konstruktion mit Linien und Formen, wie sie der Bruch mit der Zentralperspektive in der Malerei um 1910 einführt. Benjamin schlägt damit einen anderen Weg ein als die surrealistische Theoriebildung, die Ähnlichkeit als Moral eines Denkens beschwört, das sich den Dingen öffnet und sich ihnen anverwandelt: Das Ähnliche solle auf Interesse, Anschauungsformen und Kategorien verzichten, um Ding-Unmittelbarkeit herzustellen, so René Magritte. Nur durch solche privilegierten Akte intuitiven Einsseins mit den Dingen könne es gelingen, die Raster klassifizierender Denkweisen, die

65 Walter Benjamin: Über den Begriff der Geschichte, GS I.2, S. 695.

66 Walter Benjamin: Über die Malerei oder Zeichen und Mal, GS II.2, S. 603–607.

sich für gewöhnlich zwischen die Menschen und die Dingwelt schieben, zu durchstoßen.[67]

In der angeführten Erörterung *Über die Malerei oder Zeichen und Mal* grenzt Benjamin die Malerei als Medium des Körper- bzw. Wundmals von der Zeichnung ab, die weder ein Mal (ein körperliches Stigma) noch einen Untergrund kenne; Untergrund wird nach Benjamin in der Zeichnung ‚unmittelbar' durch die Teilung der grafischen Linie selbst konstituiert. Während in der Aufzeichnung Räumlichkeit unmittelbar mitgegeben und die Linie damit zeichenschaffend ist (indem sie das Zeichen des Raums schafft), findet die Malerei nach Benjamins Bestimmung ihren Anspruch auf Benennbarkeit (ihren Rahmen, der sie als solche erkennbar macht) in der Komposition. Die Komposition sei der Eintritt einer „höheren Macht" in das Medium des Mals – und diese setzt er gleich mit dem sprachlichen (‚musikalischen') Wort. Im Aufsatz *Über Sprache überhaupt und über die Sprache des Menschen* (1916), seiner frühen sprachtheoretischen Auseinandersetzung, wird Sprache in der Ausgestaltung der Schwelle von Menschlichem und Göttlichem in Begriffe geordnet. Der Anspruch auf Benennbarkeit ist es, der die Malerei emphatisch zur Kunstform macht und sie nicht ins Medium des Stigmas, des Mals, zurücktreten lässt. Die Komposition fasst Benjamin, ohne diesen Bezug direkt auszuweisen, als synästhetisch im Sinn der Romantik. *Wort* wird im weiten Sinn seiner die Menschensprache übergreifenden, von jüdischen und christlichen Konzeptionen durchzogenen ‚Korporalität' der Sprache gefasst, ist dem Mal und dessen intrinsischem Bezug auf Lebendes verwandt, wie er schreibt. Diese ontotheologische Auffassung unterscheidet eine Sphäre menschlicher von einer Sphäre göttlicher Sprache. Letztere bildet den Sinnhorizont für die von Benjamin nie aufgegebene, wenngleich immer stärker verfeinerte messianische Geschichtsauffassung und auch für das wahrnehmungstheoretische Konzept der unsinnlichen Ähnlichkeit.

Entlang dieser anthropologisch-semiologischen Verknüpfungen gestaltet sich Benjamins Zugang zur Avantgarde und den Konstruktivisten der 1920er Jahre. Eine ‚konservative', in weiten Teilen klassisch-romantische Form des Kritikverständnisses gerät so produktiv als Medienästhetik und schließlich als Produktionsästhetik auf die Bahn der avantgardistischen Entwicklungen, ohne deren Logik der ‚*tabula rasa*' bedingungslos zu übernehmen. Insbesondere die anthropologisch-semiologischen Gedankengänge zu ‚korporalen' Schwellen der Sprache sind es, die Benjamins Blick auf die Rhetorik der Primitivismen und auf die ‚Zerstörung' in der Materialorientierung avantgardistischer Bewegungen prägen. Benjamins entstellendes Schreiben schickt sich an, die Systemstelle der

67 Vgl. René Magritte zit. n. Mattenklott: Ähnlichkeit, S. 179–180.

Übertragungsliebe, die autoritative Verlaufsform der Hermeneutik, in den Textkulturen des Bildungsbürgertums als kulturelles Symptom des Wertverlusts wahrzunehmen und als mediales (oder medienästhetisches) Experimentierfeld zu nutzen: Bei den kristallin-prädadaistischen Formen ‚absoluter' Poesie, wie sie Benjamin bei Mallarmé[68] wirken sieht, werden Spuren einer intraliterarischen anderen Genealogie aufgezeigt, die nicht mehr viel mit der deutschen klassisch-romantischen Konfiguration zu tun haben.

In dieser sprachästhetischen Umformung anthropologischer Setzungen bleibt aber das Problem der Übertragung und Tradierung kultureller Formationen ungelöst. Autorität ist jene Kategorie schriftexegetischer Klassik-Philologie, wie sie Benjamins Zeitdiagnose ab der Mitte der 1920er Jahre als plastische, Generationenzusammenhänge von Lehrenden und Lernenden übergreifende soziale Form entwertet sieht. Der disziplinarische Zusammenhalt Einzelner im Kulturgebilde der gemeinsamen Schule des Lesens und Diskutierens soll aber *zugleich*, angeregt durch die marxistische Kulturwissenschaft, in das Spezialistentum des Schriftstellers als Funktion des Produzenten[69] (und damit in den politischen Parteikampf der europäischen Gegenwart) überführt werden (vgl. Kap. 5.2). Angeregt wurde Benjamin dabei von den theoretisch verwandten Suchbewegungen[70] der Texte Georg Lukàcs' *Die Seele und die Formen* (1911), *Theorie des Romans* (1916) und *Geschichte und Klassenbewusstsein* (1923).

Lukács' Ausführungen über das Klassenbewusstsein lieferten eine Antwort auf die für Benjamin so entscheidende Frage nach der Rolle der Intellektuellen. Ebenso wichtig war der philosophische Aspekt des Buchs von Lukács, der der marxistischen Methode die *„Erkenntnis der Gegenwart"* als Ziel setzte und durch die Bedeutung, die er der Dialektik zusprach, die Verbindung des Marxismus mit dem Hegelianismus neu bekräftigte. Mit seinen begrifflichen Schemata bot er eine Lösung für die Aporien der Kantischen und neukantianischen Erkenntnistheorie an, indem er *„die dialektische Beziehung des Subjekts und Objekts im Geschichtsprozess"* ansiedelte, vermittelt durch die Einheit von Theorie und Praxis.[71]

---

68 Vgl. Benjamin: Vereidigter Bücherrevisor, S. 29–30.

69 Vgl. dazu meinen Beitrag „Klassik – Zitat – Nachleben. Walter Benjamin als Produzent", in: Heine/Zanetti (Hg.): *Transaktualität*, S. 73–82.

70 Vgl. Walter Benjamin an Gershom Scholem, 16.9.1924, GB II, S. 480–488, hier S. 482–483: „Lukács, der mich darin frappierte, dass er von politischen Erwägungen aus in der Erkenntnistheorie, mindestens teilweise, und vielleicht nicht ganz so weitgehend, wie ich zuerst annahm, zu Sätzen kommt, die mir sehr vertraut oder bestätigend sind.".

71 Jean Michel Palmier: *Walter Benjamin. Lumpensammler, Engel und bucklicht Männlein. Ästhetik und Politik bei Walter Benjamin* [frz. 1998], Berlin 2019, S. 421 (Hervorh. im Orig.).

Die postromantischen Verwandlungsmodi von Kunst, Kommentar, Kritik und deren Kontinuum funktionieren deshalb nicht mehr, weil das operable Subjekt des zugleich kontemplativen wie passionierten Genießers oder verallgemeinert: das Kontinuum konzentrierter Wahrnehmung abhandengekommen ist. Dies lässt sich paradigmatisch an den symptomalen hyperbolischen Verlustgeschichten feststellen, mit denen Nietzsche der bürgerlichen Philosophie und dem auf eine Schwundstufe reduzierten religiösen Glauben derselben beikommen wollte. Dass Benjamin Nietzsche in seinem Schreiben – mit Ausnahme des vielbesprochenen kurzen Fragments *Kapitalismus als Religion*, wo er ihn sehr schemenhaft in Gestalt des zarathustrischen Übermenschen in die Reihe kapitalistischer „Priesterherrschaft"[72] aufnimmt – ostentativ ausspart bzw. als geheimen Stichwortgeber einsetzt, ist kein Zufall. Als nächstgelegener ‚Kopf' für die Darstellung von Krisenphänomenen wird er für Benjamin zugleich interessant in der Umfunktionierung des anthologischen Mediums von einer bruchlos-typologischen Form in eine problematisierte *Formung* von Überlieferung. So setzt Benjamin Nietzsche als Objekt der Sorge von dessen Freund Overbeck und als stummes Schlusstableau in seine anthologische Galerie der Bürgerinnen und Bürger in *Deutsche Menschen* ein und bemerkt dazu lakonisch: Overbeck und Nietzsche hätten sich „freiwillig aus dem Deutschland der Gründerzeit [...] verbannt"[73] – ohne Nietzsches Lehre der ‚Ewigen Wiederkehr' zu erwähnen. Diese bildet aber, wie Barbara Hahn für die Buchausgabe der *Deutschen Menschen* überzeugend herausgearbeitet hat, ein Strukturprinzip aus: Das Vorwort als Eingangskommentar von Benjamins *Deutsche Menschen* endet mit dem Zitat eines Briefs von Goethe an Zelter, worin es heißt, dass „wir die Letzten seyn einer Epoche, die so bald nicht wiederkehrt";[74] dieser umgekehrten Prosopopöie von Nietzsches *Ewiger Wiederkehr* folgt der direkte Aufruf Nietzsches in Benjamins Kommentar zum Brief des Fürsten Metternich an Anton von Prokesch-Osten. Zuletzt in der Briefreihe steht das Schreiben des Theologen Overbeck – abgeschickt am Ostersonntag 1883 von der Grenze außerhalb des Deutschen Reichs aus Basel –, in das sich Benjamin selbst eingezeichnet sieht.[75] Die Briefe enthalten, so Barbara Hahn, ein Aktualisierungsmoment, das die Neukonfiguration des Bürgertums bei allem politischen Versagen in jedem Brief aufbewahrt sieht und das sich deshalb nicht auf die camouflierend-physiognomisierende Kontrafaktur der

72 Benjamin: Kapitalismus als Religion [1921], GS VI, S. 100–101; ausführliche Lektüren und Deutungen in Baecker (Hg.): *Kapitalismus als Religion*; Steiner: „Kapitalismus als Religion", S. 167–174.

73 Benjamin: *Deutsche Menschen* (WuN 10), S. 100

74 Ebd., S. 10.

75 Vgl. ebd., S. 10, 94, 100; der Brief, ebd., S. 101–104.

faschistischen Gegenwart des Jahres 1936, in dem das Buch *Deutsche Menschen* erschienen ist, beschränken lässt.[76]

In Nietzsches *Fröhlicher Wissenschaft* findet sich das ästhetische Modell für Wahrnehmungskonstellationen, wie sie Benjamin interessieren. Dieses soll im folgenden Einschub mittels der Diskussion einiger Stellen aus Aphorismen der *Fröhlichen Wissenschaft* paradigmatisch verdeutlicht werden, weil so Licht auf gewisse Voraussetzungen von Benjamins komplizierten Positionsnahmen in der Genealogie kollektiver Wahrnehmbarkeit und der Umfunktionierung Anthologischen Schreibens geworfen werden kann.

Einem Gedanken Werner Hamachers folgend kann ‚Notwendigkeit' als leistungsfähiger Ausdruck der sprachlichen Selbstbezüglichkeit gedacht werden, insofern als dieser Begriff den Prozess der Unvermeidlichkeit der (De-)Figuration *im Umgang der Sprache als solcher* deutlich macht. Diese Unvermeidlichkeit „besagt [...] nur etwas über die Zwangsläufigkeit der Wiederholung, die sich unabhängig [...] von jeder Intention einstellt".[77] Wenn Nietzsches Text als „Allegorie seiner eigenen epistemologischen Unverlässlichkeit"[78] gelesen werden kann und dies der poststrukturalistischen Theorie als „Modell philosophischer Strenge" im Modus philologischer und sprachtheoretischer Sensibilität gilt,[79] so erscheinen die *polýtropoi* als besonders geglückte Verdichtung. Als „unbedenklichste"[80] vielfache Wendungen tragen sie in ihrem Wortsinn – ebenso wie der römische Gott Janus als personifizierte Allegorie, der an prominenter Stelle dem vierten Buch der *Fröhlichen Wissenschaft* als (Unter-)Titel dient – die ewige Wiederkunft und den ewigen Wechsel von Gestaltwerdung und Defiguration. Der Tropus verweist auf die Tropik, ‚blickt' also, um im Bild zu bleiben, in jeder seiner Wendungen auf die rhetorische Strukturiertheit der Sprache und deren ‚Logik' der Bedeutungsdispersion. Dass ausgerechnet *polýtropoi* als einziges und auch noch im Plural auftretendes Wort in der *Fröhlichen Wissenschaft* als gewissermaßen griechisches ‚Wortbild' dargestellt und damit besonders herausgehoben ist, verdeutlicht das Insistieren auf die Wendung zur Bildlichkeit als impliziter Fremde des Schriftsinns. – Die *polýtropoi* zeigen in der etymologischen, semantischen und intertextuellen Überdeterminiertheit deutlich, wie in der *Fröhlichen Wissenschaft* ‚Leben'

76 Vgl. Barbara Hahn: Die Folgen eines seltsamen Buches, in: Dies./Wizisla (Hg.): *Walter Benjamins „Deutsche Menschen"*, S. 68–90.

77 Werner Hamacher: Unlesbarkeit, in: Paul de Man: *Allegorien des Lesens* [1979], übers. und hg. v. Werner Hamacher/Peter Krumme, Frankfurt/M. 1988, S. 7–26, hier S. 14.

78 Hamacher: Unlesbarkeit, S. 14.

79 Vgl. de Man: *Allegorien*, S. 162.

80 Nietzsche: Fröhliche Wissenschaft, S. 344.

und ‚Wahrheit' als philosophische, begrifflich stabilisierte und systematisierte Konzepte dekonstruiert werden und Wahrheit als das Transfigurierende gestalteter Sprache auf deren Stelle zu rückt. Rhetorik als ‚Leben' produktiven Aufschubs und Unentscheidbarkeit des Bedeuteten ist im Bild der unbedenklichsten vielfachen Wendungen (und [Still-]Stellungen[81]), die im einzigen griechisch gesetzten Wort der ganzen *Fröhlichen Wissenschaft* ‚verschwinden', niedergelegt.

Im Aphorismus *Reiz der Unvollkommenheit*[82] kehren sich selbstreferenzielle und transfigurative Effekte deutlich hervor – die Dichtung wird thematisch und tritt motivisch in ein Verhältnis zu ihrem Vollzug.

> Sein [des Dichters, F.S.] Werk spricht es niemals ganz aus, was er eigentlich aussprechen möchte, was er *gesehen haben möchte*: es scheint, dass er den Vorgeschmack einer Vision gehabt hat, und niemals sie selber: – aber eine ungeheure Lüsternheit nach dieser Vision ist in seiner Seele zurückgeblieben, und aus ihr nimmt er seine ebenso ungeheure Beredtsamkeit des Verlangens und des Heisshungers. Mit ihr hebt er Den, der ihm zuhört, über sein Werk und alle Werke hinaus und giebt ihm Flügel, um so hoch zu steigen, wie Zuhörer nie sonst steigen: und so, selber zu Dichtern und Sehern geworden, zollen sie dem Urheber ihres Glückes eine Bewunderung, wie als ob er sie unmittelbar zum Schauen seines Heiligsten und Letzten geführt hätte, wie als ob er sein Ziel erreicht und seine Vision wirklich *gesehen* und mitgetheilt hätte. Es kommt seinem Ruhme zu Gute, nicht eigentlich an's Ziel gekommen zu sein.[83]

Der zwischen dem physiologischen und dem ästhetischen Modus schillernde „Reiz" markiert die Unentscheidbarkeit des hier Verhandelten – die Frage, in welcher Konstellation und zu welchem Zeitpunkt und für wen sich die Vision eröffnet bzw. kunstpsychologisch gewendet hat: welches die Bedingungen sind, damit Schaffenskraft überhaupt materielle Resultate zeitigt. Diese Suche nach und der Versuch der *Benennung* des Erhabenen des schriftstellerischen Werks verwirrt sich in der Ungleichzeitigkeit von Produktion und Rezeption bzw. umkreist den unmöglichen Moment, in dem die stillgestellten Textzeichen eine gegenwärtige Gemeinschaft von Schreibendem, Werk und Leserschaft

---

81 Vgl. Anselm Haverkamp: Allegorie, in: *Ästhetische Grundbegriffe. Historisches Wörterbuch in sieben Bänden*, Bd. 1: Absenz – Darstellung, hg. v. Karlheinz Barck, Stuttgart/Weimar 2000, S. 49–70, hier S. 56–57. Haverkamp führt mit Verweis auf Riemers *Griechisch-Deutsches Hand-Wörterbuch* (Jena/Leipzig 1820) eine etymologische Unterscheidung zwischen gr. Tropē und metaphora an: Reimer übersetzt *metaphora* mit Allegorie, führt aber unter *tropos* zusätzlich zu der Standardübersetzung „Wendung" auch die grammatisch-syntaktische „Stellung" an, welche, nach Haverkamp, „die tropologische Voraussetzung dafür ist, dass es von der Metapher zur Allegorie kommt."

82 Nietzsche: Fröhliche Wissenschaft, S. 434–435 (Aphorismus 79).

83 Nietzsche: Fröhliche Wissenschaft, 434–435 (Aphorismus 79), Herv. i. Orig.

suggerieren könnten. Text als plane materielle Zeichenfläche saugt alle unmittelbar denkbare Identität und Gleichzeitigkeit eines „Schauen[s] seines [des Autors, F.S.] Heiligsten und Letzten" und der Erfahrung der Lesenden sich auf: Die Beziehung des Dichters (der sich zum Sänger verwandelt) zu seinem Leser, der ein Zuhörer wird, ‚glückt' nicht in einem Moment intersubjektiven Verständnisses, das in der vollen Gegenwärtigkeit des (an die Stimme gebundenen) Austauschs sich vollziehen würde – sondern stellt sich als erhabener Vorauf der einen und Nachgeschmack der Vision auf der anderen Seite ein. Die Vision hat ihren Ort, wenn überhaupt, im geschriebenen/gelesenen Text, der den erhabenen, aber leer bleibenden Schau- und Hörplatz ‚fest-stellt': Das intensiv gemachte Wortfeld des Schauens/Sehens und Hörens kündigt vom physiologischen und ästhetischen Reiz der „Vision"; die hyperbolische Reihe hingegen[84] kippt unversehens am Schluss in den Konjunktiv II, der Irrealität markiert. Im *futurum exactum* der bildhaften Erinnerung wird dieses Kippen seinerseits für einen Moment stillgestellt („Vision wirklich *gesehen*").

Dieser Ausdruck steht in seiner temporalen Schichtung in einem komplexen Verhältnis zum „Vorgeschmack einer Vision", die der Dichter *in der Realisierung* des Werks tatsächlich „gehabt hat". Die „Vision" bezeichnet nicht nur die wahrnehmungsgebundene Passage zwischen Wachzustand und Traum, oszilliert wiederum zwischen dem physiologischen und dem ästhetischen Feld, sondern friert das ‚aktive' und von vielfältigen Momenten abhängige Sehen im allegorischen Bild ein. Das adverbiale „wirklich" als *Dazwischen-Gestelltes* ist ein doppelt, ein ‚von beiden Seiten' Gesehenes, das sich mitunter erst als nachträglicher Effekt, als ein *Da*-Zwischen *wirklich* eingestellt haben wird. Das Erhabene der Vision, soviel lässt sich absehen, wird als Wahrheit des Textes ökonomisch ausgestellt – bleibt aber unverfügbar; *da* zwischen Autorschaft, vortragender Person und Leserschaft.

Die Wahrheit, die der Text für sein Gestaltet-Sein in Anspruch nimmt, erscheint in solch konvexen Figuren. Diese sind erst in den Rekursionen des Texts feststellbar; in dem, *was zu lesen gewesen sein wird*. Das, was *zu sehen gewesen ist*, das „Heiligste und Letzte", wird aufgerufen, unverfügbar gemacht, übersprungen – es fällt mit der Experimentalsituation des Texts zusammen. „[N]icht eigentlich an's Ziel gekommen zu sein", ist der tatsächliche Reiz der Unvollkommenheit. Dieses [V]Erkennen, das der Text ironisch gegen sich auszuspielen scheint („sein Werk spricht es niemals ganz aus [...], was er *gesehen haben möchte*"), eröffnet das Feld, auf dem die Transfigurationen

84 „ungeheure Lüsternheit" / „ungeheure Beredtsamkeit des Verlangens und des Heisshungers" / „über sein Werk und alle Werke hinaus" / „Flügel, um so hoch zu steigen, wie Zuhörer nie sonst steigen".

einsetzen. Und der Nenner der Bedeutung, der Stachel der Bedeutung, der auf die Zuhörenden übertragene „Heisshunger", wird durch jenes beständige Transfigurieren, das diese selbst zu Dichtenden und Sehenden gemacht hat, angereizt – oder stillgestellt. Der Text setzt den Moment der Wahrheit als allegorische Erhabenheit, die nicht erreichbar, aber *erkennbar* ist – als Textbewegung selbst.

Diese unabsehbar repräsentierte Dauer in der Textrekursion und in den damit gesetzten verabsolutierten ästhetischen Ansprüchen wird für Benjamin zunehmend mit der bei Kant notorischen Erfahrungsarmut und dem Entzug von politischer Positionssetzung gleichgesetzt. Nietzsche als ‚historischer Mensch' (vgl. Kap. 5.3–5.4) fällt der von ihm diagnostizierten Barbarei des Historismus selbst zum Opfer – als heroischer Intellektueller, der von seinem Freund, dem Theologen Overbeck, sorgenvoll zurück aufs bürgerliche Gymnasialkatheder gerufen wird. Mit der im Overbeck-Brief abgeschlossenen Reihe der *Deutschen Menschen* stellt Benjamin die politische Ambivalenz des Bürgertums in seiner Nivellierung der Bildungsinstitutionen ebenso offen aus wie er die offene Frage stellt, was ein Zarathustra als Prototyp des Gymnasiallehrers in genau jener Generation von Lernenden angestiftet und angerichtet hat, deren Ideale in der Jugendbewegung im exterminatorischen Weltkrieg zugrunde gehen – bzw. die so weitgehend begeistert in diesen Weltkrieg marschiert ist, um danach, in der Formulierung Hofmannsthals, von den Alten ermordet zu werden.[85]

5.4 Von der Erdverhaftung zur Begriffsperson: Die Umfunktionierung der Anthologie

Benjamins komplizierte dialektische Umwendungen des anthropologischen Materialismus und der (neo-)kantischen Begrifflichkeit der Erfahrung entfernen sich zunehmend von Subjekt-Objekt-Schematismen. Im Rückgriff auf die frühaufklärerischen materialistischen Grundlegungen der Ästhetik als Wissenschaft der sinnlichen Erkenntnis bei Gottlieb Alexander Baumgarten, der von Leibniz den Begriff der *confusio* (Verwirrung) übernommen hatte, ist bei Benjamin das Subjekt nicht mehr

85 In der Kritik des bürgerlichen Bildungsbegriffs und den Bezügen zu einer ‚Berliner Kindheit' in der Gründerzeit läge noch weiteres Potenzial für den Vergleich Benjamins mit Borchardt. Vgl. den Ansatz von Kai Kauffmann, der sich vor allem für die sprachliche Exponierung der ‚Kindheit' interessiert. Kai Kauffmann: Rudolf Borchardts und Walter Benjamins Berliner Kindheiten um 1900, in: *Zeitschrift für Germanistik NF*, 8, 2/1998, S. 374–386.

> das Definiens der sinnlichen Erkenntnis, sondern dient als Beschreibung eines bestimmten Wahrnehmungsvollzugs, der an ein Kollektiv und nicht an ein leibgeistiges Subjekt gebunden ist.[86]

Dieser Wahrnehmungsvollzug bleibt bei Benjamin eine messianisch unterbaute ‚Aufgabe', kein objektiver Tatbestand. Das zeigt sich etwa an seinen Überlegungen zum Film im Aufsatz *Das Kunstwerk im Zeitalter seiner technischen Reproduzierbarkeit*: Nicht die Rezeption von spezifischen Filmen interessiert ihn, sondern das Kino als Ausdrucksform der Operationalisierbarkeit einer neuen Massenwahrnehmung: Lichtreflexe im Dunkeln, die im gemeinsamen Testfeld von Kamera und Schauspielerkörper entstanden sind, treffen auf Zuschauerinnen und Zuschauer, deren Wahrnehmungsorgane sich erst ganz allmählich an diese technische Form gewöhnen und dementsprechend diese politisch erst noch aneignen müssen. – Eine nicht technizistisch verkürzte, von der Differenz verschiedener Zeit- und Wahrnehmungsmodi geprägte Medientheorie,[87] die sich noch fast hundert Jahre nach ihrer Entstehung als produktiv erweist.

Geistestechnische Funktionsbilder exponieren den historischen Index dieses Wahrnehmungsvollzugs im Kollektiv. Der romantischen Ironie und ihrem Verabsolutierungsanspruch, dem er in seiner Dissertation *Der Begriff der Kunstkritik in der deutschen Romantik* kritisch begegnet, stellt Benjamin Sprach(hohl)formen wie den Witz und die Satire entgegen, die im Übergang zur Reklame im Frühkapitalismus einen historischen Index ausstellen: Die Ausbreitung der ironischen Sprachformen kongruiert mit der gesellschaftlichen Durchsetzung des geldförmigen Warentauschs. An den Kupferstichen von Grandville, am Sprachwitz in der von ihm 1929 zusammengestellten kleinen Anthologie *Gedanken und Gesichte eines Geköpften* von Antoine Wiertz[88] und besonders an den utopischen Fantasien des Frühsozialisten Charles Fourier setzt Benjamins Formanalyse an. ‚Echte' Beobachtung obliegt der geschichtlichen Konstruktion, die sich in der Probe, so Benjamin in einem kurzen Text mit dem Titel *Einmal ist keinmal*,[89] auf den aktuellen Preis eines figürlichen Potenzials, einer rhetorischen Anlage, einer literarischen Form ergibt.

Dieser Diskurs verbindet sich in Benjamins Schriften zunächst mit apokryphen Zitaten der Klassiker Goethe und Jean Paul, an deren „unbegriffenen"

86 Deuber-Mankowsky: *Praktiken der Illusion*, S. 210, in Bezugnahme auf den amerikanischen Kant – und Benjaminforscher Peter Fenves.

87 Vgl. Lindner: Zu Traditionskrise, Technik, Medien, S. 462.

88 Walter Benjamin: Antoine Wiertz: Gedanken und Gesichte eines Geköpften, GS IV.2, S. 805–808.

89 Vgl. Walter Benjamin: Einmal ist keinmal, in: Ders.: *Einbahnstraße* (WuN 8), S. 89–90.

Stellen Benjamin kulturanalytisch ansetzt, indem er etwa von Goethes Produktionsbedingungen in seinem Schreibzimmer am Marktplatz von Weimar ausgeht.[90] Im Exil ab 1933 verlegt sich diese Auseinandersetzung teils notgedrungen, teils inhaltlich bedingt, auf französische Quellen. Der Schriftsteller Paul Scheerbart figuriert als Transferfigur: Benjamins Hochschätzung für Scheerbart nimmt dabei die Form einer Übertragung von dessen architektonischen Fantasien auf den Bereich des Politischen an bzw. verbindet Spekulationen einer Befreiung des Menschen in einer zweiten Technik mit Esperanto-Sprachen und -Namen, die in Scheerbarts Prosa ein auffälliges Merkmal sind. Mit der Verschiebung auf eine materialhaft anschauliche Form der Geschichtsschreibung und der historischen Apokatastasis[91] politischer Utopie (als Erlösung gebundener Potenziale historischen Leids und deren Befreiung in der Geistesgegenwart) richtet sich Benjamins Interesse an Scheerbart in späteren Jahren stärker auf die Bedeutung von dessen Ankündigung einer Glaskultur, mit der sich die menschliche Kultur durch das Umschaffen ihrer räumlichen Milieus völlig verändern werde, wie es in dessen Traktat zur Glaskultur heißt, der 1914 vor Ausbruch des Weltkriegs erschienen war.

Ab Ende der 1920er Jahre sind es im weitesten Sinn räumliche Umstände, seien es solche von historisch-sozialen Personen- oder Dingtypen – die Straße des Flaneurs, die Bibliothek des Sammlers, die Mode des Dandys, der Traum des Drogenkonsumenten, das Gewand des Buchs, die Type des Buchstabens, die Stellung der Handschrift –, die an der kunstphilosophischen Systemstelle von Kritik und Kommentar (und deren aporetischen Wechselwirkungen) eine medienästhetische Einsatzstelle historisch-singulärer Analysen nach sich ziehen. In nachgelassenen Aufzeichnungen zur Anthropologie notiert sich Benjamin folgende Arbeitsdefinition: Architektur sei der Kanon aller Hervorbringungen, die Sprache der Kanon aller Wahrnehmung.[92] Die aphoristische Setzung bezeichnet eine grundlegende distinkte Zuordnung von funktionellen Begriffen:[93] Die Ordnung der Architektur ist in der ästhetischen Tradition die Variable menschlicher Hervorbringungstechniken.

---

90 Vgl. Walter Benjamin: Weimar, in: Ders.: *Einbahnstraße* (WuN 8), S. 121–123. Zu diesen Texten vgl. Klaus Garber: *Benjamin als Briefschreiber und Kritiker*, München 2005.

91 Benjamin, zit. n. Anmerkungen der Hg., GS, I.3, S. 1160: „Scheidungen von Beginn weg sind immer Scheidungen innerhalb dieses höchsten gemischten Gegenstands selbst und den kann man sich garnicht genug gemischt, garnicht unkritisch genug vergegenwärtigen."

92 Vgl. Walter Benjamin: Zu [Scheerbart:] „Münchhausen und Klarissa", GS VI, S.147–148, hier S. 148.

93 Als Benjamin'sches Arbeitsprinzip beschreibt dies Uwe Steiner: Der wahre Politiker. Walter Benjamins Begriff des Politischen, in: *Internationales Archiv für Sozialgeschichte der deutschen Literatur*, 25, 2/2000, S. 48–92, hier S. 76; Uwe Steiner: *Walter Benjamin*, Stuttgart 2004, bes. S. 74–82.

Entscheidend für die von Benjamin angestrebte Form der Geschichtsdarstellung ist nun, diese räumlichen Formen nicht metaphorisch, sondern funktional in Wert zu setzen. Indem sich Technik- und Sprachdenken zu historisch variablen und zugleich distinkten Hervorbringungs- und Wahrnehmungsformaten entwickeln, bildet die Vorstellung der Geschichte – kulminierend im Kunstwerk –, ein Zeitdenken, dessen ‚frühe', ‚vollreife', ‚späte' Ausformungen dem Forscher analytische Zugänge für historisch nachprüfbare Aussagen bieten. Die gleichzeitig bei Benjamin insistierende Anstrengung an seinen begrifflichen Konstellationen wie seine flexible Handhabe *einzelner* Begriffe (so Kritik, Aktualität, Ausdruck, Geschichte, Rettung, Gerechtigkeit usw.) ist kein camouflierendes Jonglieren, sondern ein methodisches Ernstnehmen der Tatsache, dass Begriffe nicht nur zeitlicher Ausdruck ihrer Festlegung und ihres Gebrauchs sind, sondern selbst in ihrer Semiosis auch ‚Wahrnehmbarkeit' *für* die Rezipierenden entwickeln. Die normativen Teilungen kulturgeschichtlicher Exegese werden selbst noch einmal (und immer wieder) interpoliert und somit ihr Prinzip der Unterscheidung auf sie selbst angewandt: Das ist die Form kulturgeschichtlicher ‚Kritik', die an Benjamins Kritikbegriff aus dem *Wahlverwandtschaften*-Essay anschließt. Beschrieben wird so eine Rhythmik von Negationen, die in jede Position wieder ihren hegelischen „wesentlichen Unterschied" einführen.[94] Jan Urbich resümiert diese unabschließbar-dynamische Erkenntnisbewegung in Bezug auf den Zusammenhang der Wortkunst Literatur und der Kultur so: „Durch Literatur und Kunst fängt Kultur immer wieder bei sich selbst an und kommt so über sich hinaus."[95]

Dies ließe sich wohl in besonders ausgeformter Weise in den Aphorismen der *Einbahnstraße* nachvollziehen. Benjamin verknüpft darin ein Denken sprachtheologischer Unvermitteltheit mit der anthropologisch-kosmologischen Spekulation eines ‚neuen Menschen' als jenes ‚Bürgers', der *erdverhaftet* auf einem Planeten steht, nicht nationalistisch-imperial auf deutschem oder französischem Land – und in dieser gedanklichen Reise vom Zustand nietzscheanischer Krankheit des Machtwillens ‚gesunden' kann, wie es in offensichtlicher Anspielung in den ausleitenden Sätzen der *Einbahnstraße* heißt. Der allerletzte Satz des Buchs nähert sich wiederum in äußerster Ambivalenz, gleichsam im Donner eines zur Wiederkehr verdammten monotheistischen Gottes noch einmal an

94 Vgl. Jan Urbich: *Darstellung bei Walter Benjamin. Die „Erkenntniskritische Vorrede" im Kontext ästhetischer Darstellungstheorien der Moderne*, Berlin/New York 2011, S. 319. Vgl. auch dessen dichte Bemerkungen zur Erkenntnistheorie des Erwachens in der Passagenarbeit, ebd. S. 314–316.

95 Ebd., S. 497.

Nietzsches Rhetorik an, um – gleichermaßen in der Umkehr der christlichen Trias von Schaffung, Offenbarung und Erlösung – in der Reihe von „Taumel", „Vernichtung", „Lebendiges", „Rausche" und „Zeugung" abrupt abzubrechen.[96]

Was nun aber, wenn die Rezeption im Akt der Zerstreuung geschieht, nicht im Akt der Konzentration vollzogen wird? Der zerstreute, kollektive Wahrnehmungsvollzug lässt nicht allein ganz neue ‚historische Aufgaben' (z.B. in der Vorstellung der Organisation von Produktion und Rezeption) entstehen und verändert damit den Begriff des Kunstwerks (auch in dessen historischer Erforschung) – er bietet auch eine verwandelte Perspektive auf die *persona* der Kunstschaffenden bzw. das künstlerische Werk. Aus einem Synonym für eine kontemplativ vorgenommene, konzentriert erarbeitete Auswahl des ‚Besten' (im Sinn des dahinterstehenden künstlerischen Subjekts) wird das paradigmatisch in die zerstreute Rezeption der Zeitung ausgesetzte Anonyme oder Begriffsfigürliche. Benjamin erprobt das in der anthologischen Feuilleton-Reihe der *Briefe* in der *Frankfurter Zeitung* als ein Anthologisches Schreiben, das nicht mehr dem Muster der Anthologie des 19. Jahrhunderts folgt (vgl. Kap. 2.1).

Im Spätwerk *Was ist Philosophie?* von Gilles Deleuze und Félix Guattari wird die philosophische Begriffsperson von den soziologischen Denkformen wie folgt unterschieden:

> Die einen sind Begriffsvermögen, die anderen Affekt- und Perzeptvermögen. [...] Im philosophischen Aussageakt tut man nicht etwas, indem man es ausspricht, sondern man macht die Bewegung, indem man sie denkt, vermittels einer Begriffsperson. [...] Der Philosoph ist die Idiosynkrasie seiner Begriffspersonen, nicht deren abstrakte Personifizierung.[97]

So sei bei Nietzsche Dionysos kein erschaffener Mythos oder ein Produkt dichterischer Fantasie, sondern eine zum Leben gebrachte Figur, *mit der*, in der dritten Person, gedacht wird. Indem Benjamin Stefan George, Paul Valéry oder Nietzsche begriffsfigürlich instrumentiert, lassen sich deren in Prosa und Lyrik niedergelegte historisch gebundene Wahrnehmungsformen *kulturanalytisch* auf die Zeit hin versinnlichen, in der sie gelesen werden, ohne dass in intensiver Interpretation der geschichtliche Horizont einer Produktions- und Rezeptionslogik gänzlich verlassen würde (vgl. Kap. 4). Das Anthologische Schreiben ist dabei nicht bloß eine handhabbare Geste, da traditionell durch eine Logik der Repräsentation und der Typik bestimmt und in personalen

96 Benjamin: Zum Planetarium, S. 75–76, hier S. 76.

97 Deleuze/Guattari: *Was ist Philosophie?*, S. 74, 73.

Evidenzeffekten (‚Das Beste von Goethe' usw.) vermittelt, sondern stülpt und bricht die wiederaufgelegten Stimmen intertextuell zum Material neuer Produktion.

Solchen Möglichkeiten der ‚Umfunktionierung' (Bertolt Brecht) kommt Benjamin Ende der 1920er Jahre im Schreiben an (anthologischen) Sammelprojekten und von Denkbildern auf die Spur. Eine erste philologisch interessante Verwendung des Begriffs Anthologie im Zusammenhang kollektiver Wahrnehmung findet sich in seinem Bericht über die Verfilmung von Wilhelm Speyers Jugendroman *Der Kampf der Tertia* 1928. Benjamin plädiert dafür, die Massenszene aus der *Tertia*-Verfilmung in eine „Anthologie der kinematographischen Verfolgungen"[98] aufzunehmen. Es wird also eine mediale Transformation in Anschlag gebracht, die den Wahrnehmungs- und Gebrauchsbedingungen des damaligen Kinos widerspricht. Die in der Ordnungsleistung eines Autors aufgehende Anthologie kann sich, bezogen auf das Medium Film, erst im potenziell integralen digitalen *surface* des 21. Jahrhunderts erfüllt haben. Das Beispiel – die einzelne Massenszene – kassiert als Geste das Werk bzw. den Zusammenhang des einzeln komponierten Gebildes zugunsten eines verwertbaren Einzelnen oder Vereinzelten, das aber nicht mehr als Beispiel fungieren kann, sondern erst einer zukünftigen Potenz entspricht, hier: der Potenz, verschiedenste Filmszenen simultan aufzurufen und zu betrachten, um darin historisch einschlägige Differenzen der Wahrnehmung erkennbar werden zu lassen. Es ist dabei das politisch imprägnierte Bild einer Menge in Aufruhr, das Benjamin als monumentale archivierte Geste herausgelöst und in neue künstlerische Zusammenhänge einsortiert sehen will.[99]

Komplementär zu dieser Begriffsverwendung findet sich im selben Jahr (1928) in Benjamins Besprechung von Rudolf Borchardts Anthologie *Der Deutsche in der Landschaft* (vgl. Kap. 6) ebenfalls ein am Traditionsmedium Anthologie aufgerufenes medial-visuelles Dispositiv: „mit einem Griff des Auges"[100] erkennbar ist, gemäß Benjamin, die von Borchardt auf den Höhepunkt getriebene Ideologie einer spezifisch ‚deutschen' Anthropologie der Landschaftserfahrung.[101] Solche an medienästhetischen Einsatzstellen

---

98 Walter Benjamin: Der Kampf der Tertia. Zur Berliner Uraufführung, GS IV.1, S. 532–533, hier S. 533.

99 Stefan Ripplinger hat in seinem Essay *Mallarmés Menge* die auf Mallarmé zurückführenden interessanten kunstpolitischen Bezüge herausgearbeitet; vgl. Stefan Ripplinger: *Mallarmés Menge*, Berlin 2019.

100 Rudolf Borchardt: Nachwort, in: Ders. (Hg.): *Der Deutsche in der Landschaft*, München/Zürich 1927, S. 485–500, hier S. 488.

101 Vgl. Peter Neumann: Der Deutsche in der Landschaft – Borchardt und Benjamin, in: *Kulturwissenschaftliche Zeitschrift* 5, 1/2020; DOI: https://doi.org/10.2478/kwg-2020-0024.

ansetzende zukünftige Potenzen übertragen das die Anthologie bestimmende formale Verhältnis von Beispielhaftigkeit und Repräsentativität auf ein Verhältnis gattungsgemäßer und gattungstranszendierender Produktion.

Vor dem Hintergrund dieser begrifflichen Umschreibungen möchte ich im Folgenden den Blick noch einmal verstärkt auf die Projektierungen und literarischen Denkbilder und damit konkret auf den ästhetisch-literarischen Produktionsprozess Benjamins richten. In der Vorrede für die 1921/22 geplante, aber nie realisierte Zeitschrift *Angelus Novus*[102] umschreibt Benjamin das Verhältnis, das der schriftliche Ausdruck in der Form der Zeitschrift zur Aktualität annehmen kann, als ephemer: „Wahre Aktualität" könne mit dem Projekt einer Zeitschrift einzig umworben, nicht angestrebt werden. Die Schriftform stehe in einem Grenzverhältnis zur Wirksamkeit von Aussagen. Aktualität erscheine als relativer und zugleich an „Wahrheit" gebundener Begriff. Dies zeichnet sich an Benjamins Verhalten als Autor seiner frühen Schriften ab, deren Umlauf und Verbreitung er – vermittels pseudonymer Autorschaft und der Beschränkung auf Freundeszirkel – zu kontrollieren sucht. Es erscheint daher folgerichtig, dass dieser sprachphilosophisch-rezeptionstheoretische Konnex direkt zur Sprache kommt, wo Benjamin als Autor und Herausgeber den Diskurs der Aktualisierbarkeit im materialen Medium der (projektierten) Zeitschrift *selbst* thematisiert. Weitreichende formale Überlegungen zur typografischen Einrichtung und Erprobungen schrifträumlicher Varianten in der Zeitschrift (etwa in der Einteilung von Abhandlungen, Rezensionen und literarischen Beiträgen) bestimmen seine mehrjährigen Vorarbeiten zum *Angelus Novus*.[103] Diese Rückkehr von Benjamins aktivistischem Engagement, das er mit Beginn des Ersten Weltkriegs abgelegt hatte, zeigt sich in allen Zeitschriftenprojekten. „[T]he impulse to symposium – the gathering of like-minded thinkers and writers – was an inextinguishable propensity of his philosophic sensibility."[104]

Benjamins Ankündigung des *Angelus Novus* will über die Rechenschaft der Form Vertrauen in den Inhalt schaffen. Wahre Bestimmung einer Zeitschrift sei, den Geist ihrer Epoche zu bekunden, was durch die sachliche, nicht stoffliche Universalität ihrer Themen möglich werde. Dem Herausgeber als Hüter der Kritik, als höchstem Kritiker, wird damit zum einen eine enorme

---

102 Vgl. Benjamin: Ankündigung der Zeitschrift *Angelus Novus*, GS II.1, S. 241–246, die folgenden Zitate ebd. Vgl. zu Benjamins Zeitschriftenprojekt *Angelus Novus* Uwe Steiner: „Ankündigung der Zeitschrift: Angelus Novus". „Zuschrift an Florens Christian Rang", in: Lindner (Hg.): *Benjamin-Handbuch*, bes. S. 302–308.

103 Dies kommt insbesondere in Benjamins Briefwechseln mit Scholem, den er als Mitarbeiter gewinnen wollte, und mit dem Verleger Richard Weissbach zum Ausdruck; vgl. Walter Benjamin an Gershom Scholem, 4.10.1921, GB II, S. 194–198, hier S. 197 und passim.

104 Eiland/Jennings: *Walter Benjamin. A Critical Life*, S. 5.

Geltungsmacht zugesprochen – zum anderen, und das ist kulturanalytisch interessanter und weiter bearbeitbar, wird die Rechenschaftspflicht des Herausgebers zum symptomalen Zeichen der gesellschaftlichen Krise. In Bezug auf die typografische Einrichtung sollen die Kritiken und Rezensionen nicht das „Kainszeichen"[105] tragen und in den Rezensionsteil verbannt werden. Benjamin korrespondierte monatelang mit dem Verleger Richard Weissbach über die Typografie, Druckproben wurden im Vorlauf der ersten Ausgabe des *Angelus Novus* hin- und hergesandt.[106] Auch die Auswahl von Dichtung sei sachlich unbeschränkt, aber an die deutsche Sprache gebunden. Der Index des Sprachbewusstseins der Gegenwart wird negativ angelegt: Strategisch-polemisch richtet sich Benjamin explizit gegen die „Gewaltsamkeit" der neuen Hymnikerinnen und der Expressionisten, denen er „Nachäfferei" des malerischen Expressionismus vorhält. Auch Übersetzungen haben ihren Platz in der angedachten Zeitschrift, da sie die Krisen der deutschen Sprachgeschichte seit jeher heilsam begleitet hätten.

Der Herausgeber fühlt sich mit allen Beiträgen „verwandt";[107] das Publikum dürfe kein Gefühl entwickeln, das jenseits dessen stehen würde. Andererseits müsse jede unaufrichtige Verständigung, Begünstigung und Gemeinschaft der Mitarbeiter der Zeitschrift fernbleiben, sie dürfe nicht das Forum einer sektiererischen Verkettung oder eines Betriebs werden. So ist die Schnittstelle des Herausgebers die Schwelle zur (Selbst-)Kritik. Damit versucht Benjamin im Medium der Zeitschrift ein Lebensmodell zu vollziehen:

> And thus his stated ‚policy' of preventing, whenever possible, extended contact between his friends, the better to preserve each individual or group as a sounding board of ideas. Within this shifting field of operations, Benjamin conducted himself from an early age in such a way as to realize ‚the many modes of existence inherent in [him]'.[108]

Die Komposition, die im Namen des Angelus Novus ihren Ort hat, soll der Ephemerität der Zeitschrift als Institution der Freundschaft mit kleinstem Publikum Ausdruck verleihen. Empfängnis und Vergängnis als prekäre

---

105 Benjamin: Ankündigung der Zeitschrift *Angelus Novus*, GS II.1, S. 242.

106 Der Editionsspezialist Roland Reuss hat Benjamins Übersetzung von Baudelaires *Tableaux parisiens* als Faksimile herausgegeben; Walter Benjamin: *Tableaux parisiens. Mit dem Vorwort „Aufgabe des Übersetzers" und Materialien zur Editionsgeschichte*, hg. v. Roland Reuss, Frankfurt/M./Basel 2016. In der Zusammenstellung der Materialien der Editionsgeschichte (ebd. S. 17–36) ist der intensive Austausch dokumentiert, den Benjamin mit dem Verleger Weissbach über Druckproben und Typenwahl führte

107 Benjamin: Ankündigung der Zeitschrift *Angelus Novus*, S. 245.

108 Eiland/Jennings: *A Critical Life*, S. 4.

(Geburts-)Orte für Geschriebenes, für geschriebene (und wieder fallende) Blätter: so versteht Benjamin Mitte der 1920er Jahre die „wahre Aktualität" oder anders: die Aura eines ‚echten' Verhältnisses der Epoche, der Phänomene zu ihrer (nur krisenförmig bzw. revolutionär zu denkenden) Aktualität. Die Zeitschrift wird ihm dabei zum bevorzugten Medium. Im Text *Analysis des deutschen Verfalls*, auf dem Höhepunkt der Inflation der Reichsmark 1923 geschrieben, notiert Benjamin, der zu dieser Zeit wie getrieben in Deutschland herumreist, die Charakteristik einer „musterhaften Zeitschrift" in drei Merkmalen: „Unverständlichkeit – um nicht den Hass der Barbaren herauszufordern" / „Kürze – um ihnen vernehmbar zu werden / „Rhythmik – um die Autorität des gebieterischen Worts vor ihnen zu vertreten."[109]

Die Zeitschrift als Gegenmodell gegen die entwertete anthologische Blütenlese als verschlepptem Abgesang und Fälschung (Entpolitisierung) der Klassik wird für Benjamin zum Modell *in* der, ja gar zur Form *der* Krise. Während der Inflation 1922/1923, aber auch während der politischen Erschütterung der Weimarer Republik nach der Weltwirtschaftskrise und der Destabilisierung der parlamentarischen Demokratie durch Notstandsgesetze und Pressezensurbestimmungen 1930/1931 sowie während des Exils in Paris und angesichts der offensichtlichen Kriegsgefahr für Europa 1938: Zu diesen Zeiten beschäftigt sich Benjamin konzeptionell am intensivsten und immer im Austausch mit Intellektuellen und Verlegern mit der Form und der Neugründung von Zeitschriften. Wo sie nicht als falsche Schimäre tagesaktueller ‚Informiertheit' verstanden wird, heißt Aktualität für Benjamin, wie die Thesen *Über den Begriff der Geschichte* in aller Schärfe zeigen, nichts anderes als Krisen (-wahrnehmung) – und ist damit Geburtszeichen für etwas Neues, mag es noch so klein und unscheinbar sein. Welche Gestalt dieses Neue annimmt, darin wird der historische Materialist lebenslang theologisch-kunstphilosophische, messianisch-revolutionäre und spontaneistisch-anarchistische Intentionen und Affinitäten in ultimative Funktionsbilder zu integrieren suchen.

5.5 Überlieferung bedingt eine neue Gestalt: Aus Kritik wird Krise, aus Konstruktion Folge

Als Gradnetz der Kritik fungiert der Herausgeber; er ist der Komponist der Form der Kritik, die die Zeitschrift hervorzubringen hat. Der Nachweis der ephemeren Aktualität liegt damit in der Komposition. Wörtlich als *Zeit-Schrift* ist deren

109 Benjamin: *Einbahnstraße* (WuN 8), S. 136–137. Diese Notizen bilden die Basis des Denkbilds „Kaiserpanorama" in *Einbahnstraße*.

einzige Bedingung in Benjamins messianischem Denken zu diesem Zeitpunkt die Hervorbringung eines solchen Zeitbilds – der Geburt einer Form(ung) der Gegenwart in der Zusammenstellung kritischer, übersetzerischer, essayistischer Beiträge zu Zwecken der Überlieferungsbildung. Ausgeschlossen sein soll die hieratisch-autoritäre ‚Verwaltung' eines öffentlichen Sprach- oder Gedankenguts in der Zeitschrift, wie Benjamin sie den Zeitschriftenprojekten Borchardts und Hofmannsthal vorwirft. Eine bloße Verwaltung, Instrumentalisierung der Intelligenz zu unaufrichtigen Zwecken würde sich, in Benjamins Konzeption, bereits in dem Moment durchsetzen, wo die Mitarbeitenden der Zeitschrift sich jenseits der gemeinsamen Bezugnahme auf Thesen und einen fachmännischen Anspruch verbünden und damit die Zeitschrift zu einem Verwaltungsort ihres Bündnisses, zu einem Betrieb, umgestalten.

Benjamins Überlegungen und Thesen zur Form der Zeitschrift münden in die folgende Entscheidungsfigur: „Restloser als seit Jahrhunderten fällt die Krisis der deutschen Dichtung zusammen mit der Entscheidung über die deutsche Sprache selbst".[110] Die Zeitschrift sei das Gefäß, ‚Rationalität bis ans Ende' zu realisieren. Die Ankündigung zur Zeitschrift *Angelus Novus* endet mit der für die Benjaminrezeption notorisch gewordenen Pathosformel, die auf die kabbalistische Legende der Engel Bezug nimmt.[111] Ephemere Aktualität gebe es nur in den rasch verfliegenden Stimmen, die ihre Ankündigung vor Gott singen und dann vergehen – Ephemerität als „gerechter Preis" fürs Einfordern geschichtlicher Aktualität – „dass der Zeitschrift solche Aktualität zufalle, möge ihr Name bedeuten."[112] Dieses starke Bild ist einer der wichtigsten Ausgangspunkte für die spätere Passagenarbeit Benjamins: die spezifische *Vergänglichkeit* menschlicher Erfahrungen in der kapitalistischen Moderne des 19. und frühen 20. Jahrhunderts auf den Begriff zu bringen.

Die Zeitschrift *Angelus Novus* ist ebenso an diesem überzogenen Anspruch wie an den äußeren Bedingungslagen (Papiermangel während der Inflation) gescheitert. Die enorme Bedeutung, die Details und Nuancen der Zeitschrift als einem materialen (Einrichtung der Typografie, Buchkunst etc.) und medialen (Kompositeur) Ort der Krise zukommen, gestaltet sich in Benjamins nachfolgender Produktion allerdings zu einer griffigeren Beobachtung aktueller

110 Benjamin: *Einbahnstraße* (WuN 8), S. 136–137. Damit kommen Benjamins Überlegungen dem religiösen Anarchismus Hugo Balls (*Kritik der deutschen Intelligenz*, Bern 1919) und Gustav Landauers (*Aufruf zum Sozialismus*, 1918, *Briefe aus der Französischen Revolution*, 1919) nahe.

111 Paul Klees aquarellierte Zeichnung aus Tusche und Ölkreide mit dem Titel *Angelus Novus* hatte Benjamin im Mai 1921 erworben.

112 Benjamin: Ankündigung der Zeitschrift *Angelus Novus*, GS II.1, S. 246.

Bedingungslagen, in denen das kritische Wort steht und fällt.[113] Die Beobachtungsperspektive richtet sich entsprechend danach aus, ob die Entscheidung über die Aktualität der Sprachkrise und ihre kritische Brechung im Medium ‚richtig' und ob sie im ‚richtigen' Medium hervortritt: Die erkenntnistheoretische Funktion der Leibniz'schen Monade (Miniatur des Ganzen) und das ihr korrespondierende Bild des Fensters bzw. der Fensterlosigkeit wird von Benjamin in unterschiedlichen Figurationen (Puppe, Zwerg, Kind, bucklicht Männlein – aber auch Kästchen, Strumpf, Wald oder Park) aufgerufen.[114]

Benjamins Buch *Einbahnstraße*, 1928 erschienen, orientiert sich am „Buchkinema" der Publikationen im Umkreis von Bauhaus und Werkbund.[115] Die damit verbundenen geistespolitischen Vorstellungen Benjamins kulminieren im ersten Wort, das den Aphorismen den Weg in diese „technisch vorzüglich gestaltete" *Einbahnstraße* (so Benjamins Urteil zur Buchgestaltung des Fotografen Sasha Stone) weist: Die ersten beiden Wörter der Textreihe lauten „Die Konstruktion".[116] Die Textsammlung verknüpft „Aphoristik und Anthropologie"[117] und ist ein Versuch, die Erfahrungslosigkeit der Aktualität der deutschen Inflation, des Zusammenbruchs des Geldwerts, nicht nur analytisch als Beobachter produktiv zu machen und damit methodisch, als philosophischer Zeitdiagnostiker, unbeteiligt zu bleiben, sondern in der Konstruktion eines Verlusts des Alleinstellungsmerkmals, der Theologizität der Schrift, eine andere Genealogie einzuführen.

Wo der im Geld verkörperte Wert mit der Nachkriegsinflation der Mark seinen symbolischen Zusammenbruch erlitt, hatte sich bei Mallarmé in der grafischen Spannung des Inserats, im Aufstehen und Undurchdringlichwerden der Schrift, die Parole einer eigenständigen Wertgröße kennzeichnen lassen. Die *Einbahnstraße* ist als Versuch zu lesen, die Inflation von Gemeinschaftswerten noch einmal in der Höhe des (entwerteten) Schriftgelehrten oder – propheten zu verkünden – und damit die in Benjamins Begriffsbildung beschriebenen Widersprüche zwischen Autorität, Erfahrungstradierung und

113 Vgl. die Definition der Prosa in Walter Benjamin: Achtung Stufen! In: Ders.: *Einbahnstraße* (WuN 8), S. 29: „Arbeit an einer guten Prosa hat drei Stufen: eine musikalische, auf der sie komponiert, eine architektonische, auf der sie gebaut, endlich eine textile, auf der sie gewoben wird."

114 Als Motiv ist es ebenfalls wegweisend in seinen Literaturkritiken, vgl. etwa die Kritik „Chronik der deutschen Arbeitslosen" von 1937 zu Anna Seghers Roman *Die Rettung*; Walter Benjamin: Die Rettung, in: Ders.: *Kritiken und Rezensionen* (WuN 13.1), S. 495–503.

115 Vgl. Eckhardt Köhn: Nichts gegen die Illustrierte. Benjamin, der Berliner Konstruktivismus und das avantgardistische Objekt, in: Detlev Schöttker (Hg.): *Schrift Bilder Denken. Walter Benjamin und die Künste*, Frankfurt/M. 2004, S. 48–69, hier S. 58.

116 Walter Benjamin: Tankstelle, in: Ders.: *Einbahnstraße* (WuN 8), S. 11.

117 Schöttker: Nachwort. Aphoristik und Anthropologie, S. 554–571.

Kollektivwahrnehmung im Sinn der Entfaltung kultureller Energien *zuzuspitzen*, nicht allein analytisch zu beschreiben.

Von Thesen in einem Satz, die antithetisch auf einer Seite zu liegen kommen, bis zur Form eines Traktats als Reisereportage; von den durch Kurztitel unterteilten Aphorismen in mehreren Sätzen bis zur Glosse, die in etwa die Länge einer Zeitungsspalte einnehmen könnten, bildet der Text der *Einbahnstraße* den Versuch, die Medialität der Beobachtungsposition (einer Diagnoseposition ohne irritierbares Auge) und die Produktivität des Technikmenschen, des philologisch geschulten schriftgelehrten Lehrenden und Lernenden am Text, *ohne* Besinnung auf ein Außerhalb, auf die ‚Straße der Aktualität' zu zerren, die definitionsgemäß keinen gesicherten Standort zulässt. Die konstruktive Zugeschnittenheit der entwickelten Theoreme, die Beweglichkeit der Titel als bildstarke und abstrakte, gewissermaßen die ‚Informiertheit' einer Schlagzeile suggerierende Schlagworte ließe eine serielle Rekonfiguration zu.

In der *Einbahnstraße* kommt dem Bezug auf Mallarmé ein ähnlich großes Gewicht zu wie jenem auf Goethe – es sind, neben Proust, die beiden einzigen Schriftsteller, die „in dieser analytischen Erfahrungskunde der Moderne"[118] mit ihren Namen gewürdigt sind. Mallarmé wird zum einen im Stück *Nr. 13* zitiert, das den Umgang mit Büchern und sich prostituierenden Frauen parallelisiert, zum anderen im Stück *Vereidigter Bücherrevisor* als Untergangsprophet des Buchs bezeichnet. Benjamin schlägt einen historischen Bogen von der Erfindung der Buchdruckerkunst und Luthers Bibelübersetzung bis in die Gegenwart der 1920er Jahre, in der die Schrift „unerbittlich von Reklamen auf die Straße hinausgezerrt und den brutalen Heteronomien des wirtschaftlichen Chaos unterstellt" wird."[119]

Was Benjamin in seiner Rezeption von Mallarmés *Coup de Dés* im Jahr 1919 ungedeutet gelassen hatte, erschloss sich ihm später als medientechnische Rahmung: Schrift ist, in medialer Konkurrenz zur Musik, als grafische Spannung des Inserats ins poetische Schriftbild verarbeitet. Mallarmé habe im *Coup de Dés* in der „kristallinischen Konstruktion seines gewiß traditionalistischen Schrifttums das Wahrbild des Kommenden" gesehen".[120] In Benjamins Deutung schlägt damit die absolute Poesie, wie sie Mallarmé und Valéry vorstellen, ins scheinbare Gegenteil, in die Heteronomie ubiquitärer Schriftsemiosis als vermitteltem (Waren-)Wert, um. Schließlich zeichnet Benjamin den Schriftgelehrten ein messianisches Moment vor, in dem sich ihre Autorität im Leben der Völker erneuern werde – dann, wenn sie als Spezialisten der Schrift an den

118 Dettlev Schöttker: Aphoristik und Anthropologie. Von der Einbahnstraße (WuN 8), S. 554–569, hier S. 563.

119 Benjamin: Vereidigter Bücherrevisor, S. 30.

120 Ebd., S. 29.

statistischen und technischen Diagrammen einer Bilderschrift, den Codes der Zukunft mitarbeiten könnten. Diese fachmännische Spezialistenrolle wird einige Jahre später im Projekt *Krise und Kritik* Benjamins Anspruch an eine eingreifende, von Folgen begleitete Produktion sein.

Die illustrierten Zeitschriften waren für die Bewegung des deutschen Konstruktivismus zentral. *G, Uhu, Querschnitt* sowie Fachzeitschriften wie das *Bauhaus* sind, nach Rosalind E. Krauss, in den 1920er und frühen 1930er Jahren die authentischen avantgardistischen Objekte.[121] Benjamin suchte Anschluss an die Zeitschriften, die mit Typografie, Grafik und Fotografie experimentierten. Die Form des einzelnen Zeitschriftenexemplars ist dem avantgardistischen Geist der Heterogenität in gleicher Weise verpflichtet wie dem gestaltenden Geist der Konstruktion. Benjamin war durch seine Beiträge als Schriftsteller, die in einzelnen Heften erschienen, an den Objekten selbst beteiligt. Der ‚wegweisende' Charakter in die moderne Welt äußerster Profanität zeigt sich etwa in Benjamins Übersetzung des Textes *La photographie á l'envers* von Tristan Tzara.[122] In diesem beschreibt Tzara das Fotogramm-Verfahren von Man Ray, bei welchem ohne Objektiv und Kamera die Gegenstände direkt auf die lichtempfindliche Platte gelegt und belichtet wurden.

In der ersten, als ausfaltbares Flugblatt gestalteten Nummer der Zeitschrift *G* heißt es im Absatz *Zur elementaren Gestaltung.*

> Diejenigen nun, die diese Forderung [nach Präzision, F.S.] intellektuell begriffen haben, glauben den Widerspruch zu überwinden, indem sie ihre ebenso launische wie spekulative Arbeit mit dem Worte ‚Problem' bezeichnen. Sie stellen fest, dass es sich in der Kunst nicht mehr um künstlerische Komposition, sondern um problematische Konstruktion handeln müsse. Ich nehme an, dass der Unterschied zwischen Komposition (Zusammenstellen) und Konstruktion (Zusammenfassen) eine nicht zu unterschätzende Zeiterscheinung ist, aber weder das eine, noch das andere kann zu einer fruchtbaren, monumentalen Kunstproduktion führen, wenn man sich der elementaren Mittel des Gestaltens nicht einig ist. Was wir von der Kunst verlangen, ist Eindeutigkeit. Und diese Forderung kann nie erfüllt werden, wenn sich die Künstler individualistischer Mittel bedienen. Eindeutigkeit kann nur aus Disziplin der Mittel erfolgen und diese Disziplin führt zur Verallgemeinerung der Mittel. Verallgemeinerung der Mittel führt zur elementaren monumentalen Gestaltung.[123]

---

121 Vgl. Rosalind E. Krauss: Die fotografischen Bedingungen des Surrealismus, in: Dies.: *Die Originalität der Avantgarde und andere Mythen der Moderne*, hg. v. Herta Wolf, Amsterdam/Dresden 2000, S. 140; Köhn: Nichts gegen die Illustrierte, bes. S. 67–69.

122 Vgl. Köhn: Nichts gegen die Illustrierte, S. 68–69; Tristan Tzara: Die Photographie von der Kehrseite [frz. 1922, dt. 1924 in *G. Zeitschrift für Gestaltung* 3/1924], in: Benjamin: Kleinere Übersetzungen, GS Suppl. I, S. 9–13, vgl. auch Anm. d. Hg., ebd., S. 435.

123 [Ohne Autor, ohne Titel]: in: *G. Zeitschrift für Gestaltung*, 1/1923, S. 1–2.

Das in der Gruppe um Gerhard Richter entworfene Programm eines ästhetischen Rationalismus fordert Disziplinierung für die Kunstmittel ein, um das Allgemeine der Gestaltung oder die Rückführung auf elementare Strukturen[124] zu erreichen.

Wird die damit implizierte Eindeutigkeit monumental der Form zugesprochen, deren Niederschlag aus einer Disziplinierung der Produktionstechnik qua Konstruktion erfolgt, ist Eindeutigkeit in Benjamins literaturtheologisch gewendeter Theorie hingegen ein im Wort, im Anspruch auf Benennbarkeit mitgegebenes, aber zu ‚erlösendes' Kompositionsprinzip, das die Rahmung, die Grenze des Mediums sichtbar und die Schaffung eines Werks möglich werden lässt. Im Wort, sei es als Name oder als philosophiegeschichtlicher Begriff – ab den späten 1920ern im Code der *Unterschrift* des produzierenden Schriftstellers –, ist die Konstellation von Phänomenen darstellbar. Im Kontakt mit den Berliner Konstruktivisten und deren ästhetischem Rationalismus wird Benjamins kunstphilosophischer Anspruch, Erfahrungsurteile überhaupt in der Durchdringung des einzelnen Kunstwerks zu vollstrecken, auf das Feld der Produktionsästhetik verlagert. Exemplarisch wird dies in seinem ästhetischen Kommentar von 1914 an Hölderlins Gedichten *Dichtermut* und *Blödigkeit* und an der 1924/25 in Hofmannsthals Zeitschrift *Neue deutsche Beiträge* veröffentlichten Kritik des Goethe-Romans *Die Wahlverwandtschaften*. Waren ihm verschiedene Arten von Texten (etwa Briefe) bisher einzig als begriffsloses „Zeugnis von Lebensprozessen"[125] wichtig, beginnen ihn die Leistungen der Schriftform auch hinsichtlich ihrer rezeptionstechnischen Bewertung zu interessieren. Im Hinblick auf Briefwechsel reflektiert Benjamin etwa den „Rhythmus", den publizierte Briefeditionen auf die Rezeption des Einzelbriefs ausüben und dadurch deren Veränderlichkeit konstituieren.[126]

Simultaneität wird zu einer produktionsästhetischen Maxime des Schriftstellers, dessen verzettelte Produktion und die strategische Archivbildung in einem Netzwerk der Freundesschriften die Pluralisierung der Publikationsformate antreibt. Die Konstitution der Textzuschnitte in der *Einbahnstraße*, die Bildung von Stücken aus den ‚Abfällen' alltäglicher Schreibpraxis – Reisezeugnissen, Traumaufzeichnungen, Lektüren, Begegnungen usw. – gesteht der Faktenverhaftung der Philologie vorrangige Bedeutung zu. Während die

---

124 Vgl. das Forschungsprojekt zu *Primitivismus* in der Literatur des 18. bis 20. Jahrhunderts an der Universität Genf. Nicola Gess/Christian Moser/Markus Winkler (Hg.): *Primitivismus intermedial,* Bielefeld 2015 (Colloqium Helveticum. Cahiers suisses de littérature générale et comparée, Bd. 44); Melanie Rohner/Markus Winkler (Hg.): *Poetik und Rhetorik des Barbarischen. Poétique et rhétorique du barbare* (Colloquium Helveticum. Cahiers suisses de littérature générale et comparée, Bd. 45), Bielefeld 2016.

125 Walter Benjamin an Ernst Schoen, Mai 1918, GB I, S. 455–460.

126 Vgl. Polczyk: Ordnungen der Schrift, S. 217.

intensive Interpretation immer schon dahin tendiert, ihre Zeitgebundenheit zugunsten einer Treue zum Kunstwerk vergessen zu lassen und sich damit in einen, gemäß Adorno, bloß staunenden Nachvollzug des bereits intentional ins Kunstwerk Hineingelegten[127] begibt, ist das rezeptionssteuernde Modell der konstruktiv zugeschnittenen Text-Abfälle auf das *Medium* ausgelegt, das „den geistigen Verkehr regelt" – wie eine überzeitliche Flaschenpost, die, um einen Gedanken reduziert, aktualisierungsfähig, transponierbar bleibt. Benjamin verwendet das Wort Philologie als *terminus technicus* äußerst spärlich: Wenn er es gegenüber Adorno verteidigt und in der Passagenarbeit geschichtsphilosophisch extrapoliert, geht es um die dazu komplementäre Haltung der forschenden Person. Technisch verwendet wird das Wort ‚Philologie', im Sinn der positivistischen Herstellung eines gereinigten Texts, wie ihn die empirische philologische Kultur des 19. Jahrhunderts verstand, in seinen zu Lebzeiten publizierten Texten nur selten:[128] In der Rezension der *Sämtlichen Werke* Gottfried Kellers (herausgegeben von Jonas Fränkel) sieht Benjamin Philologentreue[129] belohnt. Das von Benjamin über Jahre hin erwähnte, aber nie konkret angegangene Projekt einer Kritik der *Melusine*-Novelle aus Goethes *Wilhelm Meister* hätte vielleicht spezifischen Aufschluss über seine Reflexion des Philologischen als Umwendung des Kleinen ins ‚Kleinste' gebracht.[130] Dies

---

127 Ablehnend äußert sich Adorno in der *Ästhetischen Theorie* gegen die Definition von August Boekh, wonach die Philologie die Erkenntnis des Erkannten sei: „Das philologische Verfahren, das mit der Intention den Gehalt als sicheres in der Hand zu haben sich einbildet, richtet sich immanent dadurch, dass es aus den Kunstwerken tautologisch das herausholt, was zuvor in sie hineingesteckt ward. Allerdings leistet solchem Brauch eine ihrerseits authentische Tendenz der Literatur Vorschub: dass ihr die naive Anschaulichkeit samt ihrem Illusionscharakter fadenscheinig geworden ist, dass sie Reflexion nicht verleugnet und notgedrungen die intentionale Schicht verstärkt. Das liefert leicht der geistfernen Betrachtung bequeme Surrogate für den Geist. An den Kunstwerken ist es, so wie es in ihren größten Leistungen geschah, das reflexive Element durch abermalige Reflexion der Sache selbst einzuverleiben, anstatt sie als stofflichen Überhang zu tolerieren." Theodor W. Adorno: *Ästhetische Theorie* [1970], hg. v. Rolf Tiedemann, Frankfurt/M. 2003 (Gesammelte Schriften, Bd. 7), S. 226.

128 Im *Wahlverwandtschaften*-Essay steht an der Stelle des Worts *Philologie* der – aus einer philosophisch-ästhetischen Perspektive und damit unter anderen Voraussetzungen entwickelte – „Kommentar" im Gegensatz zur „Kritik", GS I.1, S. 123–126. Vgl. auch die Erläuterung gegenüber Adorno in seinem Brief, Walter Benjamin an Theodor W. Adorno, 9.–12.12.1938, GB VI, S. 181–191, hier S. 184–185.

129 Benjamin: Gottfried Keller, GS II.1, S. 283–295, hier S. 289–290; vgl. auch ders.: Gottfried Keller: Gesammelte Gedichte, Band 1, in: Ders.: *Kritiken und Rezensionen* (WuN 13.1), S. 348.

130 Das entsprechende Funktionsbild ist das ‚Kästchen' als Palast (dazu später die *Berliner Kindheit*); vgl. zum angedeuteten Melusine-Projekt Thomas Schestag: Interpolationen.

bezieht sich auf das von Benjamin als „schreckhaft“[131] bezeichnete Verhältnis Kellers zu seinem eigenen Schreiben, das in dessen gestrichenen Passagen sichtbar werde. Philologische Technik gilt für Benjamin in dieser Verwendung als ein produktiv zu machender ‚medusischer‘ Modus der Sichtbarmachung und Ausmessung des ‚inneren‘ Verhältnisses von Autorin und Text (was dann Adorno übernommen hat, aber, weil dieses den Illusionscharakter des bloß staunenden Nachvollzugs darstelle, als Argument *gegen* die Philologie eingewandt hat) – in Bezug auf Keller sei es „desto wesentlicher, dass nun das Gestrichene zugänglich wurde.“[132]

Mit dem Schreckhaften ist angedeutet, dass der damit angesprochene produktionsästhetische Vollzug von Benjamin zunächst noch im Vorstellungsfeld einer irgendwie ‚mythisch-beaugenscheinigend‘ zu verstehende Konzeption gelesen wird.

> Die Verfasser der unvergänglichen Schriften haben deren Vergessen ihr Opfer bereits bei deren Niederschreiben gezollt. Kaum ein Satz, in welchem sie nicht ein Wort, kaum ein Absatz, in dem sie nicht einen Gedanken geopfert hätten.[133]

Diese Aufzeichnung rückt den Sachverhalt einer „transaktuellen“ Verdauerung mitten in die Sphäre des Schreibens. Sie macht weder eine Rezeptionskomponente noch, bei genauerem Hinsehen, eine Autorintention dafür verantwortlich, dass Schriften unvergänglich werden, sondern kalkuliert ein Ereignis des Schreibens ein, das sich in der gleichermaßen starken wie kaum wahrnehmbaren Geste der ‚Opferung‘ von Worten und Gedanken materialisiert.

> Das Problem im Begriff des Klassischen liegt [...] darin, dass in ihm deskriptive und normative Komponenten unreflektiert nebeneinander bestehen. Außerdem ist es mit ihm kaum möglich, jene flüchtigen Momente auf der Ebene der künstlerischen Produktion ebenso wie jener der Rezeption zu erfassen, ohne die wohl auch im konventionellen Sinne ganz klassische Werke nicht auskommen. Der

---

Benjamins Philologie, in: Ders.: *Lampen. Philo:xenia*, Basel/Weil am Rhein 2009, S. 33–99; zum Kleinen in produktionsästhetischer Perspektive vgl. Thomas Fries: Robert Walsers Mikrogramm 385. Poetik des flüchtigen Kleinen, in: Heine/Zanetti (Hg.): *Transaktualität*, S. 83–94 sowie Marianne Schuller, die die Miniatur des aufspringenden Kästchens als Allegorie des Begegnens mit Fremdem im Lesen und Schreiben starkmacht; Marianne Schuller: Begegnung und Distanz. Adressierung, Botschaft und Weitergabe in Benjamins Briefbuch, in: Hahn/Wizisla (Hg.): *Walter Benjamins „Deutsche Menschen“*, S. 111–120, hier S. 116.

131 Benjamin: Gottfried Keller, S. 348.

132 Ebd.

133 Walter Benjamin: Notizen 5, GS VI, S. 209.

> Begriff der Transaktualität dürfte sich in all diesen Hinsichten als brauchbarer erweisen. Er enthält keine ungedeckten normativen Bestimmungen, wohl aber enthält er eine systematische Bestimmung, die man in die Formel übersetzen kann, dass Kunst prinzipiell transaktuell ist – *wenn* sie denn ist. Aber *wie* sie dies ist, wenn sie es ist, kann nur historisch spezifiziert werden, die jeweilige Gegenwart, in der eine Auseinandersetzung mit Kunst stattfindet, eingerechnet.[134]

An der Schwelle zur Sichtbarkeit einer Schreibszene kalkuliert dieses als ‚Opfer' benannte Ereignis etwas ‚Anderes' ein, das sich zwischen Produktion und Rezeption ereignet – und damit nur *in* der intensiven Mitarbeit einer Leserin, eines Hörers, einer Betrachterin nachträglich und als je unterschiedliche historische Perspektive sichtbar wird.

5.6 Tätigkeit statt Bindung: Die Kritik an den Anthologisten Hofmannsthal und Borchardt

Benjamin eignet sich vom Berliner Konstruktivismus[135] zwar Duktus und Programmworte an – so ist ‚Konstruktion' ab Ende der 1920er Jahre ein häufig auftauchender Begriff in seinen Schriften. Gleichzeitig verschwindet die früher zentrale Kategorie eines ‚lebendig scheinlosen Scheins', die programmatische ‚Ausdruckslosigkeit' ab 1928 ganz aus seiner begrifflichen Werkzeugkiste, als Begriff findet sie sich zum letzten Mal in einer wichtigen Rezension Benjamins von 1928 zur Graphologie.[136] Als Schwinden der Aura wird die Ausdruckslosigkeit in der zerstreuten Rezeption der Kollektivwahrnehmung gleichermaßen revoziert wie begrifflich in ein anderes Interessensfeld verschoben. Dennoch bleibt Benjamin gegenüber dem konstruktivistischen Gestus der *monumentalen* Gestaltung distanziert; das Programm der Zeitschrift *G* überträgt diesen Gestus auf den Künstler als formenden Gestalter eines Kollektivs, begreift diesen als Erfordernis gegenüber einer Kunst in der Krise.

---

134 Heine/Zanetti: Einleitung, S. 17.

135 Vgl. Schöttker: *Konstruktiver Fragmentarismus*; ders.: Nachwort. Aphoristik und Anthropologie.

136 Vgl. Walter Benjamin: Anja und Georg Mendelssohn: Der Mensch in der Handschrift, in: Ders.: *Kritiken und Rezensionen* (WuN 13.1), S. 147–152, hier S. 149. Zum Konzept der Werkzeugkiste, das bei Foucault und auch in der phänomenologisch-hermeneutischen Tradition zu finden ist, vgl. Stéphane Boutin: Die Dramatisierung der Macht – Zur Genealogie von Foucaults Begriff der Werkzeugkiste; https://www.fsw.uzh.ch/foucaultblog/blog/81/stephane-boutin-die-dramatisierung-der-macht-zur-genealogie-von-foucaults-begriff-der-werkzeugkiste-abstract-of-the-conference-historicizing-foucault-in-zurich-presentation-on-march-19-2015 (letzter Aufruf: 31.8.2022).

Damit ist der analytische Boden bereitet, auf dem Benjamin die Anthologie und das Anthologische Schreiben ab Ende der 1920er Jahre zu rekonzeptualisieren beginnt. Die allmähliche, aber diskontinuierliche analytische Erkundung von Krisenphänomenen entzieht das Wirken der kritischen Person ihrem angestammten Gebiet, dem generationalen Zusammenhang und der kulturellen Proliferation disziplingemäß geschlossener Ketten von Lehrenden und Lernenden. Das „Botanisieren" der Professoren wird von den Heteronomien des wirtschaftlichen Chaos, von der Geldwertkapitalisierung der gesellschaftlichen Sphären aus den Angeln gehoben. *Anthologisches* zu reihen heißt für Benjamin, den Fokus auf das anonyme Umfeld der Produktion dieser kulturell werthaft gewordenen ‚Güter' zu richten, etwa indem die klassischen Literaturköpfe nicht in ihrem Briefwechsel, sondern als Adressaten einer Haltung, eines emotionalen Ausdrucks oder einer anderen, in den sozialen Raum weisenden Geste beobachtet werden (vgl. *Deutsche Menschen*).

Nicht Haltungen oder klassische Köpfe zu restaurieren und damit einen „Zeitsinn"[137] zu halluzinieren, sondern das formprozessierende Moment des Überliefertwerdens (in dessen poetischen, medialen, sozialen, institutionellen usw. Voraussetzungen und Effekten) mit der gesellschaftlichen Krise zu vermitteln, treibt Benjamins Anthologisches Schreiben an. Anthologisches Schreiben nimmt damit eine zentrale Stellung in seiner Reflexion des Autoritätsanspruchs der Tradition an. Das öffentlich beanspruchte Wort als „Gestalt von neuem Überliefertwerden"[138] in katastrophischen Zeiten, in denen Gewissheiten schwinden und Gewisses verschwindet, solle sich deshalb, so Benjamin, gerade nicht als verantwortlicher Hüter eines in anthologisierten Fundstücken irgendwie verankerten Sprachgeists aufspielen. Dies sei der „Wille zur Lüge"[139], den Benjamin bei Borchardt immer dort am Werk sieht, wo dieser sich an ein Publikum wendet, um seine Lebensidee der Restauration zu vertreten (vgl. Kapitel 6.3). Der „talentvolle Fälscher" Borchardt versucht „die Geschichte, das Medium des Schaffenden, zu dessen Organ"[140] zu machen. Daraus entstehen, wie Benjamin in einer für die Publikation des *Wahlverwandtschaften*-Essays in Hofmannsthals Zeitschrift *Neue deutsche Beiträge* gestrichenen Passage schreibt, die „lockendste[n] Bilder" beschworener Erscheinungen; gehe die deutsche Dichtung in dieser Richtung weiter, falle sie „gnadenlos einer Scheinwelt" anheim.[141]

137 Benjamin, GS VI, S. 201.
138 Benjamin: *Einbahnstraße* (WuN 8), S. 136.
139 Walter Benjamin an Ernst Schoen, Mai 1918, GB I, S. 455–460, hier S. 455.
140 Ebd.
141 Benjamin: Goethes Wahlverwandtschaften, GS I.1, S. 182.

Soll die ästhetische Kritik, die Benjamin an Borchardt durchaus entzückt (vgl. Kap. 2.1.), nicht als geschichtliche Kritik ein fatales Fortleben haben, gilt es, diese immer wieder am ‚inneren' Verhältnis von Szenen des Werks und rezeptionsgeschichtlicher Autorfigura auszubilden. Eine Urszene der von Benjamin ins Zentrum gerückten Konstellation der schimärischen ‚Liebe', in der sich in Goethes *Wahlverwandtschaften* Ottilie und Eduard „erkennen", ist am Kopieren von Handschriften, am „Kollationieren" gestaltet.[142] Ästhetische Kritik setzt die Lese-Szene in Distanz zu sich selbst, indem gerade die dumpfe Nähe des Kopierens – In-sich-hinein-Kopierens – in den *Wahlverwandtschaften* ausgesetzt, zur *sozialen* Geste ausgestellt und damit zum Anlass für Kritik genommen wird. Anders hingegen die Überzeugung Borchardts, demzufolge der ‚gute Leser' eben kopiere, im Gegensatz zum schlechten, der in sich transformieren möchte. Ich würde damit auch das Urteil von Wolfgang Matz (vgl. die zitierte Passage in Kap. 2.1) in Frage ziehen, wonach Benjamin daran gescheitert sei, Borchardt *auch* ästhetisch und nicht allein geschichtlich (nämlich in seiner Rolle als Kriegsbefürworter und deutscher Nationalist) zu widerlegen. Borchardt ist Benjamins Auffassung gemäß insofern ein Fälscher, als er die institutionelle Einhegung, die *Entfaltung* sozialer Aktivität *durch* literarische Werke (in deren Aneignung, Ablehnung) auf ein quasi-biologistisches Dispositiv der Aufnahme oder Verstoßung literarisch-kulturellen Materials durch einen Kreis, ein Volk, reduziert und gleichzeitig nur ausgewählte Genies als ‚Medien' der Vererbung, als Vermittlungsinstanzen gelten lässt. Damit bleibt unbegründet, wie sich die Rezeptionsgeschichte von Werken denken lässt, die offensichtlich über Jahrzehnte oder Jahrhunderte eine ebenso breite wie fragmentierte kulturelle Wirkung entfaltet haben. Gerade gegen ein gleichzeitig a-kulturelles und dominanzgetriebenes Klassik-Konzept kämpft Benjamin in seinem Anthologischen Schreiben an, weil es in der Ignoranz der sozialen Aktivität, die die Erfahrung von Literatur bzw. von bestimmten literarischen Werken zu entfalten vermag, offensteht für eine vorab nationalistisch-organizistische Repräsentationsidee von Literatur und Kunst.

In Benjamins Formulierung des ‚Fälschers' bzw. ‚Lügners' ist eine epistemologische Beurteilung des mittels solcher Strategien vertretenen Literaturverständnisses enthalten. ‚Lügen' und ‚Fälschen' als ‚Betrug' an einer literarischen oder kulturellen Öffentlichkeit, die sich im Modus der Zerstreuung konstituiert, ist zu unterscheiden von ‚Lüge' und ‚Fälschung' zu Zeiten, als Lesen und Schreiben ein gesellschaftliches Elitenphänomen dargestellt hatten. Die Bewertung, wonach Borchardt ein Lügner sei, ist im

142 Vgl. Theisohn: *Plagiat*, S. 362.

Kontext der 1920er Jahre als Urteil über das soziale Dispositiv der Autorität des Literaturkritikers zu werten – es ist Benjamins Urteil über die verheerenden *politischen* Wirkungen einer Kommunikationsform, mittels derer Borchardt Literatur und (National-)Volk zusammenschaltet.

Den Ansatz für ein Gegenmodell gegen die Monumentalisierung von Köpfen (und ihre schlechte Vermittlung in der sogenannten Volksbildung) hebt Benjamin überraschenderweise mittels der ‚Illustrierten Zeitschrift' hervor, deren Nachbildung kontingenter Gegenwart in wild zusammengewürfelten Themen und Motiven damit neben die experimentelleren Zeitschriften der Avantgarde tritt – ebenso wie neben sein (gescheitertes) Konzept der theoretischen Zeitschrift in ihrem Modus des gastlich-progredierenden Denkens. In Bezug auf eine kleine Porträt-Abbildung von Jean Paul anlässlich des 100.Todestags auf den hintersten Seiten der *Berliner Illustrierten* heißt es dazu in einer Glosse Benjamins von 1925:

> Und wem steht nicht fest, dass unter den gegebnen Bedingungen demokratischer Publizistik etwas Besseres als die Berliner Illustrierte auf dem westeuropäischen Kontinent nicht existiert. Dass sie so unübertrefflich interessant gerade nur wegen der Exaktheit ist, mit der sie die lasterhaft *zerstreute Aufmerksamkeit* des Bankbeamten, der Sekretärin, des Konfektionärs allwöchentlich in einem Hohlspiegel zusammenzieht. [...] Ein großer Jean Paul-Kopf auf der Titelseite, was wäre langweiliger? Interessant ist er aber gerade nur, solange sein Kopf klein bleibt. Die Dinge in der Aura ihrer Aktualität zu zeigen, ist mehr wert, ist weit, wenn auch indirekt, fruchtbarer, als mit den letzten Endes sehr kleinbürgerlichen Ideen der Volksbildung aufzutrumpfen.[143]

Gegebene Bedingungen, kleine Köpfe, Fruchtbarkeit – es sind die ästhetischen Prämissen von Jean Pauls Literatur selbst und ihrer Rezeptionslage (als anthologisiertes Stückgut im 19. Jahrhundert wurden seine Romane meist partialisiert und von Frauen gelesen), die für eine Ästhetik *unter demokratischen Bedingungen* zu nutzen sind und in der technischen Gewissenhaftigkeit einer illustrierten Zeitschrift die Aura eines ästhetischen Moments zu erhalten vermögen. Das ist die spezifische Konstellation, an der die Kritik an den rechtskonservativen Ästhetikern wie Borchardt ihr spezifisch *ästhetisches* Momentum gewinnt: Demokratische Zerstreutheit als gegebene Bedingung ist produktionstechnisch zum Anlass zu machen für das mögliche Aufspüren von anthologischen Vorläufern unter anderen, etwa feudal-ständischen gesellschaftlichen Bedingungen: Anthologisches Schreiben in diesem Sinn ist darauf ausgerichtet, diese Konstellation von Produktion und Rezeption wieder zu

143 Walter Benjamin: Nichts gegen die „Illustrierte", GS IV.1, S. 448–449 (Herv. F.S).

ermöglichen – bei aller Fragilität in den demokratisierten, zur Verflüchtigung neigenden Rezeptionswelten.

Bei Hofmannsthal ist die Sache vertrackter als bei Borchardt – nicht nur, weil sich Benjamin seinen Briefwechsel mit Hofmannsthal zunutze machte, um von seinem Vater weitere finanzielle Mittel nach dem Scheitern seiner Habilitation zu bekommen. An Hofmannsthal kritisiert Benjamin eine „Sprachlosigkeit", die diesen als eine „Art von Strafe" geschlagen habe, wogegen Kafka zu gleicher Zeit die Sprache gegeben gewesen sei,[144] den moralischen Standort der zeitgenössischen europäischen Existenz in der schärfsten gesellschaftlichen Ambivalenz der kapitalistischen Lebenswelt zu zeichnen. Diese Gegenüberstellung verweist aber nicht nur auf ein moralisches Versagen des einen gegenüber dem Gelingen des anderen angesichts künstlerischer Aufgaben. Benjamin vollzieht den paradoxen Umkehrschluss, dass Kafkas Scheitern an der *Werkbildung* rezeptionsästhetisch dessen Gelingen ausweise, indem die Wortgebärden, die Gesten von Kafkas Sprache das Nachleben bestimmter Traditionen im Moment ihres unwiederbringlichen Verlusts zu zufällig aufscheinenden Überresten im Paradigma verwalteter Welt verwandeln. Hingegen wird Hofmannsthals Beharren auf (sozial bestimmten) ‚gültigen' Bindungen dichterischer Formen, die sich von einem geschichtlichen Bestand herschreiben, als dessen Sprachlosigkeit im Sinn einer einseitig auf die innere Bildproduktion des Subjekts hinweisenden Produktion hypnagoger Bilder gewertet.[145] Gescheitert sei Letzterer an der fehlenden Einsicht in die „Grenzen der ästhetischen Lebensidee".[146]

---

144 Walter Benjamin an Theodor W. Adorno, 7.5.1940, GB VI, S. 444–455, hier S. 448–449. Benjamins Urteil ist nur von seinem eigenen Sprachbegriff her nachzuvollziehen, ist doch die Virtuosität der Bildsprache von Hofmannsthal eines der am ehesten ins Auge stechenden Elemente seiner Poetik. Benjamin ging all seinen verstreuten Äußerungen zu Hofmannsthal – mit Ausnahme der Besprechung der *Turm*-Dichtung von 1928, dem er zwei Besprechungen widmete – von einem Gesamtbild Hofmannsthals aus, das in der späteren brieflichen Auseinandersetzung mit Adorno um den 1938 erschienenen Briefwechsel zwischen Hofmannsthal und George im Urteil der „Sprachlosigkeit" mündet.

145 Dazu ist der ausufernde *Andreas*-Komplex das interessante Dispositiv in Hofmannsthals Werk. Über mehr als 20 Jahre hinweg entstanden, ist er auf untergründige wie offensichtliche Weise mit dem Gesamtwerk verzahnt. Der Hofmannsthalexperte Mathias Mayer plädiert gar dafür, in diesem eine „Matrix" für das Gesamtwerk zu sehen – mehr als ein begrenzbares Werk innerhalb des Œuvres. Vgl. Mathias Mayer: Die Grenzen des Textes. Zur Fragmentarik und Rezeption von Hofmannsthals Andreas-Roman [1994], in: Elisabeth Dangel-Pelloquin (Hg.): *Hofmannsthal. Wege der Forschung*, Darmstadt 2007, S. 62–83, hier S. 76; vgl. auch Mayer: *Hugo von Hofmannsthal.*

146 Günther Oesterle: Die Grenzen der ästhetischen Lebensidee, in: Wizisla/Hahn (Hg.): *Walter Benjamins „Deutsche Menschen"*, S. 91–109. Benjamins Bekenntnisspruch gemäß

Die der chaotisch-pluralistischen Vielstimmigkeit entsteigende Gegenwart messianischer Sprachform liegt in „integrale[r] Prosa"[147] (vgl. Kap. 5.8), wie sie Benjamin aus der Erfahrung insbesondere der französischen Literaturtradition entnimmt. Die entsprechende angelsächsische Tradition hingegen rezipiert er nicht.[148] Die Diagnose einer Entgrenzung des Ästhetischen bringt Benjamin auch gegenüber Paul Valéry vor, den er in vielerlei Hinsicht als französischen Antipoden zu Hofmannsthal konstruiert (vgl. Kap. 4). In einem Text von 1931 heißt es: Die härteste Selbstkritik Valérys zeige sich in Monsieur Testes Untätigkeit. Ist es die Metapher der Navigation des auf der äußersten Spitze des europäischen Fortschrittsbewusstseins untätig verharrenden, seine gesellschaftliche Rolle als Intellektueller verneinenden, absoluten Künstlers Monsieur Teste/Valéry, so bringt Benjamin in einem Fragment über Hofmannsthal ebenfalls eine Metapher prekären Bewegtseins ins Spiel: Im Schatten des zerfallenen Imperiums Habsburg bräuchten dessen Figuren „keinen Ort, um sich zu bewegen."[149]

Wie auch jenes von Borchardt und George historisiert Benjamin Hofmannsthals Werk als kulturpolitisches Phänomen, das Einblick gibt in die ästhetische Bildung einer Generation (und die damit verbundene gesellschaftspolitische Abstinenz dieser Künstler, die später in Kriegsaffirmation umschlug). Peter

---

sei es die „heutige Aufgabe", die Grenzen der ästhetischen Lebensidee zu klären. Oesterle zitiert aus Walter Benjamin: Rückblick auf 150 Jahre deutscher Bildung", in: Ders.: *Kritiken und Rezensionen*, WuN 13.1, S. 436–437.

147 Hier zeigt sich auch das „Geistergespräch", das Benjamin in feinen Differenzierungen mit seinem geistigen Widerpart Max Kommerell führt. Letzterer zeichnet folgendes Bild für die Beschreibung der Hofmannsthal'schen Prosa: „Wer fein genug ist, nur erraten zu lassen, erntet wenig Dank, da jeder das Eingeflüsterte selbst zu finden glaubt. Unmerklich für den Leser zubereitet ist diese Weisheit in ihrem gleichsam kristallinischen Aufbau: ein leichter Schlag darauf und alles splittert in schönster Ordnung nach den vorbestimmten Bruchflächen" (Kommerell: *Rede auf Hofmannsthal*, Berlin 1930, S. 27). Ist „Prosa" für Benjamin eine aus Struktur und Performanz bestimmte, aber entschieden göttlich determinierte Sprachinstanz, hält Kommerell an einem intentionalen Modell fest. Vgl. auch Benjamins Prosaportrait *San Gimignano* (Benjamin GS IV, S. 360–365), eine Würdigung Hofmannsthals nach dessen Tod 1929, in dem er schreibt, dass Hofmannsthal die Worte mit „kleinen Hämmern" herausgetrieben habe. Zu den literaturtheoretischen Bezügen zwischen Benjamin und Kommerell, allerdings ohne auf diese Ähnlichkeiten einzugehen, vgl. Eckart Goebel: Das Opfer der Kritik: Kommerell – Benjamin, in: Martin Roussel/Georg Mein/Stefan Börnchen (Hg.): *Name, Ding, Referenzen*, München 2012, S. 345–365.

148 Benjamins Erfahrungsbegriff wäre in Bezug auf einen radikalen Begriff des Lesens auch mit jenem von William James abzugleichen; vgl. die produktiven Ansätze hierzu bei Helmut Müller-Sievers: Roman und reine Erfahrung. William James' radikaler Empirismus als Vollzug des Lesens.

149 Walter Benjamin: Hofmannsthal, GS VI, S. 145–146.

André Alt bringt die entscheidende Differenz zwischen Benjamin und der George-Schule so auf den Punkt: Während Benjamin zeitlebens an einer dialektischen Theorie ästhetischer Strukturen festhalte, die den historischen Horizont eines Werks in die Reflexion über seinen sprachlichen Charakter einzubeziehen sucht, habe George durch den Exorzismus von Geschichte eine Ontologie des Kunstschönen anvisiert, die Dichtung als hermetisches Medium exklusiver Wahrheiten betrachtet und sich aus der Distanz zu allem begründet, was außerhalb des Ästhetischen selbst liege.[150] Hofmannsthals Anthologien der Nachkriegszeit liest Benjamin, paradox genug, als einen kulturpolitischen Versuch, eine Grundlage für „gültige Bindungen"[151] der Intelligenz zu etablieren. Damit leisten diese Schriftsteller einer chimärisch gewordenen Entsühnung der Kultur zumal nach dem exterminatorischen Weltkrieg Vorschub, die keine gesellschaftliche Verankerung, keine Bildungsgrundlage mehr hat. Das omnipräsente „Schweigen" und die „Beschwörung" werden damit für Benjamin zur Deutungsgrundlage Hofmannsthals.[152] „Ein Fälscher, ohne es zu wissen", zitiere Hofmannsthal nicht Zeilen oder schöne Stellen, sondern „das ganze große Werk, das ganze große Urbild insgesamt" jener Autoren – und zumal Goethes –, mit denen er sich auseinandersetzte.[153] In Bezug auf ‚Fälschung' und ‚Lüge' ist es ähnlich wie bei Borchardt die von Benjamin abgelehnte Umdeutung des Gesellschaftlichen zum organologischen Symbol, die Hofmannsthal auf eine Reproduktion eines klassischen Urbilds hinführt, das deshalb, in der Deutung des Kritikers, keinen Ort mehr findet, um sich umwandeln, um sich ‚bewegen zu können'.

Benjamin selbst arbeitet in die gegenteilige Richtung. Er sucht Funktionsbilder für den gesellschaftlichen Zerstreuungsmodus und findet diese in der Schrift. Die geschwundene Selbstverständlichkeit bruchloser Überlieferung weicht einem ‚Undurchdringlichwerden' der Schrift:[154] weder dringt sie zu ‚neuen' Lernenden, einer neuen Gesellschaft durch, noch lassen sich die vermeintlichen Gewissheiten der kontemplativ-konzentrierten kritischen Instanz in diese neue Krisenaktualität mitnehmen. In der Auseinandersetzung mit den

150 Peter-Andre Alt: „Gegenspieler des Propheten", in: Klaus Garber/Ludger Rehm (Hg.): global *Benjamin*, 3 Bde, Bd. 2, München 1999, S. 891–906, hier S. 905.

151 Hofmannsthal: Das Schrifttum als geistiger Raum der Nation [1927], in: Ders.: KA XXXV, S. 322. Ein Leben, das nur in „gültigen Bindungen" lebbar sei, wurde geradezu zu einem Emblem der Hofmannsthalrezeption, so etwa auch bei Ingeborg Bachmann; vgl. Ingeborg Bachmann an Hans Werner Henze, 19./20.10.1955, in: *Ingeborg Bachmann. Hans Werner Henze. Briefe einer Freundschaft*, hg. v. Hans Höller, München 2013, S. 62.

152 Vgl. Walter Benjamin an Theodor W. Adorno, 7.5.1940, GB VI, S. 444–455, hier S. 448–449.

153 Benjamin: Charakeristiken und Kritiken: Hofmannsthal, GS VI, S. 145–146.

154 Vgl. Benjamins Bild der „Heuschreckenschwärme von Schrift", Benjamin: Vereidigter Bücherrevisor, S. 30.

letzten und deshalb als Krisenphänomene interessantesten Repräsentanten des anthologischen Zugangs zu Klassik und Romantik, dem George-Kreis, Borchardt und Hofmannsthal, fühlt sich Benjamin als Kritiker deshalb „ganz zu Hause“, wie er Adorno 1940 nach den harten Auseinandersetzungen um die Baudelaire-Studie in einem umfangreichen Brief – es sollte sein letzter sein –, vielsagend mitteilt.[155] – Aber was folgte für Benjamin aus all dem um 1930, als die politischen und intellektuellen Perspektiven noch nicht entschieden waren? Der eindrucksvollen Benjamin'schen Analyse und Verbildlichung katastrophischer Phänomene folgt zunächst eine „Krisis“ der „Darstellungsmittel“,[156] wie sein Freund Scholem angesichts der Serie *Briefe* bemerkte. Die Krise anthologischen Schreibens als eine neuerliche Suche in einem vollkommen gewandelten gesellschaftlichen Umfeld erfordert eine andere Reflexion auf die Kunstrezeption.

Dem gehen, wie gesagt, Analyse und Destruktion der vorhandenen Modelle voraus. Die bisherigen Überlegungen abschließend untersuche ich ein von Benjamin verfasstes Prosaporträt des wichtigsten Anthologisten des George-Kreises, Karl Wolfskehl. Es bildet den vielschichtigen epochalen Abschiedsgruß auf das Abklingen einer ehern institutionalisierten Poesie, indem das Phänomen anthologischer Bewahrung, gleichsam prosaisch aufgefächert und depotenziert, noch einmal anders ins Gedächtnis eingeschlossen wird: als gastlich-vielstimmige Szene der Freundschaft. Die Kritik als Auseinanderfächern der Überlieferungsphänomene wird damit, so hoffe ich, als die entscheidende Größe des Benjamin'schen Produktionsverfahrens im Licht des anthologischen Traditionsmediums zu Zeiten generalisierter Zerstreuung begreifbar.

5.7 *Lektüre*: Wolfs Kehl. Kehrseitige Lese anthologischer Blüten

Im George-Kreis bildet das eigens für den Kreis hergestellte anthologische Buch eine Art Kultort, um den herum eine exklusive künstlerische ‚Entgrenzung‘ zelebriert wird. Das vorgetragene „Hersagen“,[157] die akustische Sphäre der Gedichte, bildet die Versicherung der Zugehörigkeit. Diese kultische Form des Lesens und gemeinschaftlicher Lebenskunst nimmt Benjamin 1926 in einem Text auf, der dem Dichterphilologen und stellenweise engsten, aber auch

155 Walter Benjamin an Theodor W. Adorno, 7.5.1940, GB VI, S. 444–455, hier S. 447.

156 Walter Benjamin an Gershom Scholem, 28.10.1931, GB IV, S. 60–63, hier S. 61.

157 Robert Boehringer: Über Hersagen von Gedichten, in: *Jahrbuch für die geistige Bewegung* 2/1911, S. 77–88.

unabhängigsten Mitarbeiter Georges, Karl Wolfskehl (1869–1948), gewidmet ist. Im Reflexionsraum der imaginierten Anthologie *Deutsche Dichtung* (vgl. Kap. 2) wird eine Szene evoziert, die die Gegenwartsvergessenheit dieser Form des Bücherlebens und -liebens auf ein Drittes hin öffnet: weder Konservierung noch Aktualisierung, sondern Eingedenken. Das Prosaporträt bezeichnet den Versuch, aus der Erinnerung an eine spezifische Form sozialer Vergemeinschaftung deutschjüdischer Intellektueller einen kunstpolitischen Kommentar auf die Gegenwart deutschjüdischer Kommunikation – und damit verbunden des lyrischen und prosaischen Schreibens – zu machen. Benjamin entwickelt die Szene einer Produktionsästhetik Anthologischen Schreibens. Im Gegensatz zum George-Kreis ist es nicht die Rezeptionskraft der Hörer, die den Raum über dem kultischen Ereignis der Stimme schließt und das anthologische Erlebnis verbürgt. Vielmehr stellt eine Erinnerung im Nachbau der gedichteten Stimme in erneuerten, anthologisierten Zitaten und Bildern das Medium des Gedächtnisses dar: aus dem scheinbar flüchtigen Erlebnis eine Erfahrung des Jüngstvergangenen zu extrapolieren und diese dem Vergessen, als der eigentlichen anthologischen Erfahrung in ihrer schlechten Form, entgegenzuhalten.

Dies werde ich nun in einer Lektüre ausführen, zunächst hier der Text von Benjamin, abgedruckt in *Die Literarische Welt*, 1926.

Karl Wolfskehl zum sechzigsten Geburtstag. Eine Erinnerung

> Vieles schließt sich um ein Gedicht. Man glaube nicht, nur dies sei das Geheimnis: es zu machen. Karl Wolfskehl hat viele Gedichte gemacht. Man glaube nicht, nur dies sei sein Geheimnis: sie gemacht zu haben. Es sei hier von einem andern die Rede. Dazu muss ich aber die Erlaubnis von ihm erbitten, auf eine Erinnerung zurückzugreifen. Es war in jenem Hinterzimmer meines Freundes Hessel, das, ohne im mindesten abgeschrägt zu sein, das mansardeskeste aller Dichterzimmer ist. Da saß Wolfskehl eines sehr späten Abends auf dem Stuhl vor dem breiten Bett, das mit dem Staub – und Fahlgrün seiner Decke jedem, der eintritt, die sinnlich-sittliche Wirkung der Farbe vielleicht besser veranschaulicht als die Versuchstabellen im Goethehaus. Und noch viel später in der Nacht war es, als ich selbst dazustieß. Worum sich das Gespräch der beiden bewegte, ist mir entfallen. Ist im Grunde nicht jedes wahre Gespräch eine Folge von Entrückungen, in der man wie im Traum mit einem Male einhält, ohne zu ahnen, wie man nun eigentlich an diese Stelle gelangt sei? So ein Augenblick war es, als Wolfskehl nach dem *Jahrhundert Goethes* griff, das da irgendwo im Regal stand und zu lesen begann. Wie gern würde ich nicht – und sei es auch nur zu Ehren des großen Bücherkundigen und Bücherliebenden, der Wolfskehl ist – etwas mehr von dem Buche sagen, dieser Anthologie, die zum ersten Male 1902 im Verlag der *Blätter für die Kunst* erschien. Es war die Zeit, da die Bücher noch

ein Gewand hatten, dies hier natürlich eines von Lechter. Blaue Pausranken umgaben den Text (volle, und immer die gleichen; daher der Name) und auf dem Titel stand das Signet des Verlages, die von steilen Fingern erhobene Urne, aus deren Mündung alle Locken und Spruchbänder der Präraffaeliten herausrieseln. Aber es ist nichts mit dem Beschreiben. Hessel mag diese Ausgabe einmal besessen haben, aber seine aus Schnödigkeit und Großmut lockere Hand hat gewiss auch vor diesem kostbaren Stücke nicht Halt gemacht. Längst ist die unscheinbare Ausgabe an seine Stelle getreten. Aus der las nun Wolfskehl:

Schläfrig hangen die sonnenmüden blätter,
Alles schweigt im walde, nur eine biene
Summt dort an der blüte mit mattem eifer.

Diese dreiundvierzig trochäischen Verse las er. Und als ich sie nun von ihm zum ersten Male hörte, rückten in meinem Innern die paar Gedichte, die da seit Jahren oder Jahrzehnten hausen, zusammen, um einen letzten spätesten Fremdling unter sich aufzunehmen. Zu Hause war mein erstes, die Anthologie, aus der er gelesen hatte, zu suchen. Nicht das Gedicht, das Wolfskehl uns gelesen hatte, allein, diese ganze Sammlung war mir erschlossen. Es war eine der seltenen Gelegenheiten, da man innewird, wie alle Lyrik sich zuletzt nur mündlich fortpflanzt und bildet. Vergleichbar war sie mir allein mit dem Nachmittag, da Hofmannsthals Stimme sich unversehens auf ein Gedicht der *Fibel* niederließ und die Kühlung der frühesten Georgeschen Dichtung zum ersten und letzten Male aus der Ferne mich anwehte. Hier nun hatte eine wahrhaft hermetische, eine geleitende Stimme im Flusse der Lenauschen Worte stromaufwärts mich in die unwegsamen Höhen geführt, wo um 1900 im Schatten einiger ragender Häupter, Hölderlins, Jean Pauls, Bachofens, Nietzsches, die deutsche Dichtung war erneuert worden. Diese hermetische Kraft aber – die Stimme hatte sie in solchem Grade wohl nur, weil man, indem man dergestalt ihren Wegen folgte, auf ihr eigenes Geheimnis zu stoßen hoffte. Vor vielen Jahren hat einer, dem das gelang, dem Dichter einen Götternamen: Hermopan gegeben. Und war nicht ein verspäteter Pan in der Stimme gewesen, die dieses Lenausche Gedicht vom Mittagsschrecken vor sich hingesummt hatte? Dass Karl Wolfskehl das Schicksal von Göttern weiß, die längst der Mythologie entwuchsen, haben gerade an dieser Stelle einige seiner letzten Arbeiten – *Lebensluft, Die Neue Stoa* – eindrücklich gezeigt. Ohnehin ist der Hermes auch im strengsten und mythischen Sinne der Gott, der wie keiner andern Göttern sich angleicht, mit ihnen zu einer neuen, flüchtigeren vielleicht und schwebenderen Gestalt sich verbindet. Aber schwebend und flüchtig bei aller Wucht wirkt auch die des Mannes, wäre es selbst nur der Unrast wegen, die ihn immer in Bewegung erhält, und der tausend Witterungen und Regungen wegen, die von germanischer bis zu jüdischer Vorwelt allem Ererbten und Erfahrenen die Stätte in ihm bereiten. Welche Fülle großartiger Abbreviaturen bedingt das! Sie sind meist nur unter den erstaunlichen Prägungen seines Witzes unter die Leute gekommen, kennzeichnen aber seine Gedankenwelt so gut wie die Schrift, von der eine Graphologin gesagt hat, sie bedürfe geradezu eines Schlüssels, um überhaupt gelesen werden zu können. Und sie gleicht ihrem Schreiber darin, dass sie ein unvergleichliches Versteck von Bildern ist. Ein weltgeschichtliches Refugium; denn in ihm wohnen, hausen

> Bilder, Weisheiten, Worte, welche ohne ihn, wer weiß, ob überhaupt und wie, sich in unseren Tagen behaupteten.
> Vielleicht war dies das Unvergessliche der Stunde, von der ich hier sprechen wollte: das Gedicht aus ihm sich heben zu sehen wie einen Vogel aus dem gewaltigen Sagenbaum, in dem er mit Tausenden seinesgleichen nistet.[158]

Im Porträt von Karl Wolfskehl stellt Benjamins als *Erinnerung* untertitelter Text eine Fülle von Verdichtungen und Verschiebungen her. Gegenüber Wolfskehl inszeniert sich Benjamin als empathischer Hörer und verschiebt damit die weit entfernte Wirkung der Gedichte Georges auf das Organ desjenigen, der die Erfahrung der Nähe Georges unwillkürlich mitteilt, wenn er Gedichte vorliest. Die Stimme, wie sie bei Wolfskehl noch hörbar ist, behauptet das „Unvergessliche einer Stunde" eines „verspäteten Pan" – die ganze Anthologie des Jahrhundert Goethes ist ihm damit erschlossen, die Gedichte, die in ihm hausen, „rückten" „zusammen, um einen letzten spätesten Fremdling unter sich aufzunehmen." Indem das Lenau-Gedicht in der Verklammerung eines Interieurs auftritt, wird eine physiognomische Kritik unternommen: Der Gesang der Dichtung ist in der Moderne nicht einfach verstummt, die nicht mehr rezipierbare Stimme ist vielmehr ein Residuum der nur sehend registrierten Anonymität in der städtischen Massengesellschaft. Die Aura des Gedichts und die Kritik an einem anonymisierten Umgang sehenden Registrierens sind komplementär.

Benjamin konstruiert seine Geburtstagsgabe so, dass der ideologische Erneuerungsanspruch der Anthologie *Deutsche Dichtung* von George und Wolfskehl um 1900 in der Wendung der abgeschlossenen Vorvergangenheit ironisch kassiert wird. Die syntaktisch entstellte „hermetische, geleitende Stimme" arrangiert die Entideologisierung des Zeitbilds der Lyrik, das Benjamin hier vornimmt, um ein Unvergessliches, die Vorwelt der bürgerlichen Bildung der Gründerzeit, gegenüber einer monumentalisierenden Vorzeit zu behaupten. Diese ist jene des deutschen Juden Wolfskehl innerhalb des Kreises um George[159] – hatte doch dieser die Anthologie mit Stefan George komponiert und dabei den größten Teil der philologischen Arbeit der Texteinrichtung übernommen (vgl. Kap. 2.1).

Kritik, die das Gedichtete einer gesanglosen Zeit konstelliert und damit der anthologischen Verwertung, der metabolischen Gier des Bildungsbürgertums in der „Jagd nach dem falschen Reichtum"[160], entzieht, muss dennoch das Material dieser Situation konservieren. Genau spiegelbildlich zum Anthologisten Wolfskehl, der die ‚Dinge' der Klassik in der Anthologische

158 Benjamin: Karl Wolfskehl zum sechzigsten Geburtstag, GS IV.1, S. 366–367.

159 Vgl. Marcel Lepper: Odyssee der Bücher. Mit unerwarteten Funden lassen sich Karl Wolfskehls zerschlagene und zerstreute Exilsammlungen rekonstruieren, in: *Neue Zürcher Zeitung*, 26.9.2015, S. 53.

160 Benjamin: GS II.2, S. 581.

Deutsche Dichtung „unantastbar“ machte, überliefern in der Benjamin’schen Auffassung die destruktiven Charaktere die Situation, „indem sie sie handlich machen und liquidieren“.[161] Die ‚Situation‘ ist in diesem Zusammenhang die existenzielle Nähe und Ambivalenz Benjamins zum Milieu des George-Kreises. Ist Aura – das bestimmende Moment dieser Künstlersekte – die Erscheinung der Ferne, „so nah das sein mag, was sie hervorruft“,[162] so ist die Nähe des Stammvaters George damit nur dort legitim, wo sie von einer Kritik gerahmt ist. Als, wiederum anthologisch, Gedicht und Kommentar verschränkender Text, oder, körperlich, in der Stimme, der kreatürlichen Spur derer, die die Nähe erfahren haben. Für Benjamin verkörpert nebst Wolfskehl die Künstlerin Jula Cohn diese Nähe, der er seinen *Wahlverwandtschaften*-Essay widmete und die sich im Umkreis von Stefan George in Heidelberg bewegte.[163]

Die von Benjamin ausgelegte semiologische Kette ist ein In-Szene-Setzen widerständiger Schrifträume und kreatürlicher Zeichen, die darauf hinauslaufen, ein verdrängtes Interesse, die nationale Identifikation der jüdischen Intellektuellen in der George-Schule, aus der hermetischen Kraft der Suche nach der Stimme zu begreifen und damit als jenen durchaus ambivalenten politischen Kommunikationszusammenhang anzudeuten, in welchem Benjamin das deutsch-jüdische Zusammenleben und Kommunizieren zu dieser Zeit, Mitte der 1920er Jahre, als eine – öffentlich – zu verschweigende Beziehung einordnete. Gegenüber Florens Christian Rang postulierte Benjamin: Heute (das heißt Anfang der 1920er Jahre) sei zwischen Juden und Deutschen nur das verschwiegene Gespräch möglich, nicht die öffentliche Kommunikation, die nur zu Missverständnissen führe.[164] Das Geheimnisvolle eines esoterischen Kreises und seines kulturpolitischen Einflusses nachzuweisen, ist nicht zuletzt Benjamins Erkenntnisprozess geschuldet, dass die sich auf George berufende Jugendbewegung vor dem Ersten Weltkrieg geglaubt hatte, die Stadt Berlin

> unberührt lassen zu können, um nur die Schulen in ihr zu verbessern, nur die Unmenschlichkeit der Eltern ihrer Zöglinge zu brechen, nur den Worten Hölderlins oder Georges in ihr ihren Platz zu geben. Es war ein äußerster,

161 Benjamin: Der destruktive Charakter, GS IV.1, S. 396–398; ders.: Notizen über den „destruktiven Charakter“, GS IV.2,S. 999–1001, hier S. 1000.

162 Benjamin, Das Passagen-Werk, GS V.1, S. 560.

163 Die Widmung der Wahlverwandtschaftenarbeit für Jula Cohn ist in GS I.1., S. 122 abgedruckt. Cohn hat auch eine nicht erhaltene Büste von Benjamin hergestellt. Vgl. auch dessen Text *Agesilaus Santander* in zwei Fassungen von 1933, in die Benjamin eine andere Verliebtheit hineingezeichnet hat – ebenso im Modus des Künstlerphilologen.

164 Vgl. Walter Benjamin an Florens Christian Rang, 18.11.1923, GB II, S. 367–371, hier S. 369.

> heroischer Versuch, die Haltung der Menschen zu verändern ohne ihre Verhältnisse anzugreifen.[165]

Die spannungsvolle Ritualität eines verschwiegenen Verhältnisses im Kleinen wie im Großen unterstreicht die Ausweglosigkeit aus dem Erbe des eigenen Bildungswegs des Individuums Benjamin wie der deutschen Nation als Republik. Diese Verschränkung wird im Prosaporträt zugleich bildkritisch und – in der Ausleuchtung des institutionellen Umfelds der kultischen Leseszene – ausgenüchtert reinszeniert, das heißt auf das sie bestimmende Arrangement hin gelesen und gedeutet. Der (nicht zuletzt in sich gewalttätige) Ritualcharakter der Produktion und Rezeption von streng formgebundener Dichtung wird dabei ebenso aufgezeigt.[166] Es ist wenig bekannt, dass Benjamin selbst formstrenge Sonette dichtete, als eine Form der Trauerarbeit nach dem Selbstmord seines Freundes Friedrich Heinle. Bernhild Boie hat die Gedichte in ihrer Analyse als Gepräge des Rituals charakterisiert. Ihrer Denkbewegung läge eine Idee der Polarität ohne jeglichen Antagonismus zugrunde. Die Sonette sind von Spannungen gesättigt, häufigste Redefigur ist die Antithese. Benjamin inszeniert mit ihrer Hilfe das Zusammenfallen der Gegensätze als Prozess, um „eine legitime bilderlose Sprache der Beschwörung"[167] gerade in der starrsten aller Gedichtformen, im Sonett, wiederauffindbar werden zu lassen. Gewalt ist eines der heimlichen Zentren dieser Gedichte, Gewalt als Form und Gewalt als Sprache. Dies wird gemeinhin als Versuch Benjamins gelesen, das George'sche Erbe dem Vorbild zu entreißen.[168]

Es gehört zu den bestimmenden Einsichten der Frankfurter Schule, den vermeintlichen Gegensatz von Ritual und Technik gerade ausgehend von der Deutung der Gedichte Stefan Georges und des Jugendstils als ‚stilisierendem', ornamentierendem Stil par excellence aufzulösen. Hatte Benjamin das Historischwerden Stefan Georges bereits kurz nach dem Ersten Weltkrieg artikuliert, gewinnt er im Gespräch mit Adorno in den späten 1930er Jahren ein schlagendes Kriterium der Ausdruckslogik von dichterischem Material und sozialem Leben:

---

165 Walter Benjamin: Berliner Chronik, in: Ders.: *Berliner Chronik / Berliner Kindheit um neunzehnhundert* (WuN 11.1), hg. v. Burkhardt Lindner/Nadine Werner, Berlin 2019, S. 7–78, hier S. 27.

166 Vgl. Bernhild Boie: Dichtung als Ritual der Erlösung. Zu den wiedergefundenen Sonetten von Walter Benjamin, in: *Akzente* 31/1 1984, S. 23–39, bes. S. 26–27. Die von Giorgio Agamben in den 1980er Jahren wieder aufgefundenen Sonette sind in Bd. VII der *Gesammelten Schriften* abgedruckt. Vgl. auch den Abdruck der überlieferten Texte von Christoph Friedrich Heinle: *Lyrik und Prosa*, hg. v. Johannes Steizinger, mit einem Geleitwort von Giorgio Agamben, Berlin 2016.

167 Matz: *Eine Kugel im Leibe*, S. 42.

168 Vgl. Matz: *Eine Kugel im Leibe*, bes. S. 38–42.

In der Erfahrung des von Adorno als „kindlich“[169] bezeichneten Trotzes des *Lied des Zwergen* gegen die kapitalistische Moderne und Massengesellschaft revoziert George sozial den abgeschlossenen Künstlerbund und dichterisch die kultische Aura des körperlosen, mündlich fortgepflanzten Dichterworts. Benjamins Entzücken an Adornos Essay zum Briefwechsel von Hofmannsthal und George – „es ist das Beste, was sie jemals geschrieben haben“ – mündet in den methodischen Hinweis, wie ein „unvorstellbares“ Nachleben von George 1940 (!) beginnen würde: „mit einer Anthologie seiner Verse. Gewisse stehen in Ihrem Text besser als am Fundort.“[170]

Das methodische Prinzip einer von Valéry übernommenen *création par des principes séparés* bestimmt das Prosaportrait von Wolfskehl. Die erste Verschiebung postuliert die Bedeutung des Kontexts der Gattungsform: „Vieles schließt sich um ein Gedicht.“ Der Wert seines Gemachtseins, die „Logik des Produziertseins“[171] verlangt nach einem Schlüssel der Lesbarmachung wie die Schrift nach dem Schlüssel des Graphologen. Dieser liegt nicht in höchster philologischer Auslegungskunst vor – vielmehr, mit Paul Valéry, in der materialästhetischen Lektüre, die aus erinnernd verfügbar gemachtem Material in seiner unmittelbar sinnlichen Verklärung – Gesprächsort, Gesprächspartner, Gesprächssituation, der buchräumlichen Umgebung des Gedichts, dem Umschlag des Buchs – eine zweigeteilte Szene rekonstruiert. Zuerst wird, in einer Art Experiment, die Kette der phantasmagorischen Gedächtnisstücke inflationiert, um die lesende Stimme ihrer hypostasierten natürlichen Autorität, ihres klassischen Erbes mündlicher Fortpflanzung der Lyrik zu entkleiden. Die zitierten Zeilen des Lenau-Gedichts werden auf ein unscheinbares

---

169 Eine sich tropisch zuspitzende Sequenz in Benjamins Essay *Karl Kraus* (GS II.1, S. 334–367) spielt das Kinder-Motiv aus, das bei Benjamin notorisch mit der messianischen Idee zusammen auftritt. Im *Kraus*-Text entdeckt das Kind die Sprachquellen im Reim, um den Namen im Reich der Kreatur als Vorschein einer nicht mehr repräsentierend gedachten Sprache wahrzunehmen. Darauf nimmt Benjamin auch in seiner Kritik des aus Hofmannsthals Nachlass und aus verstreuten Publikationen zusammengestellten Prosabands von 1931 Bezug (*Loris. Die Prosa des jungen Hofmannsthal*). Dessen Herausgeber Max Mell sei auf dem richtigen Weg, wenn er eine der dunkelsten Stellen im späten Werk Hofmannsthals anziehe und an die künftigen Kinder erinnere, denen der Kaiser der *Frau ohne Schatten* in der Höhle begegne (Walter Benjamin: Zur Wiederkehr von Hofmannsthals Todestag, in: Ders.: *Kritiken und Rezensionen* (WuN 13.1), S. 269–271, hier S. 271). Adorno nimmt diesen Gedanken in seiner Rezension des Briefwechsels von George und Hofmannsthal wieder auf; vgl. Adorno: George und Hofmannsthal. Zum Briefwechsel 1891–1906, *Noten zur Literatur* (GS 11), S. 158–202.

170 Walter Benjamin an Theodor W. Adorno, 7.5.1940, GB VI, S. 444–455, hier S. 450.

171 Vgl. Theodor W. Adorno: Valérys Abweichungen, S.159. Vgl. Sandro Zanetti: Literaturwissenschaftliches Schreiben zwischen Mimesis und Abstraktion. Von Jean Leclerc zu Peter Szondi und Roland Barthes, in: *IASL* 40, 2/2015, S. 348–373.

Summen in der Mittagsstille depotenziert, das Benjamin im Essay *Karl Kraus* später namhaft machen wird. Das depotenzierte Summen bildet eine Sphäre aus, die nicht durch das in der biblischen Sprache vom Theologumenon von Freund oder Feind bestimmte Wort (und die entsprechende politische Theologie) definiert ist.[172]

Die Anthologisierung des Lenau'schen Gedichts im Schatten der ragenden Köpfe der Anthologie *Deutsche Dichtung* ist in den Transpositionen rückgängig gemacht, die „aus dem Innern" des Erinnernden über das Dichterzimmer, den Buchumschlag und die Verhökerung der Prachtausgabe in die Unscheinbarkeit der kahlen Stimme, des kahlen Gedichts in der einfachen Buchausgabe zurückführen. Dieser Gang bestimmt sich, gleichsam nach Maßgabe architektonischer Hervorbringung, als Veräußer(lich)ung von „meinem Innern" – des inneren Bildungsguts, das der verarmte freischwebende intellektuelle Lohnarbeiter Walter Benjamin zu produzieren hat. Oder wie er später in der *Berliner Chronik* schreiben wird:

> [M]ir scheint heut dennoch der Versuch, dem Toten den äußeren Raum, in dem er lebte, ja das Zimmer, in welchem er „gemeldet" war, nachzuzeichnen [...] befugter als den geistigen zu umfassen, in [...] welchem er dichtete.[173]

Die anthologische Prachtausgabe wird durch die unstete Hand des Dichter-Freundes Franz Hessel aus der Hand gegeben, verhökert. Ersetzt wurde sie durch jene unscheinbaren Populärausgaben, die in den Tornistern der Soldaten im Ersten Weltkrieg die Zitatenschätze zur Erbauung der Kriegsmoral ins Feld tragen sollten.

---

172 Benjamin: Karl Kraus, GS II.1, S 358: „Das Wort dankt niemals zugunsten des Instruments ab; indem es aber seine Grenzen weiter und weiter hinausschiebt, geschieht es, dass es am Ende sich depotenziert, in die bloße kreatürliche Stimme sich auflöst: ein Summen, das zum Worte sich so verhält wie sein Lächeln zum Witz, ist das Allerheiligste dieser Vortragskunst. In diesem Lächeln, diesem Summen, wo wie in einem Kratersee zwischen den ungeheuerlichsten Schroffen und Schlacken die Welt sich friedlich und genügsam spiegelt, bricht jene tiefe Komplizität mit seinen Hörern und Modellen durch, der Kraus im Worte niemals Raum gegeben hat. Sein Dienst an ihm erlaubt ihm keinen Kompromiss. Kaum aber hat es den Rücken gekehrt, so findet er sich zu manchem bereit. Da macht denn der quälende, stets unerschöpfte Reiz dieser Vorlesungen sich fühlbar: die Scheidung zwischen fremden und verwandten Geistern zunichte werden und jene homogene Masse falscher Freunde sich bilden zu sehen, die in diesen Veranstaltungen den Ton angibt."

173 Benjamin: Berliner Chronik, S. 26.

1932 schreibt Benjamin in seinem Essay *Erfahrung und Armut*:[174] „Arm sind wir geworden. Ein Stück des Menschheitserbes nach dem anderen haben wir dahingegeben, oft um ein Hundertstel des Wertes im Leihhaus hinterlegen müssen, um die kleine Münze des ‚Aktuellen' dafür vorgestreckt zu bekommen. In der Tür steht die Wirtschaftskrise, hinter ihr ein Schatten, der kommende Krieg."[175] Die politischen Aussichten sind mit der Faschisierung der Weimarer Republik, den Notverordnungen nach den Septemberwahlen 1930 und dem schlagartigen Aufstieg der Nationalsozialisten düster. Die Wirtschaftskrise verengt die Perspektiven auf die ästhetischen Optionen – gerade auch im Rückblick auf Benjamins prägende Erfahrung des Selbstmords seines Freundes Heinle, der sich bei Kriegsausbruch im August 1914 im Versammlungsheim der Berliner Jugendbewegung zusammen mit einer weiteren Freundin der beiden, Rika Seligson, das Leben nahm:

> Das war damals in Heidelberg und gewiss in selbstvergessner Arbeit, daß ich es versuchte, die Gestalt meines Freundes Fritz Heinle, um die all jene Geschehnisse im Heim sich ordnen und mit dem sie verschwinden, in einer Betrachtung über das Wesen der Lyrik zu beschwören. Fritz Heinle war Dichter und unter allen der einzige, dem ich nicht ‚im Leben', sondern in seiner Dichtung begegnet bin.[176]

In den Anthologien bzw. dem Anthologischen Schreiben des George-Kreises (und dazu zählt Benjamin letztlich auch Hofmannsthal und Borchardt) refiguriert er das kunstphilosophisch intrikate Verhältnis von schönem Schein und nüchternem Leben – den „Wahrheitsgehalt" des Kunstwerks – nun im Medium gesellschaftlicher Institutionen und Medien: Buchumschlägen, Typografien, generell der Ausstellung von Situationen, in denen Kunst produziert und rezipiert wird. Besonderes Augenmerk ist dabei auf das Unscheinbare zu legen: Kein Gewand mehr zu haben, ist bezeichnend für die grafische Spannung, die Benjamin in seinem Buch *Einbahnstraße* der Reklame zuschreibt, die das Buch als veraltetes Vermittlungssystem abgelöst hat und die die visuellen Affekte in

174 Referiert Benjamin hier auf die auf Hegels Ästhetik-Vorlesungen und auf Marx zurückweisende „Armut geistiger Interessen", die im kapitalistischen 19. Jahrhundert zerstört werden durch die „Prosa der Verhältnisse", die das Idyllische zugunsten der „baren Zahlung" zwischen Mensch und Mensch vernichten? Vgl. Sabine Schneider: Einleitung, in: Dies./Marie Drath (Hg.): *Prekäre Idyllen in der Erzählliteratur des deutschsprachigen Realismus*, Stuttgart 2017, S. 1–12, hier S. 4. Soweit ich sehe, wurde in der umfangreichen Forschungsliteratur zu diesem Essay von Benjamin der Bezug zur Stelle bei Hegel nicht hergestellt.

175 Benjamin: Erfahrung und Armut, GS. II.1, S. 213–218; zur Text- und Rezeptionsgeschichte vgl. Lindner: Zu Traditionskrise, Technik, Medien, S. 453–455.

176 Benjamin: Berliner Chronik, S. 25.

dem kapitalisierten, dem Zwang zur Visualität unterworfenen menschlichen Umgang in der Großstadt zugleich aktiviert und bindet.[177] Diese grafische Spannung ist, materialiter betrachtet, die Aufspannung eines Codes von Schriftbildlichkeit: eine Spannung des Schriftbilds, dessen Kapitalisierung der Traumindustrie der visuellen Gestalter gelungen ist.[178] Hingegen unscheinbar zu sein – damit ist die kritische Erkenntnis verbunden, dass die Werkpolitik der George-Schule mit den anthologischen Prachtausgaben eine Form der Fälschung und des kapitalistischen Ästhetikkults darstellt. Zwar hat Benjamin George von seiner vernichtenden Kritik immer ausgenommen und diese an seinen Mitarbeitern, insbesondere am Germanisten Friedrich Gundolf,[179] vollzogen; damit liegt er ganz auf der von Rudolf Borchardt seit dessen Kritik des Gedichtbands *Der Siebente Ring* vorgegebenen Linie (vgl. Kap. 2.2).[180] Borchardt schrieb, George könne den Schutt der Werkstatt nicht mehr aussieben, weil er in seinem Kreis nur Hörige habe und keine kritische Stimme zulasse. Dass Benjamin eine ambivalente Note genau dort einträgt, wo er die Identifikationsfunktion des George-Kreises für das nationalliberale Judentum[181] betont, verdeutlicht, dass sein Prosaporträt von Karl Wolfskehl zugleich der Figuration des komplexen Verhältnisses eines jüdisch-deutschen Forums gewidmet ist. Es buchstabiert die anderswo gemachte verstörende, Identität über kulturelle Herkunft verknüpfende Feststellung Benjamins von Mitte der 1920er Jahre aus, wonach es zwischen Juden und Deutschen kein „öffentliches" Gespräch geben könne.[182]

In Benjamins Prosastück ist es die Stimme, die im Vorlesen ihren eigenen Weg findet und die als vorzeitliche Adresse des Gratulanten das lyrische Sprechen anders wieder in Wert setzt. Die ‚deutsche' Erneuerung einer Klassik (die schon im Horizont der Vereinnahmung durch den Faschismus steht) auf das Bild eines friedlichen Mittagsschlummers auszunüchtern – indem gleichwohl Nietzsches zarathustrischer ‚Großer Mittag' durchklingt – und ‚jüdische Witterung' als eine schwache messianische Kraft, das Unvergessliche der hermeneutischen Tradition und Lehre anzurufen, entspricht damit einer Umkehr der in der Gegenwart dieses Essays Mitte der 1920er Jahre virulenten politischen Metaphern. Benjamin fasst das Arrangement der Bildung und

177 Vgl. Benjamin: Vereidigter Bücherrevisor, bes. S. 29–30.

178 Vgl. Benjamin: Traumkitsch, GS II.2, S. 620–622.

179 Vgl. Gerhard R. Kaiser: Die rechtskräftige Aburteilung und Exekution des Friedrich Gundolf, in: Hühn/Urbich/Steiner (Hg.): *Benjamins Wahlverwandtschaften*, S. 294–318.

180 Vgl. Matz: *Eine Kugel im Leibe*, S. 34–35.

181 Vgl. Benjamins Enzyklopädiebeitrag „Juden in Deutschland", GS II.2, S. 807–813.

182 Vgl. Walter Benjamin an Florens Christian Rang, 18.11.1923, GB II, S. 367–371, hier S. 371 (vgl. Kap. 5.6).

Tradierung von Lyrik in einen Rahmen, der der Komplexität des biografischen *und* generationalen Orts gerecht wird, an dem Schreiber, Adressat und Vermittler stehen – Franz Hessel und Karl Wolfskehl kannten sich bereits zu Jahrhundertbeginn in der Münchner Bohème, als Benjamin noch ein Kind war. Benjamin, Wolfskehl und Hessel waren als freie Schriftsteller und Gelehrte degradiert und vom Feuilletonmarkt abhängig geworden. Alle drei waren von George geprägte deutsch-jüdische Künstler-Philologen, die die künstlerisch-philologische Tradition des 19. Jahrhunderts, die in einer problematischen Weise an Konzepte des *nation building* gebunden blieb, in die Zukunft transformieren wollten – obwohl sie durch den Ersten Weltkrieg ihrer bürgerlichen Existenzprivilegien zugleich erstmals wirklich gewahr wurden wie gleichzeitig ihrer beraubt.

Der Umweg, den Benjamins Text dabei von der deutsch-esoterischen Bildungswelt über eine als ‚jüdisch' markierte Vorzeit nimmt, aber nicht ausspricht, besteht in den französischen Bezügen. In Hessels Zimmer als Ort der Transposition klingen sie an: Hessel übersetzte zusammen mit Benjamin Prousts *Im Schatten der jungen Mädchen* (*À l'ombre des jeunes filles en fleurs*). Die Proust'sche ‚mémoire involontaire' wird in der Erinnerung des Lenau-Gedichts an die summende Stimme und deren kreatürliche Allegorie der summenden, nicht mehr befruchtenden Biene[183] in der Mittagsstille evoziert. Der linguale Geschmack der vorgelesenen und damit gehörten Sprachblüte und das Summen der lesend, also über den Sehsinn erinnerten Stimme legen ein textuelles *punctum*,[184] den Einstich einer ästhetischen Gedächtnisspur, aus. Benjamins mythologische Spekulation der zarteren schwebenden Gestalt, die der Götterbote Hermes mit allen anderen Göttern eingehen kann, führt auf Wolfskehls hermeneutisch-kreatürliche „Witterung" zurück – ein Zusammenführen der Extreme antimythologischer ‚messianisch' disruptiver Geschichtsvorstellung *und* eines Kontinuums von der Antike hin zur ‚deutschen' Klassik.

Das physiognomische Schlusstableau des Prosatexts, in dem der „zu noch späterer Stunde eingetroffene" Kritiker-Autor, das Ich Benjamins, Wolfskehls Gesicht und Gestalt in dessen „unlesbare"[185] Schriftlinie versenkt und nach

183 Hier klingt auch Valérys Sonett *L'abeille* an.

184 Der Begriff des *punctums* bezeichnet eine kleine Stelle, einen kleinen Fleck, Tupfen oder Einstich. Roland Barthes verwendet den Begriff als Stich, kleines Loch, kleinen Fleck oder kleinen Schnitt; vgl. Roland Barthes: *Die helle Kammer. Bemerkungen zur Photographie*, Frankfurt/M. 1989, S. 36.

185 „Während Georges Briefe immer gut lesbar sind [...], ist das hervorstechendste Merkmal von Wolfskehls Briefen ihre Schwerlesbarkeit. [...] Alle seine Briefpartner beschwerten sich über die Unleserlichkeit seiner Schrift"; Wägenbaur/Oelmann (Hg.): *Stefan George. Karl und Hanna Wolfskehl. Der Briefwechsel 1892–1933*, S. 21–22.

dem Schlüssel fragt, hat damit in der ‚Witterung', im ‚Summen', im ‚Geschmack' die vergegenwärtigten physiologischen Effekte, die ein komplexes somatisches Wissen im Medium des ästhetischen Gedächtnisses bezeichnen. Damit ist das ‚destruktive' Eingedenken an die multiplen Bildungserlebnisse, an die Kraft der klassischen Lyrik, das generationale Wissen des Bildungsbürgertums in der handlichen Situation eines Sammlers bewahrt. Dieses Wissen ist in der anthologisierten Lyrik markiert, die aneinandergereiht und laut gelesen in einem geschlossenen kultischen Kreis keine produktive Rezeption erzielen kann – die entwertet, „aus der Hand gegeben" ist.

5.8 ‚Integrale' Prosa, *provorsa* statt Autorität und Klassik

In den Transpositionen einer solch prekären Bildlichkeit figuriert Benjamin ein Anthologisches Schreiben, das sich gleichermaßen respektvoll vor der philologischen Leistung des Adressaten Karl Wolfskehl verneigt, wie es gegen die überkommene Vorstellung der monumentalen Anthologie als heroischem nationalphilologischem Bildungserlebnis Stellung bezieht. Die Verwicklung von erinnerter mimetischer Verwandlung durch die Stimme und ein Bild-Arrangement im erinnernden, veräußerlichenden Schreiben fügt einen geschichteten Komplex an biografischer Erfahrung, rezeptionsästhetischer Momente einer singulären Buchästhetik und kritischer Entstellung und Distanzierung generationalen Wissens zusammen, ohne dass eines der Elemente prävalieren würde. Die Verschichtung unterschiedlichster Elemente schafft eine Singularität, die dem Angeredeten Wolfskehl einen Standort am Rand des kultischen Kreises um George beimisst, ohne dass die politisch-ästhetische Problematik des Kultus um den Dichterpolitiker George ausgeblendet würde. Aber auch ohne dass der anachronistische Standort des deutschen Juden Wolfskehl geopfert würde – die Opferung, ja die „Schlachtung",[186] bleibt der Benjamin'schen Kritik von Max Kommerells „Meisterwerk"[187] *Der Dichter als Führer der Klassik* im Jahr 1930 vorbehalten. Bei Wolfskehl ist es hingegen eine Erinnerung: über das physiologische Material der Bucharchitektur wie der räumlichen Dispositionen schreibt sich ein Soma aus – die (Gedächtnis-)Karte des Lebens, der wichtigen Begegnungen, wie sie in der Erfahrung der Stadt Berlin grafisch gegliedert und damit in die Nähe der anthologischen Form in der *Berliner Chronik* beschrieben sind.

186 Goebel: Opfer der Kritik, S. 345–365.

187 So Benjamin in seiner Rezension und auch gegenüber Adorno; vgl. Walter Benjamin: Wider ein Meisterwerk, in: Ders.: *Kritiken und Rezensionen* (WuN 13.1), S. 271–279.

> Ich will von diesem Nachmittag sprechen, weil er so kenntlich macht von welcher Art das Regiment ist, das Städte über die Phantasie führen und warum die Stadt, in der die Menschen am rücksichtslosesten einander beanspruchen, die Verabredungen und Telefongespräche, die Sitzungen und Besuche, der Flirt und der Lebenskampf dem Einzelnen keinen [...] beschaulichen Augenblick können, in der Erinnerung ihre Revanche nimmt und [...] der Schleier, welchen sie im Verborgnen aus unserm Leben gewirkt hat, weniger [...] die Bilder der Menschen als die der Schauplätze zeigt, an denen wir andern oder uns selber begegneten. [...] Da kam [...] mit zwingender Gewalt der Gedanke über mich, ein graphisches Schema meines Lebens zu zeichnen [...].[188]

Das letzte Bild des kurzen Wolfskehl-Portraits markiert als Abschluss der Transpositionen und Substitutionen den Gattungswechsel – und gibt einen Wink auf die Vorstellung einer integralen Erlösung der diversen Sprachen als deren Auflösung in der universell verstehbaren Sprache, wie sie Benjamins Schreiben immer wieder figuriert. Eine etwaige kultische Zeit der Gedichte ist, wie die Zeit der Sagen, zwar längst abgelaufen in der Moderne; weil es aber weltgeschichtliche Refugien gibt, ‚Häuser' – die George-Schule als Identifikationsangebot der deutsch-jüdischen Intellektuellen und Geisteswissenschaftler –, lohnt sich der Gang zu den Ursprüngen, um das sektiererische Nachleben des Ruhms anthologischer Pracht entlang ihrer monumentalisierten Vorwelt in die Teilung der Stimme in Semantik und Physiologie, Summen und Sagen, ihre kreatürliche Vorzeit zu ergänzen. Benjamin hat 1938 Adorno gegenüber davon gesprochen, die gesamte Moderne unter dem Signum des Jugendstils (repräsentiert durch Mallarmé und George) als des stilisierenden Stils par excellence rubrizierend kritisch verwerten zu wollen.

Das Schlussbild trägt die literaturpolitische Auseinandersetzung bildkritisch aus, die Benjamin an anderer Stelle, in seinen literaturkritischen Beiträgen zu George und zum George-Kreis, unter dem Motiv des „Zu-spät-Gekommenen" explizit entwickelt hatte.[189] In der Erinnerung dieser Prosaminiatur wird eine kleine Ästhetik des Lyrischen entfaltet, die in der Kette der Veräußerung des Innern eine sublime Kritik nicht nur des – erkenntnisperspektivisch von außen nach innen gerichteten – physiognomisierenden Pathos der essayistischen Gelehrtendarstellungen im George-Kreis vornimmt, sondern die Idee einer ‚Fortpflanzung des Lyrischen' als eines angeblichen Naturzusammenhangs

188 Benjamin: Berliner Chronik, S. 41.

189 Geret Luhr: *Ästhetische Kritik der Moderne. Über das Verhältnis Walter Benjamins und der jüdischen Intelligenz zu Stefan George*, Marburg 2002. Das Motiv des Zu-Spät-Gekommenen wird besonders im Artikel Stefan George betreffend von 1933 entwickelt (Walter Benjamin: Rückblick auf Stefan George, in: Ders.: *Kritiken und Rezensionen* (WuN 13.1), S. 413–420). Auch im Briefwerk kommt er immer wieder auf George zu sprechen.

mündlicher Überlieferung insgesamt kritisch infrage stellt. Es sind die ‚verspäteten' kulturellen und die anachronistisch-aktuellen geistleiblichen Vorzeiten des Summenden, des tradierten Rhythmus, des Buchgewands, des Zimmers, deren Materiales die ästhetische Purifikation der Vorstellung einer körperlosen Produktion und Rezeption, wie sie im mündlich übertragenen und tradierten Gedicht ein Refugium haben könnte und wie es durch die Ideologie des Gedichts – „den leib vergottet und den gott verleibt"[190] – auf ihren problematischen Höhepunkt getrieben ist, durchkreuzen.

Das ‚Unvergessliche' einer späten Stunde der Zusammenkunft erhebt sich als mnemotechnisch gebauter Gang auf einem Feld von Äußerlichkeiten, die es dem Erzähler-Ich ermöglichen, das Gedicht als Raum poietischen Hörens zu rearrangieren und als über Freundschaftsbeziehungen vermittelten und gestaffelten Gang in eine innere Wahrnehmungswelt der Gedichte darzustellen. Damit ist eine immanent vollzogene, bildkritische[191] Defiguration am Beschwörungskult von auf Führerschaft ausgerichtetem sagendem Befehl und gebannter Unterwerfung angelegt und vollzogen. Die Immanenz dieser Transfiguration wird im (verwandlungsfähigen) Schmetterling – Emblem der Philologie – zur Mittagszeit und im späten Vogel kenntlich. Die Konsequenz für den kritischen Produzenten liegt darin, Gedichtetes als prosaisch Anonymes im erzählenden Kommentarwerk zu rekonstruieren, damit die Widerständigkeit einer methodischen Übertragung eine Pluralisierung der Stelle, ihre Konstellation eine Transfiguration erwirkt.

Die Revokation einer starken ästhetischen Erfahrung, eines auratischen Erlebnisses der Dichtung in den Grenzen der Gruppe ist damit als Fingierung belegt und zugleich in ihren ambivalenten gesellschaftlichen und bildungspolitischen Wirkungen analysiert. Den Nachweis der ‚Echtheit' und deren Traditionsgebundenheit in der dichterisch-philologischen Produktion und Interpolation wird Benjamin später, marxistisch, als dialektischen Ort der politischen Aneignung des reproduktiv gewordenen Kunstwerks zu fassen versuchen. In dieser Konstellation wird damit auch seine ‚verschwiegene' Antwort

---

190 Stefan George: *Der Siebente Ring. Gesamt-Ausgabe der Werke*, Band 6/7, Berlin 1931, S. 53.

191 Vgl. Ralf Simon: Was ist bildkritische Literaturwissenschaft?, in: *Zeitschrift für Ästhetik und Allgemeine Kunstwissenschaft* 55/1 2010, S. 49–67. Nach Simon ist eine Bildkritik internen, nicht externen Zuschnitts, nicht Ideologiekritik, Kritik des Medienbegriffs etc. Soll sie intern sein, „muss sie das Bild aus den Konstitutionsbedingungen des Bildlichen her kritisieren, nämlich die ikonischen Konstitua hinsichtlich ihrer Grenzen und ihrer Wirksamkeit bestimmen. [...] Bildkritik ist damit der Name für eine jeweils gegenstandsbezogene und also exegetische Tätigkeit in einem philosophieaffinen Begriffsraum. Der bildkritischen Literaturwissenschaft kommt in diesem Feld die Funktion zu, den schwierigen Weg zu gehen, unsichtbare Bilder denken zu sollen, deren Ort in dem Außen des Texts (nicht im Innern des Gemüts) liegt" (ebd., S. 66, 67).

auf die Versuche der antisemitischen Literatur- und Kunstwissenschaft sichtbar. Eine gängige Praxis in der Germanistik der 1920er Jahren bildete etwa das Narrativ, jüdische Autoren als ‚unechte' Künstler anzuprangern, die von der Arbeit anderer leben würden, Texte aus zweiter Hand erhielten und diese „über die Maße erotisieren, politisieren oder spiritualisieren, um sie zu Geld zu machen."[192] Denn trotz alledem ist die Erfahrung der Stimme eine geblieben, die aller gesellschaftlichen Vermittlungen und Abstraktionen zum Trotz Erfahrung – oder Erfahrungsarmut, Erfahrungslosigkeit –, also *etwas*, mitteilt.[193] Auch für Benjamin: Die starke Erfahrung der Stimme, der Musik, der Klage bildete den Ursprung seines Trauerspielbuchs, wie er Hofmannsthal mitteilt.[194] Dieser wird auch dort aufgerufen, wo Benjamin sein „dialektisches Bild" einer „Geschichte" konzipiert, „der das Buch des Lebens zugrunde liegt": „‚Was nie geschrieben wurde, lesen'", heißt es bei Hofmannsthal.[195] Die Sprache der messianischen Universalgeschichte ist weder geschrieben noch gesprochen – sondern in der „von Festgesängen" „gereinigten", „festlich begangene[n]" Sprache der „Sonntagskinder" kenntlich, „die die Sprache der Vögel" verstehen".[196]

Benjamins spekulative Idee einer wahren, gewissermaßen das Menschheitskollektiv und alle Kreatur umspannende „Prosa" aufnehmend, hat Giorgio Agamben in einem kurzen Text eine ebenso spekulative etymologische Figur etabliert,[197] die sich für eine Theorie der Prosa fruchtbar machen lässt.

---

192 Vgl. das Beispiel der deutschnationalen Philologin Marianne Thalmann, die sich akribisch die Quellen für literarische Werke des Romanciers Jakob Wassermann vorgenommen und diesen in einer deutschnationalen germanistischen Zeitschrift „vor das Forum der Nation" gezerrt hatte, um die „Unsauberkeit" seines Künstlertums zu ‚beweisen'; Theisohn: *Plagiat*, S. 432–446.

193 Mit dieser Konstellation eines „Gewichts der Erfahrung" steigt Sandro Zanetti in die Lektüren zu Paul Celan ein; vgl. Sandro Zanetti: *Celans Lanzen. Entwürfe, Spitzen, Wortkörper*, Zürich/Berlin 2020, bes. S. 16–20.

194 „Endlich frappierte mich Ihr Brief mit Ihrem Hinweis auf das eigentliche, so sehr versteckte Zentrum dieser Arbeit: die Darlegung über Bild, Schrift, Musik ist wirklich die Urzelle der Arbeit mit ihren wörtlichen Anklängen an einen jugendlichen Versuch von drei Seiten ‚Über die Sprache in Trauerspiel und Tragödie'. Die tiefere Ausführung dieser Dinge würde mich freilich aus dem deutschen Sprachraum in den hebräischen führen müssen, der, aller Vorsätze ungeachtet, bis zum heutigen Tage immer noch unbetreten vor mir liegt." Walter Benjamin an Hugo von Hofmannsthal, 30.10.1926, GB III, S. 206–210, hier S. 209.

195 Das Motto seines Trauerspiels *Der Thor und der Tod.*

196 Walter Benjamin: Das dialektische Bild [Manuskripte – Entwürfe und Fassungen zu den Geschichtsthesen], in: *Über den Begriff der Geschichte* (WuN 19), hg. v. Gérard Raulet, Berlin 2010, S. 124–125 (teils gestrichene Notizen).

197 Vgl. Giorgio Agamben: *Idee der Prosa*, Frankfurt/M. 2003, S. 21–24.

Ralf Simon hat dies in seiner *Theorie der Prosa* zu systematisieren versucht. Simon zufolge organisiert die Lyrik die Wende in die poetische Selbstreferenz zunächst über das Versende (visuell), während die Prosa eine solche Wende in jedem einzelnen Element bis hin zum Buchstaben vollzieht (wahrnehmungstheoretisch). Diese – in Agambens agrarischer Metaphorik – ‚Furchung' bezeichnet ein Sprachmodell, bei dem die Sprache, im Ausschwingen bildkritischer Defiguration, immer sofort, aber in Gegenrichtung, an sich selbst vorbeikommt und auf engstem Raum Korrespondenzen entstehen lassen kann. Die Sprache der Prosa folgt nicht dem referenziellen Etwas der Erzählung, sondern tritt in Konkurrenz zur Lyrik,[198] wie es Simon formuliert.

Im Prosaporträt zu Wolfskehl ist dies wiederum architektonisch als Bauprinzip und rhythmisch als Wiederholungsprinzip vollzogen: In der Mitte des Prosaflusses erheben sich drei Verszeilen, deren akustischer Bau von den feindifferenten Binnenwegen geprägt ist, die in der Kehle zwischen den Lautfolgen *l/m, b/l, l/r,* vorkommen. Flankiert sind die drei äußerst unfestlichen, unpathetischen, auf Moll gestimmten ‚schläfrigen' Verse (die das fortgesetzte aber vom Text unausgesprochene Lesen der weiteren vierzig trochäischen Verse des Gedichts einfassen) von zwei Prosazeilen, die Wolfskehl in einer Kehre, Kehle, zweimal (*-el/-er*) als Lesenden aufrufen: *-kehr-, les-, -kehl* ... Die inwendige Verspiegelung der Kehre der kleinsten Differenzen in der Substitution der Buchstaben wie der, in aufsteigender Perspektive, Wortbestandteile, Worte, Verse, Sätze, Abschnitte, Texte, Werke, Bücher, Anthologien, der gesamten Klassik – fügt sich auf den Eigennamen[199] – fügt sich in die Kehle aller Lesenden und bezeichnet die sich öffnenden uferlosen Abgründe einer Sprache ohne Festgesänge, den Vögeln und Sonntagskindern kenntlich. Prosa, *provorsa*, mit einem Wort Benjamins (dessen zweiter, auch seinen engsten Freunden kaum bekannter Vorname *Schoenfließ* lautete): die *schöpferische Indifferenz* im Fluss geschriebener, gesungener, gesprochener Sprache. „Vieles schließt sich um ein Gedicht", vieles schließt sich um die (des-)anthologisierten Blüten- und Blumenschätze: gesellschaftliche Strukturen, biografische Erfahrungen, generationales (Un-)Wissen. Ebenso findet sich aber auch im „Innern", im Philologischen, in den Kehlungen und Kehrungen, den kleinen Binnendifferenzen Aufschluss – über die Vögel, über die Wörter.[200]

---

198 Vgl. Simon: Bildkritische Literaturwissenschaft, S. 426–427.

199 Vgl. Thomas Schestag: *Namenlose*, Berlin 2019 und andere Publikationen dieses Autors.

200 Diese Lektüre ließe sich in zwei Richtungen weiterentwickeln: hinsichtlich des Menschenfressermotivs und der „Zähne" in Benjamins Essay *Karl Kraus* und komplementär dazu hinsichtlich des Dialogs *Eupalinos* von Paul Valéry. Die „acte de construire" einer „création par des principes séparés" bezeichnen dessen Ideal ästhetischer Produktion: die ästhetische Konzentration des Menschen auf sich selbst, das Aufgehen seines Wesens in

Aus der Mitte des Porträt schaut *der Leser* Wolfskehl als Anthologist der Klassik nach George. Das von Benjamin betonte unscheinbare Gewand des Mediums Anthologie erhält damit eine neue Note. In gattungsspekulativer Perspektive als anthologisches Schreiben evoziert eine ausgenüchterte Prosa die Einfassung von ein paar wenigen anthologisierten Versen gegen ein von sprachfremden Werten vereinnahmtes monumentalisiertes kriegsstarres Anthologisieren, wie es in den gleichermaßen von sprachexternen Intentionen der Volksbildung oder der ästhetizistischen Kreisbildung geprägten Buchschätzen vorliegt.

So findet sich im kumulativ-bildmächtigen Abschluss von Benjamins Wolfskehl-Porträt eine bildkritische De-/Figuration auf einige zentrale Erfahrungsgehalte der gesellschaftlichen Situation, Biografie und Generation, in die der Autor den Porträtierten, sich selbst und den Vermittler Franz Hessel einzeichnet. Das anthologische Schreiben, das Blütenlesen, wird in unsinnlicher Ähnlichkeit zum Eingedenken der Anthologie als Medium – als Schauplatz einer Situation, die die Geschichte (und politische) Zukunft dieser drei deutsch-jüdischen Intellektuellen und Schriftsteller nach dem nationalistischen Krieg geprägt hat und prägen wird. Der Rhythmus der Bilder des Porträts nivelliert und versöhnt Schöpfung und Geschichte nicht, „sondern [reflektiert] die doppelte Bezugnahme auf profane und religiöse Vorstellungen als Doppelreferenz, die kritisch von außen gestiftet wird“[201] – anstelle von latenter Zweideutigkeit im Innern des anthologischen Sagenbaums.

Was Benjamin hier als ‚Lebensbild‘ fasst, sieht er später nur noch in einer materialistischen Konstruktion für möglich: Das „Dichterleben“ ist einzig in einer „historischen Nachwirkung“ zu fassen.[202] Der Anspruch auf eine klassisch-idealische, normative Repräsentativität in Anthologisierungsprozessen wird nicht allein durch eine politisch-messianische Aktualität ihrer ‚Wirkung‘ ersetzt, sondern durch ein relationales Verhältnis im Horizont gesellschafts- und bildungspolitischer Prämissen. Diese bilden die Folie für die ästhetische

---

seinem Werk und die Erfüllung seines Geistes in seinen Akten. Der Echoraum des *idealen* Rezipienten, in dem sich die singenden Bauwerke des Eupalinos allererst materialisieren, ist der Mund des Erzählers Phaidros. Diese Zusammenhänge (auch in Bezug auf Goethe und Nietzsche) untersucht Hans-Georg von Arburg in seinem Aufsatz: ‚Gefrorene‘ oder ‚stumme‘ Musik?, S. 264. In die Zeit der Publikation des Wolfskehl-Essays (1926) fällt Benjamins erstmalige intensive Rezeption von Valéry, später verwandelt sich Benjamin insbesondere Valérys Konzept der Schriftstellerei als Technik an (vgl. Kap. 4).

201 Vgl. Sigrid Weigel: *Walter Benjamin – Die Kreatur, Das Heilige, die Bilder*, Frankfurt/M. 2008, S. 56.

202 Benjamin: Anmerkungen zum Enzyklopädieartikel ‚Goethe‘, GS II.3, S. 1466–1467.

Produktion jener ‚Intelligenz', deren Anspruch damit sowohl über die Funktion des Kritikers wie jene des Historikers hinaustritt und – insbesondere nach der ‚Moskau'-Erfahrung prägend geworden[203] – sich nicht in die (kommunistische) Parteidisziplin einbinden lässt. Anhand des Verhältnisses und der Entwicklung Benjamins zu marxistischen Kunsttheoretikern wie Plechanow und Mehring und vor dem Hintergrund von Texten von Lukács ist jüngst für die Erweiterung eines Zentralbegriffs von Benjamin, der „Aktualität", plädiert worden.

> Die privilegierte Beziehung des Kritikers zum sich in der Geschichte entfaltenden Kunstwerk, in dem Geschichte ‚lesbar' wird, wird durch Fragen gesellschaftlicher Teilhabe durch Bildung als Literatur erweitert, herausgefordert und demokratisiert, ohne die geschichtsphilosophische Perspektive aufzugeben, die als Weltgeschichte rekonzeptualisiert wird.[204]

Diese Rekonzeptualisierung ist der weitgreifende Versuch Benjamins ab Mitte der 1920er Jahre, sein dem Neukantianismus verpflichtetes Theorievokabular für „analytische Beschreibungen von Prozessen der Erfahrungsbildung"[205] nutzbar zu machen: Daraus ergibt sich der „anthropologische Produktionskreis"[206] der essayistischen Texte Benjamins. Die Genese ihrer historischen Konstruktion zu aktualisieren und damit einen Mehrwert der Philologie zu postulieren (August Boekhs *Erkenntnis des Erkannten* als Formel der Philologie[207]), wäre ebenso zur Wirkungslosigkeit verurteilt wie die Unbeurteilbarkeit des Kanons als solche weiter zu behaupten und sich davon absolut zu verabschieden.

Innere und äußere Gründe führen dazu, dass sich Benjamins Verhältnis zu Publikum und Öffentlichkeit nach dem Scheitern seines Habilitationsverfahrens 1925 verändert. Die Prämisse einer „von Folgen begleitete[n]" Produktion,[208] unter die Benjamin sein Schreiben nach der ‚Umschmelzung' seiner ‚Gedankenmasse' hin zum historischen Materialismus fortan stellt,

---

203 Vgl. Caroline Adler: Anschaulich, nicht theoretisch bereichert. Walter Benjamins Moskau-Aufsatz, in: Baehrens/Voigt/Tzanakis Papadakis/Loheit (Hg.): *Material und Begriff*, S. 81–101; Enrico Rosso: Moskauer Passagen. Die konzeptuelle Arbeit am Moskau-Aufsatz im Licht des Verhältnisses Benjamins zum Zeitschriftenprojekt *Die Kreatur*, in: Ebd., S. 102–144.

204 Konstantin Baehrens/Frank Vogt: „Die Problemgeschichte wird tatsächlich zur Geschichte der Probleme". Geschichtliche Totalität und Augenblick bei Walter Benjamin und Georg Lukács, in: Baehrens/Voigt/Tzanakis Papadakis/Loheit (Hg.): *Material und Begriff*, S. 193–242, hier S. 242.

205 Schöttker: Nachwort. Aphoristik und Anthropologie, S. 563.

206 Ebd., S. 554.

207 Vgl. Lepper: *Philologie zur Einführung*, bes. S. 104–107.

208 Walter Benjamin: Memorandum zu der Zeitschrift „Krisis und Kritik", GS VI, S. 619–221, hier S. 219.

impliziert einen methodischen Umweg: Was Folgen zeitigt oder eine Folge ist, lässt sich nicht forcieren, wohl aber provozieren. Zentrale Begriffe seines Frühwerks wie ‚Idee' oder ‚Ausdruckslosigkeit' sind ab Ende der 1920er Jahre aus seinen Schriften verschwunden. Dies ist als deutliches Indiz dafür zu nehmen, dass das autor- und werkzentrierte Interpretieren unter dem Paradigma der Produktion einen neuen Ort erhält. Benjamin verzichtet auf die ungebrochene Fortführung eines hegemonial gedachten Verhältnisses von Autor- bzw. Herausgeberschaft zum Publikum, sondern vollzieht mit philologisch-historischer Entzifferungsarbeit in Zitatkonstellationen und Begriffspersonen eine Rekonfiguration dessen, was einmal ein in philosophischer Autorität und philologischer Klassik verankertes hierarchisches Gebilde bezeichnete.

Die formprozessierenden Momente der Wahrnehmung und Erfahrungsbildung rücken ins Zentrum für die Ausprägung von Funktionsbildern, in denen aisthetische Techniken monadisch darstellbar sind, ohne losgelöst zu sein und damit zu reiner Gleichnisrede zu verkommen: „Aufmerken und Gewöhnung, Anstoß nehmen und Hinnehmen sind Wellenberg und Wellental im Meer der Seele". Benjamin deutet die Taktilität des Inneren im Funktionsbild hinsichtlich der künstlerischen Tätigkeit aus:

> Bedenkt man, wie der Schmerz ein Staudamm ist, der der Erzählungsströmung widersteht, so sieht man klar, dass er durchbrochen wird, wo ihr Gefälle stark genug wird, alles, was sie auf diesem Weg trifft, ins Meer glücklicher Vergessenheit zu schwemmen. [...] Im Traum kein Staunen und im Schmerze kein Vergessen, weil beide ihren Gegensatz schon in sich tragen, wie Wellenberg und Wellental bei Windstille ineinander gebettet liegen.[209]

Es ist das Erzählen, die schöpferische Indifferenz künstlerischen Bearbeitens und philosophischen Reflektierens, das den Schmerz verflößt – den Schmerz des historischen, postmetaphysischen (wohl männlich vorgestellten) Menschen an der unabdingbaren ästhetischen Arbeit, Sinn für das ‚eigene' Leben zu produzieren, ohne Repräsentationslogiken zu verfallen. Die „Techniken",[210] im weitesten Sinn als aisthetischer Apparat der, mit einer Anleihe bei Marx, erstmals als Menschheit zu denkenden Gattungsform, rücken ins Zentrum von Benjamins Nachdenken über Politik. Die Techniken in den geschichtlich vorliegenden Formen, speziell dem blühend zerfallenden Traditionsprodukt

---

209 Beide Zitate in Walter Benjamin: Gewohnheit und Aufmerksamkeit (Ibizenkische Folge 1932), GS. IV.2, S. 407–408.

210 Vgl. dazu insbesondere Uwe Steiners einführende Autorenmonografie *Walter Benjamin*, Stuttgart 2004;ders.: Von Bern nach Muri. Vier unveröffentlichte Briefe Walter Benjamins an Paul Häberlin, in: *Vierteljahrsschrift für Literaturwissenschaft und Geistesgeschichte* 75, 3/2001, S. 463–490; DOI: 10.1007/BF03375735.

‚Anthologien', als ‚gemeinte' zu erkennen und politisch zu aktualisieren, wird dann das Projekt der unabgeschlossenen Passagenarbeit werden.

Das komplexe Umfeld dieser mit Begriffsarbeit verbundenen und deshalb nicht linear verlaufenden Schreibprozesse Benjamins von Mitte der 1920er bis Mitte der 1930er Jahre hat sich im materialen und metaphorischen Raum des Traditionsmediums Anthologie abgespielt. Eine der wichtigsten Folien der Auseinandersetzung bildete dabei die Person – oder besser: das ‚Phänomen' Rudolf Borchardt. Der abschließende 6. Teil meiner Dissertation widmet sich den anthologischen Konstellationen dieses Benjamin in vielem verwandten Dichters und Denkers.

KAPITEL 6

Rudolf Borchardt

„Ich als Fälschung liebe meine Unterschrift."
The Schwarzenbach/Dietmar Dath[1]

Rudolf Borchardts (1877–1945) Werk lässt sich als Spiegelkabinett lesen, in dem Irrwege und plötzliche messianische Ausgänge, Verdoppelungen und gestaffelte Perspektiven erfahrbar werden.

> Geschichte ist, was gewesen ist; Poesie ist, was hätte sein können; das Mittlere zwischen beiden, wofür ich keinen Namen habe, ist, was hätte sein sollen, ja, was hätte sein müssen. [...] Ich musste den Irrtum zu Ende geirrt haben, ehe ich von ihm abließ, wie die Romantik von ihm abgelassen hatte, ehe das rechte Wort gefunden war, dem die Geister gehorsamten.[2]

Die hypostasierte Idee eines ‚Irrwegs bis zum Ende' steht nicht nur in spezifischer Verbindung mit Borchardts Geschichtskonzeption der verschütteten und deshalb zu (re)konstruierenden Urkunden, sondern auch mit dem spezifischen sozial-ästhetischen Typus des Fälschers. Wie Kunst dadurch mitunter umweglos in Gesellschaftskritik übergeht, welchen Stellenwert poetologisch dabei das Anthologische Schreiben bekommt und wie Borchardt im literarischen Feld agiert, sollen die folgenden Analysen erhellen. Dies lässt den in der Forschung oft beschrittenen Weg einer Rückrechnung von Borchardts Intentionen auf die biografische Problematik der (jüdischen) Herkunft seiner Vorfahren beiseite.[3] Im Mittelpunkt meiner Auseinandersetzung stehen die Figurationen von Geschichte und Poesie und die damit einhergehenden poetologischen Formen. Die These lautet, dass sich aufgrund der Praxis eines legitimistischen Umgangs mit dem literarischen ‚Erbe', wie sie Borchardt unablässig betont, interessante Effekte in seiner Gattungsbearbeitung und den Denkfiguren sowie in seinem Verständnis von Autorschaft und Herausgeberschaft nachzeichnen lassen.

---

1 Hörspiel „Silber gegen Ende", Text: Dietmar Dath; Musik: The Schwarzenbach; Regie: Johannes Mayr/Thomas Weber; Produktion Schweizer Radio und Fernsehen 2014.

2 Rudolf Borchardt: Epilegomena zu Dante II [1930], in: Ders.: *Prosa II*, S. 472–542, hier S. 522.

3 Willer: *Erbfälle*, S. 221–248; vgl. Kap. 6.

6.1 Geschichte als Dispositiv eines umstrittenen literarischen Erbes

Wenn von Figurationen und Effekten die Rede ist, so sei auch auf die methodische Vorentscheidung hingewiesen, Borchardts Schreiben *nicht* in programmatische Konzeptionen (und deren allfällige historische ‚Substanz') und fiktionale Figurationen aufzutrennen – wobei der letzteren eine interpretative, der ersteren eine kontextualisierende Lektüre angemessen wäre. Vielmehr ist ein Bruch der Tradition bei Borchardt immer schon ‚eingeschrieben', diesen gilt es deshalb je situativ zu spezifizieren und nachzuzeichnen. Peter Sprengel bilanziert dies in seiner Werkbiografie Borchardts so: „Ohne die Feststellung einer primären Fremdheit, des Abgrunds nämlich, den die Moderne von der Ursprünglichkeit früherer Kulturtraditionen trennt, ist für Borchardt der Zugang zum künstlerischen Erbe gar nicht möglich."[4] Das Werk von Borchardt setzt sich im Wesentlichen aus Reden, Gedichten und den Genres des tagespolitischen und kulturpolitischen Essays, aus Anthologien sowie dichterischen Übersetzungen zusammen. Es lässt sich als Versuch zur Herstellung einer „geschichtsbeständige[n] und gebrauchsfeste[n]"[5] Form der Tradition vor dem Hintergrund eines als umfassend beschworenen Traditionsverlusts umreißen. Es steht in den damit verbundenen Dichtungskonzepten quer zu zeitgenössischen Ästhetiken, die unter Epochennamen wie Naturalismus, Expressionismus oder Neue Sachlichkeit firmieren – nicht nur in seiner Lyrik, die als Angelpunkt der frühen Moderne erneut Aufmerksamkeit erfährt, sondern auch in den weiteren praktizierten Gattungsformen, etwa den Erzählungen (vgl. Kap. 6.8).[6] Das nächste Kapitel verfolgt deshalb den doppelten Anspruch, das Denken und Schreiben von Borchardt kritisch in Erinnerung zu rufen und in der Literaturgeschichte der ästhetischen Moderne zu verorten.

Rudolf Borchardts Schreiben steht in der spannungsvollen Konstellation einer Idee der Poesie, die Menschen auf der einen Seite in affektiven Momenten zu verbinden, ja zu entrücken vermag (und der dafür vorauszusetzenden Passion der dichtenden Person) – und auf der anderen Seite der Enttäuschung, die aus dem unerfüllbaren Wunsch eines universalen, überzeitlichen Angeredet-Seins und Angeredet-Werdens gerade im Zeitalter eines ausdifferenzierten Literaturbetriebs mit seinen Verwertungsgeboten entspringt.

4 Sprengel: *Der Herr der Worte*, S. 22.

5 Rudolf Borchardt: Die geistesgeschichtliche Bedeutung des 19. Jahrhunderts, in:Ders.: *Reden*, S. 324–344, hier S. 334.

6 Vgl. Lars Korten: Geschichte im Gedicht bei Rudolf Borchardt, in: Heinrich Detering (Hg.): *Kompendium Geschichtslyrik*, Göttingen 2013, S. 948–961, hier S. 948.

Daraus speist sich ein programmatischer Konservatismus, der zeitweise eine Allianz mit extrem nationalistisch-deutschtümelnden politischen Positionen eingeht. Gewalt, so Franck Hofmann, kann

> als Voraussetzung wie als Verlaufsform von Borchardts literarischer Produktivität beobachtet werden [...]. Nicht nur die Ausrichtung auf eine Perspektive des Abbruchs, die unter der Rhetorik der Dauer verborgen ist und die verschiedenen Gegenstände und Praktiken des Autors Borchardt bestimmt, begründet bei allen Unterschieden seinen Anspruch auf Zeitgenossenschaft mit den literarischen Avantgarden. Ebenso wichtig ist der Übergang zu einer ästhetischen Produktivität, in der mit der Arbeit an einem ästhetischen Menschen auch die Prozesse künstlerischer Tätigkeit stets neu vorangetrieben werden."[7]

In dieser Perspektive geht es mir im Folgenden weder um eine (in ihrer Konsequenz) ‚rettende' Verteidigung noch um eine fokussierte formale Analyse der Texte von Borchardt (zwecks ihrer Dekonstruktion). Vielmehr möchte ich die *Vorannahmen* und die *Effekte* dieser Traditionsorientierung und Dichtungspraxis in ihrem zeitgenössischen literatur- und geistesgeschichtlichen Kontext diskutieren und versuchsweise einordnen. Diese Fragestellung ist für die 1920er Jahre und für die drei im Fokus stehenden Autoren Hofmannsthal, Benjamin und Borchardt in besonderem Maß zentral: Passion und potenzierte Auflösung subjektivistischer Spannungen des ‚Lebens' zum einen, emphatische Adressierung zwecks (Neu-)Festlegung der Identität des historisch-politischen Subjekts zum anderen bilden die Pole für ein Schreiben im Resonanzraum des ‚Erbe(n)s' und der gewaltsam-apologetischen Durchsetzung zukünftiger Tradierung – im Spiegel der durch forcierte Industrialisierung und Imperialisierung sowie durchgreifende Geldwirtschaft radikalen Verunsicherung der Traditionsdiskurse um 1900 (vgl. Kap. 3.7).

Die dichterische Subjektivität und ihre Ausdrucksgewalt sind bei Borchardt die Elemente, in die diese Gegenwartsorientierung eingetragen wird: Der (männlich konnotierte) Dichter markiert als *typus* „ein Verhältnis zwischen seiner vorgestellten Vergangenheit und einer vorgestellten Zukunft."[8] Bei aller pauschalen Ablehnung, gar Verachtung, die Borchardt dem zeitgenössischen Literaturbetrieb entgegenbrachte, ist der Spannung zwischen einer usurpierenden symbolischen Praxis und der Kontingenz bzw. der Historizität von sprachlichen Operationen ein selbstreflexives Element eingeschrieben, das

7 Franck Hofmann: *Sprachen der Freundschaft. Rudolf Borchardt und die Arbeit am ästhetischen Menschen*, München 2004, S. 25.

8 Rudolf Borchardt zit. n. Alexander Kissler: *„Wo bin ich denn behaust?" Rudolf Borchardt und die Erfindung des Ichs*, Göttingen 2003, S. 77 (Rede über Schiller).

sich bei Borchardt aus der historisch-sozialen Praxis seines Schreibens heraus analysieren lässt. Gerhard Neumann fasst dies so:

> Vielleicht ist dieses Doppelte gerade das Unvergleichliche, das die Gestalt Rudolf Borchardts prägt: dass er, in seinen Reden, als *vates* einer Utopie des Dichterischen zum Schauspieler seiner selbstgeschaffnen Träume wird; zum Inszenator einer im Zeichen des tragischen Pathos stehenden Poetologie; dass er dagegen, in seinen Gedichten, den Gang der Sprache an der Grenze des Verstummens sucht.[9]

Borchardt versucht diese Spannung nicht kritisch aufzulösen, sondern macht sie zu einem Movens für die eigene Arbeit an der Gattungstradition. Die Formenvielfalt in seinem Schreiben ist Ausdruck eines usurpatorischen Willens, diese Spannung zwischen übersteigerter Rede und verstummender Suche nach der Grenze des Sprachlichen um der literaturpolitischen Durchsetzung willen hyperbolisch zu übersteigern. Folge davon ist die drängende Rhetorik, die diesem Schreiben anhaftet. Die schriftlich niedergelegte Rede liegt mit einem Schreiben über Kreuz, das aus der Hybris des Anspruchs auf ultimative Festlegung der Form eine experimentelle Herausforderung macht.

Diese Suche nach einer Form für das agonale Moment strukturiert Borchardts gedankliche Zurüstungen. Es ist festgestellt worden, dass kein Werk der deutschsprachigen Literatur in der ersten Hälfte des 20. Jahrhunderts mit Ausnahme desjenigen von Karl Kraus derart auf Gegnerschaft ausgerichtet war wie dasjenige von Borchardt.[10] Borchardt schreibt in einem Brief an Josef Hofmiller von 1911: „[D]er genuine Archaismus greift in die Geschichte nachträglich ein, zwingt sie für die ganze Dauer des Kunstwerks nach seinem Willen um, wirft vom Vergangenen weg was ihm nicht passt, und surrogiert ihr schöpferisch aus seinem Gegenwartsgefühl was er braucht[.]“[11] Die Gebärde der Distanzierung lässt sich als agonale Einschreibung und Zerstörung eines konventionellen kulturgeschichtlichen Zusammenhangs, als Rezeption von dionysischen Motiven aus Nietzsches Kulturphilosophie lesen. Die Grundkonzeption, nämlich die Idee, dass die Kulturgeschichte als ein dynamischer Vemittlungs- und Schöpfungsprozess abläuft, geht bei Borchardt auf Herder zurück. Von Nietzsche aber

---

9 Gerhard Neumann: Dichter, Herr und Improvisator. Rudolf Borchardt als Redner, in: Rudolf Borchardt: *Über das Dichterische und den Dichter. Drei Reden von 1920 und 1923*, hg. v. Gerhard Neumann, Gerhard Schuster und Edith Zehm, München 1995, S. 57 (Schriften der Rudolf Borchardt-Gesellschaft 4/5).

10 Vgl. Knödler: *Rudolf Borchardts Anthologien*, S. 47.

11 Rudolf Borchardt: Brief an Josef Hofmiller, 9.2.1911, in: Ders: *Briefe 1907–1913*, hg. v. Gerhard Schuster und Hans Zimmermann, München 1995, S. 354–359, hier S. 356.

stammt die agonale Interpretation dieses Prozesses.[12] Sobald sich bei Borchardt mit der Rede *Die Neue Poesie und die alte Menschheit* (1912) das Programm der *Schöpferischen Restauration* (vgl. Kap. 6.2) zu festigen beginnt, wird Nietzsche zu einem Antipoden; so auch im Nachwort zur Anthologie *Ewiger Vorrat deutscher Poesie,* wo er als „Verstörter" und die Dionysos-Dithyramben als „klingendes Chaos"[13] bezeichnet werden; noch radikalisierter und unter dem für Borchardt deprimierenden Eindruck der Stabilisierung des NS-Staats wird Nietzsche zusammen mit Wagner und George in der Aufzeichnung *Stefan George betreffend* von 1936 einem eigens erhobenen Kanon von Abenteurern zugewiesen. Diese Künstler hätten, so Borchardt, mit ihren Mitteln seit 1840 Deutschland und durch Deutschland Europa an sich gerissen. „[V]on einem Nichts aus die Welt erobern zu wollen",[14] so fasst Borchardt Mitte der 1930er Jahre – wohl auch mit Blick auf Hitler – eine national ungebundene, von der Tradition losgerissene ‚Abenteurerschaft'.

Borchardts vielfach liegengelassene Projekte, aber auch sein umfangreiches Briefwerk sind als starkes Zeugnis dafür gewertet worden, eine aufs künstlerische Subjekt zielende ästhetische Anthropologie einzulösen. An die Stelle der konstruktiv-agonalen Form der Beschreibung von Kulturgeschichte tritt ein dionysisches Formmoment: das des Liebenden (als – ausgesprochen männlich gedachter – Leser und Dichter), der in einem authentischen Moment von einem Text getroffen wird und nicht anders kann, als ‚durch sich hindurch weiterzudichten'. Die Werkgestalt des Einzelwerks verliert deshalb zusehends an Gewicht als Bezugsrahmen ästhetischer Ziele, wogegen das Phantasma eines zu Lebzeiten abgeschlossenen Gesamtwerks, das Borchardt in den frühen 1920er Jahren zu publizieren beginnt, an wichtigster Stelle steht.[15] Diesem steht eine beeindruckende Fülle an Korrespondenzpartnerinnen und -partnern in einem weiten europäischen Rahmen zur Seite, wodurch Borchardt als großer Briefschreiber jüngst wieder Aufmerksamkeit erfahren hat.[16]

---

12 Kai Kauffmann: Nietzscheanische Funken? Zum Verhältnis zwischen Friedrich Nietzsches und Rudolf Borchardts Kulturdenken, in: Andreas Beyer/Dieter Burdorf (Hg.): *Jugendstil und Kulturkritik,* Heidelberg 1999, S. 15–28, hier S. 23. Die direkten Bezüge zwischen Nietzsche und Borchardt sind allerdings spärlich, wie der folgende Sammelband feststellt: Dieter Burdorf/Christian Benne (Hg.): *Rudolf Borchardt und Friedrich Nietzsche. Schreiben und Denken im Zeichen der Philologie,* Berlin 2017.

13 Borchardt: Nachwort Ewiger Vorrat, in: Ders.: *Prosa III,* S. 331.

14 Rudolf Borchardt: *Aufzeichnung Stefan George betreffend,* S. 98.

15 Eine damit vergleichbare, wenn auch ironische Geste bildet Robert Musils Titel seines Erzählbands *Nachlass zu Lebzeiten* (1936).

16 Vgl. Dieter Burdorf (Hg.): *Rudolf Borchardts europäische Briefnetzwerke,* Berlin 2020.

Geschichte als ‚juridischer' Prozess bildet in den Anthologien Borchardts eine Richtschnur für das literarische Erinnern der von ihm apostrophierten ‚ewigen Erneuerung'. In den anthologischen Formaten des Werks wird diese Spannung als direkte Auseinandersetzung mit dem Kanon, und damit mit der jeweils verhandelten künstlerischen Subjektivität, auf den Höhepunkt getrieben; quasi als ‚Duell' der durch Borchardt verkörperten geschichtlichen Gegenwart mit der Welt der Ahnen im ‚Nahkampf' um eine nur schmerzhaft zu erringende ästhetische Erbschaft. Das Pathos des Abschieds spricht eine Entgrenzungssehnsucht aus, das sich bei Borchardt im rekurrenten Muster einer stornierten Zeit (derjenigen des Abschieds) Geltung verschafft. Borchardts Anthologien sind keine Nebenarbeiten, sondern integraler Bestandteil seines literarischen Werks.

> Die Anthologie ist [...] eine zentrale Denkform bei Borchardt, deutlich im Übersetzungswerk, das an sich bereits eine Auswahl aus dem Korpus der Weltliteratur darstellt und im Einzelnen [...] ebenfalls nur eine Auswahl präsentiert.[17]

Dies zeigt sich nicht nur in den drei im Verlag der Bremer Presse realisierten Büchern *Deutsche Denkreden* (1925), *Ewiger Vorrat deutscher Poesie* (1926) und *Der Deutsche in der Landschaft* (1927) und den nachgelassenen Projekten (*Münsterausgabe, Deutsche Renaissancelyrik*), sondern auch an den Übersetzungen (*Swinburne deutsch, Die großen Trobadors, Altionische Götterlieder, Auswahl an Liedern von Pindar, Fremde Muse* mit Übersetzungen italienischer und englischer Dichter des 19. Jahrhunderts).[18] Diese stellen immer eine spezifische Auswahl aus dem Werk des übersetzten Autors dar. Der *Ewige Vorrat deutscher Poesie*, die wirkungsmächtigste seiner Anthologien (vgl. Kap. 6.6), ist gekennzeichnet durch die „Abkehr vom Dichter als Ordnungsprinzip", wogegen Borchardt Einzelgedichte bekannter, vielfach aber auch unbekannter Autoren aneinander reiht.[19] Das Format der literarischen Auswahl und die darin mitgetragene Intention auf Kanonisierung lassen sich zusammendenken

---

17 Stefan Knödler: Rudolf Borchardts Anthologien, in: *Text + Kritik. Sonderband Rudolf Borchardt*, hg. v. Heinz Ludwig Arnold und Gerhard Schuster in Zusammenarbeit mit dem Rudolf Borchardt Archiv, München 2007, S. 149–160, hier S. 158. Knödlers Dissertation *Rudolf Borchardts Anthologien* zeichnet die Genese seiner Anthologien präzise nach und stellt sie in ihren Entstehungskontexten ausführlich vor.

18 Dazu sei summarisch verwiesen auf die bis 2002 umfassende Bibliografie der publizierten Schriften Borchardts in: Ingrid Grüninger: *Rudolf Borchardt. Verzeichnis seiner Schriften*, München 2002. Seine Übersetzungen sind in der Werkausgabe erschienen als Band *Übertragungen*, Stuttgart 1958 und *Gedichte II/Übertragungen II*, Stuttgart 1985.

19 Sprengel: *Der Herr der Worte*, S. 306.

mit einer Poetik, die auf Aneignung der dichterischen Tradition und verwandelnde Neuschöpfung in der Poesie setzt.

Das Richtmaß für die Hierarchie wird primär durch ein Selektionskriterium getragen: die Geschichte. Dies hat der beste zeitgenössische Kenner von Borchardts Werk, der mit ihm befreundete Germanist und Freund Scholems und Benjamins, Werner Kraft (1896–1991), in der Pointe gefasst, dass Borchardt die Philosophie durch die Geschichte als ein rechtmäßiges Organ der Erkenntnis ersetzen wolle.[20] Borchardt selbst charakterisiert sein anthologisches Verfahren als Suche nach einer neuen „Phänomenologie des historischen Geschehens", die ihm zu einer zusammenhängenden Vorstellung von der „bewahrenden und herstellenden Funktion der Poesie"[21] verholfen habe. Geschichte als ein Gegenstand forschend-performativer Praxis wird damit von jedem Verdacht ausgenommen, ausschließlich ein positivistisches Sammlungsverfahren, eine Materialanhäufung zur historischen Dokumentation zu sein: „Außerdem dass die Geschichte, wie jede wissenschaftliche Beschäftigung, vielen untergeordneten Zwecken dient, ist ihre Bearbeitung, nicht weniger als Philosophie und Dichtung, eine freie, in sich vollendete Kunst."[22] Ungenanntes Zentrum dieser Konzeption ist eine geistesgeschichtliche Auffassung, die Goethes Anschauungsweise der Natur – das ‚anschauende Denken' – auf Gegenstände der Kultur und Religion, Politik und Gesellschaft überträgt.[23] Damit steht Borchardt auch nicht weit von Paul Valéry, dem ihm in vielem verwandten Dichterdenker, der von der Geschichts*schreibung* (verstanden als Chronik) als einem Verfahren der ‚Verdatung' der Vergangenheit als der schlimmsten Ausbrütung des menschlichen Gehirns gesprochen hat (vgl. Kap. 4). Ästhetik als geschichtliche Form menschlicher Existenz wird in dieser Perspektive zum Gegenstand intensivster Reflexionen.

Die Voraussetzung dafür, Borchardts Programm einer anthologischen Poetik zu umreißen, liegt darin, Geschichtsschreibung nicht allein als eine Wirkmacht in geistig-pädagogischen Belangen zu begreifen, sondern als Schauplatz des Streits um ein ‚Erbe'. Dieses ist bei Borchardt ein phantasmatisch-aktivistisches Konzept und eines der Selbstlegitimation – in einem solchen Ausmaß, dass man mitunter vermuten kann, es gehe vor allem um die ‚Erbberechtigung' als vollstreckende künstlerische – und nicht zuletzt *körperlich* erschriebene bzw. zu erschreibende – Praxis sui generis und nicht darum, ob das reklamierte

---

20 Vgl. Kraft: *Rudolf Borchardt*, S. 398–399, in Bezug auf Borchardts Rede „Der Dichter und die Geschichte", gehalten am 4. Februar 1927 an der Universität Freiburg/Br.

21 Rudolf Borchardt: Biographisch-bibliographischer Abriss [1912], in: Ders.: *Prosa VI*, S. 58.

22 Borchardt: Vorarbeiten zu „Grundvesten der Bildung Deutscher Nation", zit. n. Frank Hofmann: *Sprachen der Freundschaft*, S. 66.

23 Vgl. Neumann: Der Deutsche in der Landschaft, S. 49.

‚kulturelle' ‚Erbe' in seinen behaupteten Erscheinungsformen überhaupt – irgendwie – nachweisbar und nachvollziehbar wäre.[24]

Michel Foucault benutzt in seinem Vortrag *Was ist ein Autor?* (1969) eine geomilitärische Metaphorik, um solche diskursiven Gründungsgesten zu beschreiben: „Die Wissenschaft oder die Diskursivität beziehen sich auf das Werk ihrer Begründer wie auf primäre Koordinaten."[25] Die Konstitution und Koordination eines abgesteckten Felds an Einflussgrößen überbringt dem Poeten die Aufgabe, deren vermeintliche Unmittelbarkeit (und damit Mächtigkeit) in musterhaften Beiträgen zu den entsprechenden paradigmatischen Texten vorzunehmen. Borchardts Anthologien bilden ein Gradnetz jener Autorinnen und Autoren aus, deren Zusammenstellung in seinem Konstrukt einer abendländisch-deutschen Poesie und Prosa solch institutionellen Charakter erhalten sollen. Dabei spielt die geografische Verortung ebenfalls eine interessante Rolle, zumal dort, wo die Texte durch ihre Platzierung in einer (geistigen) ‚Landschaft' in eine (andere, ‚bessere' Gegen-)Geschichte geführt werden sollen.

Zugleich ist die häufige Begriffsverwendung von ‚Geschichte' und ‚Erbe' in den von Borchardt selbst hergestellten Überlieferungszusammenhängen widersprüchlich. Sie beschränkt sich nicht auf die Vorstellung eines statisch-bestehenden Traditionsschatzes, den es bloß zu heben und zu wahren gelte, sondern thematisiert immer auch die Anstrengungen, Kämpfe und Streitigkeiten, mit denen solche ‚Expeditionen' einhergehen. Gegen eine externe, ‚biologische' Festlegung pocht Borchardt auf die autonom-künstlerisch verstandenen „Erbrechte der Dichtung" (so der Titel einer Rede von 1910), ein Dispositiv des Erbe(n)s, in dem sich aber genau genommen genealogische, kulturelle und ökonomische Aspekte verschränken. In seiner Tätigkeit als Essayist, öffentlicher Redner, Übersetzer und Anthologist figurierte Borchardt weniger in der Position des Erben als vielmehr in der des Testamentsvollstreckers, der einer‚Erbgemeinschaft' der Leserinnen und Leser ihr Vermögen neu zu erschließen, zu qualifizieren, zu lehren hatte. Dies bestimmt auch die – passive, rein aufnehmende – Rolle der Rezipientinnen und Rezipienten.

Zeitgenossinnen und Zeitgenossen umschrieben Borchardts Naturell im Rückgriff auf einen schwer fassbaren emotionalen Stil, der zu Hochstapelei

24 Vgl. Willer: *Erbfälle*, S. 23, S. 236–237; dazu auch die zuvor zitierte briefliche Äußerung Hofmannsthals gegenüber Florens Christian Rang vom 30.4.1923.

25 Michel Foucault: Was ist ein Autor? [1969], in: Ders.: *Schriften in vier Bänden*, Bd. 1: 1954–1969, hg. v. Daniel Defert, Frankfurt/M. 2001, S. 1003–1041, hier S. 1025.

und zu einem „Willen zur Lüge“ tendiert habe.[26] Geradezu die Verkörperung eines grundlegend schiefen Modells künstlerischer Arbeit verkörperte Borchardt für Walter Benjamin: Borchardt habe sich „auf einen Turm von Lüge gestellt um von der verlognen Menge seiner Zeit gesehn zu werden.“[27] Hofmannsthal charakterisiert seinen langjährigen Weggefährten 1923 gegenüber Florens Christian Rang so:[28]

> Ich sehe Borchardt anders als Sie ihn sehen; sehe ihn als ein beträchtliches Phänomen, dem freilich Bedenkliches anhaftet; der Wert durchaus problematisch, wie bei allen Lebenden dieser Epoche. [...] Das Eigentümliche und zugleich Gefährliche, dass sich in ihm eine philologisch-historische Begabung höchsten Ranges, wie sie kaum einmal im Jahrhundert auftaucht, mit einer dichterischen Sendung verschwistert. Daher stellt das Ererbte, Vergangen-Gegenwärtige an ihn eine dämonische Forderung, die genau bemessen ist nach der dämonischen, ihm verliehenen Kraft es als noch lebend zu erfassen. Darum erscheint mir das Wort Snob auf ihn anzuwenden bei vollem Ernst der Betrachtung nicht möglich. Auch dieser Drachenkampf – Drache gegen Drache – den er hier aufführt und worin das Beispiellose der Dante-Übertragung nur ein Kampfesteil, – scheint mir, und wie sehr! zur Not unserer Zeit zu gehören.[29]

Kurt Tucholsky hat dies ein paar Jahre später in seinem unnachahmlich-gewitzten Ton so auf den Punkt gebracht: „Dieser Junge hat wahrscheinlich eine Rüstung als Nachthemd.“[30] Das in gewissen Phasen von Borchardts Schriftstellerbiografie obsessive Interesse an der Erstellung von ‚musterhaften‘ Texten[31] entspricht seinem Lebensthema der *Schöpferischen Restauration* (so der Titel der von ihm gehaltenen Rede von 1927 an der Universität München; vgl. Kap. 6.2). Rudolf Alexander Schröder schreibt in der Einleitung zum 1955 postum erschienenen Band der *Reden* Borchardts:

---

26 Zeugnisse von Martin Buber und Theodor Lessing bei Kraft: *Rudolf Borchardt*, S. 68–75.

27 Walter Benjamin an Ernst Schoen, Mai 1918, GB I, S. 455–460, hier S. 458; ebd., S. 457 auch das nachfolgende Zitat („Willen zur Lüge“).

28 Florens Christian Rang vermittelte Benjamin die Bekanntschaft Hofmannsthals und die Publikation des Essays *Goethes Wahlverwandtschaften* in Hofmannsthals Zeitschrift *Neue deutsche Beiträge* (vgl. Kap. 3.5).

29 Hugo von Hofmannsthal an Florens Christian Rang, 30.4.1923, in: Dies.: Briefwechsel (1905–1924), S. 423.

30 Kurt Tucholsky: Auf dem Nachttisch, in: Ders.: *Gesammelte Werke*, Bd. 3: Schriften 1929–1932, hg. v. Mary Gerrold-Tucholsky / Fritz J. Raddatz, Hamburg 1961, S. 1004–1009, hier S. 1007 (in Bezug auf Borchardts Schrift *Deutsche Literatur im Kampf um ihr Recht*, 1930).

31 Die Aussage ist von Borchardts Freund und Dichterkollegen Rudolf Alexander Schröder in dessen Einleitung zum Band der Reden Rudolf Borchardts überliefert; Borchardt: *Reden*, Stuttgart 1955, S. 7–42, hier S. 10.

> Borchardt hat mir in jungen Jahren einmal gesagt, er sei willens, von jeder Art der dichterischen Gestaltung in Lyrik, Epik, Anekdote, Novelle, Roman und Drama, sowie von den legitimen Formen der öffentlichen Rede, des Essays und der gelehrten Abhandlung noch einmal ein Muster aufzustellen.[32]

In Bezug auf die Konstitution der Anthologien und das Programm einer Restauration der literarischen Tradition hat Borchardt diesen verstiegenen Anspruch mit den Anthologien *Deutschen Denkreden, Der Deutsche in der Landschaft* und der Lyrik des *Ewigen Vorrats deutscher Poesie* – wirft man einen Blick auf deren Rezeptionsgeschichte – jedoch durchaus verfolgt. Walter Benjamin, der die Landschaftsanthologie Borchardts rezensierte, sprach doppeldeutig von einer „schwellenlosen Hochebene"[33] der darin versammelten Texte: schwellenlos in ihrer ästhetischen Qualität und widerspruchsfrei in der darin sichtbar werdenden Abstinenz von den politischen Implikationen einer harmonisiert dargestellten ‚deutschen' (Landschafts-)Geschichte.

6.2 ‚Aristokratische' Nation – schöpferische Restauration?

Tradition, die sich in wirkender Dichtung ‚entbindet', wird Borchardt zu einem starken *sprachlichen* Quasi-Geburtszeichen für den Fortbestand einer geschichtlichen Zeit im Sinn einer Kontinuität aktiver historischer Auseinandersetzungen. In der Tendenz laufen diese allerdings insofern auf einen Zirkelschluss hinaus, als die ästhetische Betrachtungsweise in seiner Konzeption die Poesie letztlich doch immer als eine ‚nationale' Kraft entziffert. In der Rede *Der Dichter und die Geschichte* (1927 in Freiburg/Br. gehalten) ist der Zusammenhang von Poesie und Geschichte dargestellt.[34] Die Rede ist geprägt von der Anklage gegen Frankreich, das „deutschen Boden" (gemeint ist das Elsass) besetzt halte, und der gleichzeitigen Distanzierung Borchardts von einer national funktionalisierten Poesie: „patriotische Poesie, was eine parfümierte Rose wäre."[35] Gegen eine als Rhetorisierung dargestellte Poesie in einer nationalistischen Funktionalisierung hat das Dichten in Borchardts Konzeption einen phantasmatisch-kosmopolitischen Charakter, indem es

32 Rudolf Alexander Schröder: Das Werk Rudolf Borchardts, in: Ders.: *Reden*, S. 7–42, hier S. 10.

33 Walter Benjamin: Landschaft und Reisen, in: Ders.: *Kritiken und Rezensionen* (WuN 13.1), S. 95–103, hier die Rezension zu Rudolf Borchardt: *Der Deutsche in der Landschaft*, 1928, S. 98–101.

34 Vgl. Rudolf Borchardt: Der Dichter und die Geschichte [1927], in: Ders.: *Prosa IV*, S. 207–235.

35 Ebd., S. 225.

sich auf die ‚geschichtsfesten' Formen einmal ausgebildeter Stoffe bezieht. Geschichte tritt dabei in einen konstanten Gegensatz zu einer positivistisch konzipierten Wirklichkeit, die in der Erforschung der Naturwissenschaften vom Paradigma des Fortschritts bzw. der Überwindung der schlechteren durch eine bessere Methodik geprägt wird. So umreißt Borchardt auch sein Wissenschaftsverständnis, das er mit der Herausbildung einer ‚deutschen' Tradition der idealen Universität des 19. Jahrhunderts in Verbindung bringt.

> [I]n jenen [den Naturwissenschaften, F.S.] gibt es überwundene Irrtümer; daß die Sonne sich um die Erde dreht, ist ein aufgeklärter toter Irrtum über einen zu Sinnestäuschungen verleitenden mechanischen Vorgang. In den geistigen Wissenschaften gibt es kein Parallel dazu. In ihnen sind alle Probleme, die diesen Namen verdienen, *ewig*, und wird ihr jeweiliger Lösungsstand nicht, wie dort, durch die letzte und überzeugendste Lösung bestimmt, sondern *durch die Summe aller bisherigen Lösungen ohne Unterschied*, ihre Proportion zueinander und ihre Geschichte.[36]

‚Ewig' tritt hier nicht unbedingt in einen Gegensatz zum ‚Akzidentiellen' eines naturwissenschaftlichen Problems, sondern ist eine beharrende bleibende Aufgabe,[37] deren Virtualität erstens gerade darin besteht, unlösbar zu sein und zweitens als emphatische Aufgabe weder zu verschwinden noch sich zu relativieren, wird sie doch, Borchardt zufolge, durch die Geschichte ihrer Problematisierungen erst ‚wirklich', im Sinne von wirkungsmächtig. Durch diese schroffe Differenz zweier wissenschaftlicher ‚Kulturen' erklärt sich auch die Hochschätzung Borchardts für die geisteswissenschaftlichen Institutionen von Philosophie, Rechtswissenschaft, Poesie, Geschichtswissenschaft, Politik, deren institutioneller Charakter dem menschlichen Leben, dieser Auffassung von Historik gemäß, eine unabdingbare Rahmung gibt; im Gegensatz zu den pragmatischen Naturwissenschaften, deren institutionelle Konfiguration mit Aktualität und Veralten der durch sie getragenen Forschungsmethoden und -resultate steht und fällt.

Aus diesen Bezügen wird der Umriss des ‚Ewigen' der Poesie aus ihren geschichtlichen Formen deutlicher, ganz im Gegensatz zu den im Roman mimetisch verhandelten Stoffen, die bei Borchardt keineswegs den Charakter einer geschichtlichen Substanz einnehmen. Vielmehr wird darin die Gegenwart geradezu wortwörtlich in vielfache Erzählstränge aufgefasert und *als Sprache* sozio- und dialektal zersplittert, in ihre Einzelteile zerlegt und mit

---

36 Vgl. Rudolf Borchardt: Ansprüche der Betriebstechnik auf Revision der Geschichte der deutschen Philosophie [1924], in: Ders.: *Prosa I*, S. 327–342, hier S. 336 (Herv. F.S.).

37 Im wörtlichen wie im emphatisch-messianischen Sinn als ‚Aufgabe', wie er durch Benjamin und Agamben ausgeprägt wurde.

kulturkritischen Attributen der Auflösung versehen. Dieser Zersplitterung einen satirischen Ausdruck zu geben, scheint Borchardts Anliegen und Impetus in seinen Erzählungen der 1920er und der 1930er Jahre, die im nachgelassenem Romanfragment *Weltpuff Berlin* (vgl. Kap. 6.8) gipfeln, einer beißend-tragischen Satire auf einen sexuell überpotenten jungen Lebemann. Das männliche Hochstaplertum, der ‚Leichtsinn' und das ‚Versagen' finden in Borchardts Prosa vielfältigen Ausdruck – symptomatisch für die notorische Krise der Männlichkeit, wie sie durch die Literatur nach dem Ersten Weltkrieg vielfältig bearbeitet wird.

Mit dieser schroffen Entgegenstellung steht Borchardt in den 1910er und 1920er Jahren keineswegs allein da. Zum einen ordnen sich die Entwürfe einer ‚höheren' Wirklichkeit der Tradition, eines hyperbolischen geschichtlichen Sinns, dessen Aktualisierung sich allein in der Dichtung ereignen könne, in die Kritik an geisteswissenschaftlichem Positivismus, an den ‚Schematismen' von Psychologie und Soziologie ein. Diese wurden beispielsweise in der Psychoanalyse, der Ethnografie und der zeitgenössischen Kunstgeschichte (in letzterer durch Alois Riegl, Aby Warburg und Wilhelm Worringer) als zu simpel kritisiert und durch symbolisch-affektive und ausdruckspsychologische Modelle unbewusster Tradierung ergänzt oder ersetzt. Zum anderen erscheint Borchardts Konzept bei genauerem Hinsehen als eine rezeptionstheoretische und auf eine eigenständige dichterische Formkultur zielende Variante dessen, was gerade in diesen interdisziplinären Ansätzen in Bezug auf eine symbolische Anthropologie generalisiert wird.

Dichtung ist immer auch eine Aktualisierung des kulturellen Gedächtnisses durch die Traditionsanknüpfung und die Rezeption, doch wird sie als Poesie zugleich dem Raum der sprachlichen Herkunft enthoben und wirkt als eine ‚offenbare', potenziell allen zukommende. Aus dieser Struktur bezieht Borchardts Konzeption des Poetischen ihre paradoxe Energie. In seinen Reden ist die geschichtsfeste ‚ewige' Poesie der permanente Motor für liturgisch anmutende Beschwörungen der beständig bleibenden epistemologisc h-erkenntnistheoretischen Aufgabe polemisch orientierter, geschichtlicher Kritik. Bewusstseinsbildung als Zentralkategorie moderner Subjektivität ist deshalb für Borchardt immer mit einer Form der aktiven Bearbeitung des poetischen Erbes verbunden und bleibt geradezu unabdingbar mit der permanenten Neuerschaffung von ‚nationaler' Tradition verknüpft. „Die Reife lehrt uns[,] dass nur der Grad dessen was uns mit ihnen gemein ist[,] darüber entscheidet[,] was wir ihnen zu bedeuten vermögen. Zwischen dem Dichter und der Menschheit, ins höchste gesteigert, waltet das gleiche Verhältnis."[38]

38 Borchardt: Die Neue Poesie und die Alte Menschheit [1912], in: Ders.: *Reden*, S. 104–122, hier S. 120.

Das von ihm forcierte Konzept der Nation ist nicht rassisch determiniert, es bezeichnet vielmehr eine (relativ) kontingente, bildungsgeschichtlich entstandene Gemeinschaft[39] derjenigen, die sich in der aktiven ‚poetischen' Bearbeitung ausgestalteter, formkulturell gefestigter Stoffe zu ‚begegnen' vermögen. Das elitäre und koloniale Phantasma einer solchen in ästhetischen Belangen ‚aristokratischen' Nation – das sich während des Ersten Weltkriegs und unter dem Einfluss von Hofmannsthal in eine Idee der immanent klassischen Europäizität zu transformieren beginnt – überlagert damit aber auch jede Form eigensinniger Individualität *jenseits* einer Bezugnahme auf Vergangenes. „Nur durch jenes Gedächtnis des Gewesenen, das in seiner realen Form schöpferisches Wiedererlebnis des Gelebten ist, besitzt das Individuum Bewusstsein seiner selbst."[40] In einer solchen Vorstellung ästhetischer Bewusstseinsbildung traf sich Borchardt mit seinem Zeitgenossen Ezra Pound, dem in Italien lebenden amerikanischen Dichter, dessen dichterisches Bewusstsein sich ebenfalls über einen spezifischen Umgang mit der Tradition vermittelte. Über den Kollektivsingular *Geschichte* und kulturgeografische Phantasmen des *Raums* strebten die beiden in der Toskana lebenden Schriftsteller eine ‚Heilung' des Modernitätsdiskurses, den sie mit Vereinzelung und Atomisierung gleichsetzten, an.

> Die Bücher [Borchardts und Pounds, F.S.] bewegen sich nicht in einem rein literarischen Diskurs. Sie verstehen sich als geschichtliche Entwürfe in doppeltem Sinn: auf Geschichte bezogen und zugleich selbst Geschichte bildend, Historisches aufbewahrend und zugleich der Gegenwart neu erschließend. Eben damit wollen sie potenziell auf die Wissenschaft, die Politik, die Wirtschaft einwirken, die Leitbilder der Moderne verändern.[41]

Der Begriff ‚Schöpferische Restauration', der nach seiner Prägung in Borchardts Münchner Rede von 1927 (die als Reaktion auf jene Hofmannsthals zwei Monate zuvor zu lesen ist) eine breite Wirkung auslöste, umgreift das Feld der konservativen Revolutionäre der Zwischenkriegszeit. Die Wendung stellt eine *contradictio in adiecto* dar, subsumiert sie doch das zu Restaurierende unter die schöpferischen Qualitäten, die dem Dichter (und dem Kritiker) zukommen, der sich von einer ‚dienenden' Vorstellung der Philologie verabschiedet hat. Schöpferisch an der Restauration ist demnach nicht die (nachvollziehbare) Herstellung eines zu konstruierenden Überlieferungszusammenhangs oder

39 Vgl. Rudolf Borchardt: *Rudolf Borchardts Leben von ihm selbst erzählt* [1927], hg. v. Gustav Seibt, Frankfurt/M. 2002.

40 Borchardt, zit. n. Johannes Saltzwedel: Archimedische Dichtung, in: Kai Kauffmann (Hg.): *Das wilde Fleisch der Zeit. Rudolf Borchardts Kulturgeschichtsschreibung*, Stuttgart 2002, S. 75.

41 Christian Kiening: *Das Mittelalter der Moderne: Rilke – Pound – Borchardt*, Göttingen 2013, S. 119.

die retrospektive künstlerische Philologie durch die Praktik der Konjektur von Handschriften, sondern die *erfinderische Bestimmung* von *causae victae* (vgl. Kap. 6.3), d.h. die Diskursivierung und die daraus folgende Konstruktion von vermeintlich verschütteten Ausgangspunkten, denen Borchardt im geschichtlich emphatischen Sinn (zukünftige) Wiederherstellung zuteilwerden lassen will. Künstlerische Konstruktion und kulturpolitische Deutung fallen dadurch praktisch in eins. Restauration heißt in Borchardts Konzept nicht, wie im geläufigen Wortsinn, eine nachzeitige Ausbesserung gemäß einer (materiell noch vorhandenen) Urschicht, sondern eine in rückführender Perspektive anzulegende Übereinstimmung von Poesie und Nation in einer künstlerischen Gründungsurkunde, die Vergangenheit und beschworene zukünftige Präsenz normativ in eins setzt.[42] Dadurch wird die methodische Crux der Philologie – die ‚Verbesserung' der Texte im Wissen um die Aporie des Phantasmas einer ‚gültigen' Instanz für einen etwaig ‚geklärten' Ursprungstext – zugunsten ihrer Neuschöpfung – als Anthologisierung – ersetzt. Marcel Lepper bilanziert für so operierende Konzepte: „Der Grat zwischen ideen- und materialgeschichtlicher Erkenntnisarbeit und Gedächtniskitsch bleibt schmal. [...] Die eigentliche Arbeit beginnt dort, wo Material- und Ideenwege sich verzweigen."[43]

Borchardts Schreiben hat in geradezu idealtypischer (und multiperspektivischer) Weise an der „spezifischen Komplikation kultureller und epistemischer Anfangserzählungen" teil, die Albrecht Koschorke in seiner *Allgemeinen Erzähltheorie* als Struktur eines doppelten Codes analysiert. Um die Bedingungen ihrer eigenen Erzählbarkeit herzustellen, müssen [Ursprungsszenarien] so etwas wie eine Zeitschleife durchlaufen [...]. In diesen „höchst artistische[n]" Volten und Manövern „verdoppelt sich der ‚äußere' Anfang, der erzähltechnisch immer als *Schwelle* erscheint, in einem ‚inneren' Anfang, der sich als absoluter *ursprungslogischer Nullpunkt* behauptet, über den innerhalb des durch die Erzählung instituierten Universums nicht hinausgedacht werden kann."[44]

> Wir kennen nur die Tradition des Ganzen, nicht des Einzelnen. Wir durchbrechen jede Einzeltradition, um zum Ganzen zu gelangen; wir sind entschlossen, die Sprache und die Mittel, um sie im Ganzen zu restituieren, im Einzelnen revolutionär zu behandeln, und wir sind uns durchaus und fest bewusst, unsere Arbeit der Restauration, da wir sie schöpferisch anfassen, nicht als Reaktion zu

---

42 Vgl. Knödler: *Rudolf Borchardts Anthologien*, S. 198.

43 Lepper: Odyssee der Bücher, *Neue Zürcher Zeitung*, 26.9.2015, S. 53.

44 Albrecht Koschorke: *Wahrheit und Erfindung. Grundzüge einer Allgemeinen Erzähltheorie*, Frankfurt/M. 2013, S. 396.

> betreiben, sondern, wenn Ihnen das Wort Revolution hier bedenklich klingt, als eine Reformation an Haupt und Gliedern.[45]

Der Münchner Vortrag von Borchardt enthält in wechselnder Gewichtung Elemente kulturkonservativer Entladung, der Bußpredigt und der politischen Kampfrede, die ineinander übergehen und die auch unvermittelt in längeren Passagen anderer Redesituationen auftauchen. Der Bezug auf eine Vielzahl historischer Gestalten und Formen hinterlasse, so Harald Zils, einen prima facie „verstörten und verstörenden Eindruck", die Rede sei zudem weniger ausformuliert und die inhaltlichen Anschlüsse teilweise fehlend.[46] Das entscheidende Moment ist die Kontrafaktur geschichtlich-narrativer Konventionen in einer von Borchardt anthologisch prozessierten Gegengeschichte der Wissenschaften und der Poesie.

6.3 Die anthologische Idee: *Causae victae*

Borchardts idiosynkratisches Geschichtsverständnis basiert auf der phantasmatischen Denkfigur der *causae victae*: Ursachen aufzuspüren für andere poetische und sprachgeschichtliche Entwicklungspfade, denen historische Wirksamkeit versagt geblieben ist: das Anliegen des Verlierers, die Partei des im ‚Geschichtsprozess' zu kurz Gekommenen, Nicht-Verwirklichten.[47] Borchardt setzt dafür auf Erzählungen von Gegengeschichten, die auf den implementierten *causae victae* aufruhen. Methodisch spielen dabei die großen Übersetzungen aus dem Griechischen und dem Lateinischen, dem Provenzalischen, Toskanischen und Mittelhochdeutschen die entscheidende Rolle, um Sprachgeschichte (und damit verknüpft: Nationalgeschichte) als dramatisch-kontingente Gegenerzählung verworfener ‚Menschheitskurkunden' (im Sinn von J.G. Herders *Ewiger Urkunde des Menschengeschlechts*, auf deren Lektüre sich Borchardt als eine Art Erweckungserlebnis bezieht[48]) erfahrbar zu machen. Für den kultur-

45 Rudolf Borchardt: Schöpferische Restauration [1927], in: Ders.: *Reden*, S. 230–253, hier S. 252.

46 Harald Zils: *Autonomie und Tradition. Innovatorischer Konservatismus bei Rudolf Borchardt, Harold Bloom und Botho Strauss*, Würzburg 2009, S. 37–38.

47 Vgl. Sprengel: *Der Herr der Worte*, S. 321.

48 Vgl. Rudolf Borchardt: Eranos-Brief, in: Ders.: *Prosa I*; Daniel Hoffmann: Schöpfungsgewalt, die Formen strömt. Rudolf Borchardt, ein Befreiter aus Herders Geist, in: Christoph Schulte (Hg.): *Hebräische Poesie und jüdischer Volksgeist*, Hildesheim/Zürich 2003, S. 225–46; Sprengel: *Der Herr der Worte*.

politischen Zugriff ist dabei die Ergänzungsbedürftigkeit, die ‚Unausgelebtheit' urkundlicher Fragmente entscheidend: Borchardts divinierende Geschichtserzählung lässt diese strategisch ‚zum ersten Mal' zu Wort kommen, indem sie, dem Modell Albrecht Koschorkes entsprechend, in eine dramatische Rahmenerzählung eingebettet werden. „Geschichte ist für Borchardt nicht schon per se heil und Heilsinstitut, sondern als ein dramatischer, von Verwerfungen, Abbrüchen, Niederlagen, Verschüttungen geprägter Prozess in seinen Irrwegen, Verschattungen und Katastrophen hier und heute zu heilen und ‚auszuleben'."[49]

Dieses ‚Ausleben' nimmt eine andere Qualität an als das virtuose Weiterbearbeiten und Beenden von Stoffen, wie es Borchardt (und viele weitere Literaturkritiker) Hugo von Hofmannsthal zugeschrieben haben. In einem nicht abgeschickten Brief Borchardts an den antisemitischen Literaturhistoriker Josef Nadler heißt es:

> [A]uch habe ich es von früh auf als einen tiefen Unterschied zwischen Hofmannsthal und mir angesehen, dass er literaturmäßig dankbare Stoffe und halbgestaltete Formen der vergangenen Literatur als Bearbeiter aufgriff, um ihnen endgültige und harmonische Formen zu geben, während mir der Weg der Menschheit, der europäischen Menschheit, überhaupt und im ganzen als vorschwebender Mythus erschien, der nirgends zu Ende gekommen war, und sich in allen seinen Stücken durch mich weiterdichtete.[50]

Borchardts Distanzierung von Hofmannsthal rückt ein nietzscheanisches Muster dionysischer Formgebung ins Zentrum der *causae victae*. Diese können nur objektiviert ‚ausgelebt' werden, indem Dichtung *als* Institution, als gemeinsamer Besitz der Menschheit extrapoliert wird – wie es Borchardt in der Heidelberger Rede *Die Neue Poesie und die alte Menschheit* von 1912 mit der Institution des Theaters tut, wie er es in der Erzählung *Geschichte des Erben* (zuerst 1923 publiziert) auf die Formel „gemeinsam besitzen, gemeinsam besessen werden"[51] bringt.[52] Die nicht realisierte Zukunft der Vergangenheit

---

49 Ernst A. Schmidt: Rudolf Borchardts Antike als Modernismuskritik, in: *Text + Kritik*. Sonderband, S. 87–113, hier S. 91.

50 Rudolf Borchardt an Josef Nadler, September 1925, in: Rudolf Borchardt: *Briefe 1924–1930*, hg. v. Gerhard Schuster /Hans Zimmermann, München 1995, S. 104–109, hier S. 107–108.

51 Rudolf Borchardt: Geschichte des Erben [1923], in: Ders.: *Erzählungen 1. Bd. 1: Text* (*Werke XIII*), Hamburg 2020, S. 71–98, hier S. 77; vgl. den Kommentar zur Entstehungsgeschichte, in: *Erzählungen 1, Bd. 2: Kommentar*, S. 716–718.

52 Zur *Geschichte des Erben* bzw. zu Borchardts Novellen und Romanprojekten der späten 1920er und 1930er Jahre, die durch die Neuausgaben wieder vermehrt Aufmerksamkeit erlangen, vgl. Stefan Scherer: Vereinigung durch die Moderne hindurch, in: *Text + Kritik*.

soll durch Borchardt zu einer Partikel verwirklichbarer, gegenwärtig *erfahrbarer* Zukunft werden.[53]

Die prekäre Vorannahme einer Wirkungskraft alter Epen und Dichtungen wird über die Tradition von Generationen der Rezeption plausibilisiert – diese *für sich* soll aber wiederum keine Rolle spielen. Dies impliziert eine Art magischer Aufladung der alten Ursprungstexte durch das stete Wiederlesen von Generation zu Generation. Franck Hofmann schreibt, Borchardt pointiere in dieser Reformulierung den „Subjektcharakter der Literatur", „setzt sie mit dem Übersetzenden, mit dem Lesenden in einen konkreten Austausch, der eben nicht der einer falschen Vertraulichkeit" sei.[54] Die Logik dieser Entdifferenzierung ist wiederum gegen eine empirische Philologie gerichtet, die plausibilisierte Textgrundlagen bereitstellt und daraus einen (wie auch immer popularisierten) Vermittlungsanspruch zieht. Wenn es um Vermittlungsbemühungen geht, polemisiert Borchardt scharf gegen den zeitgenössisch bekannten Philologen Ulrich von Wilamowitz-Moellendorff. Dagegen treffen sich die beiden Antipoden in ihrem imperialen geistesgeschichtlichen Anspruch an die Philologie. Letzterer spricht 1921 davon, dass die Philologie des 19. und frühen 20. Jahrhunderts „das antike Leben in seiner ganzen Weite geschichtlich zurückzuerobern beflissen gewesen sei."[55]

Dieser gewaltsam-rekonstruktive und schöpferische Anspruch an kulturgeschichtliches Schreiben und an die Dichtung zieht – wie ähnlich gelagerte Projekte der Zeit, etwa Oswald Spenglers *Untergang des Abendlands* – politisch ambivalente Effekte nicht nur in der wissenschaftspolitischen Inanspruchnahme eines postromantischen Erbes nach sich, sondern auch in der diskursiven Bezugnahme auf die zeitgenössische Situation eines republikanisch gewordenen Deutschlands mit den Versailler Verträgen. Poetologisch intendierte Sprach- und Kulturpolitik ließ sich in keiner Weise außerhalb eines direkten tagespolitischen Bezugs denken. Borchardt, der sich seiner rhetorischen Wirkungskraft bewusst war und diese gerade in der Kriegs- und Nachkriegszeit gezielt einsetzte, um als ‚Lehrer' politischer und wirtschaftlicher Eliten wahrgenommen zu werden,[56] hat damit auch bewusst einkalkuliert,

---

Sonderband, S. 209–218; vgl. auch die Rezensionen zu *Weltpuff Berlin* in *Neue Zürcher Zeitung*, 10.6.2016; *Frankfurter Allgemeine Zeitung*, 19.5.2016 und 19.6.2016.

53 Schmidt: Rudolf Borchardts Antike, S. 92.

54 Hofmann: *Sprachen der Freundschaft*, S. 121.

55 Ulrich Wilamowitz-Moellendorff: *Geschichte der Philologie* [1921], Leipzig 1959, S. 80.

56 1919 trat er in Berlin mehrfach als Redner in gut besuchten Haussalons auf, diese Reden wurden dann in der Tagespresse abgedruckt. Später führten ihn Redetouren durch deutsche Städte, besonders Berlin, München und Bremen.

als Dichtersoldat[57] im Sinn eines gewalttätig kriegführenden Staats auf den Schild gehoben zu werden.[58] Der Wille zur Wirkung ist Borchardts Verständnis von Tradition inhärent – dies verschärft sich während des nationalistischen Ersten Weltkriegs, in dem Tradierungspraktiken nicht mehr von umfassenden Propagandazwecken zu unterscheiden sind.[59]

Dennoch: Borchardt ist kein völkischer Nationalist gewesen, der eine ethnisch bestimmte Nation mit poetischen Gründungsszenen ausgestattet und an einem retrospektiven Mythos mitgearbeitet hätte – insbesondere nicht in der in den 1920er Jahren immer virulenter werdenden Variante des Blut-und-Boden-Mythos bzw. des „Blutzaubers“[60] der Herkunft und der Kultur, den ein Teil der zeitgenössischen Literaturkritik auf sein Werk projizierte. Borchardts politische Leitvorstellung blieb die Formung eines elitär-hierarchischen Gemeinwesens von oben in einem Verbund von Herrscher, Untergebenen und beratender intellektueller Elite, das er idyllisierten Bildern landesväterlicher Adelsherrschaft, ihrer Schutzverpflichtungen und Tributpflichten entnahm.[61] Willy Haas, Herausgeber der wichtigen linksliberalen Literaturzeitschrift in der Weimarer Republik, der *Literarischen Welt*, bringt Borchardts Ausloten geschichtlicher Echoräume in der Rezension des Essaybands *Handlungen und Abhandlungen* (1928) auf folgenden Nenner: Dieser sei „ein patriarchalisches Werk ohne Volkshintergrund“[62] (im Sinn der zeitgenössischen Massengesellschaft). Verwirklicht sich der Patriarch in der Figuration seiner ‚Kinder‘, seien dies nun die leibliche Familie, die lohnabhängigen Arbeiter oder – wie Borchardt in seinem Essay *Villa* ausführt – die tributpflichtigen Bauern im Umland der

---

57 Zu dieser Konstellation vgl. Matz: *Eine Kugel im Leibe*, bes. S. 28–47, hier S. 45.

58 Das bestätigen die Briefe aus der Kriegszeit an Hofmannsthal, in denen sich Borchardt beklagt, dass er immer noch Felddienst leisten müsse, wo sein Talent verbraucht werde. In den letzten beiden Kriegsjahren wurde er in den Nachrichtenstab nach Berlin abkommandiert.

59 Vgl. Knödler: *Rudolf Borchardts Anthologien*, S. 88–89.

60 Rudolf Borchardt an den Herausgeber der Zeitschrift *Der Ring*, März 1929, in: Ders.: *Prosa VI*, S. 177–186, hier S. 179; vgl. auch die Einordnung Borchardts in die jüdische Denktradition durch die zeitgenössische Literaturkritik, insbesondere durch Willy Haas; zur ganzen Kontroverse um eine Literaturkritik, die Borchardt auf seine verschwiegene jüdische Herkunft verpflichten wollte, vgl. Matz: *Eine Kugel im Leibe*, bes. S. 95–102, Sprengel: *Der Herr der Worte*, S. 324; vgl. auch Kissler: *Wo bin ich denn behaust.*

61 Vgl. Manfred Koch: Konservative Geisterwelt. Der jüngst erschienene Kommentarband zum Briefwechsel zwischen Rudolf Borchardt und Hugo von Hofmannsthal erschließt das geistige Panorama Deutschlands nach 1900, in: *Neue Zürcher Zeitung*, 16.1.2015, S. 57.

62 Haas: Zwei Zeitdokumente wider Willen, zit. n. Matz: *Eine Kugel im Leibe*, S. 159, 161. Haas’ interessante Rezension ist meines Wissens die einzige zeitgenössische Arbeit, die Benjamins und Borchardts Werk in eine Konstellation setzt (nebst den zeitlebens unveröffentlicht gebliebenen Reflexionen etwa von Kraft oder Scholem).

Lehnherrschaft: ein materiales Substrat bildet die Basis einer asymmetrischen Austauschbeziehung. Paradoxer- oder konsequenterweise sind die größten Erfolge des ‚geistigen Führers' Borchardt trotzdem in der marktvermittelten Beziehung des modernen Geschichtsintellektuellen zu seinem Publikum und im Verkauf eines Novellenbands mit Gegenwartserzählungen (vgl. Kap. 6.8) zu finden. Borchardt betreibt eine Individualisierung der Literaturgeschichte, sein „Modell der Literaturgeschichte ist das eines Gesprächs der außergewöhnlichen Männer, die in einer direkten Linie aufeinander folgen."[63] Sie nehmen einen Raum ein, der den ‚wahren' Dichtern vorbehalten ist, den die Lesenden dank der Vermittlung des Herausgebers in der Anthologie jedoch besichtigen dürfen.[64] Um gesprächsweise Ansicht von Vorbildern ganzer Generationen zu erhalten, bietet die Anthologie die Räume, in denen diese Vorbild-Galerien abgeschritten werden können.

Der Historisierung der Gattungen steht er ablehnend gegenüber: „Die Geschichte der Gattungen von den Gattungen aus schreiben trägt zum menschlichen Denken nichts bei und vertut die Zeit."[65] Borchardt stelle eine „Nüchternheit" gegen die „Norm sinnlicher Anschaulichkeit",[66] wie Adorno Borchardts Sprache bei allem rhetorischem Überschwang attestierte. In der Nachfolge von Benjamin und Adorno, die von Borchardts Schreiben gleichermaßen entzückt wie von seiner Person abgestoßen waren, hat Peter Bürger dies für Borchardts Essay *Volterra* (1935) reklamiert. *Volterra* bilde den Versuch, einen Gesang der *Göttlichen Komödie* Dantes zu schreiben, der in dieser fehle. Auch Bürger weist damit Borchardts Schreiben einen ‚wundersamen' Effekt zu, nämlich an die Höllen des 20. Jahrhunderts zu gemahnen, ohne auch nur mit einem Wort darauf anzuspielen.[67] Nicht eine retrospektive Teleologie, sondern die eigentümliche Gleichzeitigkeit dichterischer Metachronie und eines philologisch-schöpferischen Anspruchs auf eine ultimativ zu vollstreckende Inventur des Erbes: eine philologisch-schöpferische Praxis des ‚Erbens', die für Willy Haas fast auf „journalistische Aktivität"[68] gestellt ist.

Ein aktivisches Konzept des Erbens ist für die Reflexion einer anthologischen Praxis fruchtbar, auch und gerade in absetzender Bezugnahme auf die in den 1910er und 1920er Jahren sich entwickelnde Manifest-Kultur der

63 Straubel: *Zum Museum der Literatur*, S. 116.

64 Vgl. ebd.

65 Rudolf Borchardt: Ewiger Vorrat deutscher Poesie (Nachwort), in: Ders.: *Prosa III*, S. 323–352, hier S. 342.

66 Adorno: Die beschworene Sprache, S. 551.

67 Vgl. Peter Bürger: Die Leidenschaft des Denkens. Annäherungen an Rudolf Borchardt, in: *Sinn und Form* 69, 4/2017, S. 458–466, hier S. 466.

68 Zit. n. Matz: *Eine Kugel im Leibe*, S. 161.

ästhetischen Avantgarden: „Expression littéraire et regard critique porté sur la littérature qu'elle met en ordre et transmet, l'anthologie est nécessairement écartelée entre la démarche du bilan et celle du manifeste."[69] Bilanz und Manifest als Textgattungen agieren in einem emphatisch geschichtlich verstandenen Raum: Bezogen auf die Kultivierung der Textform der Anthologie versteht der Form- und Überlieferungsexperte Borchardt deshalb die in der Gedichtanthologie *Ewiger Vorrat deutscher Poesie* versammelten Autoren als Figuren der Form, deren jeweilige Güte oder aber Unzulänglichkeit durch einen brachialen Akt des Herausgeber-Kritikers ein für allemal festgelegt werden muss. Die Übertragung literaturkritischer Argumente in den stilpsychologischen Abwertungen tritt in Borchardts Nachwort deutlich hervor. Von Annette von Droste-Hülshoff heißt es, sie sei eine verhinderte Lyrikerin, die auf die falsche Gattung gesetzt habe; Eduard Mörike wird als „Lebensruine" bezeichnet; C.F. Meyer sei „doppelt in sich selbst erstickt". Der Nietzsche der Dionysos-Dithyramben schließlich ist ein „klingendes Chaos" und Heinrich Heine ein „Fälscher", wiewohl ein formgebendes Schicksal, weshalb Borchardt ihn in dessen eigentliche Form zu gießen hat. – Welche Konzeption des 19. Jahrhunderts tritt in diesen Wertungen hervor, wie sind die „toten Räume"[70] nach der Abräumung durch Borchardt zu verstehen? Er verlängert das Interregnum des ‚Untergangs' ins 19. Jahrhundert zurück, um sein eigenes Auferstehen aus einem Raum unstrukturierter Diskontinuität und des Niedergangs umso deutlicher hervorzutreten zu lassen. Hierbei entscheidend sind die von ihm sogenannten *causae victae*: die Diskursivierung historischer (oder rekonstruierter) Gründungsszenen der Dichtung bildet die Voraussetzung, um mittels dieser Bruchstücke eine (Gegen-)Geschichte zu erzählen, deren Struktur ohne das Konzept einer strategischen anthologischen Auswahl gar nicht sinnfällig sein könnte. Das anthologische Moment musterhafter Repräsentativität ist in Borchardts dichtungs- und geschichtspolitischem Selbstauftrag die Scharnierstelle in einem Angriff auf etablierte wissenschaftstheoretische Modelle der Rezeption und positivistischen Epochenkonstruktion. Die dem Anthologischen zugrundeliegenden Selektionsmuster werden gegen eine ‚Siegergeschichte' funktionalisiert, um das durch den Fortschritt und die Überlieferung der Sieger Kassierte[71] in einem heroischen Akt der Restauration einer anderen Erfahrung zugänglich zu machen. Eine dafür

69 Emmanuel Fraisse: *Les anthologies en France*, Paris 1997, S. 190.

70 Borchardt: Ewiger Vorrat deutscher Poesie (Nachwort), bes. S. 332–335 und 342.

71 In dieser geschichtskritischen Perspektive berührt sich Borchardt mit den rezeptionshistorisch sehr durchschlagskräftigen Abschnitten V und VI von Benjamins Geschichtsthesen.

sprechende Passage findet sich in Borchardts *Einleitung in das Verständnis der Pindarischen Poesie*:

> Zu so schlimmen Ärgernissen wie den eben angeführten, hat die wissenschaftliche Betrachtungsweise des bürgerlichen Fortschrittes durch ihr *vitium originis* verführt werden müssen, alle Epochen der Weltgeschichte von dem Hauptquartier derjenigen Mächte klassieren zu müssen, die sie ihrem eigenen Fortschritt gleichsetzt.[72]

Gegen diesen unilinearen Fortschritt wird in einer Kontrafaktur den pindarischen Chorliedern ein schöpferisch Restauratives, die letzte Verteidigung einer heroischen Adelskultur zugeschrieben und gleichzeitig Homer als Vertreter einer modernen eitlen Mundfertigkeit abgetan. Obwohl philologisch belegt mehrere hundert Jahre später als die homerischen Epen entstanden, seien die Chorlieder *geschichtlich* früher anzusiedeln, wie Borchardt nicht müde wird zu betonen. So verstandene ‚schöpferische' Restauration setzt Borchardt mittels typologischer Verkehrung von chronologischen Zusammenhängen, etwa jenem von Herder und Goethe, literaturgeschichtlich in die Tat um.[73] Diese Strategie der Verkehrung von Tatbeständen zugunsten einer ‚geschichtlichen' Seinsweise ist in Borchardts Schreiben rekurrent – sie bildet eine der wesentlichen Legitimationsstrategien, um Poesie und Dichtung als Formen institutioneller Aktivität zu beglaubigen.

6.4 Das Medium und das ‚Recht' des Dichterischen (Zeitschrift und Buchanthologie)

Was für Pindar im Sinn einer ‚höheren' Kritik behauptet und durch eine konstruktive Historik legitimiert wird, gilt für Borchardts Zugriff auf die Literaturgeschichte insgesamt. Er denkt deren Abläufe als *konstruierbar*, als kontingente Entwicklung der Rezeption. Obwohl Borchardt immer ein schöpferisches Element annimmt, ist dieses weitgehend von der Vorstellung eines sich wie die Blütenblätter um einen Punkt zentrierenden „Auseinanders" überlagert.[74] Borchardt ist davon überzeugt,

---

72 Borchardt: Einleitung in das Verständnis der Pindarischen Poesie, in: Ders.: *Prosa II*, S. 131–234, hier S. 168.

73 Sprengel: *Der Herr der Worte*, S. 343–344.

74 Borchardt: Ansprüche der Betriebstechnik auf Revision der Geschichte der deutschen Philosophie, in: Ders.: *Prosa I*, S. 335.

> dass es in der Welt der Idee und des Menschengeistes und seiner Formen, im Gegensatze zur Natur, keine Entwicklungen gibt, sondern nur Entfaltungen, und dass daher die Einheit der Wissenschaften vom Menschen nicht in der letzten Summe ihrer bewiesenen und wissbaren Wahrheiten liegt, sondern in ihrer gesamten Geschichte, einschließlich der Geschichte ihrer Irrtümer.[75]

Diese endogene Formidee ist von Goethes Metamorphosenlehre ebenso wie von Nietzsches Historismus-Kritik (vgl. Kap. 4) – und deren Ersetzung durch genealogische Konzepte – angeleitet. Überlagert wird das botanisch unterlegte Modellbild der augenblicklichen Entfaltung allerdings durch die Einbettung der Geschichte in institutionelle Gefüge. Das Medium Poesie wird zur fixen Institution, die Dichter und Zeiten übergreift.

Borchardts ästhetische Praxis und Produktivität entfalten sich besonders an Übersetzungen. In ihnen werden ‚landfremde' Stimmen usurpatorisch ins ‚Deutsche' eingebracht: Übersetzungen sind damit Teil eines selbstgesetzten Auftrags innerhalb eines geschichtsphilosophischen und kunstpolitischen Projekts. Gegen diese Lesart ließe sich die emphatische ‚*Wieder-her-stellung*' einer sprachlichen Lage, eines sprachlichen ‚Zustands' *in* der Form der Übersetzung betonen. Demgegenüber lesen sich die Nachworte der Übersetzungen Borchardts als übergreifende metahistorische Stellungnahmen und Erklärungen, die – im Fall der *Epilegomena II* zur Übersetzung der *Divina Comedia* – als öffentlicher Brief an den Dante-Forscher, den Romanisten Karl Vossler, gerichtet sind. In Form des Gattungspseudonyms des öffentlichen Gelehrtenbriefs wird Privatheit im Modus der Briefform inszeniert. Dies wurde als „signorile" öffentliche Kommunikation charakterisiert.[76] Die ausladenden Paratexte zu den Übersetzungen – so hat Borchardt nicht nur seinem *Dante*, sondern etwa auch der Übersetzung einer Auswahl von Pindars Siegesliedern eine 100-seitige Vor- bzw. Nachrede beigegeben –, standen einer breiten Rezeption dieser Texte als sprachliche Kunstwerke sui generis im Weg.

Übersetzen ist die kritische Form, in der semantische Bestimmungen per se als befragenswert artikuliert werden. Die doppelte ‚Befreiung' (in einem aktivischen Sinne gelesen) eines aktuellen Sprachzustands (und durch diesen hindurch der gesellschaftlichen Situation), die Verortung nationalgeschichtlicher Räume zeigt sich in einem jeweiligen Index der Übersetzung bzw. der relativen Unübersetzbarkeit eines Texts erst an, d.h. die „Lage" einer Nationalgeschichte verschafft sich im übersetzenden Akt besonders ausgeprägt Geltung.

---

75 Ebd.

76 Schuster: *„Kunstleben". Zur Kulturpoetik des Briefs um 1900*, S. 394–396.

> Von Anbeginn seines Nachdenkens über Dichtung wie Übersetzung wurde Borchardt deutlich, wie wenig das Operieren mit sprachlichen Zeichen vom Operieren mit Vorstellungsbildern getrennt werden kann, und so besteht sein Übersetzungsproblem von vornherein nicht in den überkommenen Fragen nach Treue und Freiheit, Verfremdung und Eindeutschung, sondern in der Frage, in welcher Form denn die Vorstellung vom fremden Werk überhaupt in der eigenen Sprache erscheinen kann. Diese Frage setzt er experimentell und praktisch so um, dass er die Sprache je neu zu erfinden scheint, alles Allgemeine und Gebräuchliche im Sprachgebrauch auf ein Minimum beschränkt, ohne jedoch den Verständnishorizont des Sprachsystems zu suspendieren.[77]

Ein prägnantes Beispiel ist Borchardts Übersetzung von Algernon Charles Swinburnes *A Forsaken Garden*, bei dem die 10. Strophe unübersetzt gelassen ist.

Indem eine sprachstrukturelle Lage bezeichnet werden soll, wird gerade an den Übersetzungen deutlich, wie Borchardt eine Position des Dritten – nebst einer Sprach- und/oder Stiläquivalenz – besetzen will. Deshalb ist es weniger narzisstische Selbstbespiegelung als ‚Selbstinstitutionalisierung', die er betreibt, fantastische ‚In-Dienst-Nahme' für eine „gebrochene" Nation.

> [I]n allem diesem einer kommenden Generation ihre seelisch-sinnliche Verkörperung schon vorgebildet zu übergeben, diesem Ziele dient alles, was ich seit dem Untergang der Nation getan habe, und thue, die Veröffentlichung meiner älteren Schriften, das Steigern meiner Vorlesungen, das Inbesitznehmen des Theaters [...]. Kommt es dazu, wie ich hoffe, dass um mich und das meine her sich wieder Häute und Gewebe bilden, die nicht Gemeinde [...], nicht Partei und Conspiration, sondern Vorstufe der nationalen Wiederherstellung im Selbstgefühl, Selbst-Ernstnahme und enthusiastischer Selbstansprache sind, so wird ein Centrum der Anziehung [...] geschaffen sein, das erstlich die bisherigen Instanzen vollends exautorisiert, dann aber und vor allem der Poesie das Urrecht vindiziert, das sie bei allen gebrochenen Völkern zeitweilig gehabt hat."[78]

Die politisch fatalen Folgen dieses unausgesprochenen oder poetisierten Revanchismus liegen in der bewussten Aussparung einer Parteinahme zugunsten einer gesellschaftlich vollkommen haltlos gewordenen Idee kaiserlich-königlichen Gottesgnadentums in der Industriegesellschaft – und damit letztlich im Zudienen an autoritäre Führer (etwa mit seiner Mussolini-Audienz[79]), mit dem

77 Friedmar Apel: „Nachtwort", in: Rudolf Borchardt: *Swinburne deutsch*, hg. v. Friedmar Apel, München 1990 (Schriften der Rudolf Borchardt-Gesellschaft 1), S. 94.

78 Rudolf Borchardt zit. n. Rudolf Hirsch: *Beiträge zum Verständnis Hugo von Hofmannsthals*, Frankfurt/M. 1995, S. 355–356.

79 Vgl. Kai Kauffmann: *Rudolf Borchardt und der ‚Untergang der deutschen Nation'*, Berlin/New York 2003, S. 345–352.

er sich gleichsam selbst den Boden unter den Füssen wegzog. Die gesellschaftliche Vermitteltheit der Kunst *von der eigenen Existenz* fernzuhalten, hat Borchardt insofern davon abgehalten, sich einen reflektierteren Begriff des Nationalen zu bilden – das schien sein *fatum* zu sein.

Aus einer Konzeption des ‚geschichtlichen Untergangs' und der ‚Wiederherstellung' exautorisierter Instanzen *in* der Poesie ergibt sich eine Literaturgeschichte, deren prinzipielle Statik durch das Auftauchen revolutionärer Figuren erschüttert wird. Borchardt geht es nicht darum, sich als Nachfolger von Pindar, Dante, Herder, Goethe oder Dante Gabriel Rossetti zu stilisieren – denn dies wäre ja nur in der Vorstellung eines Nacheinanders möglich. Pindar, Dante, Herder, Goethe oder Rossetti erscheinen vielmehr als andere Borchardts. Indem sich in Borchardts ‚Vision' eine ‚richtige' Geschichte entfaltet, wird der Visionär selbst zu einem wichtigen Agenten in der Geschichte der Dichtung: In jedem seiner Akte entfaltet sich auch ein Stück Literaturgeschichte – nicht in ihrem pragmatischen Wissen um Daten, Materialien, Werkgeschichte, sondern in einer noch näher zu beschreibenden Aktualisierung. In dieser selbstgesetzten Bedingungslage lässt sich Borchardts Umgang mit den Texten der kanonisierten Dichter verstehen, was an seinen Übersetzungen und vor allem an seinen Anthologien zu zeigen sein wird (vgl. Kap. 6.7).

Wo Anthologien gemeinhin von gattungspragmatischen oder chronologischen Reihenbildungen oder von Motivsammlungen geprägt sind, bilden sie bei Borchardt ein Objekt der Aneignung und Integration in ein emphatisch ‚geschichtlich' verstandenes, dichterisches Werk. Wo der fremde Dichter so sehr vereinnahmt wird, dass er als *alter ego* erscheint, wird auch der fremde Text derart angeeignet, dass er zu einem eigenen Text wird und als solcher behandelt werden kann.[80] Harald Zils hat dies in seiner Untersuchung *Autonomie und Tradition* in Bezug auf Harold Bloom und Rudolf Borchardt so zugespitzt:

> Der Traum, zum letzten Pol zu werden, jenes Werk zu schreiben, das alles Traktieren und Bearbeiten, alles Neuformulieren und Verfremden, alles Schreiben überhaupt für die Zukunft unmöglich macht, weicht dem Ziel, Wort und Hand der Nachfolger noch aus dem Grab heraus zu befehligen, das eigene Werk immer wieder neu ausbrüten zu lassen, sich selbst zu hinterlassen, wo es nur geht.[81]

80 Vgl. Knödler: *Rudolf Borchardts Anthologien*, S. 88.

81 Zils: *Autonomie und Tradition*, S. 113.

Mit dem Terminus von Bloom – *anxiety of influence* – psychoanalytisch gelesen, in der Rückweisung jeglicher schematisierender Operationen und der Hochschätzung einer künstlerischen Philologie, bietet ein solcher überlieferungsgeschichtlicher Ansatz gerade dem kritischen Widerspruch einiges an diagnostischem Potenzial, um die hypostasierten Übergänge und Grenzen, Traditionsbildungen und -negationen stärker zu fokussieren.

> Alle Kulturen, in denen große Epochen der künstlerischen Produktion gefolgt sind, fassen den Begriff des Klassischen als ein aus Verpflichtung und Vorrecht gemischtes, nie aussterbendes Blutsverhältnis zu ihren archaischen Literaturen, als Möglichkeit und Notwendigkeit, sich des einmal für bestimmte Stoffkreise großartig ausgebildeten Tones als eines ewig statthaften [...] wenn auch selten verstatteten, als eines außergewöhnlichen, aber darum nicht minder lebendigen, nachdrücklichst zu bedienen.[82]

Die unmittelbare Adressierung der poetischen Tradition in Form dieser Anrede weist zwar einerseits das Kontingenzbewusstsein Borchardts aus, wonach metaphorisierten ‚Stimmen' nie eindeutige Anleitungen oder auch nur eindeutige Perspektiven für ihre poetische Rezeption bieten. Mit dem Bewusstsein für die Instabilität sprachlicher Operationen, der potenzierten Mehrdeutigkeit insbesondere der Tradition der Poesie, läuft andererseits bei Borchardt immer ein Herrschaftswille mit, der sich in einer Semantik des Zwangs, der Unabdingbarkeit, der Notwendigkeit äußert. Form und Stil, durch den souveränen Kunstrichter der Kontingenz ihrer Produktion enthoben, können nur im singulären poetischen Akt vorliegen. Diese Verknüpfung wird weniger durch die (oft bemüht und leer wirkende) Intention des Genies getragen, vielmehr wird sie an Institutionen gebunden, in die Borchardt etwa den ‚Gesang' einordnet.

Durch liturgisch gesetzte Autonomie unter Verabschiedung aller Kontextfaktoren wird die Dichtung zur umfassenden Institution, der sich ihr ‚Restaurator' zu entziehen bzw. sich ihr gegenüber zu individuieren weiß. Er setzt sich in ein mystifiziertes und dabei quasi-vertraglich anmutendes Verhältnis[83] zu ihr, inszeniert sich als der beste und genaueste Kenner und Philologe, um als ihr alleiniges Sprachrohr Geltung zu beanspruchen. Dies bedingt einen Gestus stillstellender Gewalt gegenüber Prozessen der Vermischung, gegenüber ‚unreinen' Genealogien und diskontinuierlichen Übertragungswegen. Als Faktum

82 Borchardt: Nachwort zum Buch Joram [1907], in: Ders.: *Prosa I*, S. 53.

83 Vgl. Sandro Zanetti: „Die Quellen haben ein Vetorecht". Implikationen, Chancen, Probleme eines Topos, in: Ders./Andreas Gelhard/Ruben Hackler (Hg.): *Epistemische Tugenden. Zur Geschichte und Gegenwart eines Konzepts*, Tübingen 2019, S. 239–252.

historisch-kulturellen Niedergangs sind diese zwar miteinkalkuliert (und damit auch in Rechnung gestellt), aber in einer restaurativen Geste außer Kraft gesetzt. Borchardts Wirken lässt sich deshalb als ‚archaischer Klassizismus' verstehen – hierin wird er zu einem spiegelbildlichen Antagonisten der ‚Primitivismus'-Bewegungen und ihrer Ursprungsmythen in den Kunstbewegungen seiner Zeit. Weil das so mitgesetzte Kontingenzbewusstsein sich jedoch besonders für die herausgehobenen interkulturellen Grenzen interessiert, wird es ihm in den 1930er Jahren unter veränderten politischen Rahmenbedingungen auch möglich, vergleichsweise umstandslos auf die transkulturelle Utopie der Arbeit am ästhetischen Menschen in der Gartenliteratur umzuschwenken, d.h. nun die Idee einer umfassenden *humanitas* gegenüber den sprachkulturell geschlossenen Abstammungsräumen zu betonen. Seine Vorstellung kultureller Räume fußt eben nicht auf einer irgendwie ‚blutsmäßigen' Konstitution über ‚Abstammung', sondern auf der Kontingenz und Instabilität sprachlicher Überlieferungsprozesse, die – um dieser permanenten Bewegung Stillstand zu gebieten – eines poetischen Restaurators bedarf. So macht sich Borchardt zum Medium der Institution Dichtung, zu einem „Organon"[84] geschichtlich-dichterischen Sprachbewusstseins und muss daher, durch Ästhetisierung und Fiktionalisierung, einem gewissermaßen anachronistischen Dokumentenzwang aufsitzen – er wird zu einem Fingierungspraktiker und Urkundenfälscher.

In seiner Prosa wird die Aufzeichnung des Bildungsgangs zu einem ausufernden Paralipomenon der Authentifizierung, die nicht anders zu leisten ist als durch Beschwörung eines vorgezeichneten Bildungsgangs. Die Krönung davon ist der öffentlich geführte, aber als quasi-privat inszenierte Gelehrtendiskurs mit der jeweiligen institutionellen ‚Spitze' des Fachs (so mit Karl Vossler). Legitimierungszwang und das Moment der (historischen) Fälschung sind immanent mitgesetzt. Das Moment des Fingierens verdoppelt sich in gewissen Aspekten seines Lebenswerks eigentümlich. Borchardt wurde schon zu Lebzeiten solcher Praktiken bezichtigt, die nicht mehr durch eine etwaige Lizenz des Dichters zu decken wären. Peter Sprengel hat in einer überzeugenden Indizienkette nachweisen können, dass Borchardt einen Brief seines akademischen Lehrers Friedrich Leo an Hugo von Hofmannsthal fingiert hat.[85] Daneben trieb ihn die Faszination für Hochstaplerfiguren in der Etüde *Veltheim* (1908) sowie später in den 1920er und 1930er Jahren in den größeren Romanprojekten in ein ausgreifendes Erzählen (vgl. Kap. 6.8). Überhöhung und

84 So Adornos erstaunliche Charakterisierung von Borchardt im Jahr 1968, vgl. Adorno: Die beschworene Sprache.

85 Indizienschlüssiger Nachweis aufgrund der Handschriften bei Sprengel: *Der Herr der Worte*, S. 9–23, der damit auch eine längere Forschungsdiskussion zu diesem Brief beenden konnte.

Herabsetzung spiegeln sich in den – komplementären – ästhetischen Sozialtypen des Hochstaplers und des Bettlers, die Borchardt fasziniert haben und derer er sich sowohl typologisch wie als Erzählfiguren fortwährend bediente.

Borchardt aktualisiert nicht Stoffe, sondern versucht mit aller rhetorischen Insistenz eine geschichtliche Problemlage zu konstruieren. Wo er dies im Wissen um die kontrafaktische Gestalt und mit dem Ziel der Wiederherstellung sogenannter gebrauchs- und geschichtsfester poetischer Formen tut, rückt er Institutionen in den Mittelpunkt seines Traditionsdiskurses: Im Zusammenspiel mit einem Bündel an insbesondere sprachgeografischen und – strukturellen Erörterungen sanktionieren Institutionen wie das (antike) Theater mit dem Chor und – in seinem Werk wiederkehrend – die Institution Schule (in ihrem weitesten Umfang verstanden als der Ort des sokratischen Lernens und Lehrens) den geschichtlichen Index, mit dem Borchardt die jeweilige Epoche versieht bzw. ein gefestigtes kulturgeschichtliches Epochenschema – besonders das Ende des 19. Jahrhunderts einschlägige von Jacob Burckhardts *Kultur der Renaissance in Italien* – aufzubrechen unternimmt.[86]

Die beiden Medien Anthologie und Zeitschrift sind in Borchardts kulturgeschichtlicher Konzeption funktional aufeinander bezogen. Die buchkünstlerisch herausragende Anthologie ist als Ort der aktualisierten Tradition in Borchardts Konzeption notwendigerweise von einem emphatischen Formwillen getragen. Die Zeitschrift bleibt als Ort der polemischen Intervention ins Zeitgeschehen hingegen ein von Formkriterien unbelastetes zweitrangiges Aktivitätsmedium. Diesbezüglich wird auch die mediale Differenz zwischen gesprochenem und gedrucktem Text für Borchardt einschlägig. Dies belegt ein Brief an Hugo von Hofmannsthal.

> Das Verhältnis der gesprochenen zur publizierten Rede ist eben durchaus, wie ich mich selber praktisch immer wieder überzeuge, nicht rein lösbar, und wenn schon die Gewaltsamkeit mit der ich mir die Privilegien des Sokrates und Cicero anmaaße (sic!): durchaus nicht das gesprochene zu publizieren und nichts so publizierbares zu sprechen – den wenigsten liegen kann, so wird doch jeder am eigenen Leibe erfahren, dass mit der leichten Überarbeitung eines an sich ausgezeichneten Sprechmanuscriptes zwar das Leben verwischt, aber eine solide

86 Die Autobiografie *Rudolf Borchardts Leben von ihm selbst erzählt* (bes. S. 97–118), imaginiert zunächst einen direkten und indirekten Ahnenraum, der der Schilderung des Aufwachsens und den ersten schulischen Erfahrungen voransteht. Die einzige große Fiktion der Geschichtsschreibung des 19. Jahrhunderts habe „coincidiert mit den Bedürfnissen einer Zeit, die sich anschickte, die Gewalt anzubeten und der er [Burckhardt] es schmeichelte, ihren Fortschritt auf sie zurückzuführen." Borchardt: Epilegomena zu Dante II, in: Ders.: *Prosa II*, S. 477–478.

> Form nicht geschaffen wird. Die gesprochene Rede ist, wenn sie etwas ist, durchaus Akt, Handlung die sich der Worte, der Gegenwart, der Geste des Vortrages bedient; die publizierte ist nicht mehr dieser Akt selbst, sondern soll seine Illusion sein, stellt nicht mehr die Handlung allein dar, sondern den Handelnden und die Handlung [...][.][87]

So lässt sich auch das geradezu demonstrative, ‚snobistische' Desinteresse Borchardts[88] an Nachdrucken seiner Reden in Zeitschriften erklären. Als Massenorgane haben diese keinen Anspruch auf Form und werden einzig dann relevant, wenn Borchardt aus seinen Reden eine Wirkung hervorgehen sieht, denen nun ein „gebessertes Stenogramm" zu folgen hatte, „weil die Wirkung des Gesprochenen auf die Hörer es unmöglich gemacht hatte, sich der öffentlichen Verantwortung für das Gesagte zu entziehen."[89] Ob dieses „Stenogramm" sich dann als ‚zurechtgefälscht' oder als hyperbolisch erweist, spielt keine Rolle. Ganz in diesem argumentativen Zusammenhang steht die Aussage Borchardts gegenüber Hofmannsthal, wonach

> [p]ublizieren [...] keine andere Bedeutung [habe] als die, den Umfang und den Genuss-, also Reproduktions-Grad meiner eigenen Lektüre auf möglichst viele ausser mir zu übertragen; es ist nur ein Umsetzen des Was und Wie meines Lesens, das ich immer mehr zu schöpferischer Aufnahme zu erheben trachte [...]. Aus offensichtlichen Gründen kann ich diese Thätigkeit nur als Übersetzer und Herausgeber entfalten, die dritte Möglichkeit, die des Interpreten im eigentlichen Sinne, hat keine literarische Denkbarkeit, und darum ist es schade.[90]

Konträr zu diesem Desinteresse stehen der Wunsch und die vielfältigen Bestrebungen Borchardts (wie auch Hofmannsthals und Benjamins), eigene Zeitschriftenzirkel und Jahrbücher zu gründen – Publikationsorte, an denen das kulturrevolutionäre Programm der ‚schöpferischen Restauration' mit der Intervention ins Zeitgeschehen verknüpft werden sollte. 1907 kündigt

---

87 Brief an Hugo von Hofmannsthal, 2.12.1912, in: Briefwechsel Borchardt/Hofmannsthal, S. 132–140, hier S. 135.

88 Das Urteil, wonach Borchardt ein Snob sei, der auf das „Ziel des sprachlichen Nachzaubers" ausgehe, extrapoliert Hofmannsthal aus Florens Christian Rangs Angriffen auf Borchardt, die auch von Benjamin stammen können – zu dieser Zeit führten Benjamin und Rang intensive Gespräche; vgl. Florens Christian Rang an Hugo von Hofmannsthal, 20.3.1923 und Hugo von Hofmannsthal an Florens Christian Rang, 30.4.1923, in: Hofmannsthal: Herausgebertätigkeit, KA XXXVI [Kommentar zu *Neue Deutsche Beiträge*], S. 930–931 und 936–937.

89 So in einer Notiz Borchardts zum Abdruck seiner Rede „Führung" [1931], in: Borchardt: *Reden*, S. 443–444.

90 Rudolf Borchardt: Brief an Hugo von Hofmannsthal, 13.9.1912, in: Briefwechsel Borchardt/Hofmannsthal, S. 118–121, hier S. 119–120.

Borchardt eine Zeitschrift an, die – quasi als Nachfolgerin der *Insel*[91] von 1900 – aus der Einsicht hervorgehe, „dass der Begriff der Kultur, wenn er unter den heutigen Umständen der nationalen Existenz zu Recht bestehen soll, nur ein politischer Begriff sein kann, oder zum mindesten eine politische Möglichkeit haben muss."[92] Die 1904 gegründeten *Süddeutschen Monatshefte* entsprachen diesem Modell am besten. Darin trat Borchardt nicht nur mit veröffentlichten Gedichten, sondern auch mit der sehr öffentlichkeitswirksamen Polemik *Intermezzo* (1910) gegen die George-Schule auf, darin veröffentlichte er anonym politische Essays zum Tagesgeschehen (*Spectator germanicus*) wie auch seine Apologie von Kaiser Wilhelm II. (*Der Kaiser*). Die *Süddeutschen Monatshefte* propagierten ein kulturräumliches Konzept von Süddeutschland, das über den bayrisch-alemannischen Sprachraum auch Österreich und die Deutschschweiz miteinschloss.[93]

6.5 *Exkurs*: Das ästhetische Testament aristokratischer Lebensform: Borchardt 1910 und Adorno 1968

Nebst Hofmannsthal bildete George den zweiten Leuchtstern, an dem der junge Borchardt sich nahezu obsessiv auszurichten begann, um sich später in notorischen Gesten der Loslösung[94] davon zu distanzieren. In ähnlich scharfer Weise, wie er das deutsche Staatsoberhaupt Wilhelm II. in seinem Aufsatz *Der Kaiser* als Ausdruck der Unsicherheit und des Übergangszustands der deutschen Nation porträtiert hatte, wächst sich die 40-seitige Rezension von Stefan Georges *Der Siebente Ring* im Jahrbuch *Hesperus* 1909 zu einer eigentlichen Testamentsrede *ante quem* aus (vgl. Kap. 2). Die detaillierte sprach- und stilanalytische Kritik Georges ist begleitet von einer Lobrede auf dessen ‚Aufbruch', die ‚Spiritualität', die die deutsche Jugend allein ihm verdanke (der Kritiker Rudolf Borchardt miteingeschlossen).

---

91 Für die Publikations- und Intellektuellengeschichte der Zeitschrift *Insel* vgl. Reinhart Tghart/Werner Volke: Die Insel, in: dies: (Hg.): *Borchardt. Heymel. Schröder. Ausstellung des Deutschen Literaturarchivs im Schiller-Nationalmuseum Marbach am Neckar 1978*, München/Marbach 1978, S. 79–106.

92 Rudolf Borchardt: Ankündigung [1907], in: Ders.: *Prosa IV*, S. 197–204, hier S. 202.

93 Vgl. Michael Pilz: „Wir werden dreifache Front zu nehmen haben ...". Alfred Walter Heymel, Rudolf Borchardt und die literaturkritische Praxis der „Süddeutschen Monatshefte", in: *Hofmannsthal. Jahrbuch zur europäischen Moderne* 24/2016, S. 309–365, hier S. 311–312. Die Dokumentation von Borchardts Beiträgen in den *Süddeutschen Monatsheften*, ebd., S. 356–365.

94 So 1933 mit der homophoben Streitschrift, die erst 1997 durch Ernst Osterkamp in der Schriftenreihe der Borchardt-Gesellschaft veröffentlicht wurde.

Später lässt Borchardt in der Streitschrift *Intermezzo*[95] (einer Reaktion auf die Veröffentlichung des ersten *Jahrbuchs der geistigen Bewegung* aus dem George-Kreis) ein ‚Strafgericht'[96] der nun gröbsten und grobschlächtigsten Art vom Zaun. In einer kaum überbietbaren Geste nimmt der 33-jährige Borchardt ein ‚Erbe zu Lebzeiten' in Anspruch, um die Kritik der Epoche zum Gelingen zu bringen, das „Interregnum"[97] für beendet erklären zu können. In der unmittelbaren Übertragung geografischer Fakten auf nationalpsychologische Muster zeigt sich eine fast schon satirische Form nationaler Liturgie. Da in den klassischen Zeiten der Antike der ‚Limes' des römischen Reichs durch Deutschland gegangen sei, kehre dieses ‚Erbe', so Borchardts organologische Vorstellung, als klassisch-romantische Konfiguration eines gebrochenen inneren Zeitverhältnisses in einem modernen Interregnum wieder. „Wenn gesagt worden ist, jeder Engländer sei wie England selber, eine Insel und gewissermaßen von Meer umgeben, so ließe sich dagegen sagen, durch jeden Deutschen gehe der Limes."[98] Um Dichtung und Nation von diesem zyklischen und zwiespältigen Zeitverhältnis zu befreien, muss der Dichter-Kritiker diese ‚innere Grenze' philologisch minutiös nachzeichnen, um sie anschließend durch den eigenen Neuentwurf zu exorzieren. Die Emphase auf ‚Leben' und ‚Erbamt' des Dichter-Kritikers wird durch die analytische Kritik von Sprache und Stil eigentümlich konterkariert. Die Symbolisierung und ‚Heiligung' eines ‚Staats der Dichtung' in Georges Werk sind für Borchardt nicht etwa deswegen problematisch, weil sie in einer ausdifferenzierten modernen Gesellschaft objektiv zu belanglosen Schimären würden, sondern weil die Zeit selbst, die Gegenwart (in Form der von Georges Gedichten inspirierten jungen Generation) sie als Chhimären für heilig nimmt.[99]

Als Kriegsprophet und Nationalist während des Ersten Weltkriegs wurde Borchardt geschichtlich und ästhetisch widerlegt. Von der Idee, dass sich ‚wirkliche' dichterische Freiheit an der Grenze des Verstummens und im Gestus des Widerständigen gegen eine gesellschaftlich deformierte Sprache zeige, zehrt hingegen erstaunlicherweise auch Theodor W. Adornos Borchardt-Rezeption,

---

95 Zuerst publiziert in: *Süddeutsche Monatshefte*, 1910; wieder in: Borchardt: *Prosa I*, S. 105–138.

96 Dies wiederum mag der emphatischen Rhetorik Benjamins in dessen *Wahlverwandtschaften*-Essay zum Vorbild gedient haben, der dort eine stellenweise ähnlich holzschnittartige Polemik gegen den Germanisten und George-Freund Friedrich Gundolf führt.

97 Borchardt: Georges Siebenter Ring, S 87.

98 Borchardt: Die Antike und der deutsche Völkergeist [1927], in: Ders.: *Reden*, S. 272–308, hier. S. 292.

99 Vgl. Borchardt: Georges Siebenter Ring, S. 90–91.

wenn er Borchardt als kritischen Vorläufer seines Postulats einer Dialektik des autonomen Kunstwerks in Anspruch nimmt. (Kulturelle) Hegemonie bzw. ein darauf abzielendes Superioritätsdenken von der Gestalt ästhetischer Freiheit zu entkoppeln, blieb in Bezug auf Borchardt das Unterfangen Benjamins und in dessen Gefolge Adornos.[100] In der Wiederaufnahme der kritischen Konfiguration, die Borchardt bei George vorgenommen hatte, spricht Adorno von der sprachlichen Kraft Borchardts als einer Potenz, die aus der inneren Verarbeitung des unglücklichen historischen Sprach(zu)stands freigesetzt worden sei.[101] Borchardt habe sich emanzipiert von diesem Sprachzustand, der ihm als geschichtlich gescheiterter gegenübergetreten sei. In den Gedichten Borchardts trete, so Adorno weiter, ein selbstanklägerisches Timbre ebenso wie ein verkappter Realismus zutage, die als ‚nächtliche' Seite gegenüber der restauratorischen Herrscherattitüde in Erinnerung gerufen werden.[102] Diese Ergänzung des Restaurator-Paradigmas durch Adorno (und auch durch Helmut Heißenbüttel) stellt mit zwei Werkauswahlen Ende der 1960er Jahre einen letzten Versuch der Popularisierung von Borchardts Werk außerhalb akademischer Forschung dar. In Bezug auf das Übersetzungswerk von Borchardt und Rudolf Alexander Schröder schreibt Adorno (in der Rezension *Zu [Rudolf Alexander] Schröders Odyssee*), diese hätten das Sachliche der Tradition (trotz all ihrem divinatorischen Eifer) geschätzt und sich nicht von ideologischen Zerrbildern leiten lassen.[103] Adorno rückt damit den Kreis um Borchardt (und nicht etwa den von ihm geringgeschätzten Bertolt Brecht) ausgerechnet 1968, als Adornos Auswahl der Gedichte Borchardts bei

---

100 So die bestechende Analyse von Matz: *Eine Kugel im Leibe*, S. 105.

101 Vgl. Adorno: Die beschworene Sprache, S. 536–555. Gerade George, der so sehr die Emphase auf die Kunst gelegt habe, sei vom einzelnen Kunstwerk nicht zu erschließen, sondern sei auf die Veränderung der Sprache als ganzer ausgegangen. Er wollte die Sprache neu erfinden, so Adorno. Seiner bzw. Benjamins Intuition zufolge schreibt sich die Neuromantik von Baudelaire bis George und Borchardt aus der Idee der Übersetzung her. Adorno erwähnt in diesem Zusammenhang, dass der Begriff der Technik ohne George in der deutschen Literatur gar nicht zu denken sei und hebt dabei besonders dessen Übersetzungen hervor, auch mit Bezug auf Benjamin, dessen Übersetzerbegriff – die eigene Sprache um die fremde erweitern – er bei George vorgebildet sieht. Beispiel Adornos ist der Neologismus ‚peinen' in der Baudelaire-Übersetzung von George; vgl. Theodor W. Adorno: Wörter aus der Fremde, in: *Noten zur Literatur* (GS 11), S. 216–232.

102 Adorno: Die beschworene Sprache, S. 543 und passim.

103 Mit dem ‚Sachlichen' ist zudem auf eine Konstellation verwiesen, die in der vergleichenden Philologie der 1920er und 1930er Jahre etwa bei Erich Auerbachs Konzept einer philologisch zu erschließenden ‚Erde' und ‚Weltwirklichkeit' greifbar ist; vgl. Erich Auerbach: *Mimesis und Figura. Dargestellte Wirklichkeit in der abendländischen Literatur*, Tübingen/Basel 2001 (1946/1949); vgl. auch Balke/Engelmeier: *Mimesis und Figura*.

Suhrkamp erscheint, in die Mitte einer deutschsprachigen literarischen Moderne als Komplement der musikalischen Moderne um Schönberg und Berg.

Bei Borchardt war das Ursprungsszenario der Dichtung als alleiniger ‚Bildnerin' der Nation und des Kritikers als deren transzendentalem Vollzugsorgan in der Frontstellung zu Stefan George greifbar geworden.[104] Die Steigerung des Konflikts mit George zum „offenen Gegensatze"[105] befeuerte Borchardt Zeit seines Lebens und gar noch über den Tod des Kontrahenten hinaus. Entzückt von der darin sichtbaren kritischen Analyse und der Geste deklarierte Walter Benjamin Borchardts geschichtliches Scheitern in ein ästhetisches um, indem er dessen Poetik – und auch die von Hofmannsthal – als Falschmünzertum, „freilich erfüllt vom Urbild der Werke, die aufs Neue in ihm lebendig werden",[106] bezeichnete. Eine Ästhetik, die monumentale Tendenzen verfolgt, sollte damit auf die Füße einer literarischen Produktionsethik gestellt werden. Diese Strategie von Benjamin schwingt unter den völlig veränderten Vorzeichen einer Perspektive *nach* der Shoa noch in Adornos Diktum mit: Borchardts Selbstanklage tritt als nun *autonomer* geschichtlicher ‚Rest' eines durch den gesellschaftlichen Antisemitismus zum sogenannten ‚Vierteljuden' gestempelten Künstlers gegen die (nun ohne Vorzeichen) *falsche* Assimilation auf. – Die in den 1920er Jahren antisemitisch decodierbaren Vorbehalte gegen Assimilation und Fälschung werden von Adorno 50 Jahre später mobilisiert, um dem von ihm abgelehnten politischen Voluntarismus der deutschen Studentenbewegung eine Geste künstlerischer Autonomie entgegenzuhalten. Diese Geste wird in einer Prosopopöie von Borchardt realisiert und lässt sich nicht zuletzt als Adornos Antwort auf den Vorwurf der Zeitschrift *Alternative* von 1967 lesen, wonach er selbst das Benjamin'sche Erbe verfälsche (vgl. Kap. 5.1). Die erstaunliche Verknüpfung der für Adorno zentralen ästhetischen Kategorie des Unscheinbaren mit Rudolf Borchardts Traditionspolitik schließt an eine Reihe von geplanten, aber ausgebliebenen öffentlichen Äußerungen Adornos zu Paul Celan an. Adorno hatte sich Borchardt wieder zugewandt, weil er sich eigener Aussage zufolge nicht fähig fühlte, über Paul Celans Gedichte zu sprechen.[107]

104 Vgl. Osterkamp: *Rudolf Borchardts Zeitgenossen*; Rudolf Borchardt: *Aufzeichnung Stefan George betreffend*; Aufstellung von Texten Rudolf Borchardts zu Stefan George, in: Borchardt: *Prosa VI*, S. 589–590.

105 Rudolf Borchardt: Biographisch-bibliographischer Abriss [1912], in: Ders.: *Prosa VI*, S. 58.

106 Benjamin: Hofmannsthal, GS VI, S. 145–146.

107 Schon Adornos Text zu Borchardts Lyrik entstand 1968 aufgrund der „Unmöglichkeit", im Rundfunk über Paul Celans Gedichte sprechen zu sollen. Celan seinerseits hat sich zu Borchardt nicht zuletzt in seiner Rede von 1968 geäußert, seine Äußerungen des Erstaunens über Rudolf Borchardts künstlerische Übersetzungen sind dokumentiert.

Die hier skizzierten *ästhetischen Grenzbildungen* bewegen sich im Bann (zu) großer Ähnlichkeit und drohen immer wieder zu kollabieren: *anxiety of influence.* Assimilation heißt das mächtige gesellschaftspolitische Paradigma dafür in der ersten Hälfte des 20. Jahrhunderts. Vom national über den assimilatorisch zum ästhetisch-sprachlich codierten Schwebezustand: Im Postulat dieser je unterschiedlich ausgelegten Vorstellung künstlerischer Autonomie werden 1910, 1925 und 1968 je unterschiedliche gesellschafts- bzw. literaturpolitische Kämpfe ausgefochten. Sie bilden damit auch in eigentümlicher Weise ein Gedächtnis aus für das Diktum Benjamins, wonach die Jugend dem Dichterfürsten George huldigen zu meinen glaubte, ohne die verworfene gesellschaftliche Kultur der Erwachsenen realpolitisch verändern zu müssen (vgl. Kap. 2.2). – Dieser rezeptionsgeschichtliche Komplex deutscher Katastrophengeschichte erstreckt sich über die Weltkriege und die Shoa und lädt das deutschjüdische Verhältnis latent mit dem Folgenreichtum eines Komplexes ästhetischer ‚Erbschaft' auf,[108] der im Anthologischen Schreiben der 1920er Jahre explizit verhandelt wird. Dies wird im folgenden Kapitel am Fallbeispiel von Borchardts Anthologie *Ewiger Vorrat deutscher Poesie* nachgezeichnet.

6.6 Charismatische Distanz: Die Anthologie *Ewiger Vorrat deutscher Poesie*

Borchardt schuf in seinen Anthologien einen Hypertext der europäischen Tradition gerade zu dem Zeitpunkt, an dem die Avantgarden im Handgemenge mit den technischen Medien das poetische Wort auf seine visuellen und akustischen Formatierungen hin zu untersuchen begannen. Etwas zugespitzt zeigt sich die Frontstellung zwischen dem Hyper-Traditionalisten Borchardt und den selbst ernannten Traditionszerstörern der Avantgarden so: Während die einen unbesehen der Warnung von der leeren ‚Fortschrittlichkeit' auf eine materialorientierte Poetik setzen, versucht Borchardt das

---

Vgl. für diese Rezeptionszusammenhänge die genaue Entfaltung bei Joachim Seng: *„Mitsprechende Gedankenwelt". Paul Celan als Leser Rudolf Borchardts. Zugleich der Versuch, sein Gedicht „Andenken" zu verstehen* (Mitteilungen des Rudolf Borchardt Archivs 10), München 2007, bes. S. 8–9.

108 Vgl. dazu Fabian Saner: Dislokation, Relokation – Restitution? Die Aporie ästhetischer ‚Heilung', die Taktik des Schriftstellers und die gemischten Gefühle in der Debatte um W.G. Sebald, in: PHIN. Philologie im Netz, 93/2022, hg. v. Paul Gévaudan, Hiltrud Lautenbach, Alexander Nebrig, Peter Schneck und Dietrich Scholler, [S.] 62–82; http://web.fu-berlin.de/phin/phin93/p93t4.pdf.

‚Klassische' des europäischen Formenkanons um die apokryphen, unmöglichen ‚Austauschlinien' zu ergänzen, die der historischen Entwicklung der europäischen Dichtung seines Erachtens gefehlt haben. Das schöpferische gewaltsame ‚Surrogieren' des Fehlenden[109] legitimiert sich dabei immer durch einen als unaufhaltsam und damit ‚tragisch' konstruierten Verfallsprozess, der nur durch eine tiefgreifende Intervention – ein „Opfer", wie es Borchardt und Hofmannsthal in ihren Textkonstitutionen immer wieder konzeptuell imaginieren[110] – ausgeglichen werden kann. Dies soll nun am Fallbeispiel der Anthologie *Ewiger Vorrat deutscher Anthologie* untersucht werden.

Das Gerüst der Anthologie *Ewiger Vorrat deutscher Poesie*, in Auswahl wie Anordnung, ist die geistliche Dichtung.[111] Die typografisch-buchräumlich auffällige Hervorhebung und gleichzeitige Nicht-Kommentierung der präsentierten Texte unterstreicht den normativen Anspruch an eine Klassik von Texten, die als ‚Urkunden' den Leserinnen und Lesern ihre Echtheit unmittelbar verbürgen sollen. Die theoretische Klammer liegt in der zum Ausdruck kommenden Individualisierung der geistlichen Lyrik. Die Sammlung bezieht ihre Problematik aus der Spannung von individuellem Ausdruck und Anrede des Göttlichen sowie der geschichtlichen Klassizität gerade *dieses* Formenausdrucks, *dieser* Redeform, die der Herausgeber Borchardt mit der Sammlung verbürgen will. Die Korrekturen und ‚Ausbesserungen' der Gedichte gehen einher mit einer Verwischung geistesgeschichtlicher Linien der Säkularisierung.[112] Borchardt verzichtet auf paratextuelle Vermittlungsformen: Ohne Einschub von Zwischentexten, Inhaltsverzeichnis, Vorwort oder Kommentar folgt dem Titelblatt sogleich das erste Gedicht.[113] So steht die Anthologie komplementär zu wirkungsmächtigen Lyrikanthologien der Zeit – etwa Kurt Pinthus' *Menschheitsdämmerung* (1919) –, die in einem ähnlich geistesgeschichtlich intendierten Modus eine *gegenwärtige* Epoche[114] konstruieren wollen. Gegen Pinthus' *Menschheitsdämmerung* setzt Borchardt auf die Ausschaltung alles Zeitgenössischen – seien es Gedichte oder kritische Erwägungen. Vielmehr

109 Vgl. den Brief Borchardts an Josef Hofmiller, in: Ders.: Briefe 1907–1913 (vgl. Fussnote 11 dieses Kapitels).

110 Vgl. Wellbery: Die Opfer-Vorstellung als Quelle der Faszination; Florens Christian Rang an Hugo von Hofmannsthal, 28.12.1923, in: Dies.: Briefwechsel 1905–1924, S. 440–441.

111 Vgl. Borchardt: Ewiger Vorrat deutscher Poesie (Nachwort), S. 345.

112 Vgl. Johannes Saltzwedel: *„Ganz und gar aus dem Leben heraus". Rudolf Borchardts Anthologie Ewiger Vorrat deutscher Poesie als Ernstfall schöpferischer Restauration*, München 2006, S. 10 (Schriften der Rudolf Borchardt-Gesellschaft 5).

113 Vgl. Markus Neumann: *Die „englische Komponente". Zu Formen, Genese und Funktionen des Traditionsverhaltens bei Rudolf Borchardt*, Göttingen 2007, S. 185.

114 Vgl. dazu Alexander Nebrig: *Disziplinäre Dichtung. Philologische Bildung und deutsche Literatur in der ersten Hälfte des 20. Jahrhunderts*, Berlin/Boston 2013, S. 104–115.

evoziert er einen unvermittelten Raum dichterischer Passion der Gottesansprache, der sich über die Jahrhunderte erstreckt.

Zugleich setzt Borchardts Sammlung[115] so auch einen deutlichen Kontrapunkt zu den marktorientierten Anthologien, die bestimmte Publikumssegmente anvisieren (vgl. Kap. 1.2). Die geistlichen Lieder und die Minnelieder stellt Borchardt als seinen ganz eigenen, mit keiner ‚epochencharakteristischen' Sammlung zu vergleichenden Vorrat dessen heraus, was sonst für immer verloren wäre. Der Ausfall gegen eine ‚tote' Modernität, den man vermutlich auf die wirkungsmächtige *Menschheitsdämmerung* beziehen kann, wird begleitet vom Affekt gegen eine rein empirisch arbeitende Philologie, deren Funktion Borchardt auf Motivforschung und Quellensucherei reduziert.[116] Diese Haltung zur Philologie findet ebenso bei den George-Anhängern und der geistesgeschichtlich geprägten Literaturwissenschaft der 1920er Jahre und noch bis in Adornos *Ästhetische Theorie* ein starkes Echo.

Im Rekurs auf den Zerfall der Antike konstruiert Borchardt für das 19. Jahrhundert ebenfalls ein ‚Todesdatum', das den Überlieferungsbruch im „Riesenabgrund der nationalen Geschichte"[117] bezeugen soll und seine eigene Rekonstitution der Poesie als vollstreckender Inventarisierung legitimiert. Die Ausführung eines Ordnungsauftrags geht dabei einher mit einer Emphase auf einen voraussetzungslosen Neubeginn im Zeichen des ‚Schönen'. Im Nachwort zum *Ewigen Vorrat* vermerkt Borchardt, dass er alles getan habe, um die Gedichte – durch den Vergleich von Ausgaben und Drucken – so schön wie möglich zu machen, „aber darüber hinaus erwarte niemand am falschen Platze eine philologische Treue, die der Herausgeber an ihrem Platze sehr wo[h]l zu üben gelernt hat, an manchem Objekte geübt hat und übt, und eben darum[,] weil er ihre Grenzen von Berufes wegen hat kennen lernen müssen, hier bewusst und allgemein preisgibt."[118] Die Absicht des Dichters sei ihm nie maßgebend gewesen.

> Gewahrt ist der Zeitenablauf im großen Ganzen. Im großen Ganzen folgt einander, was nacheinander lebte. Im Einzelnen ist nicht nur darauf geachtet, dass im aufgeschlagenen Buche links und rechts gegenständig einander etwas zu bedeuten haben, sondern es sind ganze Stücke gelegentlich dem chronologischen Ablaufe entzogen und in die Bezüge einer höheren Geschichte[,] als annalistische es ist[,] eingereiht.[119]

---

115 Vgl. Gerhard R. Kaiser: Klassik und Romantik in den Anthologien von George/Wolfskehl, Hofmannsthal und Borchardt, in: Dieter Burdorf (Hg.): *Borchardt und die Klassik*, Berlin/Boston 2016, S. 225–246.

116 Vgl. Borchardt: Ewiger Vorrat deutscher Poesie (Nachwort), S. 347.

117 Ebd., S. 324.

118 Ebd., S. 351.

119 Ebd.

Diese höhere als annalistische[120] Geschichte verweist auf analoge Wendungen, die Borchardt für die Nationalgeschichte und die „Freiheit" der Biografie verwendet.[121] Zwei wesentliche seiner Strategien sind das Ältermachen und das Anonymisieren von Gedichten, was hervorheben soll, wie sehr die jeweils versammelten Texte eine Einheit jenseits der materiellen Fakten der Überlieferungsgeschichte bilden sollen.[122]

Wie diese legitimistische ‚Erbpraxis' unmittelbar in einen fingierten Traditionsprozess, in die Konstruktion einer Tradition übergehen kann, ist im *Ewigen Vorrat* am eindrücklichsten an Gedichten von Heinrich Heine veranschaulicht – nebst dem durch Borchardts Zeitgenossen und in der Borchardt-Forschung vieldiskutierten Skandal der Entstellung von Hölderlins ‚Odenskizze' *Hälfte des Lebens.*[123] In Überhöhung der Idee des Sonderns, Speicherns und Ordnens fragmentiert Borchardt die Gedichte Heines und zeichnet die Amputationen ganzer Verszeilen durch Auslassungsstriche aus. Die „Optik der Papyrus-Edition" soll die etablierten Konventionen der bürgerlichen Rezeption aufbrechen, um mittels einer nachträglich implantierten Fremdheit den Blick auf das Eigentliche zu öffnen, so umschreibt Peter Sprengel die Intention Borchardts.[124] „Die Gedichte sind, dem Titel dieser Sammlung gemäß, nur wo sie unzerstörbar schwermütig in unserem Ohre haften und nur so weit gegebene, als sie gedichtet, und nicht in dem, worin sie zu Ende gefälscht sind."[125] Die hypostasierte ‚Gerechtigkeit der Geschichte', der archimedische Punkt der Poesie in ihrer national-deutschen Artikulation, ist für Borchardt eine geistliche Lyrik, deren Bogen er im *Ewigen Vorrat deutscher Poesie* vom Spielmannslied des 12. Jahrhunderts bis zu Rudolf Alexander Schröders dichterischen Gebeten aufspannt – und damit auch räumlich und zeitlich gewissermaßen in seine unmittelbare Nähe, in seinen eigenen Dichterkreis führt, war doch Schröder einer seiner wenigen intellektuellen Gesprächspartner, bei denen der Austausch nicht abgerissen ist oder anders gestört wurde.

Dass im Fall Heine[126] der Herausgeber Borchardt ‚bis zu Ende irrt' in der halb spielerischen Zerstörung von dessen Gedichten (so der Borchardt-Herausgeber Gerhard Schuster), indem er ein um die Jahrhundertwende lebendiges Werk

---

120 Die geschichtswissenschaftliche *„Annales"*-Schule erhielt bei Lucien Febvre und Fernand Braudel ebenfalls in den 1920 und 1930er Jahren ihre konstitutive Form.

121 Vgl. seine Autobiografie *Rudolf Borchardts Leben von ihm selbst erzählt* (1927), S. 62.

122 Vgl. Knödler: *Rudolf Borchardts Anthologien,* S. 273.

123 Im Fall Hölderlin geht es Borchardt um philologische Polemik an der Neuedition von Norbert von Hellingrath, die in den 1910er und 1920er Jahren die Hölderlinphilologie auf eine neue Basis gestellt hatte. Vgl. Knödler: *Rudolf Borchardts Anthologien,* S. 230–231.

124 Sprengel: *Der Herr der Worte,* S. 22.

125 Borchardt: Ewiger Vorrat deutscher Poesie (Nachwort), S. 334; die ganze Passage zu Heine ebd. S. 332–334.

126 Vgl. auch Knödler: *Rudolf Borchardts Anthologien,* S. 227–229.

eindimensional auf ein vulgärromantisches ‚Ahnen und Fühlen' verpflichten will, lässt sich mit Pia Elisabeth Leuschners Vorschlag des „Nah-Erbes"[127] deuten. Diese Nah-Erbenschaft bezieht sich auf Gestalten des 19. Jahrhunderts und Zeitgenossen, deren dichterisches Ende Borchardt jeweils selbst fortzuführen und einzulösen verspricht: als Anthologist konstruiert er die Tradition über einen „Überlieferungsbruch" hinweg und setzt sich selbst als besseren, ‚beendenden' Dichter ein.[128] Dass dies bei Heine in einem besonders gewaltsamen Umgang mit den Texten geschieht, erstaunt zunächst, gesteht Borchardt doch Heine in einem zu Lebzeiten ungedruckt gebliebenen Fragment von 1906 zu, „für den wirklichen Leser eine große Versuchung, eine Arbeit, ein formgebendes Schicksal" zu sein. „Wer das einmal erkannt hat, ist davor bewahrt, den Begriff der Klassicität in dem geläufigeren Sinne auf ihn anzuwenden [...]." Heine sei „Naturkraft wie Weltmacht".[129] Die „Heinefrage", die in diesem Fragment als unbeantwortet ausgewiesen wird, wird im *Ewigen Vorrat deutscher Poesie* geradezu zum Exempel für Borchardts autoritative Philologie, die sich die Freiheit nimmt, ein „Edleres und Höheres"[130] gegen alle textkritische Bescheidung durchzusetzen, und sich dazu auch die Lizenz zur Umdichtung herausnimmt. Borchardts Anthologie suspendiert die Differenz von ‚dienender' Philologie und philologischer Ästhetik zugunsten einer „listigen Pädagogik", so Johannes Saltzwedel,[131] die die Lesenden dazu zwingen soll, jene „kritische[n] Eigenschaften" zu entwickeln, „die nicht aus der Geschichte allein zu holen sind, sondern eine neue Ästhetik voraussetzen, ein Absolutes

127 Vgl. Pia-Elisabeth Leuschner: Dante funktional. Rudolf Borchardt als ‚Durante' Alighieris, in: *Text + Kritik. Sonderband*, S. 132.

128 Knödler: *Rudolf Borchardts Anthologien*, S. 228–229. Dennoch ist Borchardts Freilegung von Heines vermeintlichen „Anfängen, die nicht weitergehen" (Borchardt: Ewiger Vorrat deutscher Poesie, S. 332), eine Provokation und ein Angriff auf den Dichter, dessen dichterisches Vermögen sich demjenigen des Anthologisten beugen muss. Dass Heine so ein (vermeintlich) besserer Dichter wird, aber nicht mehr Heine ist, hatte bereits *NZZ*-Feuilletonredaktor Eduard Korrodi in einer zeitgenössischen Rezension festgestellt. Lasse man beim XLIII. Gedicht des „Lyrischen Intermezzo" von Heine nämlich die letzte Strophe weg – „Ach! Jenes Land der Wonne,/ Das seh ich oft im Traum;/ Doch kommt die Morgensonne/ Zerfließt's wie eitel Schaum." –, fehle dem Gedicht die typische ironische „Heinesche Attitüde und Unterschrift", so Eduard Korrodi („Ewiger Vorrat Deutscher Poesie". Zu Rudolf Borchardts Anthologie, in: *Die literarische Welt*, 27.8.1926, S. 5). Die Evokation eines märchenhaften Sehnsuchtslandes darf bei Borchardt durch die ironische Brechung nicht zerstört werden.

129 Borchardt: Versuch über Heine [1906], in: *Akzente* 49, 2/2002, S. 147–152.

130 Borchardt: Ewiger Vorrat deutscher Poesie (Nachwort), S. 334–335.

131 Saltzwedel deutet beispielsweise die Verschleierung durch Autorschaft bei Borchardt als Form einer Spurlegung, so bei der Autorschaftsangabe „Unbekannter Sessenheimer Nachahmer Goethes"; Saltzwedel: *Ernstfall schöpferischer Restauration*, S. 3.

neben und im und über dem ewig Relativen."[132] Borchardt setzt sich gegenüber Heine als eben jenes „selten verstattete" Naturereignis des hohen Tons ein, das den Gedichten zu ihrer „Klassicität" erst verhelfe, wogegen Heine getadelt wird für sein „ungroßmütiges Geizen mit seinem Innern".[133] Ganz im Gegensatz zu Goethe, dessen Gedichte nicht ‚verbessert' oder ‚umgestellt' werden, bei denen vielmehr besonders behutsam verschiedene Ausgaben verglichen werden.[134] Die Frage bleibt allerdings offen, was denn unter diesen von Saltzwedel hervorgehobenen „kritischen" Eigenschaften zu verstehen sein könnte, wenn nicht einfach eines: selbstbewusste Eigenmächtigkeit.

An Heine wird dies wohl auch aus einer antifranzösischen Tendenz heraus besonders deutlich statuiert. Das von Borchardt so emphatisch beschworene „Drama zwischen Text und Leser"[135] wird als dramatischer Konflikt fehlender deutscher Nationalstaatlichkeit des frühen 19. Jahrhunderts stilisiert; das durch die Strichlinien eigentlich ‚zerfetzte' Gedicht erscheint im Abdruck der Anthologie in der Bremer Presse als Versbild. Was Heine laut Borchardt verkehrterweise „zu Ende gefälscht" habe, ersetzt der Herausgeber des *Ewigen Vorrats* durch „Zitate" aus dem Heine'schen Werk, durch „Anfänge[,] die nicht weiter gehen."[136] Zufälle, die so eingelassen seien, wie sie bei den größten griechischen Lyrikern bloß als Fragmente der Filterung durch die Jahrhunderte widerstanden hätten. In seinem Nachwort vergrößert Borchardt damit die historische Distanz des Kosmopolitismus von Heine zu seiner restaurativ-wiederherstellenden Schöpfung auf einen Maßstab, der die historische Nähe Heines zum bildungsbürgerlichen (nicht zuletzt deutschjüdischen) Publikum der Anthologie bewusst auslöschen will. Hier werden die politische Ästhetik und die literaturgeschichtliche Strategie der deutschnationalen Intentionen des Anthologisten Borchardt deutlich sichtbar.

> Es handelt sich um intentionale Fragmente des Anthologisten, dessen Darbietung das Missverständnis nahelegt oder wenigstens zulässt, es handle sich um Überlieferungsfragmente beziehungsweise um intentionale Fragmente des ursprünglichen Autors.[137]

---

132 Rudolf Borchardt an Josef Nadler, 25.10.1924, in: Borchardt: *Briefe 1924–1930*, S. 38–44, hier S. 42.

133 Borchardt: Ewiger Vorrat deutscher Poesie (Nachwort), S. 333 und 335.

134 Dies hat Johannes Saltzwedel in seiner quellenkritischen Untersuchung herausgearbeitet; vgl. Saltzwedel: *Ernstfall schöpferischer Restauration*, bes. S. 21–23.

135 Schuster: Zur Konzeptions- und Überlieferungsgeschichte von Rudolf Borchardts Œuvre, S. 119–120.

136 Borchardt: Ewiger Vorrat deutscher Poesie (Nachwort), S. 334.

137 Kaiser: Klassik und Romantik, S. 244.

Dass es kein Zufall ist, wenn das Werk des deutschjüdischen Satirikers auf einen elegischen, schwermütig ‚deutschen' Ton vereinseitigt wird, lassen nicht nur die ‚Fragmente' angesichts der diesen beigefügten gestrichelten Linien erkennen, sondern auch das antifranzösische Ressentiment Borchardts, das die Verwerfung der Gedichte Adelbert von Chamissos in den geläufigen Metaphern des kulturellen Ressentiments gegenüber Frankreich expliziert. Diese seien „nach fertigen Rezepten gearbeitete Effektstücke von erstaunlicher Kälte in ihrer Wirkungssicherheit [...], und allerdings die einzigen Deklamationen – man kann den französischen Ausdruck nicht entbehren – in unserer der Rede werten dichterischen Literatur."[138] Die virulenten antifranzösischen Stereotype, die Borchardt, dem konservativ-nationalen antifranzösischen Duktus der 1920er Jahre gemäß, hier als Chamisso-Attribute verdichtet, gelten alle auch gegenüber Heine.

Die geschichtliche Funktion der Poesie, wie sie Borchardt bereits im *Gespräch über Formen* (1905) konzipiert, lässt sich nicht von der Kritik des Dichter-Kritikers trennen. Es steht nicht mehr das ästhetisch begründete Gelingen und Misslingen, auch nicht die philologische Textkritik im Vordergrund, sondern ein gleichzeitig apologetisches und zerstörendes Textmonument, das in der selbstgesteckten Sinndimension einer geschichtlich-nationalen Funktion der Dichtung die Fronten zu bereinigen sich anschickt. Das Nachwort des *Ewigen Vorrats* kommentiert und legitimiert die Aufnahme oder Verwerfung einzelner Dichterinnen und Dichter und zielt darauf ab, eine endgültige Form von Gedichten herzustellen, die aufgrund irriger Gefühle, Intentionen, kleiner Zufälle etc. nicht hätten entstehen können. In dieser Konzeption scheint Borchardts „Geringschätzung der Quellen"[139] folgerichtig; sie wird im Nachwort auch ausgewiesen, wenn Borchardt schreibt, dass die „Absicht des Dichters"[140] durchaus unwesentlich sei zugunsten einer schöneren Einrichtung durch den Herausgeber. Franck Hofmann hat dies unter dem Titel einer *Arbeit am ästhetischen Menschen*[141] einem starken Formenwillen bei Borchardt zugerechnet, der nicht einmal davor zurückgeschreckt ist, die Strophenfolge des *Frühlingslieds* seines Freundes Hugo von Hofmannsthal zu verändern.

Dass Georges Gedichte in seiner Anthologie *Ewiger Vorrat deutscher Poesie* nicht vorkommen, erklärt Borchardt so: Georges lyrisches Werk „gehört [...] der Gegenwart überhaupt nicht an. Sein Niveau ist es, das rückwärts wirkt:

138 Borchardt: Ewiger Vorrat deutscher Poesie (Nachwort), S. 332.
139 Knödler: *Rudolf Borchardts Anthologien*, S. 232.
140 Borchardt: Ewiger Vorrat deutscher Poesie (Nachwort), S. 335.
141 Vgl. Franck Hofmann: *Sprachen der Freundschaft*.

und so ist er in diesem Buche, das ihn nicht sichtbar enthält, dennoch als eine unsichtbare Summe enthalten."[142] George ist damit eine von wenigen literaturgeschichtlichen Figuren, die – ähnlich wie Dante – eine geschichtliche Lage, eine ‚Situation' der Poesie in ihrer Gesamtheit verkörpern. Deren Vor- und Nachgeschichte lässt sich in Borchardts Verständnis von Poesie nicht kritisch beschreiben und beurteilen, wenn diese Figuren und die mit ihnen verknüpften Werke nicht durch die Schule des spezifisch für *diesen* Dichter bereitstehenden Kritikers gegangen sind, der die transzendentale Funktion von dessen Werken verbürgt. Entsprechend ist das implizite Gegenwartsverhältnis der Anthologie des *Ewigen Vorrats* auch aus dieser Lücke heraus zu deuten: ‚Unsichtbare Summe' und die Nicht-Zugehörigkeit zur Gegenwart einer Figur, die Borchardt schon 15 Jahre früher als historische Gestalt – und damit in einer metapolitischen Figuration des Dichtens an und für sich – bezeichnet hatte.

Borchardts Gegenkonzept gegen eine gewissermaßen metastaatliche Form der Dichtung bei George (mit ihrem auch wissenschaftsgeschichtlichen Impetus in den ‚Gestalt'-Essays und dem wissenschaftspolitisch aktiven ‚Kreis') ist die überzeitliche Form des Anthologischen Schreibens: Gegen die gesellschaftspolitische Verfestigung des ‚Kreises' und seiner aktiven Gegenwartsgestaltung im Sinn einer kulturpolitischen Sekte setzt Borchardt auf die Ineinssetzung von Poesie und Geschichte und die Herausgabe von ‚Urkunden' der Dichtung: zwei differente Umgangsformen mit dem, was von der zeitgenössischen Gesellschaftskritik bereits in den 1920er Jahren als ‚Krise der freischwebenden Intelligenz' analysiert wurde.

Der *Ewige Vorrat deutscher Poesie* gilt zurecht als jene Anthologie Borchardts, die am meisten Aufsehen erregt hat. Dies lässt sich an zahlreichen zustimmenden und ablehnenden Rezensionen ablesen; gleichzeitig hat sich die Sammlung als Borchardts wirkungsvollste erwiesen. Dies gilt auch im Hinblick auf ihr nachfolgende Anthologien, etwa für Katharina Kippenbergs Anthologie *Deutsche Gedichte* (1938),[143] die rund ein Viertel ihres Bestands mit Borchardts Anthologie teilt und auch programmatisch einiges von ihm übernommen hat. Auch Werner Kraft, der sich bis an sein Lebensende mit dem *Ewigen Vorrat deutscher Poesie* seines Mentors Borchardt auseinandergesetzt hat, dient er als wichtiges Vor- und Gegenbild seiner eigenen Anthologie

142 Borchardt: Ewiger Vorrat deutscher Poesie (Nachwort), S. 332.

143 Katharina Kippenberg (Hg.): *Deutsche Gedichte*, Frankfurt/M. 1954.

Wiederfinden (1954).[144] Von Borchardts Anthologien ist der *Ewige Vorrat* am häufigsten wieder aufgelegt worden.[145]

6.7 Vom Kulturmodell Anthologie zur *humanitas*-Utopie des Gartens

Zusammen mit Hofmannsthal beschwört Borchardt seit Mitte des Ersten Weltkriegs in öffentlichen Reden einen Fluchtpunkt des Europäischen.[146] Bis in die frühen 1920er Jahre hinein vollzieht er darin eine in sich widersprüchliche[147] Absetzbewegung – zugleich vom Imperial-Nationalismus des ausgehenden 19. Jahrhunderts wie der abgerissenen poetischen Tradition und der zeitgenössischen politischen Situation. Bereits 1912 hatte Borchardt in der von ihm nachträglich als biografische Schwelle konstruierten Heidelberger Rede *Die Neue Poesie und die alte Menschheit* in Bezug auf den kulturellen Gehalt des gegenwärtigen Deutschland betont: „Welch ein Jahrhundert, an dessen Austrittspforten denselben Völkern [Europas] [...] vor einer geistigen Hegemonie des heut in Deutschland Herrschenden mit tausendfachem Rechte grauen darf!"[148] Diese Obertöne vereindeutigt Borchardt im Ersten Weltkrieg zu nationalistischen Parolen und richtet sie in den 1920er Jahren mit einer stark revanchistischen Schlagseite gegen Frankreich. Dieser revanchistischen Töne zum Trotz, die sich insbesondere auf die Frankreich zugesprochenen Gebiete des Elsass und des Rheinlands beziehen, gehen Borchardts Positionierungen nicht in einem chauvinistischen Nationalismus auf. Vielmehr huldigt Borchardts spezifischer Klassizismus einem aristokratischen Europäismus in einer diffusen Zukunft, die sich auf den *causae victae*, den Kontrafakturen seiner Geschichtsschreibung aufbaut – um ein Deutschland, das einmal „europareif" sein werde.[149] Ein Gutteil seiner emphatischen Rhetorik ist darauf zurückzuführen, durch kontraintuitive Verfremdung die Geltungsmacht der zu verwerfenden Gegenwart zu verstärken, um für seine alternativ-restaurativen

---

144 Werner Kraft (Hg.): *Wiederfinden. Deutsche Poesie und Prosa*, Heidelberg 1954.

145 Vgl. Neumann: *Die „englische Komponente"*, S. 188; Knödler: *Rudolf Borchardts Anthologien*, S. 206–207.

146 Vgl. die gemeinsam mit Hofmannsthal entwickelte Rede „Europa" (1917 in Bern gehalten), in: Hofmannsthal: Über die europäische Idee, KA XXXIV, S. 324–335; vgl. Schneider: Österreich/Mitteleuropa, in: Mayer/Werlitz (Hg.): *Hofmannsthal-Handbuch*, S. 125–126.

147 Borchardt beschreibt das 19. Jahrhundert als Chaos und als besonders schöne herrliche und reiche Zeitepoche zugleich; vgl. Kissler: *Wo bin ich denn behaust*, S. 75–76.

148 Rudolf Borchardt: Die Neue Poesie und die Alte Menschheit [1912], in: Ders.: *Reden*, S. 104–122, hier S. 107.

149 Rudolf Borchardt: Epilegomena zu Dante I, in: Ders.: *Prosa II*, S. 472–531, hier S. 521.

Sprachschöpfungen überhaupt einen Ort ihrer Möglichkeit herzustellen – ein dramatisches Narrativ von Konfliktsteigerung und Katharsis.[150]

Den demokratischen Staat vermochten Hofmannsthal und Borchardt trotz ihrer Hochschätzung der politischen Komplementarität von ‚Reich' und ‚Kleinstaatlichkeit' nicht anders denn als Verfallserscheinung zu deuten.[151] Klassizität als immanente ‚Europäizität' über den konstatierten Überlieferungsbruch in der zweiten Hälfte des 19. Jahrhunderts hinaus zu konstruieren, ist andererseits die feine – weltliterarische – Abgrenzung, die Borchardt vom virulenten völkisch-nationalkonservativen Denken in der Weimarer Republik unterscheidet.[152] Obschon er – zuweilen besonders schrill – in den Chor derer einstimmt, die nur noch ‚Chaos' zu orten vermögen und im Stil des politischen Dezisionismus einen ‚Neubeginn' ersehnen, ist bei Borchardt die Form der Ordnung poetologisch orientiert und d.h. in erster Linie geistesgeschichtlich begründet. Die Pluralität der Formen in der europäischen Dichtung stellt die poietische Folie dar für elitäre Konzeptionen, die sich, wiewohl nicht strukturell nationalistisch und rassistisch, nicht in demokratischen Konstellation verorten ließen.

Borchardt wurde sich seiner politisch unmöglichen Position aber letztlich erst 1933 gewahr: Nach dem Erscheinen seines Artikels über seine Mussolini-Audienz zu Ostern 1933 in der *Kölnischen Zeitung* hat im Zug der Gleichschaltung kein deutsches Medium und kein deutscher Verlag mehr einen Text des zum ‚Vierteljuden' gestempelten Schriftstellers publiziert.[153] Nachdem er als Publizist in Deutschland zum Verstummen gebracht worden war, hat er das Konzept einer räumlich verbundenen Kultur der *Méditerranée* auf eine staufische ‚Reichsform' umgepolt und deren Kontinuität vom Hochmittelalter bis in die Frühmoderne in abenteuerlichen kulturgeografischen Thesen aufzuzeigen versucht. Der Mittelmeerraum wird zum universalen Kulturgarten erklärt, der sich noch stärker von nationalpolitischen Kategorien ablöst.[154] – Dem liegt ein modernetheoretisches Konstrukt zugrunde, das vom *colonial mind* geprägt ist und der begrifflichen Arbeit bedürfte. Dennoch

---

150 Gerade durch die überschlagende geschichtsphilosophische Konstruktion zog er etwa den Spott von Kurt Tucholsky auf sich.

151 Diese Konstellation ist durch die Hofmannsthalforschung breit aufgearbeitet worden, vgl. exemplarisch Wolfram Mauser: „Die geistige Grundfarbe des Planeten". Hugo von Hofmannsthals „Idee Europa", in: *Hofmannsthal. Jahrbuch zur europäischen Moderne* 2/1994, S. 201–222.

152 Vgl. Cornelia Blasberg: Klassizität und Europäizität. Rudolf Borchardts und Stefan Georges Konzepte zu einer Erneuerung der deutschen Literatur, in: Burdorf (Hg.): *Rudolf Borchardt und die Klassik*, S. 203–224.

153 Vgl. Sprengel: *Der Herr der Worte*, S. 361.

154 Vgl. Sprengel: *Der Herr der Worte*; Hofmann: *Sprachen der Freundschaft*.

vermag der figurierte Mittelmeerraum als transnationaler Kulturgarten auch als produktiver Motor und Ausdruck von historischen und aktuellen Symbolisierungsprozessen weiterbearbeitet zu werden – im Sinn einer Methode, die an künstlerische Erfahrungen anknüpft, um mit Disparatem umgehen zu lernen und Zonen und Formen für Austausch zu kreieren.

Frank Hofmann sieht Borchardts ästhetische Produktivität in der Faszination für das symbolische Modell des Übergangs und der Grenze manifestiert:

> Als eine Variante des zwischen Vergangenheitsbezug und Zukunftsentwurf gespannten Menschen gerät die gesuchte Wandlungsform des vegetabilen Menschen an die Stelle einer Präsenz, die in Borchardts Konzeption durch symbolische Verfahrensweisen ästhetischer Produktivität ausgefüllt wird. Der als „Kompendium der Natur" angesehene Dichter wird mit Bildungen der Natur in Bezug gesetzt. […] Die Gegenwart des ästhetischen Menschen ist die eines Kompendiums, die Arbeit an einer Form, die in Borchardts Gartenliteratur nicht nur die Struktur des „Leidenschaftlichen Gärtners" prägt, sondern sich auch in der Vorliebe zu Listen von Pflanzennamen, Pflanzenverzeichnissen und der Anthologie abzeichnet. Das zyklische Schicksal des in einem biologischen Modell von Dasein und Sterblichkeit beschriebenen Menschen wird hier in ein kulturelles Modell des Übergangs überführt.[155]

Das Buch *Der leidenschaftliche Gärtner*[156] ist als Anthologie und Enzyklopädie im Kleinen, als Durchdringung und Verschlingung von Text- und Gattungsfragmenten gestaltet, die im Gegensatz zu den Anthologien der 1920er Jahre vollkommen auf die Rhetorik eines deutschen vs. anderer europäischer ‚Völkergeister' verzichtet. Dagegen lässt *Der leidenschaftliche Gärtner* leise eine Idee des Exils und der Transkulturation anklingen. „Die Blume zielt auf den Menschen. Darum blüht nur dem Menschen die Blume. Und darum ist nur das Kompendium des Menschen, der Dichter, der vollkommene Gärtner."[157] Mit den zunehmenden politischen Ernüchterungen und dem kleiner werdenden politischen und monetären Spielraum wird die florale Metaphorik immer zentraler und zum quasi enzyklopädischen Denkprojekt. *Der leidenschaftliche Gärtner* ist im unabgeschlossenen Manuskriptzustand keiner Einzelgattung und spezifischen Schreibweise zuzuordnen, sondern Anthologie, Analyse botanischer Kulturtechniken, historische Politikgeschichte, Forschungsabriss der Gartenliteratur und die Beschwörung eines verdichteten transkulturellen Florilegiums in einem. In der Ersetzung nationalpolitisch aufgeladener

155 Hofmann: *Sprachen der Freundschaft*, S. 249–250.

156 Geschrieben 1937/38, aus dem Nachlass erschienen 1951. Vgl. die neue Edition als Bd. 24 der Serie *Naturkunden* hg. v. Judith Schalansky.

157 Borchardt: *Der leidenschaftliche Gärtner*.

poetischer Reiche zugunsten eines mediterranen Menschheitsgartens mag man ansatzweise auch eine Selbstkritik Borchardts an seinem politischen Schreiben der 1910er und 1920er Jahre erkennen, wenn die dynamische Kulturphilologie einer universalen *humanitas* gezeichnet wird.

> Der Garten der Menschheit ist eine gewaltige Demokratie, er braucht niemanden, der ihn populärer machen müsste als er an sich schon ist. Er ist nicht die einzige Demokratie, die durch ungeschickte Anwälte in die Gefahr gebracht werden kann, enthumanisiert zu werden; und Demokratie ohne Humanität ist mit dem ersten Schritte plebejisch, und mit dem zweiten vulgär.[158]

Gegen diese ‚vulgäre Demokratie' akzentuiert sich das signorile Elitenbewusstsein Borchardts, das zu diesem Zeitpunkt in den 1930er Jahren sowohl gegen die organisierte Arbeiterschaft als auch den ‚pöbelhaften' Nationalsozialismus gerichtet ist.

Obwohl in seinen Texten – insbesondere den Reden und den hybriden Gattungsformen des ‚Festbriefs', des politischen Briefs, der ausufernden ‚Vorrede' als einer Art Brief – wie in einer Litanei die Größe und das Heilige des ‚Deutschen' beschworen wird,[159] ist die praktische literarische Arbeit bei Borchardt nicht nur ausgesprochen experimentierfreudig, sondern in einen intra- und transkulturellen Austausch europäischer Formen eingelassen. Die völkisch-rassistische Engführung, die die Nationalkonservativen mit den Nationalsozialisten verbündete, liest er – abgesehen von brieflich explorierenden Sondierungen – als letzte Station eines Traditionszerfalls *in politicis*, und damit, übertragen auf die Ästhetik, als Formenzerfall.

Lässt sich dieses Modell des vegetabilen, des ‚übergängigen' Menschen und konservativen Gärtners gegen das Modell des signorilen Landjunkers, des patriarchalen Herrn stellen, das Borchardt in seinen Gedichten oder, in seinem mittelalterlichen Versspiel im Vergewaltiger *Durant* aufbaut und im Konnex von ‚Dichter' und ‚Welt' beschwört? Oder ist das eine, das gärtnerisch ‚Hegende', nur die Kehrseite des gewalttätig ‚Nehmenden'? Und wie verhalten sich die beiden idealtypischen Modelle hinsichtlich der Immanenz des Konzepts von Geschichte, Nation und Poesie? Eines von Borchardts wichtigsten metapoetischen Anliegen sei, so Stefan Willer, die Situierung des Dichters sowohl in der jeweiligen Zeitgenossenschaft als auch in einem dem bloßen Zeitvergehen enthobenen Bezirk.[160] Die dazu notwendige Funktion,

158 Borchardt: *Der leidenschaftliche Gärtner*, S. 204.
159 Vgl. Kissler: *Wo bin ich denn behaust*, S. 37.
160 Vgl. Willer: *Erbfälle*, S. 223.

die gleichermaßen traditionsgesättigt wie auf das voraussetzungslos Neue rekurrierend eingesetzt wird, ist jene des Erbe-Diskurses. Der ‚Erbe' ist zugleich gesättigt und freigestellt von Tradition – paradoxerweise wird dieser Erbe erst in der Aneignung zum wirklichen Erben mit wiederum symbolisierendem, geschichtsmächtigem Vermögen.

Betrachtet man das Gesamtwerk Borchardts, erstaunt die Experimentierfreude, die doch von einem das ‚Konservative', ‚Ewige', die ‚Tradition' beschwörenden Diskurs begleitet wird. Das Paradigma dieses ästhetisch-geistesgeschichtlich begründeten Formgedankens findet sich in Borchardts größtem und über mehrere Jahrzehnte beharrlich verfolgten Übersetzungsprojekt, seiner Auseinandersetzung mit Dantes *Vita Nuova* und der *Divina Comedia*. Lothar Müller hat herausgearbeitet, wie Borchardts Begriff einer archaischen Klassik eine unabdingbar individualbiografische Lektüre des Dante-Texts nach sich zieht und diese in eine Übersetzungspraxis einträgt, deren Pointe in einer gerade wiederum textstrukturalen Konzeption der ‚Fremde' des Übersetzens als eines pluralen europäischen Kontexts liegt. Übersetzungen werden, Borchardts Auffassung gemäß, historisch nicht ‚vermittelt', sondern gelangen nur über eine radikal individuelle Auseinandersetzung mit und in den Textquellen in den Status, Teil einer Formenwelt der Dichtung zu werden.

> Die Sprache, in die ich übertrug, kannte ich weder als solche noch konnte es sie als solche gegeben haben; das Original warf erst ihren Schatten gegen meine innere Wand: sie entstand, wie eine Dichtersprache entsteht, ipso actu des Werkes.[161]

Borchardts Übersetzungen zeichnen sich dadurch aus, dass eine erklärende ‚philologische' Geste unvermittelt an den Übersetzungsakt anschließt und als unbewiesenes bzw. unbeweisbares Postulat erscheint. Deutlich wird dies etwa in den als Anweisungen einer Lese-Regie inszenierten Kurzkommentaren, die die Übersetzungsanthologie *Die großen Trobadors* begleiten: Dort heißt es etwa unter dem Autornamen Jaufre Rudèl und dem Titel des Gesangs *Fürst von Blaya*: „Entdeckung der Seelenform *amor de long*" und „*amor de terra longdana*: Anfang der europäischen Sehnsuchtslyrik. Lied und Dichter werden mythisch."[162] Ein anderer Kurzkommentar, zwischen ein biografisches Tableau und das Gedicht gesetzt, rafft Genre, Stilkritik und Rezeption: „Erfindung der Zeitklage und der großen Rüge. Ausprägung des stilbewussten Selbstporträts. Wirkung von

161 Borchardt: Epilegomena zu Dante II, S. 522.

162 Rudolf Borchardt (Hg.): *Die großen Trobadors*, deutsch von Rudolf Borchardt (Nachwort), München 1924, S. 19.

Walther bis Dante."[163] Wenn Borchardts schöpferische Restauration in den großen Dichtern der Tradition, hier in den provenzalischen Sängern, ‚andere Borchardts' entblättert, so übernehmen diese, in der identischen Type wie die Gedichte gesetzten fliegenden Bemerkungen, die Funktion einer auratischen Philologie, die unüberprüfbare apokryphe Wirkungen postuliert. Die in der Bremer Presse (vgl. Kap. 3.8) entwickelte Typografie und der großzügige Satzspiegel des Drucks bekräftigen eine Aura der Restauration. Es gilt damit auch für Borchardts ausgewählte Übersetzungen das Diktum zur Philologie aus dem *Nachwort* zu seiner Anthologie *Ewiger Vorrat deutscher Poesie*.

> [N]iemand [erwarte] am falschen Platze eine philologische Treue, die der Herausgeber an ihrem Platze sehr wo[h]l zu üben gelernt hat, an manchem Objekte geübt hat und übt, und eben darum weil er ihre Grenzen von Berufes wegen hat kennen lernen müssen, hier bewusst und allgemein preisgibt.[164]

Borchardt bedient sich der philologischen Methode und auratisiert sie zugleich, ohne die Textkonstitution in nachvollziehbarer Weise einer überprüfbaren kritischen Herstellung der Überlieferung dienstbar zu machen. Da er zugleich „jede Überlieferung" als „zerstört" postuliert,[165] werden die in seinem Sinn restaurierten Texte insbesondere in der Gedichtanthologie *Ewiger Vorrat deutscher Poesie* von typografischen Setzungen markiert. An die Stelle des philologischen Kommentars, der Überlieferungsvarianten darlegen und daraus kritische Schlüsse ziehen würde, tritt die Setzung von Leerstellen, Auffüllungen in Form von Strichen, die das entstellte Gedicht in einer metrisch bzw. rhythmisch ‚idealen' Form präsentieren: Pseudophilologische Restauration, die in einen grafischen Bereich eintritt und das Weggetilgte, als negativ bewertete geschichtliche Kontingenz, unbesetzt lässt.

Nicht zuletzt in dieser Auseinandersetzung berühren sich Borchardts und Hofmannsthals Konzepte einer Bearbeitung der ästhetischen Krise der Moderne, die ihren kulturpolitischen Aktionsformen zuwiderläuft. Im Bild des funktional an den Garten angeschlossenen *Hauses* kehrt diese Auseinandersetzung bei Borchardt in vielfältigen Bearbeitungen wieder. Das fehlende oder verlorene ‚Haus', das ‚Wohnen an der Grenze' ist bei ihm eine metaphorische Architektur für das Prekäre des menschlichen Lebens, das durch keinerlei begriffliche (oder jedwede andere anthropologische) Sicherungsleistungen zu erweiternde ‚Weltbild' der Sprache des Individuums. Es sind die ‚kleinen'

---

163 Ebd., S. 27.

164 Borchardt: Ewiger Vorrat deutscher Poesie (Nachwort), S. 334.

165 Borchardt: Grundriss zu Epilegomena zu Homeros und Homer, in: Ders.: *Prosa II*, S. 7–108, hier S. 96.

Experimente, die Revolutionierung der Sprache im Wort gegenüber einem unbeweglichen Gerüst des Sprachsystems als solchem, mit denen Borchardt dem Problem beizukommen versucht, die Kontingenz von sprachlichem Zeichen und die als Grenzbegriff konzipierte, durch die je persönliche Bildungsgeschichte hervorgerufene Vorstellungswelt, nicht zu kappen.[166] Deren Flüchtigkeit lässt das tragische Pathos eines quälenden Verlusts zurück, mittels dessen an eine als leer und entsagungsreich beschworene Gegenwart herangerückt wird, die sich in rasch wechselnden Bildern auftürmt. Im Schreiben Borchardts bleibt diese insistent beschworene Wunde des Geschichtsverlusts, der Heimatlosigkeit an Vorstellungen des Hauses gebunden, an das synekdochisch immer wieder herangerückt wird.[167] Das Medium des Hauses, an dessen semiologische Außenfläche das Ich beispielsweise im Gedicht *Wannsee* immer wieder rhetorisch appelliert, bleibt im Medienwechsel von Schrift zu Mündlichkeit allerdings stumm.[168]

Der ‚Garten' bietet Borchardt demgegenüber einen phantasmagorischen Fluchtpunkt im Ausbruch aus einer als unzulänglich empfundenen Gegenwart. Die Gefilde einer universalisierten *méditerranée* kultureller Kontaktzonen[169] zeigen sich als ein Versprechen im doppelten Sinn: gegen die Land-Politik als Politik (potenziell tödlicher) Grenzen *und* als Traverse zu unerfüllt gebliebenen Möglichkeiten des Zusammenlebens in den Räumen untergegangener Staatsverbände rund um das Mittelmeer, die in der migrantischen Urbanität von

166 Vgl. auch Borchardt: *Swinburne deutsch*.

167 Als retrospektive Utopie etwa im 1907 publizierten Essay *Villa*, in der *Geschichte des Erben* von 1923, in der Erzählung *Das hoffnungslose Geschlecht* oder, als Appendix des Gartens, in der Humanitätsutopie des Menschheits- und Weltgartens in *Der leidenschaftlichen Gärtner*.

168 „Eh ich es nicht heraufbeschworen, / Wer wagts, und sagt von einem Ding: ‚Dahin!'? / Noch ist mir nichts umsonst geschehen, / Und macht es nur ein Wunder auferstehen, / Ich wirk es, weil ich selbst dies Wunder bin! / Antworte meinem Anhauch, tote Runde! / Begeistre dich aus dieser Geisterstunde! / Beschreibe dich, o Haus, mit jener Schrift, / Die keinem deutlich ist, als den sie trifft, / Und selber ihm bleibt sie unsäglich! / Gewohnheit blicke mir, das stillste Atemgift! / Bis zum Ergrausen blicke mir alltäglich! / Dichter, noch dichter wimmle Gegenwart, / Von meinen alten Augen vollgestarrt –: / Schatten, ja du! der noch vom gleichen Punkt / Tagaus, tagein zur gleichen Rüste wanderst, / Der Mauerzarge, die daneben prunkt!/ Durch deren Bröckelstuck du gleicher Spalt / Wie einst die alte Wand querab mäanderst, / Verlorner Launen müßiger Aufenthalt! – / Ich blicke nichts in euch hinein: / Seht her, mein Aug ist willig, zuzufallen. / Ich fuhr aus mir, euch Schläfer zu befrein, / Euch Wänden flehend aus und ein, / Beschwörend um und um entlang zu wallen, / Zieh, was von euch mir auferstanden, / Gleich einer Wogung hinterdrein, / Bin für Sekunden wieder mein, / Nun wieder mir abhanden"; Borchardt: Wannsee, in: Ders.: *Gedichte*, textkr. rev. Neuausg. München 2002, S. 211–228, hier S. 216–217.

169 Die schöpferische Produktivität der Befremdung im Gast schildert Borchardt am Exil Dantes; vgl. Borchardt: Epilegomena zu Dante I, bes. S. 468.

dortigen Küstenstädten einen (wenn auch ganz anders gelagerten) erneuerbaren realen Bezugspunkt fänden.[170]

Lassen sich diese Figurationen noch irgendwie anschließen an die Situation im 21. Jahrhundert, in der das Mittelmeer aufgrund der verweigerten staatlichen Seenotrettung von zu Zehntausenden ertrunkenen Geflüchteten zum Ort des Bankrotts einer vermeintlich ausgeprägt europäischen Humanität wird? „Auf diesen Punkt hin [muss sich] ein Denken ausrichten, das einen Neuentwurf Europas anstrebt, ohne den die Rückkehr der nationalistischen Dämonen des Kontinents unvermeidlich ist."[171]

6.8 Der Großstadt verfallen. Die Erzählsatire *Weltpuff Berlin* als Antwort aus dem Nachlass auf das Scheitern ästhetisierter anthologischer Geschichte

Der Durchgang durch Borchardts Werk zeigt, dass es für ihn nicht die großen Namen sind, die eine künstlerisch wertvolle Produktion bedingen, sondern die ‚großen Epochen'. So bezeichnet die in einem sehr problematischen Sinn als ‚Blutsverhältnis' gefasste Verknüpfung zu den archaischen Literaturen keine ‚Abstammung' – das, was man gemeinhin als Wirkung bezeichnet –, sondern eine institutionelle *transaction*, deren Problem weniger in der Überlieferungskette zu bestimmen ist, sondern in dem, was Borchardt so aufgreift: in der großen Epoche, die selbstwidersprüchlich auf einen *poeta vates* bezogen bleibt, der sie erst verkünden und ausrufen kann. Borchardts polemische Kritik strebt nicht nach Erforschung der Erkenntnis, indem er *via negativa* in die dialektische Auseinandersetzung mit den vorgefundenen Formen eintritt. Bei ihm sind es die durch einen ‚prophetischen Einzelwillen' vermittelten Gedichte und Dichterfiguren, die die subjektive Wendung der Moderne in eine geschichtlich erfüllte Gattungsform einspielen sollen: Markierte und prophetisch hervorgebrachte Gleichursprünglichkeit anstelle von künstlerischer Erkenntnisarbeit. Der

170 „All diese Verschiebungs-, Dezentrierungs- und Unterwanderungsgeschichten folgen einer inneren Logik der Moderne, die ein geschlossenes, normatives Menschenbild verabschiedet, wie es aus einem griechischen Geist und der jüdisch-christlichen Tradition abgeleitet worden war"; Markus Messling/Franck Hofmann: Für Europa: Politik und Ästhetik der Anerkennung , in: Dies. (Hg.): *Leeres Zentrum. Das Mittelmeer und die literarische Moderne. Eine Anthologie*, Berlin 2015, S. S. 7–24, hier S. 11.; dies. (Hg.): *Fluchtpunkt. Das Mittelmeer und die europäische Krise*, Berlin 2017. Vgl. meine Rezension in der *Kulturwissenschaftlichen Zeitschrift* (2018); DOI: https://doi.org/10.2478/kwg-2018-0013.

171 Messling/Hofmann: Für Europa: Politik und Ästhetik der Anerkennung, in: Dies. (Hg.): *Fluchtpunkt*, S. 7–24, hier S. 11.

Universalismus künstlerischer Vollendung und damit gleichgesetzt kultureller Erfüllung fußt auf der Entgrenzung des Einzelnen, auf einer Schreibweise, die den Status des Singulären erhalten soll.

Diese Zuschreibungen verweisen ‚den' Künstler geradezu zwanghaft in eine geschichtliche Rolle. In dieses unauflösbare, geradezu unmittelbar verhängnisvolle Verhältnis zur Gesellschaft und zur Zeit gesetzt, ist er oder sie „Sprachrohr" – oder „endliche Tuba" (wie Borchardt in Bezug auf Hofmannsthals Werk als letztem Ausdruck der untergegangenen Habsburgermonarchie einmal schrieb)[172] und in größtem Maß abhängig, fast schon bloßer personalisierter Ausdruck der Epoche. Künstlerinnen und Künstler müssen damit in den 1920er Jahren jene widersprüchlichen politisch-gesellschaftlichen Existenzbildungen ausagieren, die im republikanischen Deutschland nach einer Epoche imperialen Monarchismus und verdeckter Klassengesellschaft an die Oberfläche gefördert werden. Zunächst spielt die Darstellung sozialer und kultureller Stratifizierung innerhalb der deutschen Gesellschaft in Borchardts Werk keine Rolle. Ab Mitte der 1920er Jahre wird dieses Moment hingegen zum (satirisch behandelten) Hauptgegenstand seiner Erzählungen – in seinem größten Bucherfolg[173] zu Lebzeiten (*Das hoffnungslose Geschlecht*), in der Erzählung *Vereinigung durch den Feind hindurch* sowie in einem nachgelassenen autobiografischen Großfragment, dem der Herausgeber Gerhard Schuster den Titel *Weltpuff Berlin* gegeben hat. Darin wendet sich Borchardt erzählerisch einer satirisch behandelten Vorkriegszeit des wilhelminischen Berlins der Jahrhundertwende zu und verlässt den dichterischen Raum einer ästhetisierten Geschichte, den er in der anthologischen Kulturform mittels distinkter Stimmen und sprachlicher ‚Denkmäler' auszuzeichnen versuchte.

Die paradoxen Effekte einer – ebenso von Ablehnung des republikanischen Gesellschaftsbetriebs und Affektion durch diesen geprägten – Kritik mit diagnostischem Spürsinn zeigen sich in diesem Nachlassroman. Dieser erscheint als eine Kontrafaktur von Alfred Döblins *Berlin Alexanderplatz*. Die Erzählungen und Romanprojekte Borchardts stehen in der sprachformalen Tendenz Döblin oder Musil näher als die polemische Negierung aller Zeitgenossenschaft mit den avancierten Autoren der 1920er Jahre den Anschein

---

172 Hofmannsthal: Brief an Rudolf Borchardt, 4.2.1924, in: Briefwechsel Borchardt/Hofmannsthal, S. 330–336, hier S. 333; Hofmannsthal zitiert in seinem Brief die entsprechende Stelle aus Borchardts Vorrede in der Festschrift *Eranos*, die Borchardt zu Hofmannsthals 50. Geburtstag herausgab.; vgl. dazu Fußnote. 155 dieses Kapitels.

173 Damit stieß Borchardt übrigens auch beim Publikum – wiederum eine Ironie seines Werks – auf die größte Resonanz: mit 6000 honorierten Novellenbänden war *Das hoffnungslose Geschlecht* sein bedeutendster Bucherfolg zu Lebzeiten; vgl. Sprengel: *Der Herr der Worte*, S. 326.

gibt. In ihrem satirischen Umgang mit dem Wertverlust bildungsbürgerlichen Wissens und der Karikierung bildungsbürgerlichen Formbewusstseins weisen sie spielerisch auf die Demokratisierung und Ökonomisierung der Kultur hin. Bildungsgut wird als partiell dargeboten und erscheint zugleich, dialektisch, als eine Produktionsform bürgerlicher Ideologie, die keine Basis mehr hat; so etwa in folgender Passage aus der Erzählung *Der Hausbesuch* (1929):

> „Ich glaube, du missverstehst mich", sagte sie, „es handelt sich wirklich nicht um Vorurteile, über die man praktisch, wie du, hinaus ist und denen man die Nase dreht, indem man nach dem greift, was man gern möchte, oder was einen reizt, und dann sagt: ‚erlaubt ist, was gefällt'; das ist eine Doktrin genauso wie die andere: ‚verboten ist, was gefällt' oder ‚erlaubt ist, was sich ziemt', Tasso weißt du."[174]

Die Erzählungen und Romane Borchardts bestehen aus Figuren, „die sich *erneuern* oder erneuern wollen".[175] Auffällig ist dabei die Mühelosigkeit des Registerwechsels: Borchardt beherrscht nicht nur Lyrik, kulturhistorischen Entwurf, Dichtung und dichtende Übersetzung, sondern vermag auch die Form der Erzählung zu gestalten. Sein Interesse liegt dabei auf den Sprechakten der Figuren. Die Mediendifferenz fingierter Mündlichkeit wird in der Gattungsform des Romans als Zwangsläufigkeit des gesellschaftlichen und sprachlichen Zerfalls konventionsgerechter Umgangs-, Lebens- und damit Schreibformen dargestellt – gleichsam als ein Negativ der „Darstellung der gesamten Volksbreite nach 1918 mit Ausnahme des Arbeiters, den ich nicht kenne und mir nicht vorstellen will oder kann".[176] Phatische Sprachhandlungen treiben auf die Desautomatisierung der Dialoge hin: Auflistungen lösen ein von nachvollziehbaren psychologischen Intentionen getragenes Figürliches durch ein Sprechen ab, das in erster Linie eine Gendermarkierung ausstellt.[177] Stellvertretend dafür sei aus der Erzählung *Vereinigung durch den Feind hindurch* (1937/38) eine Szenerie zitiert, in der die Mimesis eines apparateinduzierten Sprechens das augenfällige Bauprinzip bildet:

---

174 Rudolf Borchardt: Der Hausbesuch [1929], in: Ders.: Erzählungen 1 (Sämtliche Werke XIII.1), hg. v. Gerhard Schuster, Hamburg 2020, S. 297–339, hier S. 301.

175 So in einem nicht abgesandten Brief an Rudolf Alexander Schröder, Saltocchio Mitte August 1937, in: Borchardt: Erzählungen 2 (Kommentarband), in: Ders.: *Sämtliche Werke*, XIV/2, S. 1141, Hv. F.S. (i. Orig. gesperrt).

176 Zit. n. ebd., S. 592–593.

177 Vgl. dazu Friedrich Kittler: *Aufschreibesystem 1800–1900*, München 2003, S. 418: „Das Aufschreibesystem von 1900 gehorcht der Regel unmöglicher Exhaustion nirgends strenger als auf dem Feld des Geschlechterunterschieds. Unmöglich werden nicht nur Schiller'sche Abstraktionen wie „die Natur" oder „der Spaziergang", sondern auch alle Diskurse, die Geschlechter unifizieren. Das ist die Einsicht, die Malte Laurids Brigge in Rilkes Roman vom Diktat seiner unmöglichen Geliebten empfängt."

> „Alles gut?" „Leidlich." „Der Kerl?" „Ordentlich; noch erkältet." „So so." „Wenn du wieder nach Wasserburg musst, nimm Formamint, höre, dass dort wieder Kopfgrippe ist." „Wasserburg ist vorgestern abgenommen. Briefe?" „Papier. Vereinigung?" „Ein kleines Stück, Analyse von Custozza. War früh müde, vierzig Kilometer im Gegenwind. Morgen?" „Ach so, wo?" „Wieder beim Großen Wirt, es ist am einfachsten; nur eine Rolle, ich verstaue sie mit in der Radtasche." „Weiß noch nicht, wann ich frei werde." „Ich warte ab fünf." „Gut Nacht." „Soweit möglich; gleichfalls."[178]

In bekannter Manier der Selbstinszenierung gab Borchardt vor, diese Texte in der Art der *écriture automatique* ‚vorerlebt' zu haben: „Die Hauptarbeit daran ist ja nicht das Schreiben, sondern das Durchleben, das sich uncontrollierbar vollzieht, in freien Viertelstunden des Dösens."[179] Anders als Döblin funktionalisiert Borchardt den Sprachgebrauch der Figuren für die Verfallsthematik; Sprache und Sprechen werden dadurch nicht als geschichtliche und sozialhistorische Konstruktionen im Modus analytischer Entlarvung und in ihrer Mediendifferenz vorgestellt, sondern als ein durch Milieu, Erzählarrangement und Erzählverlauf gestütztes, gewissermaßen natürliches Faktum der politischen, sozialen, kulturellen und künstlerischen Verrohung *jedes* großstädtischen Individuums. Die Suggestion ist, dass die Nachbildung des mündlichen Sprechens in der Schrift als Ausdrucksgestalt eines universalen Zerfalls von Sittlichkeit, Persönlichkeit, Gesprächsführung, Bildung etc. fungieren kann.

In *Weltpuff Berlin* zeitigt dies interessante Implikationen und macht die Widersprüche sichtbar, aus denen der „Gedächtniskünstler" Borchardt (Gerhard Schuster) Epochenbezüge gewinnt: Den ‚mageren Jahren' der Nachkriegszeit – so die biblische Allusion im Arbeitstitel für die Reihe von Erzählungen, die Ende der 1920er Jahre entstanden – mit Wirtschaftskrise und Inflation wird die Opulenz der Vorkriegszeit gegenübergestellt. Die gerafften Epochencharakteristiken, die Borchardt in seinen Erzählprojekten in intensiven Produktionsintervallen aufs Papier wirft, bilden eine stilistisch konträre Gemengelage zu den anthologischen Formaten der ‚schöpferischen Restauration' und ihrem kulturpolitischen Begleitsound. Was sie verbindet, ist ein paradox-autobiografisches Zwangsverhältnis zu Geschichte, Geschlechterpositionen und erotomanem Schreiben im Hinblick auf die Darstellung eigener Autorschaft. Die neue Edition der Erzählungen und die daraus zu gewinnenden Erkenntnisse über den Schreibprozess lassen produktionsästhetisch interessante Querverbindungen zu

---

178 Rudolf Borchardt: Vereinigung durch einen Feind hindurch [1937], in Ders.: Erzählungen 1, *Sämtliche Werke* XIV/2, S. 438–439; vgl. auch ebd., S. 436–437, S. 451, S. 463.

179 Rudolf Borchardt in einem nicht abgesandten Brief an Rudolf Alexander Schröder, Saltocchio Mitte August 1937, in: Borchardt: Erzählungen 2 (Kommentarband), *Sämtliche Werke* XIV/2, S. 1141.

Schreibenden erahnen, die auf den ersten Blick so fernab von Borchardt liegen – zukünftiger Interpretation obliegt es, diese Verbindungen zu bewerten.[180]

In den dialogischen Teppichen des *Weltpuff*-Texts wird über tausend Seiten hinweg ein männlicher Protagonist begleitet, der von der einen sexuellen Eskapade in die nächste gerät. In der kurzen erzählten Zeit von wenigen Wochen erlebt die Hauptfigur, ein junger Mann, der entlang biografischer Eckpunkte des jungen Borchardt gestaltet ist, eine nicht abreißende Menge an sexuellen Begegnungen mit einer Vielzahl verschiedener Frauen verschiedener Herkunfts- und Klassenidentitäten.[181] Die Frauen werden als mechanisch-individualistische Figuren präsentiert, die die jeweilige Superstruktur – ihr Arbeitsleben als Hausmädchen, ihre gesellschaftlich-mondäne Existenz als Künstlertouristin oder ihre ländliche Herkunft als Bauerntochter – sprachlich auszudrücken haben. Der Protagonist hingegen wird als charmanter und superpotenter Liebhaber geschildert, der sich jeweils äußerst schnell auf neue Partnerinnen einzulassen und diese zu umgarnen weiß, sie sich dann aber auch ebenso virtuos vom Leibe hält, sollten sie mehr, ‚Liebe', wollen. Er ist ein ins 20. Jahrhundert verirrter Minnesänger, der als zwielichtiger Edelmann die ehemaligen sexuellen ‚Vorrechte' des besitzenden Mannes nun in der demokratisierten Metropole spiegelbildlich auslebt – indem er nicht mehr ‚nimmt', was ihm ‚zusteht', sondern von den vielen Frauen ‚genommen' wird, derer er sich gleichzeitig im gesellschaftlich-anonymen Räderwerk zu ‚bedienen' weiß. Was irritiert, ist die gleichermaßen überdrehte, gleichsam maschinelle Rasanz der sexuellen Eskapaden und deren im Erzählablauf satirisch dichte Häufung einerseits, das durchweg exzentrisch markierte Sprechniveau der Figuren andererseits. Die Praxis des männlichen Geschlechtsbegehrens bildet eine einzige „Erlebniswelle".[182] Anziehungspunkt, Entscheidungsinstanz, wann es zum Akt kommt und wann das Begehren gestillt ist, mit wem es geteilt wird und über wen es gewaltsam herfällt. In einem eigenartigen Wirbel der Zeit paradiert die Reihe der Geschlechtsgenossinnen an diesem hyperpotenten Mann vorbei und scheitert in der Eroberung von dessen ‚Liebe'.

Die Höhepunkte sind eingebettet in einen Strom der wiederholenden Variation, eine Fülle sprachlicher Erkundungen. Die Anziehung zwischen

---

180 Vgl. Schuster, Entstehung, in: Borchardt: Erzählungen 2 (Kommentar, hg. v. Gerhard Schuster), *Sämtliche Werke* XIV/2, S. 839–851, besonders S. 843–851. Die Buchstabenhöhe in Borchardts Erzählmanuskripten beträgt 3 Millimeter (vgl. ebd., S. 825, sowie die Abbildungen aus anderen Erzählmanuskripten, ebd., S. 818–822.) Ein produktionsästhetischer Vergleich böte sich etwa mit Robert Walsers ‚Räuber'-Fragment an, einer ebenfalls in winzigen Schriftzügen mikrogrammartig niedergelegten Form erotomanen Schreibens.

181 Vgl. Schuster, Entstehung.

182 Borchardt: Weltpuff Berlin, Sämtliche Werke XIV/1, S. 40.

dem jungen Herrn und den Gespielinnen bekundet und gestaltet sich in verschiedenen Sprachen, in Dialekten und Soziolekten. Das Panorama eines weiblichen Berlins um 1900, erkundet durch den tieffliegenden Autor-Protagonisten, immer noch knapp der Entdeckung entweichend und wieder durch eine halbanlehnende Tür entwischt, gezogen von der nächsten Lust, im Furor der ihn unterstützenden – teils historisch unstimmigen – technischen Infrastruktur von Automobilen, Schlüsseln, spanischen Wänden und akustischen Warnsignalen. Dies alles sind Vehikel, die ein Liegen und Lieben zulassen, Kammern, in denen die Zeit flieht und in denen sich Sehnsüchte öffnen, in denen der Akt multipliziert und in der Erzählzeit gedehnt wird und die reale Erzählzeit dem Protagonisten (dem Leser?) keine Enttäuschungen bietet, sondern Tür und Tor öffnet.

Eine solche Erzählzeit, flutende Komik eines notorisch zwischen Gentleman und Hochstapler schillernden Helden, der alles mit sich reißt, ist mit einem Gedicht von Karl Kraus vielleicht die letzte Flucht „nach ungewohnter Weise", im Modus entäußernden sprachlichen Reichtums auf engstem Erzählraum den Traum vom gesellschaftlich abhängigen und deshalb, ganz nach der althergebrachten Gattungsvorschrift, komischen Erzählen darzustellen. Ziehen, Gezogen sein, Fliehen: Die geschlechtlich codierten Ambivalenzen von ‚Lust' und ‚Seele', von Sprache und Willen, die Borchardts Formen prägen, treten im Text von Karl Kraus verdichtet auf.

> Berückend gar, aus deinem Zauberkreise
> gezogen sein!
> Nun zieht nach unerhörter Weise
> die Lust auf ihre letzte Reise
> allein.
>
> Und nie ersattend findet sie die Nahrung,
> vertraut
> dem Urbild einer Menschenpaarung
> und einer Flamme Offenbarung,
> die sie geschaut.
>
> Wie mag es sein, aus meinem Feuerkreise
> geflohen sein!
> Nun zieht nach ungewohnter Weise
> die Seele auf die lange Reise
> allein.[183]

183 Karl Kraus: Die Verlassenen [1919], in: Ders.: *Gedichte*, hg. v. Christian Wagenknecht, Frankfurt/M. 1989 (Schriften 9), S. 297.

In Kraus' Gedicht verwirren und verstricken sich Ursachen und Folgen in den Momenten (sprachlicher) Anziehung und Entfernung. Diese ,Anmaßungen' zu unterwerfen oder zu unterdrücken, um sie in scheinbarer Äquidistanz satirisch-ironisch behandeln zu können, ist Borchardts Ziel in *Weltpuff Berlin*. Das erst 2018 publizierte Manuskript ist Ausdruck eines gewalttätigen Unterwerfungsversuchs der Sprache – zumal der Sprache jener Frauen, die sprechen, bevor sie mit dem Protagonisten ins Bett steigen. Das Aufeinanderprallen von Klassenidentitäten, verschiedenen Herkunftsbindungen, Geschlechterpositionen, kurzum: die Großstadt als der Ort der gefürchteten Kontingenz, in der sich alles Selbstbestimmte verflüchtigt, wird als technische Reihung und erzählerische Verkopplung der Annäherung von Sexualakt und Sprachfluss inszeniert, aus dem ein ,Herr', aufsteigt – eine Figur, die in seltsamer Verknüpfung das Herrische mit dem alleinherrschenden Sexualinstinkt in der Großstadt identifiziert, um es dann in einer bewundernswerten Übung der Sprachermächtigung zu etwas umzudeklarieren, worauf ganz selbstverständlich Anspruch bestehen könnte: sich jeder zu ,bedienen'.

Das Problem eines sich wandelnden Geschlechterverhältnisses soll im Sinn der patriarchalen Fantasie einer ubiquitär verfügbaren Reihe an Frauen erledigt werden. Die daraus entstehende satirische Gestaltung dieses Verfalls hat allerdings einen paradoxen Effekt: Objektivierte Frauen werden die eigentlich problemtragenden Gestalten in *Weltpuff Berlin*. Meist in Gruppen miteinander kombiniert, sei es als Schwestern, Freundinnen, Bedienstete und Gebieterinnen usw., tragen sie alle das Stigma des Patriarchats angeheftet, niemals ,Nein' sagen zu dürfen. Das hat im Furor der fliegenden Besuche durch den Herrn etwas offenkundig Komisches, sind sie doch mit Ausnahme dieses ,Nein' zugleich sehr sprachmächtige Figuren, die dem Autor-Protagonisten Paroli bieten. Wie erörtern sie, als Sprechende, das Paradox, dass sie willenlos zu Willen liegen?

Hier öffnet eine interessante Bemerkung des Barockforschers und Literaturhistorikers Richard Alewyn zu den lyrischen Dramen Hugo von Hofmannsthals eine Perspektive. In den Hofmannsthal'schen Jugenddramen werde, so Alewyn, eine Reihe „dramatisierte[r] Parabel[n]" beschrieben, worin ein Widerstreit ausgetragen werde zwischen „synthetisch aus Eigenschaften und Gesinnungen hergestellt[en] Gebilden" einerseits, „lebendige[n] Geschöpf[en]"[184] andererseits. Diese interpretative Stoßrichtung entspringt einem Versuch, die alttestamentarisch grundierte Differenz von Geschöpf und Gebilde produktiv zu machen. Eine Differenz, die gerade ein Denken in philosophischen Strängen der

---

184 Richard Alewyn: *Über Hugo von Hofmannsthal*, S. 48.

Literaturinterpretation in der ersten Hälfte des 20. Jahrhunderts beschäftigt hat. Manche von Hofmannsthals Figuren „sagten mehr, als sie sind", so Alewyn.[185] So könnten Probleme zu Gestalten gerinnen, die aber gleichsam verborgen bleiben in den „Sprachwesen",[186] als die Hofmannsthals Figuren beschrieben worden sind. Probleme, die zu Gestalten gerinnen – Gestalten, die Probleme in ihrem Sprechen offen vor sich hertragen, sie aber, *horribile dictu*, nicht zu benennen vermögen.

Sigrid Weigel konstatiert für die sensibleren intellektuellen Positionierungen der Zwischenkriegszeit in Bezug auf das Geschlechterproblem:

> Im Unterschied zu zeitgenössischen Trends im kultur- und sexualtheoretischen Diskurs der Moderne, die eher zu einem Abbau der Geschlechterdifferenz tendierten, betont Benjamin die unterschiedlichen Positionen des Männlichen und des Weiblichen, ohne sie in der tradierten Geschlechterpolarität festschreiben zu wollen. Die genannte Einheit stellt sich dabei für Frau und Mann unterschiedlich dar.[187]

Nähert sich Benjamin dem Geschlechterproblem aus der Position des entschiedenen Mythoskritikers und bezieht daraus einen Impuls der Umdeutung jener mythischen Bilder des Geschlechtsverhältnisses in dialektische Bilder, so ist Borchardt von dieser Konstellation ebenso affiziert, vermag aber nicht, ihr eine entschieden eigene Positionierung entgegenzuhalten: Das in seinem Werk angelegte, utopische Potenzial der Sprachgebärde des anklagenden Bettlers hätte die Möglichkeit geboten, der tradierten hierarchischen Ungleichheit der Geschlechterpositionen in einem öffnenden Sinn entgegenzutreten. Stattdessen identifiziert Borchardt die sehnsüchtig-männliche Position des Liebenden mit der Position des Patriarchatsprofiteurs. Das Komische dabei: Die Sprache überbordet die Grenzen des patriarchalen Rahmens, die eigentlich bloß als Schemen vorgesehenen objektivierten Frauenfiguren geben den Blick frei auf die sich rasend verändernden, erzähltechnisch eng verschränkten und dadurch selbst als technisiert vorgestellten Alltagsverhältnisse in der Großstadt.

Wo die heterosexuelle Übersteigerung zum nachgerade infrastrukturellen Grundgehalt eines Buchs wird und alles weitere sprachliche Geschehen zum funktionalen Ornament des immer stattfindenden Akts, erscheint die wortwörtliche Technik als Moment der Befreiung vom selbstbezogenen Freier:

---

185 Alewyn: *Über Hugo von Hofmannsthal*, S. 62.

186 Zanetti: Lyrisch aus der Kulisse der Historie treten, S. 150.

187 Weigel: *Entstellte Ähnlichkeit*, S. 138–139.

Aufbrüche aus einer zum einen fliegenden Ekstatik herrischer Sprache, gewalttätig durchgeistigter Sehnsucht nach unerreichbarer Bindung, und zum anderen angeblich ,weiblich' codiertem Bedürfnis nach körperlicher Nähe, gestaltet als schwatzhafte Ungebundenheit und Frivolität. Es sind die *Brüche* in dieser erhabenen Tragik des hierarchischen Gesellschaftstableaus, die in der dysfunktionalen Auto-, Telefon- und Rohrpostinfrastruktur stattfinden, in der Tür, die sich ungewollt öffnet und zur Flucht veranlasst, im Verheddern des Fischhautüberzugs als Kondom, im fortgesetzten Rumoren durch die großzügigen Villen des Großbürgertums, die den ungebetenen Besuch akustisch vorwegnehmen und erzähltechnisch das Geschehen als teilnehmende Beobachtung suggerieren. Ekstatisch sich ausbreitende Sprachzeit wird kurzzeitig unterbrochen: aus dem tragischen Grund scheint das heitere Geschehen auf.[188] Das Moment der Komödie greift Raum: die Technik tut nicht, was sie soll. Ihr Versagen tritt in den Vordergrund als die eigentliche Hoffnung auf ein erlösendes Lachen, das all die geschundenen Figuren, deren Kontur im allgemeinen breiten Sprachstrom verschwimmt, und diesen Roman einen Moment lang aus der Umlaufbahn um den großen Herrn und Bettler austreten lässt.

Weltpuff Berlin hätte dem exilierten Dichteraristokraten Rudolf Borchardt, dem verspäteten *poète maudit*, bei einer Veröffentlichung zu Lebzeiten den zwiespältigen Ruhm, der ihm vorauseilte, tatsächlich eingelöst. Nun, mit der durch die Rechteinhaber des Nachlasses lange verweigerten Publikation, kommt jenes ,Zu spät' zum Tragen, von dem Borchardts Lebenswerk im Ganzen zeugt.[189] Sein poetologisches Großunternehmen Sprache und Geschichte im Kunstwerk nicht nur theoretisch zusammenzudenken, sondern die quasi unerledigt, weil ungeschrieben gebliebenen Kunstwerke mit jenem Sprachindex zu versehen, den er für den richtigen, den authentischen Sprachausdruck einer geschichtlichen Epoche hält, war in seinem elitären Anspruch zum Scheitern verurteilt.

Die damit verschränkten gesellschaftlichen Identitätsformen und -performances hingegen bieten noch immer einen produktiven Ausblick auf die Extremlagen der ästhetischen Moderne. Die deutschjüdischen Autoren Rudolf Borchardt, Karl Kraus und Walter Benjamin entwickelten auf je eigene Weise eine Sensibilität für Geschlechterpositionen und -identitäten, die sich zu ihren Lebzeiten vermutlich rascher als jemals zuvor zu transformieren begannen:

---

188 In der Umkehr von Salzwedels Definition des „genuinen Satirikers" Borchardt; Saltzwedel: Finalgestalt des Zerfalls, S. 599.

189 Vgl. für einen Überblick Schuster: Zur Konzeptions- und Überlieferungsgeschichte von Rudolf Borchardts Œuvre.

Kraus, indem er wie im Gedicht *Die Verlassenen* geschlechtliche Dichotomie in einer interessanten Variation und Kombination von Attributen in den Horizont menschlicher Existenz stellt; Walter Benjamin, Kraus aufgreifend, indem er die gesellschaftliche Struktur der geschlechtlichen Identität in den Raum der Sprache, insbesondere der Namensprache, zurückbiegt, um dadurch mythologische Residuen zu beleuchten; Borchardt schließlich, indem er seine Sprachgewalt loslässt und von ihr hinterrücks, als Gewaltsprache verschlungen wird – zugleich aber die Frauen als problemtragende Figuren den Horizont des patriarchalischen Denkens übersteigen lässt. *Weltpuff Berlin*, der in der deutschen Literaturgeschichte bislang als fehlend apostrophierte pornografische Roman, fällt als komisch verkleinertes Puppentheater, „monströse[s] Unterfangen" einer sich aufbäumenden Sprache in den Abgrund eines „Zeitdokuments wider Willen."[190] Es ist die Rückseite eines Anthologischen Schreibens, das durch distinkte Zuweisung einen universal-ästhetischen Raum der Geschichte poetisch formen und verewigen sollte.

---

190 Haas: Zwei Zeitdokumente wider Willen, zit. n. Matz: *Eine Kugel im Leibe*, S. 161.

KAPITEL 7

Bilanz

Ich verstehe Anthologisches Schreiben als eine schriftstellerische Praxis, die sich die ‚Erbfolge' als (Reflexions-)Medium für die konstitutive Setzung von Tradition aneignet. Anthologisches Schreiben reflektiert geschichtliche Prozesse der Tradierung: als eine Arbeit an der, mit der, auch gegen die, aber immer in der Tradition. Anthologisches Schreiben steht in einem Verhältnis zur Literaturgeschichte und setzt dieses Verhältnis nicht implizit um, sondern expliziert es – sei es in der Auseinandersetzung mit der Gattung, d.h. in Bezug auf Gattungstraditionen und in deren Fortschreibung, sei es in der konkreten Verwendung literarisch archivierten Materials im Zitat, sei es in der poetologisch produktiv gemachten Signatur von Texten durch Namen von Autorinnen und Autoren, durch motivgeschichtlich anschließbare bzw. gefestigte *Topoi* oder – wie in der Nachfolge der Anthologien des George-Kreises – durch ein Dichterpantheon rund um einen unsichtbaren König.

7.1 Anthologisches Schreiben – Tradition als Form der Werkkonstitution

Das Subjekt des Anthologischen Schreibens, das den Vorrat gesondert (als Kritiker), gespeichert (als Repräsentant des ‚Volkes') und schließlich geordnet hat (als Restaurator), vertritt das damit konstituierte literarische Testament: eine Gegen-Darstellung, einen Gegen-Kanon gegenüber literaturgeschichtlichen Konventionen, gegenüber spezifischen literaturpolitischen Strategien oder gegenüber bestimmten damit verknüpften poetologischen Modellen.[1] Hofmannsthal, Borchardt und Benjamin, die das literarische ‚Erbe' als einen zentralen Ort der Auseinandersetzung mit den expressionistischen Dichtern und deren emphatischer Bezugnahme auf die *aisthesis* des Wortmaterials empfanden, sahen in der Form der Anthologie nicht einzig das (rigide) nationalpädagogische Überlieferungsmedium. Vor dem Hintergrund etwa der epochemachenden Anthologie *Menschheitsdämmerung* von Kurt Pinthus (1919) rückte die Irritation durch die ‚Gedichtgestalten' und die neuen Mittel des Selbstausdrucks in den Mittelpunkt eines anthologischen Interesses, das (auch) an Diskurse um Epochenbildungen anschloss. Die geteilte Vorliebe

1 Kaiser: Kanonskepsis, S. 131.

fürs Stückhafte, für die Arbeit der Fragmentarisierung, für Lyrik und Essay beweisen einen Willen zum Experiment *innerhalb* und *mit dem Material überlieferter Formen.* Zugleich ist diese Auseinandersetzung gegen eine empirisch arbeitende Philologie gerichtet – gegen *Überlieferungsbildung* zugunsten einer je neu gesetzten Überlieferung, die aber nicht in Gegenwartsbekundungen aufgeht. Hofmannsthal, Borchardt und Benjamin suchten nach Strukturen, in denen Formkonzeptionen eines individualästhetisch zu verwandelnden *poetischen* ‚Erbes' auffindbar, gestaltbar und damit in die Strategien der Werkkonstitution des eigenen Schreibens verlängerbar sind. Äußerste Konzentration in der Auswahl der Texte und zugleich intensives, bewerbendes Herausstellen von deren Evidenz verbindet als wirkungsästhetisches Kalkül die drei Autoren mit den Anthologien von George und Wolfskehl (vgl. Kap. 2).

Benjamin zeigte Bewunderung für den „Instinkt" der Hofmannsthal'schen Kunst, in entlegenen Sprechformen Aktualität zu erzeugen.[2] Beide teilten das Interesse, Momente politischer, künstlerischer, sozialer Krisen auch entlegener historischer Konstellationen zu identifizieren und sie als literarisch folgenreich zu verstehen und aufzunehmen. Borchardt und Hofmannsthal verband nicht nur eine von Abbrüchen und Wiederaufnahmen geprägte Künstlerfreundschaft und Produktionsgemeinschaft, sondern auch eine vielleicht *typologisch* zu nennende Realisierung einer Ahnenkunst, in der die Kunstgeschichtsschreibung durch eine spezifische Aktualisierung in (monumentalen) Reihen künstlerischer Figuren ersetzt wird. Benjamin und Borchardt ihrerseits lassen sich einander paradoxerweise über den materialistisch zu nennenden Aspekt einer Methode annähern, geschichtlich vorgeformte Bilder ‚bildnerisch', d.h. dialektisch zu lesen und zu konfigurieren (vgl. Kap. 6.1). Für alle drei Autoren bildete Goethe als Produktionsvorbild, Begriffsperson oder auratisches Zentrum der deutschen und der Weltliteratur einen exemplarischen ästhetischen Denk- und Arbeitszusammenhang.

In Adornos *Ästhetischer Theorie* werden die bei Hofmannsthal, Benjamin und Borchardt auffindbaren Gesten der spezifischen Verwerfung einer unmittelbar als (politisch, künstlerisch, ...) gescheitert wahrgenommenen Vergangenheitsbearbeitung (bzw. Gegenwart) auf interessante Weise in der Frage fortgeschrieben, wie im *einzelnen* Kunstwerk die konventionelle Eingrenzung durch Kunstgeschichte überwunden und ‚Autonomie' ausgebildet werden kann. Diese Geste führt auf eine Gründungsszene zurück, die die drei behandelten Autoren in je eigenständiger Weise in der Rezeption Stefan Georges (vgl. Kap. 2.2 und 6.5) artikuliert haben: in der Kritik, der kritischen Fortschreibung, Verwerfung oder Ignoranz von dessen Dichtungen. In der

2 Benjamin: Hofmannsthal, S. 146.

kulturpolitischen Positionierung künstlerischer Kreis- und anthologischer Traditionsbildung berühren sich zentrale Intentionen Hofmannsthals, Benjamins und Borchardts, die sich wiederum in ihrem jeweiligen Gebrauch von Anthologien zeigen. Anthologisches Schreiben als künstlerisches Projekt wäre ohne die *Deutsche Dichtung* aus dem George-Kreis, aber auch ohne die spezifischen Diskussionen im Resonanzraum des gesellschaftspolitischen Assimilationsdiskurses, mit dem sich deutschjüdische Schriftsteller konfrontiert und adressiert sahen, nicht denkbar. Gerade in einer spezifischen Umfunktionierung Anthologischen Schreibens als Autorschaftsprojekt lassen sich die politischen Resonanzen dieser indirekten Kommunikation über ästhetische Gegenstände bis in deren Ausläufer bei Adornos Werkauswahl von Borchardt im bewegten Jahr 1968 unter politisch gleichsam umgekehrten Vorzeichen gegenüber den 1920er Jahren nachvollziehen (vgl. Kap. 6.5). Dies zeigt kurzum, dass Anthologisches Schreiben als Autorschaftsprojekt in besonderem Maß unter spezifischen, ästhetisch-politischen Vorzeichen steht.

7.2 Hofmannsthal: Die soziale Wahrheit des Stils

In immer neuen Anläufen und Formexperimenten baut Hofmannsthal in der „Maske"[3] lebensphilosophischer Gemütsinnigkeit und Sensitivität seine Texte als Montagen zusammen. Er arbeitet an einer Poetik stilphysiognomischer Konkretion, mit der das für die Charakterisierung seines Arbeitens oft verwendete Paradigma einer allzusammenhängend-diffusen flüchtigen ‚Atmosphäre'[4] wenig zu tun hat. Gesellschafts- und zeitkritische Impulse sind bei Hofmannsthal eigentümlich schillernd von progressiven und konservativen ästhetischen Positionen gleichzeitig getragen. Um nicht der ‚einsprachlichen' Epigonalität zu verfallen, die er dem nach dem Ersten Weltkrieg verbliebenen Deutschösterreich zusprach („nationale Politik führt letzten Endes in ein unvermittelbares Element, in den Idiotismus, das Wort in seinem Ursinn verstanden"[5]), steuerten Hofmannsthals Ambitionen auf ein formensprachlich konservatives Programm der Publikumsbildung im Medium verdeckter Mündlichkeit der wieder aufgewerteten anthologischen Form zu. Der Rekurs auf eine als klassisch konstruierte Vorvergangenheit aus einzelnen, meist kurzen

3 So wurde Hofmannsthal von vielen Zeitgenossen, auch von Borchardt, charakterisiert: „Im persönlichen Gespräch setzt er rasch eine Maske auf, um seine Souveränität immer bewahren zu können"; Borchardt: *Prosa VI*, S. 225.

4 Gerhard Neumann: „Kunst des Nicht-lesens". Hofmannsthals Ästhetik des Flüchtigen, in: *Hofmannsthal. Jahrbuch der europäischen Moderne* 4/1996, S. 227–260.

5 Hofmannsthal: Buch der Freunde, KA XXXVII, S. 41.

Textsequenzen im anthologischen Medium wurde für Hofmannsthal zum bevorzugten poetologischen Werkzeug für eine schöpferische Überbietung, eine „schöpferische Restauration“ in vielsprachiger, auch über Europa hinausführender Traditionsbildung,[6] die sich dadurch zugleich der Notwendigkeit entledigt glaubte, über literarästhetische Konsequenzen des nationalistischen Kriegs sprechen zu müssen. Im steten Umkreisen der Bedrohung geschlossener künstlerischer Subjektivität und Identität liegt ein kulturkritisches Potenzial, das sich die konservativen Revolutionäre in ihrer politischen Ästhetik für die Feindorientierung gleichermaßen wie für die Selbstkonstitution als künstlerische Subjekte zunutze machten. Was Hofmannsthal in dieser Perspektive nach dem Ersten Weltkrieg als „alles verschlingende Unform des Essays“[7] geißeln wird, dessen bedient er sich seit Beginn seines Schreibens und – als einziger Gattung – über seine ganze Schaffensperiode hinweg, um sich in der Perspektive des jungen ‚Ahnen‘ in die ästhetischen und kulturellen Debatten einzuschalten: Die Eingliederung des Schriftstellers als Propagandist des Kriegs wird eben deshalb bei Hofmannsthal auch nach der Zerstörung nie ironisch relativiert bzw. einer direkten Kritik unterzogen – zumindest nicht in seinen publizierten Schriften. Im ungedruckt gebliebenen Dramenfragment *Herbstmondnacht* (1916) findet sich hingegen eine Deutung: „Der Weltkrieg war der Versuch der Alten, die Jungen zu ermorden.“[8] Hofmannsthal liest damit politische Entscheidungen und deren Konsequenzen wiederum durch die Form der Generationenordnung (vgl. Kap. 3.2 und 3.3). Politik ist für ihn nicht zurechenbares Handeln, sondern metaphysisches Gebiet konkurrierender Ordnungsvorstellungen einer selbst symbolischen Auffassung von Gesellschaft (vgl. Kap. 4.1).

Hofmannsthal fasst die soziale und gesellschaftlich-politische Rolle des Schreibenden in der Kreation von Einbildungskraft – dies sei die oberste gesellige Pflicht des Schriftstellers.[9] Die Zeichnung sozialer, kommunikativer Räume ist eine Triebfeder seines Werks gegen die verbreitete Wertung des Frühwerks als *L'art pour l'art* eines genialisch ‚früh abgeschlossenen‘ Talents. Gesellschaftliche Typenbilder bzw. deren Fiktionalisierung rufen nicht nostalgische Räume auf, sondern weisen ihnen – besonders in den verbreiteten Geister- und Gespenstererscheinungen in Hofmannsthals späterem Werk – einen sichtbar allegorischen Charakter zu, der in unveröffentlicht gebliebenen späten Bearbeitungsstufen des *Andreas*-Komplexes in eine fiktionale Zukunft

6 Matz: Hofmannsthal und Benjamin, S. 46.

7 Hofmannsthal: Idee einer durchaus selbständigen und dem Scheingeschmack der Epoche widerstrebenden Monatsschrift, Gesammelte Werke, Bd. 9, Reden und Aufsätze II, S. 127–129, hier S. 128.

8 Hofmannsthal: Fragment Herbstmondnacht, KA XIX, S. 46–69, hier S. 63.

9 Hofmannsthal: Vorrede des Herausgebers zur ersten Auflage, KA XXXVI, S. 85–90, hier S. 89.

verlängert wird. Die ‚entlegene Aktualität' der literarischen Stoffe ist in den anthologischen Formen von Hofmannsthals Schreiben in der sozialen Versammlung, den ‚vereinigten' Beiträgen von Stimmen aus verschiedenen Lebensgenerationen präsent. Diese von ihm früh ausgebildete, jedoch erst in den 1920er Jahren explizit politisch aufgeladene ‚Ahnenkunst' refiguriert sich in der kulturphilologischen Verankerung des Anthologischen Schreibens als geselliger Austausch von Stimmen aus unterschiedlichen Generationen und Zeiten. „Das Soziale wird nur jenseits seiner gesellschaftlichen Realität erreicht."[10] – Zugleich lässt sich in den Motiven und in der Arbeitstechnik Hofmannsthals eine Ästhetik des Fragmentarischen *und* der Dialogizität erkennen, die ein Moment der Abstraktion, der reflektierten Distanz von klassisch-romantischen Vorstellungen der Harmonie und der Ergänzungsbedürftigkeit ausweisen. Diese Distanz lässt sich in doppelter Perspektive als eine Reflexion auf das eigene Werk wie auf die Zeitlichkeit des mit diesem verbundenen Kulturbegriffs durch die Kulturkritik lesen.[11] Als „andere Poetik der Moderne"[12] bleibt Hofmannsthals Konzeption einer ‚Ahnenkunst' im Modus der Aktualität für die emphatisch-modernen Kunstströmungen zu seinen Lebzeiten anschlussfähig. Einen unmittelbaren Einfluss übte die Gestalt des *Buchs der Freunde* etwa auf die aphoristische Prosa in Benjamins *Einbahnstraße* aus.[13]

Die Virtuosität im Umgang mit verschiedensten Gattungsformen und -normen, für die Hofmannsthal berühmt wurde und die ihm das zeitlebens nicht verstummende Attribut des ‚vollendenden' Epigonen eingebracht hat, konkurriert dabei mit einer ästhetischen Philologie der entelechischen Lebensgesetze, die den Dichter als Führergestalt einer sich letztlich harmonisch ausformenden, perfektiblen Poetik voraussetzen. Hofmannsthals Kunst, in „wechselnden Konstellationen aus tradierten Schriftpartikeln" ein „kombinatorisches Gedächtnistheater"[14] zu montieren, konnte sich einer kultur*kritischen* Wirkungsintention der editorischen Unternehmungen nicht entziehen. Mit der paradoxen Absicht, in Mitteln, die gegen die Gegenwart

10 Matz: Hofmannsthal und Benjamin, S. 51.

11 Dazu umfassend Zanetti: *Avantgardismus der Greise.*

12 Wolfgang Matz: Restitutio in integrum. Hugo von Hofmannsthal und Rudolf Borchardt: Auch eine Poetik der Moderne, in: *Die neue Rundschau* 4/1997, S. 25–37, hier S. 29.

13 Vgl. Katharina Meiser: *Fliehendes Begreifen. Hugo von Hofmannsthals Auseinandersetzung mit der Moderne*, Heidelberg 2014. Das Hofmannsthal-Jahrbuch zur europäischen Moderne spiegelt die für die letzten 40 Jahre an diesem Autor exemplarisch greifende Moderneforschung in Germanistik und vergleichender Literatur- und Kulturwissenschaft wider.

14 Peter Matussek: Intertextueller Totentanz. Die Reanimation des Gedächtnisraums in Hofmannsthals Drama „Der Tor und der Tod", in: *Hofmannsthal. Jahrbuch zur europäischen Moderne* 7/1999, S. 199–232, hier S. 210.

gerichtet waren, auf die Gegenwart zu wirken, war nicht nur kein kulturpolitischer Staat zu machen, dieses ästhetische Modell sollte auch im größeren Umfeld ästhetisch zum Scheitern verurteilt sein.[15] Im Rückblick erweisen sich die Projekte als „kulturpolitisch-philosophische Illusionen", als „erschriebene Sozialintegration"[16], die mit den gewandelten kommunikativen Bedingungen der Kulturökonomie nach dem Ersten Weltkrieg nicht mehr zurechtkommen konnten. Wiewohl diese „Geschichtsneurose"[17] der Literatur des 19. Jahrhunderts im Großen und des Modellentwicklers Hofmannsthal im Speziellen deutlich geworden ist, wird das unterstellte Epigonentum ‚eines fälschenden Urbildners' zum Ausgangspunkt, gerade das Anthologische Schreiben poetologisch produktiv umzuformen.

Irdische Heteronomie und höhere Wahrheit zusammenzuzwingen, brachte Hofmannsthal auf die Produktivität eines (um 1900 virulenten) Gestaltdenkens, mit dem die ästhetisch-epistemologische Norm ‚unsagbarer Wahrheit' immer neu umkreist werden konnte. Die Kunst des Schreibenden bestand darin, eine Stilform auszuprägen, die dem nahekam: zu zeigen, dass es die Wahrheit gebe, ohne dass sie effektiv formulierbar sei.[18] So entsteht ein Wechselspiel zwischen Literatur und Philologie, das Hofmannsthal kulturpolitisch und strategisch geschickt bearbeitete. Umgelegt auf eine an Anthologien sich bindende Rezeptionsgeschichte der Klassik bzw. in weiterem Sinn der literarischen Tradition lässt sich in der Vermessung der je spezifischen Distanz anthologischer Setzungen bzw. ihres paratextuellen Rahmens dieses Wechselspiel auch für das ‚innere' Verhältnis der hier behandelten Autoren produktiv machen. Ahnenkunst ist weder einfach epigonal noch rein konstruierend, sondern auf die Schaffung von Konstellationen der Tradition angelegt – bei Hofmannsthal in einer Form der Ahnenkunst, die sich an der Erneuerung von Urbildern der verehrten Autoren in Form von zugespitzten Szenen versucht, die in den Texten als exponierte Gesten innerhalb von Schreib- und Leseszenen deutlich werden.

In den anthologischen Modellen lassen sich Geschichtskonzeptionen des Individuums, des Staats, des Künstlertums usw. in wechselnder Distanzeinstellung aktualisieren, monumentalisieren oder verflüchtigen. Die nach dem Weltkrieg zerbrochene Einheit *in* der Dissonanz von Identität und Wahrheit im individuellen künstlerischen Schaffen lässt sich als gesellschaftlicher

---

15 Vgl. Middell: Vom Umgang des Dichters, S. 118.

16 Heinz Hiebler: Der Umgang mit den Medien, in: Mayer/Werlitz (Hg.): *Hofmannsthal-Handbuch*, S. 79–81, hier S. 80.

17 Theisohn: *Plagiat*, S. 362.

18 Vgl. König: *Dichter unter Philologen*, S. 10–11.

Konflikt (‚Zeitgenossenschaft als Auftrag') aufführen. Damit hat Hofmannsthals Ahnenkunst nicht zuletzt starke Berührungspunkte mit der Zitierpraxis und Medienästhetik Walter Benjamins.

7.3 Benjamin: Auf dem Weg zu einer Kritik der Wissensproduktion

Benjamin vollzieht mit philologisch-historischer Entzifferungsarbeit in Zitatkonstellationen und intertextuell zum Agieren gebrachten Begriffspersonen eine Rekonfiguration dessen, was unter der Autorität der (deutschen) Klassik verstanden werden konnte. Das komplexe Umfeld dieses selbstreflexiven Prozesses hat sich im materialen und metaphorischen Raum des im Laufe seiner intellektuellen Entwicklung rekonzeptualisierten Traditionsmediums der Anthologie abgespielt. Anthologisches Schreiben wird hier, gegen die monumentalen Projekte des George-Kreises, aber auch gegen die dialogisch-geselligen Lesebücher Hofmannsthals und die anthologischen Siegesurkunden Borchardts, als offene Serie von diversen Elementen verstanden.[19] Die Montage privater Briefe oder Selbstzeugnisse in Benjamins anthologischen „Fingerübungen"[20] der späten 1920er und frühen 1930er Jahre sind der Entfaltungskeim einer Dialektik, die im Theorem und schreibfigurativen Gestus des Fort- bzw. Nachlebens[21] ihre poetologische Struktur hat. Die diachrone Serie oder die synchrone Montage von anthologischen Brieftexten als *Zeugnisse einer vergangenen sozialen Sphäre* legen eine Perspektive auf die – für Benjamins konzeptionelle Impulse intrinsische – Verknüpfung gesellschaftlicher mit privater Existenz frei. Die ethisch-private Dimension hat Benjamin dann im großen Torso seiner Passagenarbeit (1927–1940) insbesondere unter den veränderten Produktionsanforderungen der Exilzeit ab 1933 (Aufteilung seiner Bibliothek, Arbeit mit hauptsächlich französischen Quellen) weggelassen.[22]

Die verstärkte Mediatisierung und Politisierung künstlerischer Öffentlichkeit in Zeitschriften und Anthologien treibt die Kunstproduktion nach dem Ersten Weltkrieg in eine immer offensivere und pointiertere Auseinandersetzung (affirmierend, negativ, kritisch) mit dem Kanon des 19. Jahrhunderts.

---

19 Patrick Eiden-Offe hat dies für die Zeitschriftenprojekte im Vormärz dargelegt. Vgl. Patrick Eiden-Offe: *Die Poesie der Klasse. Romantischer Antikapitalismus und die Erfindung des Proletariats*, Berlin 2017, bes. Kap. 2: „Wir? Verwickelte Frage!" – Zur Identitätsfindung der Klasse in Zeitschriftenprojekten, S. 106–127, bes. S. 115–120.

20 Brodersen: Nachwort. Ein Wörterbuch der Humanität, S. 478.

21 Vgl. Daniel Weidner: Fort-, Über-, Nachleben. Zu einer Denkfigur bei Benjamin, in: Ders./ Sigrid Weigel (Hg.): *Benjamin-Studien 2*, München 2011, S. 161–178.

22 Vgl. Villwock: Walter Benjamins Feuilleton-Reihe.

Dem folgte Benjamin insbesondere in seinem ‚Buchkinema' der *Einbahnstraße*. Daraus entwickelt sich das Anthologische Schreiben als ein genealogisches Schreiben, das den Umweg über das soziale Milieu nimmt und die tradierte kulturelle Erfahrung der Briefkommunikation im Moment ihres Verschwindens als ein Zeugnis für die politische Aneignung des vermeintlich Intim-Privaten zu nutzen versucht.[23] Der anonyme Ort der Produktionsverhältnisse in der Herausgeberschaft, im Forum der Zeitschrift und der zerstreuten Rezeption der Zeitung, im Spezialistentum des produzierenden Fachmanns wird zur Herausforderung, das überbrachte hierarchische Verhältnis Lehrender und Lernender in religiös-philologischen Spezialkulturen für die Demokratisierung und größere Teilhabe an Bildung und für die daraus möglichen kollektiven Lernprozesse umzugestalten. Dies wird Benjamin an der supponierten Gleichartigkeit der Erfahrung der gesellschaftlichen Krise deutlich: Krise wird zum *prekären* Geburtszeichen erklärt und damit auch gegen die autoritären Tendenzen abgedichtet, die in jeder Vorstellung eines ‚unmittelbar Neuen' und der entsprechenden Apologetik – ‚die Krise als Chance zu nutzen' – immer mittransportiert werden.

Gegen die monumentale Repräsentationslogik anthologischen Schreibens, die in Hofmannsthals prozessualer Ästhetik zu systematischer politischer Ambivalenz in Bezug auf die Wertigkeit von (literarischen) Traditionen führt, modifiziert Benjamin das Anthologische Schreiben begriffsfigürlich (im Sinn des später von Deleuze und Guattari entwickelten Terminus): Stefan George wird nicht allein als ‚schweigende Figur aus der Vergangenheit', Paul Valéry als ‚imperialer Seher des Fortschritts', Nietzsche als ‚kranker Bürger' porträtiert, sondern sie dienen als Modellgeber für die Ausprägung von kulturanalytischen Funktionsbildern, mittels derer die Epoche (bzw. die Gegenwart) versinnlicht wird, in der diese epochemachenden Intellektuellen und Künstler gelesen worden sind bzw. werden. Das Anthologische Schreiben Benjamins vermag dadurch eine Handhabe zu bieten, Texte intensiv zu interpretieren, *ohne* den geschichtlichen Horizont ihrer Produktions- und Rezeptionsbedingungen gänzlich zu verlassen (vgl. Kap. 4).

Die politischen Implikationen dieser Poetik Anthologischen Schreibens zeigen sich in Benjamins Serie *Briefe*, wo die ‚Kadaver' der klassischen ‚Köpfe' das bürgerliche Denken zugleich an einem spezifischen Moment seiner politischen Entwicklung ablichten wie sie es in der Form redaktioneller Autorschaft in eine

---

23 Inwiefern dies als gelungen bewertet werden kann, muss an dieser Stelle dahingestellt bleiben; will man den ‚Erfolg' diskursgeschichtlich einordnen, müsste zunächst das Desiderat der Rezeptionsgeschichte des Benjamin'schen Werks in der zweiten Hälfte des 20. Jahrhunderts geschlossen werden.

Gegenwart zerstreuter Kollektivrezeption der meinungsbildenden führenden linksliberalen Zeitung der Weimarer Republik, der *Frankfurter Zeitung* einlassen, um damit die Gegenwartsbedingungen der Rezeption dieses Denkens (bzw. von dessen Rudimenten) darzustellen. Im Produktionskreis des Zeitschriftenprojekts *Krise und Kritik* 1930/31 (vgl. Kap. 5.2) versucht Benjamin (mit anderen wie Brecht und Kracauer) Modelle mit analytischem Wert für Sozialkritik und Ästhetik zu entwickeln und Autorschaft zunehmend aus dem autoritativ-hieratischen Kreis in ein transindividuelles Kollektivphänomen umzudeuten. Dieses Projekt scheitert zwar, bleibt aber als Impuls in Benjamins Arbeitsmethodik erhalten, aus dem Material des Mediums heraus historische Phänomene zu beschreiben und in dialektischen Bildern rezeptionsfähig zu halten, ohne sie klassisch ‚vergletschern' zu lassen.

Die dadurch indizierten Menschen werden nicht auf das Porträtbild des Kitschs verkleinert wie in der Repräsentationslogik der konventionellen Anthologien, sondern zu Begriffspersonen erklärt, mit denen sich denken lässt. In den *Briefen*[24] geht es in kulturkritischer Gegenstellung darum, exemplarische Lebens-Szenen des 18. und 19. Jahrhunderts zurechtzuschneiden und zu montieren. Benjamin verbindet mit dem Nach- bzw. Fortleben in Kommentaren und Zitaten die abstrakte Denkfigur des Zeugnisses. Als ein Zeugen von und für etwas beinhaltet dies ebenso eine materiale Dimension wie eine theologisch-juridische. Im sprachlichen Gestus, den Benjamin kommentierend hervorhebt, liegt die Zeitgebundenheit, die Zugänglichkeit für eine philologische Analyse, die über einen dokumentarischen Anspruch bzw. ein antiquarisches Interesse hinausgeht. In Bezug auf die Serie *Briefe* im Feuilleton der *Frankfurter Zeitung* formuliert er in einem Rundfunkgespräch aus den frühen 1930er Jahren:

> Diese historische Distanz aber ist es, die uns die [...] Gesetze unserer Betrachtung vorschreibt, und vor allem das Oberste: [...], dass jene Unterscheidung von Mensch und Autor, von Privatem und Objektivem, von Person und Sache mit zunehmender historischer Distanz zunehmend ihr Recht verliert. Dergestalt, dass auch nur einem bedeutsamen Briefe wirklich gerecht zu werden in all seinen sachlichen Bezügen, alle seine Anspielungen und Einzelheiten aufzuhellen, bedeutet, mitten in das Menschliche zu treffen.[25]

24 Vgl. für die politische Deutung der physiognomischen ‚Galerie' die Artikel von Diers: Einbandlektüre, fortgesetzt. Zur politischen Physiognomie der Briefanthologie, S. 23–44 und McFarland: Die Kunst, in anderer Leute Köpfe zu denken. Deutsche Menschen als politisches Projekt.

25 Benjamin: Auf der Spur alter Briefe, S. 119.

Fundstücke des Humanismus werden aus ihren Kontexten ‚entwendet', verwertet und dadurch verändert.[26] Die Zeitgebundenheit einer Aussage, ihr philologisch zu analysierendes Zeitzeugnis, verliert an historischem Recht zugunsten des aktualisierenden Kommentars, der in seiner Konkretisierung auf eine Form der ästhetisch-politischen Gerechtigkeit abzielt.[27] Diese Denkfigur einer Verschiebung messianischer Dynamik auf das Profane bleibt bei Benjamin auch in seinen ‚materialistischen' Schriften an die philologische Erkenntnisform und deren immanente Dimension der Geschichtlichkeit gebunden.

Die Funktion, die dem Entlegenen, Kleinen, Unterdrückten, Vergessenen in der Benjamin'schen Epistemologie beikommt – bzw. durch eine spezifische Rezeptionsgeschichte mit dem Werk von Benjamin verbunden ist –, hängt eng mit der poetologischen Programmatik Anthologischen Schreibens zusammen. Keine „Aufreihung von Objekten, ohne Zeit, ohne Stil, ohne Willen und im Grunde ohne Anlass", wie Benjamin Borchardt zustimmend zitiert.[28] Was gesammelt, aufgelesen, in Ordnungen integriert wird, zeugt als musterhaftes Dokument entweder – rezeptionsgeschichtlich – für frühere Wirkungen dieses Texts oder – messianisch-politisch – für den ephemeren Charakter des leicht Übersehbaren, dadurch aber auch Nutzbaren, in Form des ‚Rettbaren'. Allerdings ist die heroische Geste der Umkehr, der Offenbarung des vormals Unterschlagenen oder Vergessenen, ja des Unterdrückten oder Verfemten einer solchen Poetik inhärent, weshalb von neuem die strukturelle Macht institutioneller Formen adressiert werden muss: ohne einen wie untergründig immer geteilten, kulturell machtvollen Kanon keine agonale Freisetzung der durch diesen ‚gebundenen' poetischen Energien. Zerstreuung als Wahrnehmungsform demokratischer Gesellschaft *ist* die gegebene Bedingung und, so der Impuls aus Benjamins Anthologischem Schreiben, produktionstechnisch zum Anlass zu machen für das Aufspüren von ähnlichen Situationen unter anderen, etwa feudal-ständischen gesellschaftlichen Bedingungen.

Benjamin hat das Verhältnis von Gültigkeit der Tradition und Wertigkeit der je spezifischen Aneignung von Überlieferung für seine Arbeit an einer Theorie der Modernität letztlich aufgrund der bedrängenden Umstände im Exil nicht endgültig klären können. Die Impulse der Passagenarbeit der Exilzeit weisen

---

26 So das zündende Stichwort der jüngsten Benjaminforschung, die sich vermehrt auf die Materialien und Quellen zurückwendet, um die intensiven Lektüre- und Aneignungsprozesse zu erforschen und theoretisch fruchtbar zu machen. Vgl. Nitsche/Werner (Hg.): *Entwendungen* und Baehrens/Voigt/Tzanakis Papadakis/Loheit (Hg.): *Material und Begriff*.

27 Zur Kritik des Topos dieses ‚vertragsförmigen' Denkens vgl. Zanetti: Die Quellen haben ein Vetorecht.

28 Brodersen: Anthologien des Bürgertums, S. 441.

in Richtung einer ausgedehnten genealogischen Kritik des Wissens und seiner Produktion hinsichtlich einer aufklärungskritischen ‚Urgeschichte' des Kapitalismus im 19. Jahrhundert, wie sie sich indirekt über seine Gesprächspartner Bataille und Klossowski auf das Denken Michel Foucaults übertragen hat.[29]

7.4 Borchardt: Kulturelle Grenzen vs. ästhetischer Universalismus

Der Durchgang durch Borchardts Werk hat gezeigt: Philologische Rekonstitution und schöpferische Konstruktion, die Übernahme forschend-übersetzender Aufgaben und ein eklatanter dichterischer Ausdruckswille gehen Hand in Hand. Das Streben nach künstlerischer ‚Autonomie' „zeigt [seine] zutiefst politische Seite."[30] Borchardts anthologische Poetik ist geprägt von Gesten des Verwerfens und der gewaltvollen ‚Ordnung' zu einer Einheit. An der Verwerfung und der Explikation dieser Verwerfung hat sich Borchardt eine idealistische Welt gebildet, deren fiktiver Charakter vom Anthologisten Borchardt gar nicht erst in Abrede gestellt wird. Erst der „Überlieferungsbruch" gebe „zu allem, was jenseits von ihm liegt, das einheitliche und geschlossene Verhältnis."[31] In dieser Tonlage gibt sich das politische Projekt des Anthologischen Schreibens zu erkennen.

Bei Borchardt ist ‚Form' eine kulturell (bzw. charismatisch) gebundene, auf einer geschichtsphilosophischen Ebene angesiedelte Größe – so auch die Form der Anthologie. Sein immenses philologisches Können geht mit der von Goethe bezogenen Idee – jede Tatsache sei im Grunde schon Theorie – zusammen, dass bereits einfache Namen „Begriffsbild[er]" sind, „Schlussbild[er] aus unzähligfacher menschlicher Annahme und Behauptung – aus Deutung, Dialektik, Vermutung, Ungunst, Parteilichkeit, Rednergriff und Abwägung, unzerlegbar in Ewigkeit": „die faktische Tatsache" ist bereits „Tatsachenbild" und damit in einem Akt des Vorgriffs bereits auf eine notwendige Restauration ihrer ‚eigentlichen'

29 Der späte Foucault sieht die Frankfurter Schule in diesem Sinn ebenfalls als Projekt der Kritik der Aufklärung; vgl. Michel Foucault: Vorwort [zu: Georges Canguilhem: *On the Normal and the Pathological*, Boston, 1978], in: Ders.: *Dits et Écrits. Schriften in vier Bänden.*, Bd. III: 1976–1979, hg. v. Daniel Defert/François Ewald u. Mitarb. v. Jacques Lagrange, Frankfurt/M. 2003, S. 551–567; praktisch unverändert in: Michel Foucault: Das Leben. Die Erfahrung und die Wissenschaft, in: *Dits et Écrits. Schriften in vier Bänden*, Bd. IV: 1980–1988, Frankfurt/M. 2005, S. 943–959, hier S. 948.

30 Martus: *Werkpolitik*, S. 514, in Bezug auf die verlegerischen und wissenschaftlichen Aktivitäten rund im Georges lyrisches Schaffen.

31 Borchardt: Ewiger Vorrat deutscher Poesie (Nachwort), S. 324. Vgl. Neumann: *Die „englische Komponente"*, S. 188.

Elemente hin angelegt.[32] Im Gegensatz zu Hofmannsthals Anspruch an das anthologische Format, zeit- und raumübergreifende Geselligkeit mittels dialogischer Zitation zu inszenieren, und im Unterschied zu Benjamins Idee, die Szene der sozialen Genese und Erfahrung von Literatur und Wissenschaft zu beleuchten und so in verschiedenen Medien- und Kommentarformen möglicherweise kritisch überliefernd zu bewahren, geht es Borchardt um eine offensiv ausgestellte Artistenphilologie. Die rückhaltlose Macht eines virtuellen Erbes wird aus dem Gestus des restaurierbaren ‚heilen' Bruchstücks heraus konstruiert, die Kontingenz von Überlieferungszusammenhängen zurückgewiesen. Ergänzungen (d.h. in der Rezeption entstandene Konjekturen oder textphilologisch argumentierbare Resultate) werden von Borchardt mittels Gewaltpathos getilgt.

Die Orientierung an Geschichte ist somit nicht eine bewegliche Idee und Praxis des Denkens, um Wissen um Vergangenes für die Erwartung des Zukünftigen zu transformieren und dadurch auf die Gegenwart wirken zu wollen. Vielmehr ist diese – man könnte summarisch sagen: koloniale – Geschichtskonzeption ein an vorbestimmte geografische und politische Einsatzgrößen gebundenes Wirkungsfeld, auf dem eine historisch-politische, aber auch existenzielle (nämlich eine maskulinistische) Identität wiedererstehen soll, indem ein in der Überlieferung vermeintlich verschüttetes oder verlorenes *traditum* freigelegt und unvermittelt in zukünftige ästhetische Wirklichkeit umgeschrieben werden soll.

Gegen die Ahnenfolge setzt Borchardt literaturpolitisch auf die Isolierung einzelner paradigmatischer Gestalten und individuierender Momente, aus denen ‚das ästhetische Werk der Geschichte' hervortritt: bei Dante, bei Goethe, bei Gabriel Rossetti oder bei Swinburne. In den lyrischen Dramen des jungen Hofmannsthal eröffnet sich ihm die Kunstutopie eines „poetisch entfaltbaren Raum[s] der Vorgeschichte".[33] Manfred Koch hat Borchardts Verhältnis zu Hofmannsthal so auf den Punkt gebracht: „Der Wiener Autor interessiert [ihn] nicht als Dichter, sondern als eine Art göttliche Ermutigungsinstanz einer kulturrevolutionären Erneuerung Deutschlands durch ekstatische Wiederbelebung der Vergangenheit."[34] Die an diesen Gestalten und Momenten evozierte Macht der poetischen Sprache wird von Borchardt als etwas Präzedenzloses dargestellt, etwas, das sich jenseits von (Alltags-)Sprache, (demokratisch-‚proletarischer') Gesellschaft und (Populär-)Kultur in ästhetisch unvermittelter Art und Weise Geltung zu verschaffen weiß. In der metaphysischen

32 Borchardt: Epilegomena zu Homeros und Homer, S. 97–98.

33 Zanetti: Lyrisch aus der Kulisse der Historie treten, S. 150.

34 Koch: Konservative Geisterwelt, in: *Neue Zürcher Zeitung*, 16.1.2015, S. 53.

Gewalt dieser kunstreligiösen Gestaltbildungen und Erscheinungen sieht Borchardt sein Wirken in allen Feldern von der Literaturkritik über die öffentliche Rede bis zu den Anthologie- und Übersetzungsprojekten legitimiert. Daneben weiß Borchardt durchaus um Rezeptionswirkungen, die Problematik des Übersetzens als eines Vergleichs unterschiedlicher Sprachsysteme an sich und die Kontingenzen sprachlichen Operierens.

Gegen den Vollständigkeitsanspruch wird über die in der Anthologie versammelten Dichterinnen und Dichter ein ‚Zwiegespräch' innerhalb der Tradition zu erzeugen versucht. Die Erzeugung der Dramatik dieses anthologischen Werkkonzepts wird durch eine nationalkulturelle Frontenbildung gestützt.[35] Die achronologische Anordnung der Textstücke kreiert ästhetische Effekte der Überraschung, um das rezeptionsstrategische Ziel eines Gesprächs der Tradition über Generationen, Jahrhunderte und weitgespannte Räume hinweg zu befördern und literaturpolitisch durchzusetzen. Rezeptionsgeschichtlich zu beschreibende Phänomene werden durch eine Struktur ästhetischer (Geschichts-)Ordnung verklärt. Die Anthologie wird von einer chronologisch, thematisch oder motivisch geordneten Text-Reihe in ein *auratisch-kritisches Medium ‚höherer' literatur- und geistesgeschichtlicher Entfaltung* umfunktioniert und als eine kulturelle Gründungsurkunde gefasst, die damit spezifische politische Deutungsmuster stützt.

Auf den Begriff gebracht ist die Paradoxie in den Hofmannsthal (fälschlicherweise[36]) und Borchardt zugeschriebenen, mit einer problematischen begrifflichen Geschichte verbundenen Termini ‚konservative Revolution' bzw. ‚schöpferische Restauration'.[37] Ein ästhetisches ‚Durchleben' vermeintlich vergangener Krisen und Höhepunkte der ‚Nation' und der ‚Dichtung' ist in dieser Konzeption die einzig mögliche Form der Individuierung und der

35 Mit der aggressiven Zurückweisung der französischen Kultur im Nachwort zur Anthologie *Die großen Trobadors* von 1924 stieß Borchardt seinen Freund Hofmannsthal vor den Kopf. Borchardts Konzept der Nation ist dabei nicht völkisch, vielmehr künstlerisch-elitär.

36 Vgl. Dethloff: Hugo von Hofmannsthal und eine konservative Revolution, bes. S. 531–534. Dethloff zeigt, dass in Hofmannsthals Rede unbestimmt von „*einer* konservativen Revolution" (Herv. F.S.) die Rede ist, die damit unter mehreren möglichen subsumiert wird. Zudem wird die Wendung sonst von Hofmannsthal nicht begrifflich verwendet, sie scheint in erster Linie auf sein Zeitdenken rückführbar. Bei Armin Mohler (1920–2003), der als rechtsextremer sogenannter Nationalrevolutionär und selbst erklärter Faschist in der Bundesrepublik eine eigene politische Agenda verfolgte, ist die Großschreibung im Sinn einer Begriffsverwendung nachgewiesen.

37 Zu diesen beiden Termini besteht seit den 1980er Jahren eine Forschungsgeschichte, zur Bilanz vgl. Milan Horňáček: *Politik der Sprache in der ‚konservativen Revolution'*, Dresden 2016. Janacek befasst sich mit Hofmannsthal, Ernst Jünger, Carl Schmitt, Jakob von Uexküll, Hermann Wirth und Rudolf Borchardt.

Aktualisierung der Kunst in einer als verfallen und geschichtslos vorgestellten Gegenwart. Ein prozessualer, von immanenten (z.B. materialen) Kontingenzen der Produktion, des Umfelds, der medialen Bedingungen abhängiger oder auch nur beeinflusster Werkcharakter wird in dieser radikal elitistischen Konzeption ausgeschlossen. Abstrahiert man allerdings von den rhetorisch-liturgischen Wiederholungsstrukturen in Borchardts Schreiben, so lässt sich feststellen, dass die Grenzziehung zwischen zwei Dimensionen künstlerischer Produktion bearbeitet wird: den anthropologischen Bedingungen und der kulturellen Form ‚national' gebundener Poesie und Wissenschaft. Borchardts Schreiben zielt auf eine paradigmatische Achse der Kultur: als Möglichkeitsform und einmalige Performanz einer vergangenen Sprachstufe in ihrer idealen Ausprägung in seinen Übersetzungsprojekten und als demiurgisches Spiel mit den traditionellen Gattungen in seinen poetischen Figurationen (Gedichten, Versspielen, Erzählungen). Diese beiden Erbformationen halten das ästhetische Spiel seines Schreibens permanent in Unruhe und sorgen zugleich für die politischen Unschärfen, die ihn bei aller reaktionären Extravaganz zu einer nicht untypischen Figur in der intellektuellen Welt der 1920er-Jahre machen – zwar nicht im Zentrum der Auseinandersetzungen, aber immer wieder in literaturkritische Polemiken verstrickt.

Aus der historischen Distanz und mit zunehmender Reflexion der Forschung auf die geschichtsphilosophischen Implikationen und die emphatische Fortschrittsrhetorik der gleichzeitigen ästhetischen Avantgarde-Bewegungen bilanziert Wolfgang Matz: In einer halsbrecherischen Wendung ergreife Borchardt die legitimierende Grundüberzeugung der Moderne schlechthin und deute sie in seinem Sinne um. Der Krieg sei nicht der Bankrott der alten Ordnung, der das Recht auf, ja die Notwendigkeit einer neuen Kultur begründe. „Für [ihn] ist der Krieg die unvermeidliche Katastrophe einer Moderne, die schon viel früher die schöpferische Bindung an die Vergangenheit, die großen historischen Traditionen der Alten Welt abgeworfen hat. Mit diesem einen Argument bestreitet Borchardt der ästhetischen Moderne und dem Avantgardismus des Jahrhundertbeginns seine geschichtsphilosophische Würde und Selbstbegründung: Der radikale Traditionsbruch der Moderne gäbe dann vor, etwas zu überwinden, was er selbst verursacht hätte. Die Katastrophe wäre nicht die Reaktion, sondern der Fortschritt."[38] Sosehr Hofmannsthal und Borchardt sich bemühten, so Matz weiter, ihr Programm als eine positive Setzung gegen den modernen Verfall zu verstehen, bleibe es doch gerade durch ihr Beharren auf der Gültigkeit klassischer Form und Sprache, durch den Widerspruch gegen

38 Matz: Restitutio in integrum, S. 29 und 27.

den ästhetischen Mythos vom unausweichlichen ‚Materialfortschritt‘ eben dieser Moderne in allen Fasern verbunden.

Die Individualisierung der als ewig konzipierten Institution der Poesie in den ‚göttlich sprechenden und angeredeten Einzelnen‘ ist im Zusammenhang der Übersetzungspraxis von Borchardt und seiner essayistischen Kulturmorphologie zunächst faszinierend, da sie im Gestus des Neuentwurfs eine *tabula rasa* bereitzustellen scheint, auf der ästhetische Übertragungen – im Gespräch zwischen Einzelnen oder in der Erfahrung von Landschaften – in gewissermaßen unverstellter Form stattzufinden scheinen. Dies entspricht der konsequent polemischen Abwehr aller gesellschaftlichen Vermittlung: Jedes als ‚gesellschaftlich‘ benannte Element steht als eine anonyme Beziehungsform bei Borchardt jenseits von Kunst und Poesie und verfällt dem Zeitlichen, dem Komischen, dem Satirischen – so geben die Figuren der Erzählungen gerade in ihrer differenzierten sprachlichen Exposition dennoch unfreiwillig den Durchblick gerade auf die gesellschaftliche Vermittlung jeder kulturellen Formation frei; das erzählerische Werk, jüngst neu und umfassend ediert, macht die „[e]xakte Kulturbildlichkeit“ als „Kennzeichen“[39] des Autors Borchardt erforschbar.

Die von Borchardt anvisierte Renaissance des kulturellen Gesprächs und des Wissenstransfers in einer virtuellen anthologischen ‚Akademie‘ – als des idealen künstlerisch-wissenschaftlichen Forums – spricht der Poesie eine gewaltige Geltungskraft zu: Sie wird zur mächtigsten Institution. So kippt die Charakteristik eines Bildungsereignisses in der Lektüre oder die Beschreibung der Begegnung mit einem wissenschaftlichen Lehrer in liturgisch anmutende Beschwörungsformeln, Erweckungserlebnisse und Testamentsreden um. Die geschichtliche Fantasie kommt im Typus des seherischen Dichters als ihrem dialektischen Ort zur Entfaltung, weil allein der Dichter oder die Dichterin – und allenfalls noch die geisteswissenschaftlich Forschenden – die radikal subjektivierte Stimmung aufzubringen vermögen, in der die von Borchardt als fest und beständig imaginierte geschichtliche Substanz der Poesie und Wissenschaft einer Nation zu einem individuellen Ausdruck in der als ewig aufgefassten Reihe der menschlichen Probleme und Lösungsformen gebracht werden kann. Damit entwickelt er einen Aktualitätsbegriff, der die ästhetische Überhöhung von Texteingriffen und die Auratisierung des geretteten Bruchstücks voraussetzt – ein Konzept, das auf den ersten Blick nicht so weit von den

39 Beide Zitate: Gerhard Schuster: Zur Edition, in: Ders. (Hg.): Rudolf Borchardt: *Sämtliche Werke, Erzählungen 1. Bd. 2: Kommentar (XIII/2)*, Hamburg 2019, S. 587–596, hier S. 587.

‚Aufgaben'[40] entfernt ist, die Benjamin künstlerischen Übersetzungsprozessen zuschreibt; nur sind diese bei letzterem von entgegengesetzten Prämissen geleitet. – In einem gesellschaftlichen Krisenumfeld und während medialer Umbrüche der ästhetischen Leitmedien bietet die anthologische Form in den 1920er Jahren *das* bewegliche Gefäß für derlei politisch-ästhetische Aneignungen und Umschreibungen.

Ich beschließe meine Studie mit einem Aphorismus aus Walter Benjamins *Einbahnstraße*: „Zitate in meiner Arbeit sind wie Räuber am Weg, die bewaffnet hervorbrechen und dem Müßiggänger die Überzeugung abnehmen."[41] Dasjenige, worin uns Gegenwart als von der kulturell verfestigten Vergangenheit erzeugt erscheint, wird abgenommen: durch eine Aufforderung ersetzt, die ‚Tradition' als nicht-selbstverständliche, als mögliche Bruchlinie zu lesen und ästhetische Impulse der Produktion und Rezeption geschichtlich zu erfassen.

40 Unter diese lassen sich insbesondere die Texte *Über das kommende Programm der Philosophie, Die Aufgabe des Übersetzers* und die Überlegungen zu Kritik und Kommentar in der Einleitung des Essays *Goethes Wahlverwandtschaften* einordnen.

41 Walter Benjamin: Kurzwaren, in: Ders.: *Einbahnstraße* (WuN 8), S. 67.

Literaturverzeichnis

1. Primärliteratur

Die Werke der behandelten Autoren Hugo von Hofmannsthal, Walter Benjamin und Rudolf Borchardt werden wie folgt zitiert:

Walter Benjamin

Werke und Nachlaß. Kritische Gesamtausgabe. Im Auftrag der Hamburger Stiftung zur Förderung von Wissenschaft und Kultur hg. v. Christoph Gödde / Henri Lonitz in Zusammenarbeit mit dem Walter Benjamin Archiv, Frankfurt/M./Berlin 2008–
Kurzzitierung: Benjamin: Titel (WuN Band), Seitenzahl.

Gesammelte Schriften. Unter Mitwirkung von Theodor W. Adorno und Gershom Scholem hg. v. Rolf Tiedemann / Hermann Schweppenhäuser, Frankfurt/M. 1972–1999.
Kurzzitierung: Benjamin: Titel, GS Band (römische Ziffer) Nummer (arabische Ziffer), Seitenzahl.

Gesammelte Briefe, hg. v. Christoph Gödde/Henri Lonitz, Frankfurt/M. 1995–2000.
Kurzzitierung: GB Band, Seitenzahl.

Weitere Editionen:

Träume, hg. v. Burkhardt Lindner, Frankfurt/M. 2008.

Tableaux parisiens. Mit dem Vorwort „Aufgabe des Übersetzers" und Materialien zur Editionsgeschichte, hg. v. Roland Reuss, Frankfurt/M./Basel 2016.

Rudolf Borchardt

Rudolf Borchardt: *Gesammelte Werke in Einzelbänden* , hg. v. Marie Luise Borchardt/ Ulrich Ott/ Gerhard Schuster; unter Mitarbeit v. Angelika Ott und unter Beratung v. Ernst Zinn, Stuttgart 1955–2002.
Kurzzitierung: Borchardt: Titel, in: Ders.: *Titel Einzelband*, Seitenzahl.

Rudolf Borchardt: *Sämtliche Werke. Kritische Ausgabe*, veranstaltet v. Heribert Tenschert, hg. v. Rudolf Borchardt Archiv, Reinbek b. Hamburg 2018–.
Kurzzitierung: Borchardt: Titel, in: Ders.: *Sämtliche Werke*, Band, Seitenzahl.

Rudolf Borchardt: *Gesammelte Briefe*, 6 Bde., hg. v. Gerhard Schuster/Hans Zimmermann, München/Wien 1995–2002.

Rudolf Borchardt/Rudolf Alexander Schröder: *Briefwechsel 1901–1918*, Text in Verbindung mit dem Rudolf Borchardt-Archiv bearbeitet von Elisabetta Abbondonza, München/ Wien 2001.

Rudolf Borchardt/Hugo von Hofmannsthal: *Briefwechsel.* Text bearb. v. Gerhard Schuster, München/Wien 1994; Kommentar, bearb. v. Gerhard Schuster, München/ Wien 2014.

Weitere Editionen:
Über den Dichter und das Dichterische. Drei Reden von 1920 und 1923, hg. v. Gerhard Neumann, München 1995.
Aufzeichnung Stefan George betreffend (1936), aus dem Nachlass, hg. v. Ernst Osterkamp, München 1998.
Rudolf Borchardts Leben von ihm selbst erzählt (1928), hg. v. Gustav Seibt, Frankfurt/M. 2002.
Deutsche Renaissance-Lyrik, aus dem Nachlass rekonstruiert und hg. v. Stefan Knödler, München 2008.
Der leidenschaftliche Gärtner (1937/38, Erstpubl. 1951), hg. v. Christian Welzbacher, Berlin 2016 (Naturkunden, hg. v. Judith Schalansky, Bd. 24).

Hugo von Hofmannsthal

Kritische Ausgabe (Frankfurt/M. 1975–2022)
Sämtliche Werke. Kritische Ausgabe. Veranstaltet vom Freien deutschen Hochstift, hg. v. Rudolf Hirsch †/Anne Bohnenkamp/Mathias Mayer/Christoph Perels/Edward Reichel und Heinz Rölleke. Frankfurt/M. 1975–2022.
Kurzzitierung: Hofmannsthal: Titel (Entstehungsjahr), KA Bd. in römischen Ziffern, Seitenzahl.
Gesammelte Werke (Frankfurt/M. 1979/1980)
Gesammelte Werke, hg. v. Bernd Schoeller in Beratung mit Rudolf Hirsch, Frankfurt/M. 1979.
Kurzzitierung: Hofmannsthal: Texttitel (Entstehungsjahr), in: Ders.: *Gesammelte Werke*, Bd., Seitenzahl.

2. Forschungsliteratur

Adler, Caroline: Anschaulich, nicht theoretisch bereichert. Walter Benjamins *Moskau*-Aufsatz, in: Konstantin Baehrens/Frank Voigt/Nicos Tzanakis Papadakis/Jan Loheit (Hg.): *Material und Begriff. Arbeitsverfahren und theoretische Beziehungen Walter Benjamins*, Hamburg 2019, S. 81–101.
Adorno, Theodor W.: *Ästhetische Theorie* [1970], hg. v. Rolf Tiedemann, Frankfurt/M. 2003 (Gesammelte Schriften, Bd. 7)
Ders.: *Gesammelte Schriften in 20 Bänden*, Bd. 11: Noten zur Literatur, hg. v. Rolf Tiedemann, Frankfurt/M. 2003.
Ders.: Der Essay als Form, in: Ebd., S. 9–33.
Ders.: Die beschworene Sprache, in: Ebd., S. 536–555.
Ders.: Valérys Abweichungen, in: Ebd., S. 158–202.

Ders: George und Hofmannsthal. Zum Briefwechsel: 1891–1906, in: Ders.: Bd. 10.1: *Kulturkritik und Gesellschaft I. Prismen, Ohne Leitbild*, Frankfurt/M. 2003, S. 195–237.

Ders./Benjamin, Walter: *Briefwechsel 1928–1940*, hg. v. Henri Lonitz, Frankfurt/M. 1994.

Agamben, Giorgio: *Idee der Prosa*, Frankfurt/M. 2003.

Ders.: Entäußerte Manier, in: Ders.: *Nymphae*, Berlin 2005, S. 91–115.

Ders.: *Herrschaft und Herrlichkeit. Zur theologischen Genealogie von Ökonomie und Regierung*, Berlin 2010.

Alewyn, Richard: *Über Hugo von Hofmannsthal*, Göttingen 1964.

Allerkamp, Andrea: Vom Traumkitsch zur Traumkritik, in: Dies./Pablo Valdivia Orozco/ Sophie Witt (Hg.): *Gegen/Stand der Kritik*, Zürich/Berlin 2015, S. 91–104.

Althaus, Nils/Bunzel, Wolfgang/Göttsche, Dirk (Hg.): *Kleine Prosa. Theorie und Geschichte eines Textfelds im Literatursystem der Moderne*, Tübingen 2007.

Anz, Heinrich: Hermeneutik der Individualität. Wilhelm *Diltheys* hermeneutische Position und ihre Aporien, in: Hendrik Birus (Hg.): *Hermeneutische Positionen. Schleiermacher – Dilthey – Heidegger – Gadamer*, Göttingen 1982, S. 59–88.

Apel, Friedmar: Nachwort, in: Rudolf Borchardt: *Swinburne*, deutsch v. Rudolf Borchardt, hg. v. Friedmar Apel, München 1990.

Ders.: Evidenz aus dem Abgrund. Hugo von Hofmannsthals Reisebilder, in: Sabine Schneider/Helmut Pfotenhauer/Wolfgang Riedel (Hg.): *Poetik der Evidenz. Die Herausforderung der Bilder um 1900*, Würzburg 2005, S. 67–75.

Ders.: Die Ambivalenz der Anomie. Hugo von Hofmannsthals „Verse, auf eine Banknote geschrieben“, in: *Hofmannsthal. Jahrbuch zur europäischen Moderne* 20, 2012, S. 161–172.

Arburg, Hans-Georg von: „Ein sonderbares Gespinst von Raum und Zeit.“ Zur theoretischen Konstitution und Funktion von ‚Stimmung‘ um 1900 bei Alois Riegl und Hugo von Hofmannsthal, in: Kerstin Thomas (Hg.): *Stimmung. Ästhetische Kategorie und künstlerische Praxis*, Berlin/München 2010, S. 13–30.

Ders.: ‚Gefrorene‘ oder ‚stumme‘ Musik? Zur Kritik eines Denkbildes für Architektur bei Goethe, Nietzsche und Valéry, in: Andreas Beyer/Ralf Simon/Martino Stierli (Hg.): *Zwischen Architektur und literarischer Imagination*, Paderborn 2013, S. 243–273.

Ders./Tremp, Benedikt/Zimmermann, Elias (Hg.): *Physiognomisches Schreiben. Stilistik, Rhetorik und Poetik einer gestaltdeutenden Kulturtechnik*, Freiburg/Br. 2016.

Arnold, Heinz Ludwig/Schuster, Gerhard (Hg.): *Text + Kritik. Sonderband Rudolf Borchardt*, München 2007.

Assmann, Aleida: *Arbeit am nationalen Gedächtnis. Eine kurze Geschichte der deutschen Bildungsidee*, Frankfurt/M. 1993.

Auchter, Philipp: *Maschinen. Ansätze zu einer absoluten Metapher*, unpubl. Masterarbeit, Universität Zürich 2016.

Aurnhammer, Achim: Hofmannsthals „Andreas“, in: *Hofmannsthal. Jahrbuch zur europäischen Moderne* 3, 1995, S. 275–296.

Ders./Braungart, Wolfgang/Breuer, Stefan (Hg.): *Stefan George und sein Kreis. Ein Handbuch,* 3 Bde., Berlin/Boston 2012.

Autsch, Sabiene/Öhlschläger, Claudia/Süwolto, Leonie (Hg.): *Kulturen des Kleinen. Mikroformate in Literatur, Kunst und Medien*, Paderborn 2014.

Baecker, Dirk (Hg.): *Kapitalismus als Religion*, Berlin 2009.

Baehrens, Konstantin/Voigt, Frank: Die Problemgeschichte wird tatsächlich zur Geschichte der Probleme. Geschichtliche Totalität und Augenblick bei Walter Benjamin und Georg Lukács, in: Konstantin Baehrens/Frank Voigt/Nicos Tzanakis Papadakis/Jan Loheit (Hg.): *Material und Begriff. Arbeitsverfahren und theoretische Beziehungen Walter Benjamins*, Hamburg 2019, S. 193–242.

Balke, Friedrich: Die gespenstische Vermischung der Gewalten. Zum Verhältnis von Politik und Polizei bei Walter Benjamin und Carl Schmitt, in: Uwe Hebekus/Ingo Stöckmann (Hg.): *Das Totalitäre der klassischen Moderne. Zur Souveränität der Literatur 1900–1933*, München 2005, S. 337–362.

Ders./Engelmeier, Hannah (Hg.): *Mimesis und Figura. Mit einer Neuausgabe des ‚Figura'-Aufsatzes von Erich Auerbach*, Paderborn 2016.

Baehrens, Konstantin/Voigt, Frank/Tzanakis Papadakis, Nicos/Loheit, Jan (Hg.): *Material und Begriff. Arbeitsverfahren und theoretische Beziehungen Walter Benjamins*, Hamburg 2019.

Baßler, Moritz: *Die kulturpoetische Funktion des Archivs. Eine Text-Kontext-Theorie*, Tübingen 2005.

Bauer, Markus: Der philosophische Typograph: Walter Benjamin, in: *Text. Kritische Beiträge – Sonderheft Typographie & Literatur*, Göttingen 2016, S. 197–219.

Benne, Christian: *Die Erfindung des Manuskripts. Zur Theorie und Geschichte literarischer Gegenständlichkeit*, Berlin 2015.

Berg, Nicolas/Burdorf, Dieter (Hg.): *Textgelehrte. Literaturwissenschaft und literarisches Wissen im Umkreis der Kritischen Theorie*, Göttingen 2014.

Blasberg, Cornelia: Klassizität und Europäizität. Rudolf Borchardts und Stefan Georges Konzepte zu einer Erneuerung der deutschen Literatur, in: Dieter Burdorf/Torsten Valk (Hg.): *Rudolf Borchardt und die Klassik*, Berlin 2016, S. 203–224.

Blumenberg, Hans: Geld oder Leben. Eine metaphorologische Studie zur Konsistenz der Philosophie Georg Simmels (1976), in: Ders.: *Ästhetische und metaphorologische Schriften*, hg. v. Anselm Haverkamp, Frankfurt/M. 2001, S. 177–192.

Ders.: Wirklichkeitsbegriff und Wirkungspotential des Mythos (1971), in: Ders.: *Ästhetische und metaphorologische Schriften*, hg. v. Anselm Haverkamp, Frankfurt/M. 2001, S. 327–406.

Böhme, Gernot: *Der Typ Sokrates,* Frankfurt/M. 1988.

Böhme, Hartmut: *Fetischismus und Kultur. Eine andere Theorie der Moderne*, Reinbek 2006.

Boie, Bernhild: Dichtung als Ritual der Erlösung. Zu den wiedergefundenen Sonetten von Walter Benjamin, in: *Akzente* 31/1 1984, S. 23–39.

Bolle, Willy: *Physiognomik der modernen Metropole. Geschichtsdarstellung bei Walter Benjamin*, Köln/Weimar/Wien 1994.

Bolz, Norbert W./Faber, Richard (Hg.): *Walter Benjamin. Profane Erleuchtung und rettende Kritik*, Würzburg 1985.

Borgards, Roland: Wo ist dem Tier sein End? Das Politische, das Poetische und die Tiere in Hofmannsthals „Turm", in: *Hofmannsthal. Jahrbuch zur europäischen Moderne* 24/2016, S. 253–268.

Böschenstein, Bernhard: Das „Buch der Freunde" – eine Sammlung von Fragmenten? Hofmannsthal in der Tradition des Grand Siècle, in: *Hofmannsthal. Jahrbuch zur europäischen Moderne* 4/1996, S. 261–276.

Brodersen, Momme: Anthologien des Bürgertums, in: Burkhardt Lindner (Hg.): *Benjamin-Handbuch. Leben – Werk – Wirkung*, Stuttgart/Weimar 2006, S. 437–450.

Ders.: Nachwort. Ein Wörterbuch der Humanität, in: Walter Benjamin: *Deutsche Menschen*, WuN 10, Frankfurt/M. 2008, S. 474–488.

Brokoff, Jürgen/Jacob, Joachim/Lepper, Marcel (Hg.): *Norbert von Hellingrath und die Ästhetik der europäischen Moderne*, Göttingen 2014.

Bulang, Rolf: Die *Bremer Presse Bücher* als Konkurrenz zu den *Geist-Büchern* des George-Kreises. Eine literaturhistorische Skizze, in: *Text. Kritische Beiträge – Sonderheft Typographie & Literatur*, 2016, S. 155–164.

Burdorf, Dieter: Gespräche über Kunst. Zur Konjunktur einer literarischen Form um 1900, in: Andreas Beyer/Dieter Burdorf (Hg.): *Jugendstil und Kulturkritik*, Heidelberg 1999, S. 29–50.

Ders./Valk, Thorsten (Hg.): *Rudolf Borchardt und die Klassik*, Berlin/Boston 2016.

Ders./Benne, Christian (Hg.): *Rudolf Borchardt und Friedrich Nietzsche. Schreiben und Denken im Zeichen der Philologie*, Berlin 2017.

Ders. (Hg.): *Rudolf Borchardts europäische Briefnetzwerke*, Berlin 2020.

Bürger, Peter: Die Leidenschaft des Denkens. Annäherungen an Rudolf Borchardt, in: *Sinn und Form* 4/2017, S. 458–466.

Campe, Rüdiger: ‚Die tiefste Bestätigung des Daseins der Dissonanz'. Emil Boutroux und Georg Simmel in der *Theorie des Romans*, in: Rüdiger Dannemann/Maud Meyzaud/Philipp Weber (Hg.): *Hundert Jahre „Transzendentale Obdachlosigkeit". Georg Lukàcs' „Theorie des Romans" neu gelesen*, Bielefeld 2018, S. 32–43.

Christians, Heiko: Gesicht, Gestalt, Ornament. Überlegungen zum epistemologischen Ort der Physiognomik zwischen Hermeneutik und Mediengeschichte, in: *Deutsche Vierteljahresschrift für Literaturwissenschaft und Geistesgeschichte* 74, 1/2000, S. 84–110.

Ders.: *Wilhelm Meisters Erbe. Deutsche Bildungsidee und globale Digitalisierung*, Köln 2020.

Coghlan, Brian: The whole man must move at once. Das Persönlichkeitsbild des Menschen bei Hofmannsthal, in: *Hofmannsthal-Forschungen* 8, 1985, S. 29–47.

Dannemann, Rüdiger/Maud Meyzaud/Philipp Weber (Hg.): *Hundert Jahre „Transzendentale Obdachlosigkeit". Georg Lukàcs' „Theorie des Romans" neu gelesen*, Bielefeld 2018.

Dehrmann, Mark-Georg/Nebrig Alexander (Hg.): *Poeta Philologus. Eine Schwellenfigur im 19. Jahrhundert*, Bern/Berlin/New York 2010.

Deleuze, Gilles/Guattari, Félix: *Was ist Philosophie?* Frankfurt/M. 1996.

Derrida, Jacques: *Das andere Kap. Die vertagte Demokratie. Zwei Essays zu Europa*, Frankfurt/M. 1992.

Dethloff, Klaus: Hugo von Hofmannsthal und eine konservative Revolution, in: *Deutsche Vierteljahrsschrift für Literaturwissenschaft und Geistesgeschichte* 92/2018, S. 531–555.

Deuber-Mankowsky, Astrid: *Praktiken der Illusion. Immanuel Kant bis Donna Haraway*, Berlin 2007.

Diers, Michael: Einbandlektüre – Zu Walter Benjamins Briefsammlung *Deutsche Menschen* von 1936, in: *Idea. Jahrbuch der Hamburger Kunsthalle*, 8/1988, S. 109–120.

Ders.: Einbandlektüre, fortgesetzt. Zur politischen Physiognomie der Briefanthologie, in: Barbara Hahn/Erdmut Wizisla (Hg.): *Walter Benjamins „Deutsche Menschen"*, Göttingen 2008, S. 23–44.

Eiden-Offe, Patrick: *Die Poesie der Klasse. Romantischer Antikapitalismus und die Erfindung des Proletariats*, Berlin 2017.

Ders.: Typologie und Krise. Fichte in Lukàcs, in: Rüdiger Dannemann/Maud Meyzaud/Philipp Weber (Hg.): *100 Jahre „Transzendentale Obdachlosigkeit". Georg Lukàcs' „Theorie des Romans" neu gelesen*, Bielefeld 2018, S. 211–228.

Eiland, Howard/Jennings Michael W.: *Walter Benjamin. A Critical Life*, Cambridge/London 2014.

Enderlein, Olaf: *Die Entstehung der Oper „Die Frau ohne Schatten" von Richard Strauss*, Frankfurt/M. 2017.

Engelmeier, Hannah: Die Wirklichkeit Lesen. Figura und Lektüre bei Erich Auerbach, in: Dies./Friedrich Balke (Hg.): *Mimesis und Figura. Mit einer Neuausgabe des ‚Figura'-Aufsatzes von Erich Auerbach*, Paderborn 2016, S. 89–118.

Felsch, Philipp: *Der lange Sommer der Theorie. Geschichte einer Revolte 1960–1990*, München 2015.

Forrer, Thomas: Urgeschichte des Bedeutens. Ausdruck, Allegorie und Ereignis (Deleuze, Benjamin), in: Christian Kiening/Aleksandra Prica/Benno Wirz (Hg.): *Wiederkehr und Verheißung – Dynamiken der Medialität in der Zeitlichkeit*, Zürich 2011, S. 65–89.

Ders.: *Schauplatz/Landschaft. Orte der Genese von Wissenschaften und Künsten um 1750*, Göttingen 2013.

Ders.: „Andacht zum Unbedeutenden". Walter Benjamins Philologie der Philosophie, in: *Text. Kritische Beiträge – Philosophie & Philologie* 14, 2013, S. 49–65.

Ders./Linke, Angelika (Hg.): *Wo ist Kultur? Perspektiven der Kulturanalyse*, Zürich 2014.

Ders.: Rhythmus und Polytropie. Lektüre von Details bei Platon, in: Natalie Piper/ Benno Wirz (Hg.): *Philosophische Kehrseiten. Eine andere Einleitung in die Philosophie*, Freiburg/Br. 2013, S. 36–71.

Foucault, Michel: Was ist ein Autor? (Vortrag vom Februar 1969), in: Ders.: *Dits et Ecrits. Schriften in vier Bänden*, Bd. 1, Frankfurt/M., 2001), S. 1003–1041.

Ders.: *Archäologie des Wissens* [frz. 1969], Berlin 2013[13].

Fraisse, Emmanuel: *Les anthologies en France*, Paris 1997.

Franck, Georg: *Ökonomie der Aufmerksamkeit. Ein Entwurf*, München 1998.

Fries, Thomas: Robert Walsers Mikrogramm 385. Poetik des flüchtigen Kleinen, in: Stefanie Heine/Sandro Zanetti (Hg.): *Transaktualität. Ästhetische Dauerhaftigkeit und Flüchtigkeit,* Paderborn 2017, S. 83–94.

Gagnebin, Jeanne Marie: *Histoire et narration chez Walter Benjamin*, Paris 1994.

Gamper, Michael/Hühn, Helmut: *Was sind Ästhetische Eigenzeiten?* Hannover 2014.

Gamper, Michael/Mayer, Ruth: Erzählen, Wissen und kleine Formen. Eine Einleitung, in: Dies. (Hg.): *Kurz & Knapp. Zur Mediengeschichte kleiner Formen vom 17. Jahrhundert bis zur Gegenwart*, Bielefeld 2017, S. 7–22.

Garber, Klaus/Rehm, Ludger (Hg.): *global benjamin*, 3 Bde., München 1999.

Ders.: *Walter Benjamin als Briefschreiber und Kritiker*, München 2005.

Gelhard, Andreas/Hackler, Ruben/Zanetti, Sandro (Hg.): *Epistemische Tugenden. Zur Geschichte und Gegenwart eines Konzepts*, Tübingen 2019.

George, Stefan/Wolfskehl, Karl (Hg.): *Deutsche Dichtung, Bd. 1: Jean Paul* (1900), Nachdr. neu hg. v. Ute Oelmann, Stuttgart 1989.

Dies. (Hg.): *Deutsche Dichtung, Bd. 2: Goethe* (1901), Nachdr. neu hg. v. Ute Oelmann, Stuttgart 1991.

Dies. (Hg.): *Deutsche Dichtung, Bd. 3: Das Jahrhundert Goethes* (1902), Nachdr. neu hg. v. Ute Oelmann, Stuttgart 1995.

Gess, Nicola/Christian Moser/Markus Winkler (Hg.): *Primitivismus intermedial,* Bielefeld 2015.

Geulen, Eva: Wiederholte Spiegelungen. Formgeschichte und Moderne bei Kommerell und Preisendanz, in: *Deutsche Vierteljahrsschrift für Literaturwissenschaft und Geistesgeschichte* 76, 2002, S. 271–284

Dies.: Wirklichkeiten, Möglichkeiten und Unmöglichkeiten. Zum Problem der Lebensform bei Giorgio Agamben und Theodor W. Adorno, in: *MLN* 125, 3/2010, S. 642–660.

Gisbertz, Anna-Katharina: Selbstdeutungen, in: Mathias Mayer/Julian Werlitz (Hg.): *Hofmannsthal-Handbuch. Leben – Werk – Wirkung*, Stuttgart/Weimar 2016, S. 89–95.

Giuriato, Davide: Kritische Überlegungen zur neuen Gesamtausgabe der Werke Walter Benjamins, in: *Benjamin-Studien* 2/2011, S. 335–340.

Goebel, Eckart: Das Opfer der Kritik. Benjamin – Kommerell, in: Stefan Börnchen/Georg Mein/Martin Roussel (Hg.): *Name, Ding, Referenzen*, München 2012, S. 345–365.

Goethe, Johann Wolfgang: *Torquato Tasso*, in: Ders: *Italien und Weimar 1786–1790*, hg. v. Norbert Miller und Hartmut Reinhardt, München 1990 (Münchner Ausgabe, 3.1), S. 426–520.

Gretz, Daniela: *Die deutsche Bewegung. Der Mythos von der ästhetischen Erfindung der Nation*, München 2007.

Groys, Boris: *Logik der Sammlung*, München 1997.

Grüninger, Ingrid: *Rudolf Borchardt. Verzeichnis seiner Schriften*, München 2002.

Günter, Manuela: *Im Vorhof der Kunst. Mediengeschichten im 19. Jahrhundert*, Bielefeld 2008.

Habermas, Jürgen: Bewusstmachende oder rettende Kritik. Die Aktualität Walter Benjamins, in: Siegfried Unseld (Hg.): *Zur Aktualität Walter Benjamins*, Frankfurt/M. 1972, S. 173–224.

Häntzschel, Günter: Anthologie, in: Klaus Weimar (Hg.): *Reallexikon deutscher Literaturwissenschaft*, Bd. 1, Berlin 1997, S. 96–98.

Ders.: *Die deutschsprachigen Lyrikanthologien 1840–1914. Sozialgeschichte der Lyrik des 19. Jahrhunderts*, 2 Bde., Wiesbaden 1997.

Ders: *Sammelleidenschaft. Literarisches Sammeln im 19. Jahrhundert*, Würzburg 2014.

Hahn, Barbara/Wizisla, Erdmut (Hg.): *Walter Benjamins „Deutsche Menschen"*, Göttingen 2008.

Dies.: Die Folgen eines seltsamen Buches, in: Dies./Erdmut Wizisla (Hg.): *Walter Benjamins „Deutsche Menschen"*, Göttingen 2008, S. 68–90.

Hamacher, Werner: Unlesbarkeit, in: Paul de Man: *Allegorien des Lesens*, hg. v. Werner Hamacher, Frankfurt/M. 1988, S. 7–26.

Ders.: Das Theologisch-politische Fragment, in: Burkhardt Lindner (Hg.): *Benjamin-Handbuch. Leben – Werk – Wirkung*, Stuttgart/Weimar 2006, S. 175–192.

Hamburger, Michael: *Hugo von Hofmannsthal. Zwei Studien*, Göttingen 1964.

Ders.: Das Fragment: Ein Kunstwerk?, in: *Hofmannsthal. Jahrbuch zur europäischen Moderne* 3/1995, S. 305–318.

Haverkamp, Anselm: Allegorie, in: *Ästhetische Grundbegriffe. Historisches Wörterbuch in sieben Bänden*, Bd. 1: Absenz – Darstellung, hg. v. Karlheinz Barck, Stuttgart/Weimar 2001, S. 49–103.

Ders.: Geld und Geist. Die Metapher des Geldes und die Struktur der Offenbarung, in: Dirk Baecker (Hg.): *Kapitalismus als Religion*, Berlin 2003.

Hebbel, Friedrich: Zur Anthologien-Literatur, in: ders.: *Sämtliche Werke*. Historisch-kritische Ausgabe besorgt von Richard Maria Werner, 1. Abt., 12. Bd.: *Vermischte Schriften IV (1852–1863). Kritische Arbeiten III*, Berlin 1904², S. 76–83.

Hebekus, Uwe: *Ästhetische Ermächtigung. Zum politischen Ort der Literatur im Zeitraum der Klassischen Moderne*, Paderborn/München 2009.

Heesen, Anke te/Spary, E. C. (Hg.): *Sammeln als Wissen. Das Sammeln und seine wissenschaftsgeschichtliche Bedeutung*, Göttingen 2003.

Heine, Stefanie/Zanetti, Sandro: Einleitung, in: Dies. (Hg.): *Transaktualität. Ästhetische Dauerhaftigkeit und Flüchtigkeit*, Paderborn 2017, S. 9–31.

Heiniger, Konstanze: *„Ein Traum von großer Magie". Die Zusammenarbeit von Hugo von Hofmannsthal und Max Reinhardt*, München 2015.

Heinle, Christoph Friedrich: *Lyrik und Prosa*, hg. v. Johannes Steizinger, mit einem Geleitwort von Giorgio Agamben, Berlin 2016.

Hellingrath, Norbert von: *Pindarübertragungen von Hölderlin. Prolegomena zu einer Erstausgabe*, Jena 1911 (Leipzig 1910).

Hemecker, Wilhelm/Heumann, Konrad (Hg.): *Hofmannsthal. Orte*, Wien 2014.

Herder, Johann Gottfried: *Werke in 11 Bänden*, Bd. 3: Volkslieder, Übertragungen, Dichtungen, hg. v. Ulrich Gaier, Frankfurt/M. 1990.

Heumann, Konrad: Nachlass/Editionen/Institutionen, in: Mathias Mayer/Julian Werlitz (Hg.): *Hofmannsthal-Handbuch. Leben – Werk – Wirkung*, Stuttgart/Weimar 2016, S. 401–407.

Hiebler, Heinz: *Hugo von Hofmannsthal und die Medienkultur der Moderne*, Würzburg 2003.

Ders.: Im Steinbruch der Dichtung. Hugo von Hofmannsthals Bibliothek, Rezension zu: Ritter, Ellen: *Hugo von Hofmannsthal. Bibliothek*, Frankfurt/M. 2011 (Sämtliche Werke. Kritische Ausgabe, Bd. 40), in: *IASLonline*, 28.9.2014; https://www.iaslonline.lmu.de/index.php?vorgang_id=3801 (letzter Aufruf: 31.8.2022).

Ders.: Hofmannsthal als kreativer Leser, in: Mathias Mayer/Julian Werlitz (Hg.): *Hofmannsthal-Handbuch. Leben – Werk – Wirkung*, Stuttgart/Weimar 2016, S. 87–88.

Ders.: Der Umgang mit den Medien, in: Mathias Mayer/Julian Werlitz (Hg.): *Hofmannsthal-Handbuch. Leben – Werk – Wirkung*, Stuttgart/Weimar 2016, S. 79–81.

Hirsch, Rudolf: *Beiträge zum Verständnis Hugo von Hofmannsthals*, Frankfurt/M. 1995.

Ho-Cha, Kyung (Hg.): *Aura und Experiment. Naturwissenschaft und Technik bei Walter Benjamin*, Wien/Berlin 2017.

Höller, Hans (Hg.): Ingeborg Bachmann. Hans Werner Henze. Briefe einer Freundschaft, München 2013.

Hofmann, Franck: *Sprachen der Freundschaft. Rudolf Borchardt und die Arbeit am ästhetischen Menschen*, München 2004.

Hofmannsthal, Hugo von/Helene von Nostitz: *Briefwechsel*, hg. v. Oswalt von Nostiz. Frankfurt/M. 1965.

Ders./Richard Beer-Hoffmann: *Briefwechsel*, hg. v. Eugene Weber, Frankfurt/M. 1972.

Höllerer, Walter (Hg.): *Transit. Lyrikbuch der Jahrhundertmitte*, Frankfurt/M. 1956.

Holz, Arno: *Dafnis. Lyrisches Portrait aus dem 17. Jahrhundert*, München 1905.

Horňáček, Milan: *Politik der Sprache in der ‚konservativen Revolution'*, Dresden 2015.

Ihering, Peter: National/Nation, in: *Ästhetische Grundbegriffe. Historisches Wörterbuch in sieben Bänden*, Bd. 4: Medien – populär, hg. v. Karlheinz Barck, Stuttgart/Weimar 2002, S. 377–404.

Irigaray, Luce: *Das Geschlecht, das nicht eins ist*, Berlin 1979.

Jäger, Lorenz: Zwischen Soziologie und Mythos. Hofmannsthals Begegnung mit Werner Sombart, Georg Simmel und Walter Benjamin, in: Ursula Renner/ Bärbel G. Schmid (Hg.): *Hugo von Hofmannsthal. Freundschaften und Begegnungen mit deutschen Zeitgenossen*, Würzburg 1991, S. 95–108.

Ders.: Politik und Gestik bei Hugo von Hofmannsthal, in: *Hofmannsthal. Jahrbuch zur europäischen Moderne* 2/1994, S. 181–222.

Ders.: Rudolf Borchardts ideale Universität, in: *Frankfurter Allgemeine Sonntagszeitung*, 25.7.2004, S. 58.

Jean Paul: *Vorschule der Ästhetik*, hg. v. Norbert Miller, textkritisch durchgesehen und eingeleitet v. Wolfhart Henckmann, Hamburg 1990.

Brod, Max/Kafka, Franz: *Eine Freundschaft. Briefwechsel*, Bd. 2, hg. v. Malcolm Pasley, Frankfurt/M. 1989.

Kaiser, Gerhard R./Matuschek, Stefan (Hg.): *Begründungen und Funktionen des Kanons. Beiträge aus der Literatur- und Kunstwissenschaft, Philosophie und Theologie*, Heidelberg 2001.

Ders./Bollenbeck, Georg: Kulturwissenschaftliche Ansätze in den Literaturwissenschaften, in: Friedrich Jaeger/Jürgen Straub (Hg.): *Handbuch der Kulturwissenschaften, Bd. 2: Paradigmen und Disziplinen*, Stuttgart 2004, S. 615–637.

Ders.: Anthologie: Kanon und Kanonskepsis. George, Wolfskehl, Hofmannsthal, Borchardt, in: Ders./Stefan Matuschek (Hg.): *Begründungen und Funktionen des Kanons. Beiträge aus der Literatur- und Kunstwissenschaft, Philosophie und Theologie*, Heidelberg 2001, S. 107–135.

Ders.: Anthologie, Kanon, Literaturbegriff. Überlegungen zu ihrem Zusammenhang – auch in pragmatischer Hinsicht, in: Alexander Löck/Jan Urbich (Hg.): *Der Begriff der Literatur. Transdisziplinäre Perspektiven*, Berlin/New York 2010, S. 151–170.

Ders.: Deutsche Dichtung, in: Achim Aurnhammer/Wolfgang Braungart/Stefan Breuer (Hg.): *Stefan George und sein Kreis. Ein Handbuch*, 3 Bde., Berlin/Boston 2012, Bd. 2, S. 607–627.

Ders.: ‚Die rechtskräftige Aburteilung und Exekution des Friedrich Gundolf'. Polemik im *Wahlverwandtschaften*-Essay, in: Helmut Hühn/Jan Urbich/Uwe Steiner (Hg.): *Benjamins Wahlverwandtschaften. Zur Kritik einer programmatischen Interpretation*, Berlin 2015, S. 294–318.

Ders.: Klassik und Romantik in den Anthologien von George, Wolfskehl, Hofmannsthal und Borchardt, in: Dieter Burdorf/Thorsten Valk (Hg.): *Rudolf Borchardt und die Klassik*, Berlin 2016, S. 225–246.

Kambas, Chryssoula: Positionierung des Linksintellektuellen im Exil, in: Burkhardt Lindner (Hg.): *Benjamin-Handbuch. Leben – Werk – Wirkung*, Stuttgart/Weimar 2006, S. 420–436.

Dies.: *Momentaufnahme der europäischen Intelligenz. Moderne, Exil und Kulturtransfer in Walter Benjamins Werk*, Hannover 2009.

Karl, Regina: Paul Valéry. Entwendung als Handhabe, in: Jessica Nitsche/Nadine Werner (Hg.): *Entwendungen. Walter Benjamin und seine Quellen*, Paderborn 2019, S. 389–413.

Kauffmann, Kai: Rudolf Borchardts und Walter Benjamins Berliner Kindheiten um 1900, in: *Zeitschrift für Germanistik* NF, 8, 2/1998, S. 374–386.

Ders.: Nietzscheanische Funken? Zum Verhältnis zwischen Friedrich Nietzsches und Rudolf Borchardts Kulturdenken, in: Andreas Beyer/Dieter Burdorf (Hg.): *Jugendstil und Kulturkritik. Zur Literatur und Kunst um 1900*, Heidelberg 1999, S. 15–28.

Ders.: Stilmuster. Rudolf Borchardt und Rudolf Alexander Schröder, die *Insel*-Zeitschrift und das *Hesperus*-Jahrbuch, in: Andreas Beyer/Dieter Burdorf (Hg.): *Jugendstil und Kulturkritik. Zur Literatur und Kunst um 1900*, Heidelberg 1999, S. 195–212.

Ders.: *Rudolf Borchardt und der ‚Untergang der deutschen Nation'*, Berlin/New York 2003.

Kerr, Alfred: Das gerettete Venedig [Neue Rundschau, März 1905], in: Gotthart Wunberg (Hg.): *Hofmannsthal im Urteil seiner Kritiker. Dokumente zur Wirkungsgeschichte Hugo von Hofmannsthals in Deutschland*, Frankfurt/M. 1972, S. 132–135.

Kiening, Christian: *Das Mittelalter der Moderne. Rilke – Pound – Borchardt*, Göttingen 2014.

Kimmich, Dorothee: Vom Hineinschneiden der Dinge in den Raum. Oder warum ein marokkanischer Basar ein Gedicht ist. Bemerkungen zu einer Raum-Poetik bei Hofmannsthal, in: *George-Jahrbuch* 9, 1/2013, S. 179–196.

Kissler, Alexander: *„Wo bin ich denn behaust?" Rudolf Borchardt und die Erfindung des Ichs*, Göttingen 2003.

Kittler, Friedrich A.: *Aufschreibesysteme 1800–1900*, München (4. Aufl.) 2003.

Kleie, Stefan: *Der Rosenkavalier und die Spektakelkultur der Moderne. Werkpolitik, Rezeption, Analysen*, Dresden 2019.

Klein, Tobias Robert/Trautsch, Asmus (Hg.): *Klang und Musik bei Walter Benjamin*. München 2013.

Kluge, Alexander: *Nachrichten aus der ideologischen Antike. Marx – Eisenstein – Das Kapital*, Frankfurt/M. 2008 (Filmessay auf 3 DVDs).

Knödler, Stefan: Rudolf Borchardts Anthologien, in: *Text + Kritik. Sonderband Rudolf Borchardt*, hg. v. Heinz Ludwig Arnold, München, 2007, S. 149–160.

Ders.: *Rudolf Borchardts Anthologien*, Berlin/New York 2010.

Koch, Manfred: Konservative Geisterwelt, in: *Neue Zürcher Zeitung*, 16.1.2015, S. 57.

Kocka, Jürgen: *Das lange 19. Jahrhundert. Arbeit, Nation und bürgerliche Gesellschaft*, Stuttgart 2002.

Köhn, Eckhardt: Hans Blumenberg liest Walter Benjamin. Philologische Splitter, in: Harald Hillgärtner/Thomas Küpper (Hg.): *Medien und Ästhetik. Festschrift für Burkhardt Lindner*, Bielefeld 2003, S. 83–102.

Ders.: Nichts gegen die Illustrierte! Benjamin, der Berliner Konstruktivismus und das avantgardistische Objekt, in: Detlev Schöttker (Hg.): *Schrift Bilder Denken*, Frankfurt/M. 2004, S. 48–70.

Kolk, Rainer: Kritik der Oberfläche. Zur Position des George-Kreises in kulturellen Debatten 1890–1930, in: Bernhard Böschenstein/Jürgen Egyptien/Bertram Schefold/Wolfgang Vitzthum (Hg.): *Wissenschaftler im George-Kreis*, Berlin/New York 2011, S. 35–48.

Kommerell, Max: *Der Dichter als Führer in der deutschen Klassik. Klopstock – Herder – Goethe – Schiller – Jean Paul – Hölderlin*, Berlin 1928.

Ders.: *Rede auf Hofmannsthal*, Frankfurt/M. 1930.

Ders.: *Jean Paul*, Frankfurt/M. 1933.

König, Christoph/Sparr, Thomas (Hg.): *Peter Szondi. Briefe*, Frankfurt/M. 1993.

Ders.: Eine Wissenschaft für die Kunst. Wie Burdach, Borchardt und Hofmannsthal einander nützen, in: Ernst Osterkamp (Hg.): *Rudolf Borchardt und seine Zeitgenossen*, Berlin 1997, S. 84–112.

Ders.: *Hofmannsthal. Ein moderner Dichter unter den Philologen*, Göttingen 2001.

Ders.: Geschichte und Historismus, in: Mathias Mayer/Julian Werlitz (Hg.): *Hofmannsthal-Handbuch. Leben – Werk – Wirkung*, Stuttgart/Weimar 2016, S. 6–8.

Korten, Lars: Geschichte im Gedicht bei Rudolf Borchardt, in: Heinrich Detering/Peter Trilcke (Hg.): *Geschichtslyrik. Ein Kompendium*, Bd. 2, Göttingen 2013, S. 948–961.

Koschorke, Albrecht: *Wahrheit und Erfindung. Grundzüge einer Allgemeinen Erzähltheorie*, Frankfurt/M. (2. Aufl.) 2013.

Košenina, Alexander: Der wahre Brief ist seiner Natur nach poetisch. Vom Briefschreiber zum Autor am Beispiel Hofmannsthals, in: Heinrich Detering (Hg.): *Autorschaft. Positionen und Revisionen, DFG-Symposium 2001*, Stuttgart/Weimar 2002, S. 241–257.

Kuhnle, Till R.: Tradition/Innovation, in: *Ästhetische Grundbegriffe. Historisches Wörterbuch in sieben Bänden*, Bd. 6: Tanz – Zeitalter, hg. v. Karlheinz Barck, Stuttgart/Weimar 2005.

Kraft, Werner (Hg.): *Wiederfinden. Deutsche Poesie und Prosa*, Heidelberg 1954.

Ders.: *Rudolf Borchardt. Welt aus Poesie und Geschichte*, Hamburg 1961.

Kraus, Karl: *Gedichte*, hg. v. Christian Wagenknecht, Frankfurt/M. 1989 (Schriften 9).

Krauss, Rosalind E.: *Die Originalität der Avantgarde und andere Mythen der Moderne*, hg. v. Herta Wolf, Amsterdam/Dresden 2000.

Krauthausen, Karin: Hans Blumenbergs möglicher Valéry, in: *Zeitschrift für Kulturphilosophie* 1/2012, S. 36–60.

Küpper, Thomas/Skrandies, Timo: Rezeptionsgeschichte, in: Burkhardt Lindner (Hg.): *Benjamin-Handbuch. Leben – Werk – Wirkung,* Stuttgart/Weimar 2011 (2006), S. 17–28.

Kurz, Stephan: *Der Teppich der Schrift. Typografie bei Stefan George,* Basel/Frankfurt/M. 2007.

Lehnacker, Josef: *Die Bremer Presse. Königin der deutschen Privatpressen,* München 1964.

Lepper, Marcel: *Philologie zur Einführung,* Hamburg 2012.

Ders.: Odyssee der Bücher, in: *Neue Zürcher Zeitung,* 27.9.2015, S. 53.

Lethen, Helmut: *Denn für dieses Leben ist der Mensch nicht schlau genug. Erinnerungen,* Berlin 2020.

Leuschner, Pia-Elisabeth: Rudolf Borchardt als Durante Alighieris. Borchardts Dante-Bild – funktional, in: *Text + Kritik Sonderband Rudolf Borchardt,* hg. v. Heinz Ludwig Arnold, München 2007, S. 130–148.

Lindner, Burkhardt (Hg.): *Benjamin-Handbuch. Leben – Werk – Wirkung,* Stuttgart/Weimar 2011 (ident. Neudr. der 1. Aufl. 2006).

Ders.: Zu Traditionskrise, Technik, Medien, in: Ders. (Hg.): *Benjamin-Handbuch. Leben – Werk – Wirkung,* Stuttgart/Weimar 2011 (2006), S. 451–465.

Ders.: Goethes Wahlverwandtschaften. Goethe im Gesamtwerk, in: Ders. (Hg.): *Benjamin-Handbuch. Leben – Werk – Wirkung,* Stuttgart/Weimar 2011 (2006), S. 472–492.

Ders.: *Studien zu Benjamin,* hg. v. Jessica Nitsche/Nadine Werner, Berlin 2016.

Loheit, Jan: Aus dem Buch des Lebens. Zum Status der Philologie bei Benjamin und Gramsci, in: *International Gramsci Journal* 3, 4/2020, S. 122–139.

Luckscheiter, Christian: *Durchbruch, Tier-Werden, Weltrevolution. Zur „Neuen" Musik, insbesondere Gustav Mahlers und Luigi Nonos, in der Literatur Dietmar Daths oder: Wer ist Cordula Späth?* Berlin 2021.

Luhr, Geret: *Ästhetische Kritik der Moderne. Über das Verhältnis Walter Benjamins und der jüdischen Intelligenz zu Stefan George,* Marburg 2002.

Lukàcs, Georg: *Die Seele und die Formen. Essays. Mit einem Vorwort von Judith Butler,* Bielefeld 2011 (1909).

Ders.: *Die Theorie des Romans. Ein geschichtsphilosophischer Versuch über die Formen der großen Epik,* Bielefeld 2009 (1916).

Ders.: *Geschichte und Klassenbewusstsein. Studien über marxistische Dialektik,* Bielefeld 2013 (1923).

Martínez, Matías: Imaginierte Tradition. Rudolf Borchardts ‚Deutsche Nation', in: Corina Caduff/Reto Sorg (Hg.): *Nationale Literaturen heute – ein Phantom? Die Imagination und Tradition des Schweizerischen als Problem,* München 2004, S. 103–114.

Martus, Steffen: *Werkpolitik. Zur Literaturgeschichte kritischer Kommunikation vom 17. bis ins 20. Jahrhundert,* Berlin/New York 2008.

Massalongo, Milena: Versuch zu einem kritischen Vergleich zwischen Kommerells und Benjamins Sprachgebärde, in: Walter Busch/Gerhart Pickerodt (Hg.): *Max Kommerell. Leben – Werk – Aktualität,* Göttingen 2003, S. 118–161.

Mattenklott, Gert: Ähnlichkeit. Jenseits von Expression, Abstraktion und Zitation, in: Ders./Gerald Funk/Michael Pauen (Hg.): *Ästhetik des Ähnlichen. Zur Poetik und Kunstphilosophie der Moderne*, Frankfurt/M. 2001, S. 167–184.

Ders.: Briefe und Briefwechsel, in: Burkhardt Lindner (Hg.): *Benjamin-Handbuch. Leben – Werk – Wirkung*, Stuttgart/Weimer 2011 (2006), S. 680–687.

Matussek, Peter: Intertextueller Totentanz. Die Reanimation des Gedächtnisraums in Hofmannsthals Drama „Der Tor und der Tod", in: *Hofmannsthal. Jahrbuch zur europäischen Moderne* 7/1999, S. 199–232.

Matz, Wolfgang: Hofmannsthal und Benjamin, in: *Akzente* 36, 1/1989, S. 43–65.

Ders.: Restitutio in integrum. Rudolf Borchardt und Hugo von Hofmannsthal – auch eine Poetik der Moderne, in: *Die neue Rundschau* 108, 4/1997, S. 25–37.

Ders.: *Eine Kugel im Leibe. Walter Benjamin und Rudolf Borchardt: Judentum und deutsche Poesie*, Göttingen 2011.

Mauser, Wolfram: „Die geistige Grundfarbe des Planeten". Hugo von Hofmannsthals „Idee Europa", in: *Hofmannsthal. Jahrbuch zur europäischen Moderne* 2/1994, S. 201–222.

Mayer, Mathias: *Hugo von Hofmannsthal*, Stuttgart 1993.

Ders.: Die Grenzen des Textes. Zur Fragmentarik und Rezeption von Hofmannsthals *Andreas*-Roman, in: Elisabeth Dangel-Pelloquin (Hg.): *Hugo von Hofmannsthal. Neue Wege der Forschung*, Darmstadt 2007, S. 62–83.

Ders.: Zeitgenossenschaft als Auftrag. Ein Denkbild des späten Hofmannsthal, in: Barbara Besslich/Dieter Martin (Hg.): *Schöpferische Restauration. Traditionsverhalten in der Literatur der Klassischen Moderne*, Würzburg 2014 (Klassische Moderne, Bd. 21), S. 105–115.

Ders./Werlitz, Julian (Hg.): *Hofmannsthal-Handbuch. Leben – Werk – Wirkung*, Stuttgart 2016.

McFarland, James Philip: Die Kunst, in anderer Leute Köpfe zu denken. *Deutsche Menschen* als politisches Projekt, in: Barbara Hahn/Erdmut Wizisla (Hg.): *Walter Benjamins „Deutsche Menschen"*, Göttingen 2008, S. 121–131.

Meier, Albert: Logik der Anthologie-Polemik von Theodor Storm, in: Steffen Martus (Hg.): *Lyrik im 19. Jahrhundert. Gattung als Reflexionsmedium der Kultur*, Bern 2005, S. 345–355.

Meier, Thomas, unter Mitarbeit v. Friedrich-Emanuel Focken und Michael R. Ott: Material, in: Thomas Meier/Michael R. Ott/Rebecca Sauer (Hg.): *Materiale Textkulturen. Konzepte – Materialien – Praktiken*, Berlin 2015, S. 19–32.

Meiser, Katharina: *Fliehendes Begreifen. Hugo von Hofmannsthals Auseinandersetzung mit der Moderne*, Heidelberg 2014.

Menninghaus, Winfried: *Walter Benjamins Theorie der Sprachmagie*, Frankfurt/M. (2. Aufl.) 1995.

Messling, Markus/Hofmann, Franck (Hg.): *Leeres Zentrum. Das Mittelmeer und die literarische Moderne. Eine Anthologie*, Berlin 2015.

Dies. (Hg.): *Fluchtpunkt. Das Mittelmeer und die europäische Krise*, Berlin 2017.

Middell, Eike: Vom Umgang des Dichters mit der Dichtung. Zu den editorischen Bemühungen Hugo von Hofmannsthals, in: Ursula Renner/Bärbel G. Schmid (Hg.): *Hugo von Hofmannsthal. Freundschaften und Begegnungen mit deutschen Zeitgenossen*, Würzburg 1991, S. 109–122.

Mohler, Armin: *Die konservative Revolution in Deutschland 1918–1932. Ein Handbuch* [1950], Darmstadt 1989.

Müller-Sievers, Helmuth: Roman und reine Erfahrung. William James' radikaler Empirismus als Vollzug des Lesens, *Zurich Distinguished Lectures* 6/2021 (26.5.2021); https://www.youtube.com/watch?v=fLdXG4k2P6w (letzter Aufruf: 31.8.2022).

Müller-Tamm, Jutta: *Abstraktion als Einfühlung. Zur Denkfigur der Projektion in Psychophysiologie, Kulturtheorie, Ästhetik und Literatur der frühen Moderne*, Freiburg/Br. 2005.

Müller, Reinhard/Wizisla, Erdmut: „Kritik der freien Intelligenz". Walter-Benjamin-Funde im Moskauer „Sonderarchiv", in: *Mittelweg 36* 14,5/2005, S. 61–76.

Musil, Robert: Denkmäler, in: Ders.: *Gesammelte Werke*, Bd. 2: Prosa und Stücke. Kleine Prosa. Aphorismen. Autobiographische Essays und Reden. Kritik, hg. v. Adolf Frisé, Reinbek 1978, S. 506–509.

Nebrig, Alexander: *Disziplinäre Dichtung. Philologische Bildung und deutsche Literatur in der ersten Hälfte des 20. Jahrhunderts*, Berlin/Boston 2013.

Niehaus, Michael/Schneider, Helmut (Hg.): *Archiv des Beispiels. Vorarbeiten und Überlegungen*, Zürich/Berlin 2013.

Neukirch, Benjamin: *Anthologie. Herrn von Hoffmannswaldau und andrer Deutschen auserlesener und bissher ungedruckter Gedichte. Erster Theil*, hg. v. Angelo de Capua/Ernst Alfred Philippson, Berlin 1961.

Neumann, Gerhard: Dichter, Herr und Improvisator. Rudolf Borchardt als Redner, in: Rudolf Borchardt: *Über das Dichterische und den Dichter. Drei Reden von 1920 und 1923*, hg. v. Gerhard Neumann, Gerhard Schuster und Edith Zehm. Mit einer Dokumentation sämtlicher Reden Borchardts 1902–1933 von Gerhard Schuster, München 1995 (Schriften der Rudolf Borchardt-Gesellschaft 4/5), S. 7–58.

Ders.: „Kunst des Nicht-lesens". Hofmannsthals Ästhetik des Flüchtigen, in: *Hofmannsthal. Jahrbuch zur europäischen Moderne* 4/1996, S. 227–260.

Neumann, Markus: *Die „englische Komponente". Zu Genese, Formen und Funktionen des Traditionsverhaltens im Werk Rudolf Borchardts*, Göttingen 2007.

Neumann, Peter: Der Deutsche in der Landschaft – Borchardt und Benjamin, in: *Kulturwissenschaftliche Zeitschrift* 5, 1/2020, S. 43–52.

Nicolaus, Ute: *Souverän und Märtyrer. Hugo von Hofmannsthals späte Trauerspieldichtung vor dem Hintergrund seiner politischen und ästhetischen Reflexion*, Würzburg 2004.

Nietzsche, Friedrich: Die fröhliche Wissenschaft, in: Ders.: *Sämtliche Werke. Kritische Studienausgabe*, Bd. 3: Morgenröthe, Idyllen aus Messina, Die fröhliche Wissenschaft, hg. v. Giorgio Colli/Mazzino Montinari, Berlin 1988, S. 343–652.

Ders.: Unzeitgemäße Betrachtungen II. Vom Nutzen und Nachtheil der Historie für das Leben, in: Ders.: *Sämtliche Werke. Kritische Studienausgabe*, Bd. 1: Die Geburt der Tragödie. Unzeitgemäße Betrachtungen I-IV. Nachgelassene Schriften 1870–1873, hg. v. Giorgio Colli/Mazzino Montinari, Berlin 1988², S. 243–334.

Ders.: *Sämtliche Gedichte*, hg. v. Thomas Forrer, Stuttgart 2019.

Noltenius, Rainer: *Hofmannsthal – Schröder – Schnitzler. Möglichkeiten und Grenzen des modernen Aphorismus*, Stuttgart 1969.

Oesterle, Günter: Erschriebene Gelassenheit, in: Barbara Hahn/Erdmut Wizisla (Hg.): *Walter Benjamins „Deutsche Menschen"*, Göttingen 2008, S. 91–109.

Öhlschläger, Claudia: Einleitung, in: Wilhelm Worringer: *Abstraktion und Einfühlung. Ein Beitrag zur Stilpsychologie*, hg. v. Helga Grebing, Paderborn/München 2007 (1907), S. 13–42.

Osterkamp, Ernst (Hg.): *Rudolf Borchardt und seine Zeitgenossen*, Berlin 1997.

Palmier, Jean-Michel: *Lumpensammler, Engel und bucklicht Männlein. Ästhetik und Politik bei Walter Benjamin* [frz. 1998], Berlin 2019.

Parnes, Ohad/Vedder, Ulrike/Willer, Stefan: *Das Konzept der Generation. Eine Wissenschafts- und Kulturgeschichte*, Frankfurt/M. 2008.

Pilz, Michael: „Wir werden dreifache Front zu nehmen haben …". Alfred Walter Heymel, Rudolf Borchadt und die literaturkritische Praxis der „Süddeutschen Monatshefte", in: *Hofmannsthal. Jahrbuch zur europäischen Moderne* 24/2016, S. 309–365.

Polczyk, Peter: Physiognomien der Humanität – Ordnungen der Schrift. Walter Benjamins *Deutsche Menschen*, in: *Wirkendes Wort* 38, 1988, S. 214–234.

Pomian, Krysztof: *Der Ursprung des Museums. Vom Sammeln*, Berlin 1988.

Port, Ulrich: Literaturgeschichte als Körperschau. Max Kommerell und die Physiognomik der 1920er Jahre, in: *Hofmannsthal. Jahrbuch zur europäischen Moderne* 14/2006, S. 383–414.

Prica, Aleksandra: Ruine. Versuch über die philosophische Kehrseite bei Georg Simmel, in: Natalie Pieper /Benno Wirz (Hg.): *Philosophische Kehrseiten. Eine andere Einleitung in die Philosophie*, Freiburg/Br./München 2014, S. 273–297.

Prohl, Jürgen: *Hugo von Hofmannsthal und Rudolf Borchardt. Studien zu einer Dichterfreundschaft*, Bremen 1973.

Rahn, Thomas: ‚Wunderliche Dinge stehn'. Schriftwahl und Schrift-Bilder in den frühen Drucken von Rilkes Buch der Bilder, in: *Text. Kritische Beiträge. Sonderheft: Typographie & Literatur*, hg. v. Institut für Textkritik, Göttingen 2016, S. 165–196.

Raulet, Gérard: *Das befristete Dasein der Gebildeten. Walter Benjamin und die französische Intelligenz*, Konstanz 2020.

Raulff, Ulrich: *Kreis ohne Meister. Stefan Georges Nachleben*, München 2009.

Rebentisch, Juliane: *Ästhetik der Installation*, Frankfurt/M. 2014.

Reitmeier, Tamara: Herausgeberschaften, in: Mathias Mayer/ Julian Werlitz(Hg.): *Hofmannsthal-Handbuch. Leben – Werk – Wirkung*, Stuttgart 2016, S. 82–84.

Renner, Ursula: *Die „Zauberschrift der Bilder". Bildende Kunst in Hofmannsthals Texten*, Freiburg/Br. 2000.

Dies.: Essays zur Bildenden Kunst, in: Mathias Mayer/Julian Werlitz (Hg.): *Hofmannsthal-Handbuch. Leben – Werk – Wirkung*, Stuttgart/Weimar 2016, S. 357–359.

Reuss, Roland: Die Mitarbeit des Schriftbilds am Sinn, in: *Neue Zürcher Zeitung*, 3.2.2011; https://www.nzz.ch/die_mitarbeit_des_schriftbildes_am_sinn-1.9331415 (letzter Aufruf: 31.8.2022).

Rickenbacher, Sergej: Duft und Text. Konstitution und Kritik olfaktorischer Eigenzeiten bei Baudelaire und Huysmans, in: Stefanie Heine/Sandro Zanetti (Hg.): *Transaktualität. Ästhetische Dauerhaftigkeit und Flüchtigkeit in den Künsten*, Paderborn 2017, S. 129–140.

Rodenberg, Julius: *Deutsche Pressen. Eine Bibliographie*, Zürich 1925.

Rohner, Melanie/Winkler, Markus: *Poetik und Rhetorik des Barbarischen. Poétique et rhétorique du barbare*, Bielefeld 2016.

Rosenstock-Huessy, Eugen: Lehrer oder Führer? Zur Polychronie des Menschen, in: *Die Kreatur* 1, 1926/1927, S. 52–68.

Rosso, Enrico: Eine konzeptionelle Arbeit am Moskau-Aufsatz im Licht des Verhältnisses Benjamins zum Zeitschriftenprojekt *Die Kreatur*, in: Konstantin Baehrens/Frank Voigt/Nicos Tzanakis Papadakis/Jan Loheit (Hg.): *Material und Begriff. Arbeitsverfahren und theoretische Beziehungen Walter Benjamins*, Hamburg 2019 (Argument Sonderband NF 322), S. 102–134.

Saltzwedel, Johannes: Archimedische Dichtung. Rudolf Borchardt und das Unzeitgemäße, in: Kai Kauffmann (Hg.): *Das wilde Fleisch der Zeit. Rudolf Borchardts Kulturgeschichtsschreibung*, Stuttgart 2004, S. 64–82.

Ders.: *„Ganz und gar aus dem Leben heraus". Rudolf Borchardts Anthologie „Ewiger Vorrat deutscher Poesie" als Ernstfall schöpferischer Restauration*, München 2006 (Titan. Mitteilungen des Rudolf Borchardt Archives, Bd. 5).

Ders.: Eine Finalgestalt des Zerfalls. Rudolf Borchardts Erzählfragment *Paulkes letzter Tag*, in: *Sinn und Form* 5/2016, S. 590–599.

Saner, Fabian: *Ingenium der Politik. Figuren von Kritik und die Stimme der Utopie bei Walter Benjamin im Kontext seiner Leser Jacques Derrida und Giorgio Agamben*, unpubl. Masterarbeit, Universität Zürich, 2012.

Ders.: Schoenfließ – Walter Benjamin navigiert in/gegen die Heteronormativität, unpubl. Vortrag, Seminar für Kulturwissenschaften, Univ. Luzern, 22.4.2013.

Ders.: Rezension zu Natalie Pieper/ Benno Wirz (Hg.): *Philosophische Kehrseiten. Eine andere Einleitung in die Philosophie,* Freiburg/Br. 2014, in: *Variations. Literaturzeitschrift der Universität Zürich* 23, 2015, S. 212–213.

Ders.: Rezension zu: Christian Benne: *Die Erfindung des Manuskripts. Zur Theorie und Geschichte literarischer Gegenständlichkeit,* Berlin 2015, in: *H-Soz-Kult,* 28.6.2016; https://www.hsozkult.de/publicationreview/id/reb-24132 (letzter Aufruf: 31.8.2022).

Ders: Zeitschrift – Zitat – Nachleben. Walter Benjamin als Produzent, in: Stefanie Heine/Sandro Zanetti (Hg.): *Transaktualität. Ästhetische Dauerhaftigkeit und Flüchtigkeit*, Paderborn 2017, S. 73–82.

Ders: Doppelrezension zu Markus Messling/Franck Hofmann (Hg.): *Leeres Zentrum. Das Mittelmeer und die literarische Moderne. Eine Anthologie*, Berlin 2015. sowie dies. (Hg.): *Fluchtpunkt. Das Mittelmeer und die europäische Krise*, Berlin 2017, in: *Kulturwissenschaftliche Zeitschrift*, 2018; DOI: https://doi.org/10.2478/kwg-2018-0013.

Ders: Dislokation, Relokation – Restitution? Die Aporie ästhetischer ‚Heilung', die Taktik des Schriftstellers und die gemischten Gefühle in der Debatte um W.G. Sebald, in: *PHIN. Philologie im Netz*, 93/2022, hg. v. Paul Gévaudan, Hiltrud Lautenbach, Alexander Nebrig, Peter Schneck und Dietrich Scholler, [S.] 62–82; http://web.fu-berlin.de/phin/phin93/p93t4.pdf (letzter Aufruf: 10.5.2022).

Savoy, Bénédicte: *Die Provenienz der Kultur. Von der Trauer des Verlusts zum universalen Menschheitserbe*, Berlin 2018.

Scherer, Stefan: Vereinigung durch die Moderne hindurch. Borchardts ‚zeitgenössische' Prosa der 30er Jahre in Roman *Vereinigung durch den Feind durch*, in: *Text + Kritik Sonderband: Rudolf Borchardt*, hg. v. Heinz Ludwig Arnold u. Gerhard Schuster in Zusammenarbeit mit dem Rudolf Borchardt Archiv, München 2007, S. 209–218.

Schestag, Thomas: Philologie, Erkenntnis, in: *Die neue Rundschau* 3/2008, S. 128–143.

Ders.: Interpolationen. Benjamins Philologie, in: Ders. (Hg.): *philo:xenia*, Basel 2009, S. 33–99.

Ders.: *Namenlose*, Berlin 2019.

Schivelbusch, Wolfgang: *Kultur der Niederlage. Der amerikanische Süden 1865, Frankreich 1871, Deutschland 1918*, Berlin 2001.

Schlaffer, Heinz: Namen und Buchstaben in Goethes Wahlverwandtschaften, in: *Jahrbuch der Jean Paul-Gesellschaft* 7, 1972, S. 84–102.

Ders.: Denkbilder. Eine kleine Form zwischen Dichtung und Gesellschaftstheorie, in: Wolfgang Kuttenkeuler (Hg.): *Poesie und Politik*, Stuttgart 1973, S. 137–154.

Ders.: Der Zusammenhang des Zusammenhanglosen, in: *Merkur* 58, 663/2004, S. 590–597.

Schlawe, Fritz: *Literarische Zeitschriften 1910–1933*, Stuttgart 1962.

Schmid, Susanne: The Act of Reading an Anthology, in: *Comparative Critical Studies* 1, 1–2/2004, S. 53–69.

Schmidt, Ernst A.: Rudolf Borchardts Antike als Modernismuskritik, in: *Text + Kritik. Sonderband Rudolf Borchardt*, München 2007, S. 87–113.

Schmidt, Sarah (Hg.): *Sprachen des Sammelns. Literatur als Medium und Reflexionsform des Sammelns*, Paderborn 2016.

Schmitt, Carl: *Der Begriff des Politischen. Text von 1932 mit einem Vorwort und drei Corollarien*, Berlin 1996^4 [1963].

Schneider, Sabine: *Die Verheißung der Bilder. Das andere Medium in der Literatur um 1900*, Berlin/New York 2006.

Dies./Hunfeld, Barbara (Hg.): *Die Dinge und die Zeichen. Dimensionen des Realistischen in der Erzählliteratur des 19. Jahrhunderts*, Würzburg 2008.

Dies.: Österreich/Mitteleuropa, in: Mathias Mayer/Julian Werlitz (Hg.): *Hofmannsthal-Handbuch. Leben – Werk – Wirkung*, Stuttgart 2016, S. 125–126.

Schneider, Sabine: „Die Briefe des Zurückgekehrten", in: Mathias Mayer/Julian Werlitz (Hg.): *Hofmannsthal-Handbuch. Leben – Werk – Wirkung*, Stuttgart 2016, S. 329–333.

Dies./Drath, Marie (Hg.): *Prekäre Idyllen in der Erzählliteratur des deutschsprachigen Realismus*, Stuttgart 2017.

Schöne, Albrecht: „Diese nach jüdischem Vorbild erbaute Arche". Walter Benjamins „Deutsche Menschen", in: Ulrich Joost/Jürgen Stenzel/Ernst-Peter Wieckenberg (Hg.): *Vom Betreten des Rasens. Siebzehn Reden über Literatur*, München 2005, S. 223–238.

Schöttker, Detlev: *Konstruktiver Fragmentarismus. Form und Rezeption der Schriften Walter Benjamins*, Frankfurt/M. 1999.

Ders.: Erfahrung und Nüchternheit, in: Barbara Hahn/ Erdmut Wizisla (Hg.): *Walter Benjamins „Deutsche Menschen"*, Göttingen 2008, S. 81–98.

Schuller, Marianne: Begegnung und Distanz. Adressierung, Botschaft und Weitergabe in Benjamins Briefbuch, in: Barbara Hahn/Erdmut Wizisla (Hg.): *Walter Benjamins „Deutsche Menschen"*, Göttingen 2008, S. 111–121.

Schuster, Gerhard: ‚… und übersah mit grimmigem Triumphe die Trümmerstätte meines Lebenswerkes'. Zur Konzeptions- und Überlieferungsgeschichte von Rudolf Borchardts Œuvre, in: *Text + Kritik. Sonderband Rudolf Borchardt,* hg. v. Heinz Ludwig Arnold, München 2007, S. 114–129.

Schuster, Jörg: *„Kunstleben". Zur Kulturpoetik des Briefs um 1900 – Korrespondenzen Hugo von Hofmannsthals und Rainer Maria Rilkes*, München 2014.

Seng, Joachim: *„Mitsprechende Gedankenwelt". Paul Celan als Leser Rudolf Borchardts. Zugleich der Versuch, sein Gedicht „Andenken" zu verstehen*, München 2007 (Mitteilungen des Rudolf Borchardt Archivs 10; Stiftung Lyrik-Kabinett).

Simmel, Georg: *Philosophie des Geldes*, Frankfurt/M. 1993 (1900).

Simmel, Georg: *Fragmente und Aufsätze. Aus dem Nachlass und Veröffentlichungen der letzten Jahre*, München 1923.

Simon, Ralf: Was ist: Bildkritische Literaturwissenschaft?, in: *Zeitschrift für Ästhetik und Allgemeine Kunstwissenschaft* 55, 1/2010, S. 49–68.

Ders.: Die Szene der Einfluß-Angst und ihre Vorgeschichten. Lyrik und Poetik beim frühen Hofmannsthal, in: *Hofmannsthal. Jahrbuch zur europäischen Moderne* 20/2012, S. 37–77.

Ders. (Hg.): *Grundthemen der Literaturwissenschaft. Poetik und Poetizität*, Berlin/ Boston 2018.

Simonis, Annette: *Gestalttheorie von Goethe bis Benjamin. Diskursgeschichte einer deutschen Denkfigur*, Köln 2001.

Soiland, Tove: *Luce Irigarays Denken der sexuellen Differenz. Eine dritte Position im Streit zwischen Lacan und den Historisten*, Wien 2010.

Sprengel, Peter: *Rudolf Borchardt. Der Herr der Worte*, München 2015.

Steiner, Uwe: *Die Geburt der Kritik aus dem Geiste der Kunst. Untersuchungen zum Begriff der Kritik in den frühen Schriften Walter Benjamins*, Würzburg 1989.

Ders.: Der wahre Politiker. Walter Benjamins Begriff des Politischen, in: *Internationales Archiv für Sozialgeschichte der deutschen Literatur* 25, 2/2000, S. 48–92.

Ders.: Von Bern nach Muri. Vier unveröffentlichte Briefe Walter Benjamins an Paul Häberlin im Kontext, in: *Deutsche Vierteljahrsschrift für Literaturwissenschaft und Geistesgeschichte* 75, 3/2001, S. 463–490.

Ders. : *Walter Benjamin*, Stuttgart 2004.

Ders.: „Ankündigung der Zeitschrift: Angelus Novus". „Zuschrift an Florens Christian Rang", in: Burkhardt Lindner (Hg.): *Benjamin-Handbuch. Leben – Werk – Wirkung*, Stuttgart/Weimer 2011 (2006), S. 301–311.

Ders.: „Kapitalismus als Religion", in: Burkhardt Lindner (Hg.): *Benjamin-Handbuch. Leben – Werk – Wirkung*, Stuttgart/Weimer 2011 (2006), S. 167–174.

Ders.: Walter Benjamins Wendung zum politischen Denken, in: Christine Blättler/ Christian Vollmer (Hg.): *Walter Benjamins politisches Denken*, Baden-Baden 2016, S. 33–76.

Steizinger, Johannes: *Revolte, Eros und Sprache. Walter Benjamins Metaphysik der Jugend*, Berlin 2013.

Stingelin, Martin: ‚Schreiben'. Einleitung, in: Ders./Davide Giuriato/Sandro Zanetti (Hg.): *„Mir ekelt vor diesem tintenklecksenden Säkulum". Schreibszenen im Zeitalter der Manuskripte*, München 2004 (Zur Genealogie des Schreibens, Bd. 1), S. 7–21.

Ders./Giuriato, Davide/Zanetti, Sandro (Hg.): *„Schreibkugel ist ein Ding gleich mir: Von Eisen". Schreibszenen im Zeitalter der Typoskripte*, München 2005 (Zur Genealogie des Schreibens, Bd. 2).

Stöckmann, Ingo: *Der Naturalismus und die Gründung der literarischen Moderne 1880–1900*, Berlin/New York 2009.

Straubel, Hella: *Zum Museum der Literatur. Schriftstelleranthologien in Deutschland und Frankreich*, Heidelberg 2015.

Strobel, Jochen: Neue deutsche Beiträge (1922–1924), in: Mathias Mayer/Julian Werlitz (Hg.): *Hofmannsthal-Handbuch. Leben – Werk – Wirkung*, Stuttgart 2016, S. 375–377.

Szondi, Peter: *Das lyrische Drama des Fin de Siècle*, hg. v. Henriette Beese, Frankfurt/M. 1991 (Studienausgabe der Vorlesungen, Bd. 4)

Ders.: Schleiermachers Hermeneutik heute, in: Ders.: *Schriften II*, hg. v. Jean Bollack mit Henriette Beese, Wolfgang Fietkau u.a., Frankfurt/M. 2001 (1978), S. 106–131.

Tghart, Reinhard/Volke, Werner: Die Insel, in: dies: (Hg.): *Borchardt. Heymel. Schröder. Ausstellung des Deutschen Literaturarchivs im Schiller-Nationalmuseum Marbach am Neckar 1978*, München/Marbach 1978.

Theisohn, Philipp: *Plagiat. Eine unoriginelle Literaturgeschichte*, Stuttgart 2009.

Thüring, Hubert: Schwelle und Glück. Zur Poetik zweier früher Texte Robert Walsers: *Der Greifensee* (1899) und *Glück* (1900), in: Felix Christen /Thomas Forrer /Martin Stingelin (Hg.): *Der Witz der Philologie. Rhetorik – Poetik – Edition. Festschrift für Wolfram Groddeck zum 65. Geburtstag*, Basel/Frankfurt/M. 2014, S. 140–163.

Todorow, Almut: *Das Feuilleton der „Frankfurter Zeitung" in der Weimarer Republik. Zur Grundlegung einer rhetorischen Medienforschung*, Tübingen 1996.

Tucholsky, Kurt: *Gesammelte Werke 1907–1932*, Bd. 3, hg. v. Mary Gerold-Tucholsky/ Fritz J. Raddatz, Reinbek 1960.

Urbich, Jan: *Darstellung bei Walter Benjamin. Die „Erkenntniskritische Vorrede" im Kontext ästhetischer Darstellungstheorien der Moderne*, Berlin 2011.

Valéry, Paul: Situation de Baudelaire, in: Ders.: *Œuvres completes*, Vol. 1, hg. v. Jean Hytier, Paris 1957, S. 598–613.

Ders.: *Werke. Frankfurter Ausgabe in sieben Bänden*, Bd. 5: Zur Theorie der Dichtkunst und Vermischte Gedanken, hg. v. Jürgen Schmidt-Radefeldt, Frankfurt/M. 1991.

Ders.: Philosophie des Tanzes [1936], in: Ders.: *Werke. Frankfurter Ausgabe in sieben Bänden*, Bd. 6: Zur Ästhetik und Philosophie der Künste, hg. v. Jürgen Schmidt-Radefeldt, Frankfurt/M. 1995, S. 243–257.

Ders.: Einleitung in die Methode des Leonardo da Vinci, in: Ders.: *Werke. Frankfurter Ausgabe in sieben Bänden*, Bd. 6: Zur Ästhetik und Philosophie der Künste, hg. v. Jürgen Schmidt-Radefeldt, Frankfurt/M. 1995, S. 7–61.

Ders.: Über Geschichte, in: *Werke. Frankfurter Ausgabe in sieben Bänden*, Bd. 7: Zur Zeitgeschichte und Politik, hg. v. Jürgen Schmidt-Radefeldt, Frankfurt/M. 1995, S. 173–176.

Ders.: Eupalinos oder Der Architekt, in: Ders.: *Werke. Frankfurter Ausgabe in sieben Bänden*, Bd. 2: Dialoge und Theater, hg. v. Karl Alfred Blüher, Frankfurt/M. 1989, S. 7–85.

Villwock, Peter: Goethe in Benjamins „Briefe"-Projekt, in: Barbara Hahn/Erdmut Wizisla (Hg.): *Walter Benjamins „Deutsche Menschen"*, Göttingen 2008, S. 157–175.

Ders.: Walter Benjamins Feuilleton-Reihe in der *Frankfurter Zeitung: Briefe* (1931/32), in: *Zeitschrift für Germanistik NF* 22, 3/2012, S. 599–613.

Vogel, Juliane: Schattenland des ungelebten Lebens. Zur Kunst des Prologs bei Hugo von Hofmannsthal, in: *Hofmannsthal. Jahrbuch zur europäischen Moderne* 1/1993, S. 165–181.

Volke, Werner: „Wir haben nicht wie die Franzosen einen Kanon ...". Herausgeben als Aufgabe des Dichters, in: *Hofmannsthal. Jahrbuch zur europäischen Moderne* 6/1998, S. 177–205.

Ders./Zeller, Bernhard (Hg.): *Buchkunst und Dichtung. Zur Geschichte der Bremer Presse und der Corona. Texte und Dokumente*, München 1966.

Volosinov, Valentin M.: *Marxismus und Sprachphilosophie* [1929], hg. u. eingel. v. Samuel M. Weber, Frankfurt/M./Berlin/Wien 1975.

Wägenbaur, Birgit/Oelmann, Ute (Hg.): *Vom Menschen und Mächten. Stefan George, Karl und Hanna Wolfskehl: Der Briefwechsel 1892–1933*, München 2015.

Wagner-Zoelly, Corinne: *Die „Neuen Deutschen Beiträge". Hugo von Hofmannsthals Europa-Utopie*, Heidelberg 2010.

Weber, Christian: Vom ‚Jünger' Georges zum „Schüler" Hofmannsthals. Max Kommerells Auseinandersetzung mit seinen poetischen Leitfiguren in dem Drama ‚Das kaiserliche Blut', in: *George-Jahrbuch* 7/2009; https://doi.org/10.1515/9783484605152.142.

Ders.: *Max Kommerell. Eine intellektuelle Biografie*, Berlin/New York 2011.

Weidner, Daniel: Fort-, Über-, Nachleben. Zu einer Denkfigur bei Benjamin, in: Ders.; Sigrid Weigel (Hg.): *Benjamin-Studien* 2, München 2011, S. 161–178.

Weigel, Sigrid: *Entstellte Ähnlichkeit. Walter Benjamins theoretische Schreibweise*, Frankfurt/M. 1997.

Dies.: *Literatur als Voraussetzung der Kulturgeschichte. Schauplätze von Shakespeare bis Benjamin*, Paderborn 2004.

Dies.: *Walter Benjamin. Die Kreatur, das Heilige, die Bilder*, Frankfurt/M. 2008.

Weinzierl, Ulrich: *Hofmannsthal. Skizzen zu einem Bild*, Wien 2005.

Weissberg, Liliane: Benjamins Goethe-Traum, in: Bettina von Jagow/Florian Steger (Hg.): *Differenzerfahrung und Selbst. Bewußtsein und Wahrnehmung in Literatur und Geschichte des 20. Jahrhunderts*, Heidelberg 2003, S. 269–290.

Wellbery, David E.: Die Opfer-Vorstellung als Quelle der Faszination. Anmerkung zum Chandos-Brief und zur frühen Poetik Hofmannsthals, in: *Hofmannsthal. Jahrbuch zur europäischen Moderne* 11/2003, S. 281–310.

Ders.: Form und Idee. Skizze eines Begriffsfeldes um 1800, in: Jonas Maatsch (Hg.): *Morphologie und Moderne. Goethes ‚Anschauliches Denken' in den Geistes- und Kulturwissenschaften seit 1800*, Berlin 2014, S. 17–42.

Wilamowitz-Moellendorff, Ulrich von: *Geschichte der Philologie*, Leipzig 1959 (1921).

Willer, Stefan/Ruchatz, Jens/Pethes, Nicolas: Zur Systematik des Beispiels, in: Dies. (Hg.): *Das Beispiel. Epistemologie des Exemplarischen*, Berlin 2007, S. 7–59.

Willer, Stefan: *Erbfälle. Theorie und Praxis kultureller Übertragung in der Moderne*. Paderborn 2014.

Wirth, Uwe: *Die Geburt des Autors aus dem Geist der Herausgeberfiktion. Editoriale Rahmung im Roman um 1800: Wieland, Goethe, Brentano, Jean Paul und E. T. A. Hoffmann*, München 2008.

Wizisla, Erdmut: *Benjamin und Brecht. Die Geschichte einer Freundschaft*, Frankfurt/M. 2004.

Woll, Michael: Heidelberg 1933: Zu den Anfängen der Hofmannsthalforschung. Briefe Heinrich Zimmers an Richard Alewyn, in: *Geschichte der Germanistik* 37/38, 2010, S. 110–137.

Ders.: *Hofmannsthals „Der Schwierige" und seine Interpreten*, Göttingen 2019.

Worringer, Wilhelm: *Abstraktion und Einfühlung. Ein Beitrag zur Stilpsychologie* [1907], hg. v. Helga Grebing, Paderborn/München 2007.

Wunberg, Gotthart (Hg.): *Hofmannsthal im Urteil seiner Kritiker. Dokumente zur Wirkungsgeschichte Hugo von Hofmannsthals in Deutschland*, Frankfurt/M. 1972.

Yasukawa, Haruki: Die ‚leidenschaftlichen Gärtner' – Anthologik bei Hugo von Hofmannsthal und Rudolf Borchardt, *Zeitschrift der japanischen Germanistik* 2006; https://www.jstage.jst.go.jp/article/jgg/132/0/132_KJ00004594998/_pdf (letzter Aufruf: 31.8.2022).

Zanetti, Sandro: Welche Gegenwart? Welche Literatur? Welche Wissenschaft? Zum Verhältnis von Literaturwissenschaft und Gegenwartsliteratur, in: Paul Brodowsky/ Thomas Klupp (Hg.): *Wie über Gegenwart sprechen?* Bern 2010, S. 1–17.

Ders.: *Avantgardismus der Greise? Spätwerke und ihre Poetik*, Paderborn 2012.

Ders.: Lyrisch aus der Kulisse der Historie treten. Vergangenheit und Vergänglichkeit in Hofmannsthals „Der Tod des Tizian", in: *Hofmannsthal. Jahrbuch zur europäischen Moderne* 20/2012, S. 141–160.

Ders.: Literaturwissenschaftliches Schreiben zwischen Mimesis und Abstraktion. Von Jean Leclerc zu Peter Szondi und Roland Barthes, in: *IASL* 40, 2/2015, S. 348–373.

Ders.: Poetische Zeitgenossenschaft, in: *Variations. Literaturzeitschrift der Universität Zürich* 29, 2019, S. 39–53.

Ders.: Die Quellen haben ein Vetorecht. Implikationen, Chancen, Probleme eines Topos, in: Ders./Andreas Gelhard/Ruben Hackler (Hg.): *Epistemische Tugenden. Zur Geschichte und Gegenwart eines Konzepts*, Tübingen 2019, S. 239–252.

Ders.: *Celans Lanzen. Entwürfe, Spitzen, Wortkörper*, Zürich 2020.

Zeilinger, Doris: Georg Lukács und Ernst Bloch. Geschichte und Klassenbewusstsein als Kristallisationspunkt; http://www.ernst-bloch.net/akt/mitbei/index.html (letzter Aufruf: 31.8.2022).

Zils, Harald: *Autonomie und Tradition. Innovativer Konservatismus bei Rudolf Borchardt, Harold Bloom und Botho Strauss*, Würzburg 2009.

Dank

Ich bin dankbar, dass ich die Studie zu drei Autoren der deutschsprachigen ästhetischen Moderne auch nach Unterbrüchen und der Arbeit an anderen Projekten zum Abschluss bringen konnte. Darin zeigt sich, was anderen aus unterschiedlichen Gründen nicht möglich ist: sich mit einem solchen Gegenstand zu beschäftigen, sehr viel Zeit damit zu verbringen, diese Lektüren vorzulegen – um hier nicht von anderen Privilegien zu reden.

Eine wichtige Erfahrung während der Jahre, in denen ich an dieser Studie gearbeitet habe, waren die Begegnungen mit Menschen in der Asyl- und Migrationsbewegung in Zürich, wo ich seit vielen Jahren lebe. Ich habe in Projekten und Aktionen für mich selbst, nicht abstrakt, erfahren, wie gesellschaftlich-politische Strukturen gewissen Menschen am Ort, wo sie sind, Rechte verweigern und sie damit zu einem Schatten ihrer selbst machen können. Dagegen gibt es immer wieder ein Aufbegehren, das durch Zusammenkommen, juristischen Kampf und engagierte soziale und kulturelle Arbeit charakterisiert ist und manchmal auch ein Leben zum Besseren wenden kann. – Kunst, Kultur, Literatur haben keine eindeutigen Ausgangspunkte und schon gar keine eindeutigen Ziele. Aber sie sind von Strukturen abhängig, sei es ein ruhiges Zimmer, Gesundheit und Geld, Anerkennung.

Manchmal ist das Aufbegehren ein Traum, eine Hoffnung, die – vielleicht – in einem künstlerischen Prozess die Beteiligten ‚ermächtigt' und das Bild der Welt für Momente in anderes Licht taucht. Die Performance *L'Opoponax*, aus der eine Momentaufnahme auf dem Buchumschlag abgebildet ist, zeigt das Aufbegehren in den Institutionen der Kultur: Darin steckt das Begehren. Wer interveniert? Wer wird zum Objekt gemacht? Wer bleibt ungefragt? Und wer fühlt sich gar nicht erst herausgefordert? Es sind bleibende und nicht auf die Schnelle zu beantwortende Fragen, die im Hintergrund auch den Fortgang meiner Auseinandersetzung mit den Texten und Zeugnissen der drei hier behandelten Autoren prägte. Hofmannsthal, Benjamin und Borchardt beziehen sich auf machtvolle Traditionen und wurden selbst zu Codes, bei denen sich institutionelle Schranken öffneten. Doch wem?

Ich möchte einigen Personen besonders danken. Zunächst meinem Doktoratsbetreuer Prof. Dr. Sandro Zanetti (Zürich) für die konstante Begleitung der Arbeit, den kritischen Dialog und die Rückfragen. Dies schließt besonders die loyale Unterstützung bei unterschiedlichen Finanzierungsanträgen und das Ermöglichen einer Aufsatzpublikation im Sammelband *Transaktualität. Ästhetische Dauerhaftigkeit und Flüchtigkeit* (2017) ein. Ebenso danke ich meinem Zweitgutachter Prof. Dr. Hans-Georg von Arburg (Lausanne) für die eingesetzte Zeit, den Rückhalt, die stets sehr interessierten und konstruktiven Rückmeldungen. Danken möchte ich daneben Dr. Thomas Forrer (Luzern), der insbesondere in der ersten Phase des Projekts mit wichtigen Hinweisen im Rahmen des Arbeitskreises *Die Hinwendung zum Materialen. Nietzsche und die Kulturwissenschaften um 1900* an der Universität Luzern unterstützend war. Ebenso produktiv waren verschiedene Rückmeldungen in Kolloquien und Konferenzen des Doktoratsprogramms der Allgemeinen und Vergleichenden Literaturwissenschaft (AVL) in Zürich und im Rahmen von Veranstaltungen mit anderen Doktorierenden der Philologie innerhalb des schweizweiten CRUS-Doktoratsprogramms AVL (2014–2017). Von vielen Menschen, Lektüren, Schreibverfahren konnte ich innerhalb und ausserhalb des Studiums lernen.

Die Universität Zürich unterstützte meine Arbeit mit einem Stipendium. Mein Dank gilt dem Verlag Brill|Fink, besonders Lektor Dr. Henning Siekmann sowie Lektorin Catharina Krallmann, für die Aufnahme meiner Studie ins Programm. Dr. Jessica Nitsche und Dr. Nadine Werner danke ich für Ihre profunde Lektüre und die hilfreichen Rückmeldungen. Dem Schweizerischen Nationalfonds (SNF) danke ich für die finanzielle Unterstützung bei der Drucklegung. Einige Institutionen und deren Mitarbeiterinnen und Mitarbeiter halfen mir jederzeit bei der Beschaffung von Büchern, vorrangig die Zentralbibliothek Zürich. – Überhaupt Bibliotheken: Dankbar bin ich für die geisteswissenschaftlichen Infrastrukturen, an denen der Bildungsrucksack gefüllt und Vertrauen ins eigene Tun eingeübt wird.

Danken möchte ich aber besonders meinen Freundinnen und Freunden, Kolleginnen und Kollegen: Myriam, Emanuel, Benigna, Michael, Jonathan, Marie sowie Stefanie und Obhi, meiner Mutter Gianna sowie meinem Bruder Philippe.

Zürich, 6.6.2022, Fabian Saner